应用型本科汽车类专业系列教材

汽车检测与故障诊断

第 2 版

主 编 赵英勋

机 械 工 业 出 版 社

本书系统地介绍了汽车检测与故障诊断的基础理论、检测方法、诊断原理，突出地反映了现代汽车检测与故障诊断的新技术、新设备、新方法，详细地叙述了汽车电控系统的检测诊断。内容包括汽车检测与故障诊断基础、汽车整车技术状况检测、汽车发动机的检测与故障诊断、汽车底盘的检测与故障诊断、车身及附件的检测与故障诊断、电动汽车的检测与故障诊断。

　　本书为应用型本科汽车类专业系列教材，既可作为汽车服务工程、车辆工程、交通运输类专业本科生教材，也可供汽车检测诊断行业、汽车维修行业、汽车运输行业的技术人员和管理人员在实际中使用和参考。

　　本书配有专用教学课件，能直接用于课堂教学，可方便教师授课和学生自学。

图书在版编目（CIP）数据

汽车检测与故障诊断/赵英勋主编. —2 版. —北京：机械工业出版社，2022.11（2025.2 重印）

应用型本科汽车类专业系列教材

ISBN 978-7-111-71354-8

Ⅰ.①汽… Ⅱ.①赵… Ⅲ.①汽车-故障检测-高等学校-教材②汽车-故障诊断-高等学校-教材 Ⅳ.①U472.9

中国版本图书馆 CIP 数据核字（2022）第 138773 号

机械工业出版社（北京市百万庄大街 22 号　邮政编码 100037）
策划编辑：何士娟　　　　　责任编辑：何士娟
责任校对：郑　婕　张　薇　责任印制：刘　媛
涿州市般润文化传播有限公司印刷
2025 年 2 月第 2 版第 5 次印刷
184mm×260mm · 22.25 印张 · 548 千字
标准书号：ISBN 978-7-111-71354-8
定价：65.00 元

电话服务　　　　　　　　　网络服务
客服电话：010-88361066　　机　工　官　网：www.cmpbook.com
　　　　　010-88379833　　机　工　官　博：weibo.com/cmp1952
　　　　　010-68326294　　金　书　网：www.golden-book.com
封底无防伪标均为盗版　　机工教育服务网：www.cmpedu.com

前　言

本书是在应用型本科汽车类专业"十二五"规划教材《汽车检测与故障诊断》（以下简称第1版）的基础上重新修订而成的。自第1版出版以来，汽车技术、汽车检测与故障诊断技术有了飞速的发展，许多检测标准也发生了相应的变化；同时，通过多年的教学实践和对现代汽车维修行业的深入调研，对第1版的部分内容与结构处理有了一些新的看法。基于这些原因，对第1版进行了修订：调整了个别结构，充实了部分图文，更换了部分标准，重写了部分系统，增写了部分章节，完善了全书内容。

汽车检测与故障诊断是现代汽车维修人员必须掌握的核心技能，作为应用型本科汽车类专业学生，更应掌握汽车检测与故障诊断的核心技术。本书按应用型本科汽车类专业教学的指导思想、培养目标、职业面向、教学特点和要求，并结合现代汽车维修行业的实际编写。本书简要介绍了汽车检测与故障诊断的基础理论，系统介绍了汽车整车技术状况的检测技术，全面介绍了汽车发动机、底盘、车身与附件常见故障的检测诊断，重点介绍了电动汽车性能的常规检测，详细介绍了汽车检测设备的原理及使用方法，着重介绍了发动机电子控制系统、电子控制自动变速器、电子控制动力转向系统、电子控制防抱死制动系统、电子控制驱动防滑转系统、电子控制悬架系统、电子控制安全气囊系统、车载网络系统和电动汽车的故障诊断思路。

本书力求理论联系实际，注重能力培养，重在实际应用，列举了大量的故障诊断案例；本书努力反映汽车行业、汽车检测诊断和维修行业的新技术、新成果、新发展，引用了大量的新资料、新标准，以适应现代化汽车检测与故障诊断的需要。

本书配有专用的多媒体教学课件。教学课件按实际教学策略编排，结构合理、内容丰富，能直接用于课堂教学，可方便教师授课和学生课外自学。

本书由武汉科技大学赵英勋任主编。第一章、第二章由付蒙编写；第三章、第四章、第六章由赵英勋编写；第五章由林谋有、朱列、陈特编写。

在本书撰写过程中，参阅了大量的书籍资料，获益匪浅，在此向相关的作者深表谢意！由于作者水平所限，书中难免存在不足和错误，敬请各位读者批评指正。

编　者

目　录

第一章

汽车检测与故障诊断基础

【学习目标】

　　知识目标：
- 了解汽车检测、故障诊断、诊断参数、诊断标准、诊断周期的概念和作用
- 熟悉汽车故障产生原因和汽车技术状况变化规律
- 熟悉汽车检测系统的组成、原理和汽车故障诊断的基本方法
- 熟悉汽车安全环保检测线、综合检测线的检测内容和检测工艺流程

　　能力目标：
- 能正确选择汽车诊断参数、诊断标准，并确定诊断周期
- 能合理制定汽车故障诊断的基本流程
- 能用车载诊断系统和诊断设备分析诊断汽车故障
- 能分析汽车故障原因，选择合适的故障诊断方法诊断汽车故障

第一节　汽车检测与故障诊断的基本内涵

一、汽车检测与故障诊断

　　汽车检测是指确定汽车技术状况或工作能力的检查；故障诊断是指为确定汽车技术状况或查明汽车故障部位、原因所进行的检查、分析和判断的过程。

　　汽车检测与故障诊断常简称为汽车检测诊断。现代汽车的检测诊断是以先进的检测技术为基础，以科学的检测方法为手段，以准确的诊断为目的，通过对汽车性能参数或工作能力的检测，依靠人工智能科学地确定汽车的技术状态，识别、判断故障，甚至预测故障，可为汽车继续运行或进厂维修提供可靠的依据。

　　现代汽车的检测诊断与传统的人工检查、经验诊断有原则上的不同，它是借助科学技术的新成就，利用必要的仪器、设备，在满足整车不解体（或仅拆下个别小件）条件下进行检测，从而确定汽车技术状况、工作能力或故障部位的。它具有科学、高效、省力、准确的特点。

　　随着汽车技术的飞速发展，高新技术的广泛运用以及汽车电子化程度的不断提高，汽车检测诊断所侧重的内容、涉及的范围、利用的设备以及采取的方法均会发生很大变化。从目前应用的情况看，现代汽车的检测诊断方法，已贯穿于汽车运用、汽车维护、汽车修理以及交通安全和环境保护等各个领域，并起着越来越重要的作用。可以说，现代汽车的检测诊断是提高维修效率、监督维修质量的重要措施，是实施汽车维修制度的重要保证，是确保行车安全的重要手段。

二、汽车检测系统与故障诊断设备

1. 汽车检测系统

现代汽车的不解体检测及诊断需要依赖汽车检测系统来完成，汽车检测系统可以是一台检测仪器或设备，也可以是多台检测仪器或设备的组合。

（1）检测系统的基本组成　汽车检测系统一般由传感器、变换及测量装置、记录及显示装置、数据处理装置等组成，有时还包括试验激发装置，如图1-1所示。它能将汽车的被测物理量（参数）经检测、放大、变换、显示记录或处理等转变为检测者需要的信息。

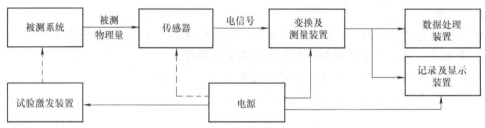

图1-1　检测系统的基本组成

1）传感器。传感器处于检测系统的输入端，是检测系统的信号获取装置。传感器的作用是将被测物理量（参数）转换成电信号。现代汽车检测参数大多是非电量，检测时其非电量参数信息经过传感器输出则转变为电信号。

传感器实际上是人的感觉器官的延伸，它扩展了人的信息功能，使人们可以探索那些无法用感官直接检测的汽车内部故障信息。

根据被测参数的不同，传感器可分为力传感器、速度传感器、加速度传感器、声压传感器和温度传感器等。

2）变换及测量装置。变换及测量装置的作用是把传感器送来的电信号变换成具有一定功率的电压或电流信号，以便推动下一级的记录和显示装置。这类装置常包括电桥电路、调制电路、解调电路、阻抗匹配电路、放大电路、运算电路等，在检测系统里是比较复杂的部分。

3）记录及显示装置。记录及显示装置的作用是把变换及测量装置送来的电压或电流信号不失真地记录和显示出来，以供检测者观测和分析。通常使用仪表指示所检测的数值，用示波器显示检测波形。为了在被测信号消失之后，仍然可以重新观察或再现，需要使用记录仪或存储器，将检测的信号记录或存储下来。记录和显示的方式一般有模拟和数字两种，前者是记录一条或一组曲线，后者是记录一组数字或代码。

4）数据处理装置。数据处理装置用来对检测所得的结果进行分析、运算、处理，如对大量数据的数理统计分析，曲线的拟合，动态测试结果的频谱分析、幅值谱分析或能量谱分析等。

5）试验激发装置。试验激发装置用来模拟某种条件，把被测系统中的某种信息激发出来，以便检测。实际测试中，要最大限度地激发所需信息，并以较明显的信息形式表现出来，用最敏捷、最合理的方法取得最有用、表现性最强的有关信息。如谐振式汽车悬架装置检测台，就需用激振器来模拟车轮及悬架的振动，并将其作用在车轮及悬架上，把悬架系统产生的振动幅度、振动频率、应力变化等信息激发出来，以便检测后对汽车悬架在振动中的

状态及特性进行研究分析。

（2）检测系统的基本要求　汽车检测系统要求能检测出被测对象中人们所需要的某些特征参数信号，不管中间经过多少环节的变换，必须不失真地从信源点把所需信息通过其载体信号传输到输出端。为此，对检测系统具有如下基本要求。

1）能有效地检测被测量。检测系统首先应保证能有效地检测规定项目中所涉及的所有被测量，满足检测所必需的功能要求。因此，检测系统应具有适当的灵敏度和足够的分辨率。

灵敏度是指输出信号变化量与输入信号变化量的比值，它反映了检测系统对输入量变化的敏感程度，其值越大，表示系统越灵敏，检测微弱变化信号的能力越强。但灵敏度越高，其系统的示值稳定性越差且检测范围越窄，故灵敏度的选择应适当。

分辨率是指检测系统能测量到最小输入量变化的能力，即能引起输出量发生变化的最小输入变化量，它是检测系统对输入信号的分辨极限。当系统具有足够分辨率时，就能有效地检测微弱变化的被测量。

2）足够的检测精度。检测系统所检测的各种被测量应该准确可靠，即应有足够的检测精度。检测系统的精度与检测装置的复杂程度和价格直接相关，通常精度高的检测装置，其结构较复杂，价格较昂贵。因此正确选择检测装置的原则是，在满足检测要求的前提下，不要片面地追求高精度。那么，如何才能有效地保证检测精度呢？工程实践表明，检测装置的精度比检测所要求的精度高一个精度等级，就可以很好地满足上面所述的检测装置的选用原则。

我国相关标准规定，工业仪表的精度等级分为 7 级，分别是 0.1、0.2、0.5、1.0、1.5、2.5 和 5.0 级。它们是满量程绝对误差的百分数，如某转速计的量程为 6000r/min，精度等级为 0.5，则该转速计在满量程范围内可能产生的最大绝对误差为 6000r/min × 0.5% = 30r/min。

🔵 注意：

仪器的精度是指满量程范围内可能产生的最大误差（引用误差），但这并不等于在每次测量中都会出现那么大的误差；仪器的精度数字越小，说明仪器的精确度越高。

3）良好的动态特性。汽车检测往往是一种动态检测，因此其检测性能需要用动态特性加以描述。动态特性是指输入量随时间变化时，输出随输入变化的规律。若系统具有良好的动态特性，则整个检测过程其传输信号就不会失真，因此，检测时可以用系统的输出（响应）信号来正确地估计输入信号（被测信号），从而提取和辨识信号中的有用信息。

当然，一项复杂的汽车检测工作，往往需要将多种不同功能的仪器组合起来才能完成其检测任务，因此需要合理地组建汽车检测系统，应充分注意传感器的接入对测试系统动态特性的影响，及仪器设备级联所带来的负载效应，以保证检测系统具有良好的动态特性。

（3）现代汽车检测系统　现代汽车检测系统普遍采用计算机辅助测试，利用计算机来控制、分析、处理、存储、显示检测信号，已实现了检测控制智能化、数据处理自动化、结果显示实时化。典型的检测系统有汽车底盘测功机、发动机综合性能检测仪、制动试验台、车速表试验台、侧滑试验台、前照灯检测仪、废气与烟度检测仪、车轮平衡检测仪等。下面举两例说明。

1）汽车底盘测功机。图 1-2 是汽车底盘测功机的检测控制原理图。该系统主要用来检测汽车驱动轮输出功率、驱动力，它集信号激发、检测、处理、显示、控制于一体。检测时，将被测汽车驱动轮置于测功机台架上，模拟路面驱动行驶工况，激发出被测的车速 v、驱动力 F

等信号，然后分别通过测力、测速传感器测出，再经过信号预处理电路进行信号放大、A/D 转换，并送入计算机。此时计算机一方面采集被测信号 v、F 并进行分析和处理；另一方面按计算机控制程序的要求，输出控制信号经 D/A 转换后给加载控制器，去控制加载装置，实现模拟载荷的适时调节，以满足检测的需要；同时，计算机将分析和处理的结果输出至外围设备，如 LED 点阵屏、显示器和打印机，从而显示汽车驱动力、驱动轮输出功率等检测参数。另外，根据检测的需要，计算机还会控制继电器，去控制附加装置按需工作。

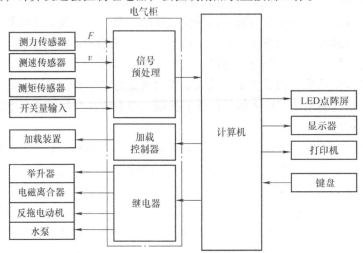

图 1-2　汽车底盘测功机的检测控制原理图

2）发动机综合性能检测仪。发动机综合性能检测仪主要由信号提取装置、前端处理器和计算机采控与显示系统等组成，如图 1-3 所示。信号提取装置主要由各类夹持器、探针、传感器和连接电缆等组成；信号提取装置的作用是拾取发动机的有关参数信息，并将该信息（电量或非电量）转化为系统容易传输或处理的电信号；鉴于被测点的机械结构和参数性质不同，信号提取装置必须具有多种形式以适应不同的测试部位。前端处理器也称为信号预处理系统，它包括部分采集信号的预处理和信号转接；前端处理器的作用是把各种传感器输出的发动机有关参数的信号，经衰减、滤波、放大、整形，并转换成标准的数字信号送入中央处理器，即对采集来的信号进行预处理，并把所有脉冲信号和数字信号直接输入 CPU 的高速输入端。计算机采控与显示系统主要包括主机、显示器、键盘和打印机等部件；计算机采控与显示系统的作用是承担测试过程的数据采集、分析、处理、显示和打印等工作；现代发动机综合性能检测仪，其显示装置一般采用 LCD 显示器，采用多级菜单操作，能适时显示被测发动机的动态参数和波形。

（4）车载诊断系统　汽车车载诊断系统是指安装在车上的随车检测诊断系统，其英文的全称是 On - Board Diagnostics，简称 OBD。OBD 最初的研发目的，就是对汽车尾气排放进行监测。OBD 自问世以来得到了不断的改进和完善，功能不断扩大，相继出现了 OBD - Ⅰ、OBD - Ⅱ。早期的 OBD，是世界各个汽车制造厂商独立自行设计的，各个车型之间无法共用。而现在 OBD 采用了标准的 16 孔诊断插座、相同的故障码及通用的资料传输标准（SAE 或 ISO 格式），通用性好；同时，OBD 具有数据分析、资料传输、行车记录、重新显示记忆故障码以及汽车排放监控等功能。

1）OBD 检测原理。汽车运行时，OBD 会监视电控系统的运行情况。汽车正常运行时，

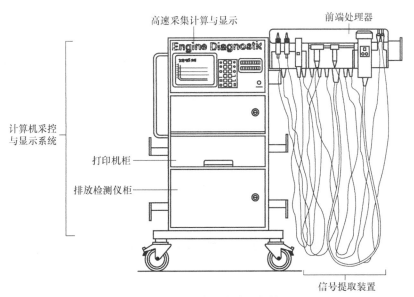

图 1-3　发动机综合性能检测仪外形图

汽车电控系统输入和输出的信号（电压或电流）会在适当的范围内按一定规律变化。当电控系统电路的信号出现异常且超出了正常的变化范围，并且这一异常现象在一定时间（3 个连续行程）内不会消失，ECU 则判断这一部分出现故障，OBD 会将故障以代码形式储存到计算机，并点亮 OBD 故障指示器（MIL 灯）给以警示。当系统存在故障时，维修人员可用 OBD 诊断仪直接读取故障码，这样就可以迅速准确地找到故障所在。

目前汽车的 OBD，其故障的自诊断具有严格的针对性，重点监测与汽车排放性能有关的系统和故障，并利用车载通信系统将车辆的身份代码、故障码及所在位置等信息自动通告管理部门，管理部门则根据该车辆排放问题，向驾驶人发出警告，并提出维修建议等，真正做到使汽车检测、维护和管理为一体，以满足环境保护的要求。

2）OBD 诊断接口。车辆 OBD 接口安装在驾驶人座椅旁的合适位置（图 1-4a），用来连接 OBD 诊断仪。OBD 诊断仪以此获取车辆 ECU 信息，如读取故障码、测取数据流和其他相关数据，为检测和诊断故障提供便利。目前，各车型 OBD 接口统一标准，采用梯形状 16 针诊断插座接口。OBD – Ⅱ诊断插座各端子的代号如图 1-4b 所示，其含义见表 1-1。

a)

图 1-4　OBD – Ⅱ诊断插座

a）OBD – Ⅱ诊断插座安装位置

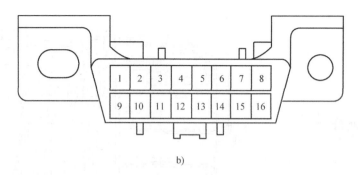

b)

图 1-4　OBD – Ⅱ诊断插座（续）

b) OBD – Ⅱ诊断插座端子代号

表 1-1　OBD – Ⅱ诊断插座各端子代号与含义

端子代号	含义	端子代号	含义
1	汽车厂家自定义	9	汽车厂家自定义
2	总线正极，SAE J1850	10	总线负极，SAE J1850
3	汽车厂家自定义	11	汽车厂家自定义
4	车身搭铁	12	汽车厂家自定义
5	信号回路搭铁	13	汽车厂家自定义
6	CAN – H，ISO 15765 – 4	14	CAN – L，ISO 15765 – 4
7	K 线，ISO 9141 – 2	15	L 线，ISO 9141 – 2
8	汽车厂家自定义	16	接蓄电池正极

3) OBD 故障码。OBD 统一了各车种的故障码及含义，大大提高了汽车诊断系统的通用性和方便性。OBD – Ⅱ规定了一个 5 位标准故障码，第 1 位是字母，后面 4 位是数字，其结构如图 1-5 所示。

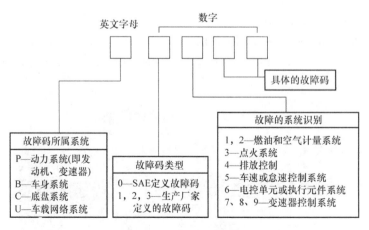

图 1-5　OBD – Ⅱ故障码结构

首位字母表示设置故障码的系统，当前分配的字母有 4 个："P"代表动力系统；"B"代表车身系统，"C"代表底盘系统，"U"代表车载网络系统。

第 2 位字符是 0、1、2 或 3，意义如下：0 为 SAE（美国汽车工程师协会）定义的通用故障码；1 为汽车厂家定义的扩展故障码；2 或 3 为随系统字符（P、B、C 或 U）的不同而不同。动力系统故障码（P）的 2 或 3 由 SAE 留作将来使用；车身或底盘系统故障码的 2 为厂家保留，车身或底盘系统故障码的 3 由 SAE 保留。

第 3 位字符表示出故障的系统：1 为燃油或空气计量系统故障；2 为燃油或空气计量系统（喷油器电路）故障；3 为点火系统故障或发动机缺火；4 为辅助排放控制系统故障；5 为车速或怠速控制系统故障；6 为电控单元或输出电路故障；7、8、9 为变速器控制系统故障。

最后两位字符表示触发故障码的条件。不同的传感器、执行器和电路分配了不同区段的数字，区段中较小的数字表示通用故障，即通用故障码；较大的数字表示扩展码，提供了更具体的信息，如电压低或高、响应慢或信号超出范围。

OBD - Ⅱ故障码示例 P0100：空气流量传感器线路不良；P0102：空气流量传感器线路输入电压太低；P0103：空气流量传感器线路输入电压太高；P0104：空气流量传感器线路间歇故障。

4）OBD 信息获取。当汽车行驶时，若 OBD 故障指示器（MIL）闪亮，则说明汽车电控系统存在故障，此时可通过 OBD 诊断仪获取故障信息。步骤如下。

① 关闭发动机，点火钥匙处于关闭位置。

② 将 OBD 诊断仪连接到车辆仪表板下的 OBD 诊断插座。

③ 将点火钥匙打到起动的位置（不必起动发动机）。

④ 打开 OBD 诊断仪，读取故障码或获取数据流。

⑤ 将点火钥匙打回关闭位置，取下 OBD 诊断仪。

提示：汽车车载诊断系统虽然能够对车辆的运行状况进行监测，但是其监测的范围依然有限，并不能够做到对汽车所有的部件和系统进行监测。因此，即使汽车有些部分或者系统存在问题或故障，OBD 并不能及时做出反应，所以 OBD 对车辆的整体运行状况是否良好也很难做出评价。

2. 故障诊断设备

现代汽车的故障诊断往往需要依赖汽车故障诊断设备来完成，例如汽车电气故障的检测及诊断就需要汽车故障诊断仪。汽车故障诊断设备种类很多，按功能范围可分为综合性诊断设备和单一性诊断设备两大类。综合性诊断设备如汽车故障诊断仪、汽车示波器、数字式万用表等，使用范围较宽；单一性诊断设备如排气分析仪、四轮定位仪、车轮平衡机等，专用于某一项检测诊断。这里仅介绍 2 种常用的综合性检测诊断设备：汽车故障诊断仪和汽车示波器，其他专用检测诊断设备在以后相关章节中予以介绍。

（1）汽车故障诊断仪　汽车故障诊断仪又称故障扫描仪、电控系统检测仪，过去因为它具有故障码的读取和解析功能，称为解码器，现在由于该仪器的功能已大大扩展，称"解码器"已不确切。汽车电控系统故障诊断仪是一种和车载故障自诊断系统专门配套使用的微型计算机，它通过汽车电子控制系统的故障检测通信接口与发动机 ECU 相连。从本质上看，这种故障诊断仪相当于自诊断系统的终端设备，起人机交互作用。现代汽车故障诊断仪除具有读码、解码等功能外，还具备读取动态数据流、系统状态测试、执行元件动作测试、系统波形显示、参数设定和编码等功能。

汽车故障诊断仪分为专用型和通用型两种。专用型故障诊断仪针对某一品牌或车系而设计，具有功能强大、针对该车型的故障查找比较准确的优势，如大众汽车公司的 VAS5052、通用汽车公司的 TECH-2、雪铁龙的 ELIT 等。通用型故障诊断仪适用于多种品牌、车型，如元征 X431、博世 KT660 等，图 1-6 为元征 X431 PAD3 主机，图 1-7 为爱夫卡 F7S-Z 主机。一般除主机、汽车诊断和网上升级所需附件之外，汽车故障诊断仪还配有各种测试插头。汽车故障诊断仪的使用方法如下。

图 1-6 元征 X431 PAD3 主机

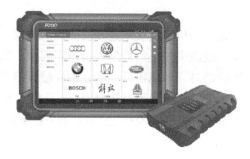
图 1-7 爱夫卡 F7S-Z 主机

1）汽车故障诊断仪的测试条件。

① 汽车蓄电池电压等级：汽油机故障诊断仪，12V；柴油机故障诊断仪，12V 或 24V。

② 点火正时和怠速应在标准范围，发动机冷却液温度和自动变速器油温达到正常工作温度。

2）汽车故障诊断仪的测试方法。

① 设备连接。在车上找到诊断插座，根据诊断插座的形状选择相应的插头。将测试线一端连接好测试插头，另一端接入主机的测试口，再将测试插头连接至汽车诊断插座。

② 使发动机进入检测状态。打开点火开关（ON），使电子控制系统处于通电状态。

③ 进入诊断系统。接通主机电源，进入汽车诊断主菜单。车型选择是以车标图形为按钮，单击相应的图标选好车型后，再选择要诊断的系统，界面将显示此系统能够实现的所有诊断功能，如读取 ECU 版本信息、读取故障码、清除故障码、读取数据流、元件动作测试、基本设定、控制单元编码等。

④ 选择所需项目检测。不同的汽车故障诊断仪，能供检测的项目可能不同。此时可根据需要，选择下列项目检测。

a. 读取 ECU 版本信息。即读取被测试系统 ECU 的相关信息，包括软件版本、硬件版本、零件号等信息，读取的信息因车型或系统不同而不同。更换车辆控制单元并对新的控制单元编码时，需要读出原控制单元信息并记录，以作为购买新控制单元的参考。

b. 读取故障码。即读取被测试系统 ECU 存储器内的故障码，并显示故障码含义，以此帮助维修人员快速地查到引起故障的原因。

c. 清除故障码。即通过简单的操作来清除被测试系统 ECU 内存储的故障，可用于验证故障，故障码被清除，则该代码是间歇性故障或是已排除故障但未清除的故障码。诊断维修之后，要注意清除故障码，使汽车仪表板上相应的系统警告灯熄灭。

d. 读取数据流。即通过诊断仪查看被测试系统 ECU 接收到的各种信号信息，对传感器

和执行器的动态参数进行实时监测。例如监测发动机转速、节气门开度、喷油脉冲宽度、点火提前角、车速以及怠速开关、空调开关、继电器、变速器档位状态等。在进行故障诊断时，若遇到无故障码显示的情况，则可以通过查看数据流是否异常，分析相关系统或部件是否存在故障。目前新型的诊断仪还具有数据流波形显示方式，即将数据流转化为随时间变化的波形，使数据流显示更加直观。

　　e. 元件动作测试。即利用故障诊断仪向 ECU 发出指令，ECU 再控制某个执行元件工作，例如喷油器喷油、节气门打开、散热器风扇运转等，通过检查执行元件是否响应，判断执行器及其线路是否存在故障。

　　f. 基本设定。车辆某些系统维修或者保养后，必须进行基本设定，如节气门自适应过程、点火正时、混合气、怠速稳定阀的设定等。不同车型、不同参数的基本设定选择不同的组号，以原厂手册为准。一般情况下，可以先查看基本设定组号对应的数据流，如果无此组数据流或者数据流和基本设定内容不符合，则此基本设定组号不正确。

　　进行基本设定操作时，被测车辆的状态应是：ECU 内无故障码存储；关闭所有电器；冷却液温度不低于80℃。

　　g. 控制单元编码。车辆 ECU 更换后必须进行控制单元编码，如果新的控制单元编码和原控制单元完全一样，只需将原编码输入新的控制单元。一般控制单元编码因车辆配置不同而不同，控制单元编码完成后应重新读取车辆 ECU 版本信息，查看刚录入的编码是否保存。

　　有些车型的控制单元可能只允许编码一次，且错误的编码轻则会导致车辆的性能不良，重则给车辆带来严重故障，因此应杜绝误操作。

　　（2）汽车专用示波器　示波器是指用波形显示或记录电量（如电压、电流等）随时间变化关系的仪器，它是一种多用途的测量仪器。汽车专用示波器是指专门用来检测汽车有关信号波形的示波器（图1-8、图1-9），它能检测汽车点火波形、供油压力波形、真空度波形、异响波形、电控元件信号波形，观测信号变化过程，并具有信号波形的储存和回放功能。

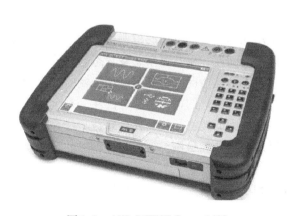

图 1-8　AVL DiTEST Scope 8400
汽车专用示波器

图 1-9　金德 KT600 汽车专用示波器

　　现代汽车专用示波器主要由检测探头、外接线、计算机控制系统和显示器等组成。检测

探头及外接线用于连接测量点，并向示波器输入信号，检测探头实际上就是示波器的信号获取装置（传感器），它用来感应测量点的被测信号，该信号通过外接线传输给示波器的电控系统；计算机控制系统用来接收、处理外接线输入的信号和波形，传送给显示器，并能对检测波形的显示、记录、打印和储存进行控制；显示器多为液晶式，力求显示面积大、图形清晰度高。汽车示波器通常有双通道、4通道、6通道等多种显示模式，仪器的通道数目是几，就表示可以同时独立显示几种不同的信号波形。现代汽车专用示波器一般采用触摸屏和功能键设计，实现菜单式操作，使用操作方便。

汽车示波器 AVL DiTEST Scope 8400（图1-8）为4通道，任意通道采样率40MS/s，任意通道彩色 LED 指引用户连接正确颜色的探头或传感器，超过400种预置参考曲线及测量设置。它具有直观的软件交互、引导式的测量界面、自动量程配置、自动传感器识别、参考波形对比、测量波形录制、车载娱乐信息系统测试等功能。

金德 KT600 汽车专用示波器（图1-9）装有32位主控 CPU + 高速数字处理芯片，可保证在高达 20MHz 采样频率时仍能实时处理信号，实现点火波形的实时显示。该示波器为高速五通道，可进行参考波形存储；能对汽车初级、次级点火波形进行分析；有纵列、三维、阵列、单缸等多种次级波形显示方式，并显示点火击穿电压、闭合角、燃烧时间等；能自动检测点火信号极性，无论是分电器点火、独立点火，还是双缸点火都能可靠检测。

尽管汽车故障诊断仪具有示波器功能，但由于故障诊断仪是通过诊断插座读取数据流，其数据流的波形显示方式是电控元件经过线束传送并经 ECU 处理过的信息，有一定的误差。相比之下，汽车示波器采用拦截式直接检测，信号更为准确，同时仪器的扫描速度比汽车故障诊断仪更快，可实现信号的快速捕捉和波形的慢速显示。因此，为提高检测精度，精准分析诊断故障，应尽量使用汽车专用示波器。

三、汽车检测分类

汽车检测的目的，是为了确定在用车辆的技术状况是否正常或有无故障。若按汽车检测目的分类，则汽车检测可分为如下四类。

1. 综合性能检测

综合性能检测是指对汽车实行定期和不定期综合性能方面的检测，如对汽车动力性、安全性、燃油经济性、使用可靠性、排气污染物、噪声，以及整车装备状态与完整性、防雨密封性等多种技术性能的检测，其目的是在汽车不解体情况下，确定运输车辆的技术状况和工作能力，评定车辆的技术等级，确保运输车辆具有良好的动力性、经济性、安全性、可靠性等使用性能和减少对环境的污染程度，以创造更大的经济效益和社会效益。

提示：汽车技术状况等级评定时必须采用综合性能检测。

2. 安全环保性能检测

安全环保性能检测是指对汽车实行定期和不定期的安全运行和环保性能检测，如对汽车制动、侧滑、灯光、排放、噪声、车速表的检测，其目的是建立安全和公害监控体系，强化汽车的安全管理，确保汽车具有符合要求的外观、良好的安全性能和规定范围内的环境污染程度，使汽车能在安全、高效和低污染下运行。

提示：汽车年检时常用安全环保性能检测。

3. 汽车故障检测

汽车故障检测是指对故障汽车的检测，其目的是在不解体（或仅卸下个别小件）情况下，查出汽车故障的确切部位和产生的原因，从而确定故障的排除方法，提高故障的排除效率，使汽车尽快恢复正常。

4. 汽车维修检测

汽车维修检测包括汽车维护检测和汽车修理检测两类。

汽车维护检测是指汽车二级维护检测，它分为二级维护前检测和二级维护竣工检测。二级维护前检测在汽车维修企业进行，其检测目的是诊断二级维护汽车的故障或实际技术状况，从而确定二级维护附加作业；二级维护竣工检测在汽车检测站进行，检测站根据二级维护竣工检测项目和检测标准检测送检汽车，其目的是监控汽车的二级维护质量，竣工检测合格的车辆方可出厂，否则应返回维修企业重新进行二级维护，直至达到二级维护竣工检测合格为止。

汽车修理检测主要是指汽车大修检测，它分为修理前、修理中、修理后检测。修理前的检测，目的是找出汽车技术状况与标准值相差的程度，从而确定汽车是否需要大修或应采取何种技术措施，以实现视情修理；修理中的检测是局部检测、过程检测，目的是进行质量监控，有时还可确诊故障的具体部位和原因，从而提高修理质量及修理效率；修理后的检测在汽车检测站进行，检测站根据汽车大修质量竣工标准检测送检汽车，目的是检验汽车的使用性能是否得到恢复，以确保修理质量。

提示：在汽车使用过程中，为了解在用汽车的技术状况，应对汽车进行适当的检测，每次检测的时机应根据最佳检测诊断周期而定，也可与汽车的正常维护、修理周期以及汽车年检相互配合。

四、汽车故障诊断基本方法

为了正确地诊断故障，必须运用现代检测手段（包括外观、气味、振动、声响、感觉、仪器等）、现代科学技术和丰富的实践经验进行综合分析和判断。从完成故障诊断过程的方式来看，现代汽车故障诊断的基本方法有如下几种。

1. 人工经验诊断法

人工经验诊断法是指利用人工观察、经验检查、推理分析、逻辑判断进行故障诊断的方法。诊断时，诊断人员凭借丰富的实践经验和一定的理论知识，利用简单工具，在不解体汽车或局部解体情况下，根据汽车在工作中表现出来的外部异常状况，通过眼看、手摸、耳听等手段，边检查、边试验、边分析，从而确定汽车故障部位和原因以及汽车的技术状况。人工经验诊断法一般不需专用仪器设备，可随时随地应用。

提示：人工经验诊断法对诊断人员的经验依赖性强，要求诊断人员有较高的技术水平，并存在诊断速度慢、准确性差及不能进行定量分析等缺点。

2. 仪器分析诊断法

仪器分析诊断法是指汽车在不解体情况下，利用各种专用仪器和设备获取汽车的各种数据，并根据这些数据进行故障诊断的方法。诊断时，利用现代检测设施对汽车、总成或机构进行测试，并通过对诊断参数测试值、变化特性曲线、波形等的分析判断，定量确定汽车技术状况或确诊汽车故障部位和原因。采用微机控制的仪器设备能自动分析、判断、存储并打

印诊断结果。

提示：仪器分析诊断法具有诊断速度快、准确性高、定量分析能力强的优势，但其检测诊断的投资较大，成本较高。

3. 自诊断法

自诊断法是指利用汽车电控单元（ECU）的自诊断功能进行故障诊断的方法。自诊断功能就是利用监测电路来检测传感器、执行器以及微处理器的各种实际参数，并将其与存储器中的标准数据进行比较，从而判定系统是否存在故障。当判定系统存在故障时，电控单元将故障信息以故障码的形式存入存储器，并控制警告灯向驾驶人发出警告信号。自诊断法，需要通过一定的操作方式，把汽车电控系统中电控单元的故障码提取出来，然后通过查阅相应的"故障码表"来确定故障的部位和原因。

提示：自诊断法快捷、准确，可随车适时诊断，但它只适用于汽车电子控制系统。

在实际检测诊断工作中，上述三种方法并不相互孤立，而是相辅相成的。人工经验诊断法是故障诊断的基础，它在汽车诊断的任何时期均具有十分重要的实用价值，即使汽车专家诊断系统，它也是把人脑的分析、判断通过计算机语言转化成计算机的分析判断。仪器分析诊断法是在人工经验诊断基础上发展起来的诊断方法，它在汽车故障诊断中所占的比例日益增大，使用现代仪器设备诊断是汽车检测诊断技术发展的必然趋势。自诊断法，对汽车电子控制系统十分有效，在精准确定故障范围和部位方面，是其他方法无可比拟的，随着计算机控制技术的发展和在汽车上的广泛应用，自诊断法将会显示出更多的优势，发挥出更大的作用。

第二节　汽车故障及汽车技术状况

汽车故障及汽车技术状况是汽车检测诊断的对象。了解汽车故障类型和汽车技术状况，掌握汽车故障产生原因和汽车技术状况变化规律，对汽车诊断参数及其标准的确定和检测方法的选择是极其重要的。

一、汽车故障

汽车故障是指汽车零部件或总成完全或部分丧失工作能力的现象，其故障症状是故障的具体表现。汽车在使用过程中，由于技术状况的变坏，将会出现种种故障。为了迅速排除故障，应了解汽车故障的类型，熟悉汽车故障产生的原因。

1. 汽车故障类型

尽管汽车故障错综复杂、多种多样，但按一定的方法可将汽车故障划分为下述几种主要类型。

（1）按故障存在的系统可分为汽车电气故障和汽车机械故障　汽车电气故障又分为电器故障和线路故障。汽车电气故障一般可方便地通过专用检测诊断设备进行快速诊断，容易实现不解体检测。汽车机械故障范围较广，内部机械故障实现不解体检测相对较难，通常是利用汽车运行过程中的二次效应所提供的信息，如温升、噪声、润滑油状态、振动及各种物理、化学特性的变化来进行诊断。

（2）按故障形成的速度可分为突发性故障和渐发性故障　突发性故障是指发生前无任

何征兆的故障，它不能靠早期的诊断来预测，其故障的发生具有偶然性，如汽车行驶时，铁钉刺破轮胎、钢板弹簧突然折断等。而渐发性故障，是指汽车技术状况连续变化，最终导致恶化而引起的故障，这种故障常有一个逐渐发展的过程，其故障的发生具有必然性，因此，能够通过早期诊断来预测，如发动机气缸磨损或曲轴轴颈磨损就属于渐发性故障。

提示：突发性故障尽管难以预测，但它一般容易排除；而渐发性故障一经发生，就标志着产品寿命的终结，对于汽车而言，则往往是大修或报废的标志。

（3）按故障存在的时间可分为间歇性故障和永久性故障　间歇性故障有时发生，有时消失，如汽油机供油系统气阻故障；而永久性故障则只有在更换某些零部件后，才能使得故障排除，功能恢复，如曲轴轴瓦烧损、发动机拉缸故障。

（4）按故障显现的情况可分为功能故障和潜在故障　导致汽车功能丧失或性能下降的故障称为功能故障，这类故障可通过直接感受或测定其输出参数而判定，如发动机不能起动或发动机输出功率下降均属功能故障；潜在故障是指正在逐渐发展但尚未对功能产生影响的故障，如曲轴、连杆的裂纹，当尚未扩展到极限程度使其断裂时，为潜在故障。

（5）按故障造成后果的严重程度可分为轻微故障、一般故障、严重故障、致命故障　轻微故障一般不会导致汽车停驶或性能下降，不需要更换零件，用随车工具作适当调整即可排除，如气门响、急速过高等。一般故障可能导致汽车性能下降或汽车停驶，但不会导致主要部件和总成的严重损坏，可更换易损零件或用随车工具在短时间内排除，如来油不畅、滤清器堵塞、个别传感器损坏等。严重故障可能导致主要零件的严重损坏，必须停驶，并且不能用更换零件或用随车工具在短时间内排除，如发动机拉缸、烧瓦等。致命故障可能引起车毁人亡的恶性重大事故，如柴油机飞车、制动系统失效、转向系统失控等。

提示：上述故障的分类有些是相互交叉的，而且随着故障的发展，一种类型的故障可以转化为另一种类型的故障。

2. 汽车故障原因

汽车各部件产生故障是由某些零件失效引起的。引发汽车零件失效的因素很多，主要是工作条件恶劣、设计制造存在缺陷以及使用维修不当三个方面。

（1）工作条件恶劣　汽车零件工作条件包括零件的受力状况和工作环境。汽车运行时，绝大多数汽车零件（如活塞、曲轴、齿轮、轴承等）是在动态应力下工作，由于汽车起步、停车以及速度经常变化，使汽车零件承受着冲击、交变应力，从而加速零件的磨损或变形而引发故障。另外，汽车零件往往不只承受一种载荷作用，而是同时承受几种类型载荷的复合作用，若零件的载荷超过其允许承受能力，则会导致零件失效。

汽车零件在不同的环境介质和不同的温度下工作，容易引起零件的腐蚀磨损、磨料磨损，以及热应力引起的热变形、热疲劳等失效。某些工作介质还可以使汽车零件材料脆化、高分子材料老化而引发故障。

提示：若汽车的工作环境条件恶化，如长期在坎坷不平路段重载行驶、在高温条件下大负荷高速运转、汽车经常猛加速或常用紧急制动等，则容易诱发故障。

（2）设计制造缺陷　设计制造缺陷主要是指零件因设计不合理、选材不当、制造工艺不良而存在的先天不足。设计不合理是汽车零件失效的主要原因之一，例如轴的台阶处过渡圆角过小，会造成应力集中，这些应力可能会成为汽车零件破坏的起源。花键、键槽、油孔、销钉孔等设计时，如果没有充分考虑到这些形状对截面削弱而造成的应力集中，也将会

引起零件早期疲劳损坏。材料选择不当及制造工艺过程中因操作不当而使零件产生的裂纹、较大的残余内应力以及较差的表面质量，都将可能成为零件失效的原因。某些过盈配合零件的装配精度不够，能导致相配合零件之间的滑移和变形，将会产生微动磨损，加速零件的失效。某些间隙配合零件的装配间隙过大，则会导致汽车零件冲击过大而引发故障，并容易产生异响，使汽车的使用性能下降；而装配间隙过小，则零件运转时摩擦力、摩擦热过大，容易加快配合件的损坏，如发动机拉缸、烧瓦等。

（3）使用维修不当　汽车在使用过程中的超载、润滑不良、滤清效果不好、违反操作规程、汽车维护和修理不当等，都会引起汽车零件的早期损坏。

汽车严重超载时，其各总成承受的负荷增加，发动机容易出现拉缸、烧瓦现象，底盘容易出现车架、车桥、悬架、弹簧、轮胎等损坏现象；汽车润滑不良时，汽车相对运动部件的摩擦阻力会加大，其运动部件的磨损会加剧；汽车机油滤清器、燃油滤清器、空气滤清器维护不当时，滤清效果不好，会加快发动机的磨损；汽车操作不当，如起步不平稳、急加速、超速行车、常用紧急制动等，会加大汽车的动载荷，容易加速汽车零件的损坏；汽车维护和修理不当，如配件质量欠佳、维修工艺不当、装配质量不好等，都会在汽车中留下故障隐患，导致汽车在使用过程中技术状况容易恶化。

3. 汽车故障诊断基本流程

汽车故障诊断基本流程是汽车故障诊断最基础的过程，是对诊断内容最一般的概括和总结。汽车故障诊断应从故障症状出发，通过问诊试车、分析研究、确认故障部位、修复验证，从而达到发现故障最终原因的目的。

（1）问诊故障症状　通过对车主的询问，了解汽车最初的故障症状。对于维修人员来说，准确了解并描述故障现象非常重要，这关系到故障诊断的方向和效率。因为车主只能从车辆使用中的异常判断车辆出现故障，而维修人员则需要根据车主的描述以及自身观察准确描述故障症状。把握好问诊，不仅可以了解故障最初症状，还可以确定下一步故障诊断方向，甚至可以锁定故障范围。一般问诊应包括以下内容。

1）汽车故障发生的状况。

① 初次故障发生的时间，汽车所处的状态。

② 故障发生之前有何征兆。

③ 故障发生的频次：经常发生、有时发生、一定条件下发生、只发生一次。

④ 故障发生后的变化程度：没有变化、越来越严重、迅速恶化。

⑤ 故障发生的环境：故障发生时的气温、气候、道路情况等。

2）汽车维修保养情况。

① 故障发生后是否进行过维修，进行了哪些维修，更换过哪些零部件。

② 故障发生前是否加装过设备，更改过线路或更换过零部件。

③ 该车是否按时进行保养，是否在正规维修企业进行保养。

3）车主的驾驶习惯。了解汽车经常行驶的道路条件、行驶车速、档位情况，以及加注的燃油标号等。

 注意：

询问汽车的故障症状时，应尽量让车主多说，不要提示太多，否则会误导用户说出模棱

两可的故障现象，增加故障诊断的难度。

（2）验证故障症状　验证确实存在的所述故障是沿着正确方向诊断和排除故障的前提。通过试车或模拟汽车部件工作可以验证故障症状，而试车是维修人员感受汽车故障症状的最好过程。有条件时应进行试车，以此再现车主所述的故障症状，以验证故障症状的真实性。完整的试车应包括汽车各种性能的试验过程，即从发动机冷机起动、冷机高怠速，暖机到热机怠速、加速、急加速全过程的运行状况，以及仪表指示情况。此外还应该包括汽车起步、换档、加速、减速、制动、转向等过程的行驶状况试验。

试车时，应针对不同的故障现象检查相应的项目，有选择地检查汽车的动力性能、制动性能、行驶稳定性能、操纵可靠性能、振动摆动异响等状况，感受驾驶和操纵过程的各种反应，以便检查是否有车主未感觉到的汽车故障症状存在。在试车再现故障症状后，维修人员应反复体会和观察故障症状出现时，汽车的工况和环境条件等，并认真记录，以确认故障症状。

（3）分析诊断故障　根据汽车的故障症状，借助汽车的结构原理、电路图等技术资料，通过人工经验和现代检测设备，检查、测试、分析和推理，判断出故障症状发生的可能原因和故障部位所在。

（4）修复验证故障

1）修复故障。根据故障部位状况和最小故障点的表现模式，采取相应的修复方法予以修复，排除故障。

2）验证故障。对修复后的车辆进行功能测试，验证其故障是否修复。如果故障症状完全消失，车辆功能恢复正常，则可以确认车辆已经被完全修复，故障已彻底排除。如果故障症状依然存在，则说明真正的故障没有修复或存在其他的故障，此时需要重新诊断排除故障。

（5）确定故障最终原因　最小故障点修复验证后，故障症状尽管消除，但是导致这个最小故障点发生故障的最终原因如果还没有认定，而就此结束维修，让汽车出厂继续行驶，很有可能导致故障症状的再次发生。因此，应对故障点的最终故障原因进行分析，找到其产生的内部原因和外部原因，彻底消除故障发生的根本原因，杜绝故障再次发生。

4. 汽车故障诊断常用方法

（1）直观诊断法　它是指诊断人员凭借其丰富的经验，对故障汽车故障症状采用问询、眼看、耳听、手摸、鼻嗅、试车等手段，进行检查、试验、分析，确定汽车故障原因和部位的诊断方法。直观诊断法是汽车故障诊断的最基本方法，适用于诊断比较常见和明显的故障。

1）"问"。接到故障车后，向驾驶人详细询问车辆的行驶里程、技术状况、行驶条件、维修情况、故障症状、故障起因等内容，掌握故障的初步情况。有经验的维修人员，在平时汽车故障诊断经验积累的基础上，对有些常见故障或某种车型的普遍故障，通过问询即可准确地诊断故障。

2）"看"。看发动机工作状况，如排气管颜色，排气颜色，机油颜色及液面高低，各部件是否漏油、漏水、漏气；看汽车电路的连接有无脱落、损坏现象；看汽车各部件表面有无破裂、锈蚀等，然后再综合分析判断故障。

3）"听"。听汽车工作时各部件的工作声响，察听有无敲缸、机械撞击、异常摩擦、排

气管放炮等异响。异响是发生故障和产生事故的前兆，汽车整车及各总成、各系统在正常工作时，发出的声音一般都有一定规律性，通过仔细辨别能大致判断出声音是否正常，根据异响特征甚至可以直接判断出故障的部位和原因。

4）"摸"。用手触摸各接头处、插接口处、固定螺栓（钉）等是否有松脱现象，汽车各部件连接是否松动等，可判断相应部件工作是否正常；用手触摸各总成部件，感觉其温度有无异常升高，导线插头、插接口处有无发热现象，可判断相应部件是否存在故障。

5）"嗅"。嗅汽车工作时有无异味，有些故障出现后，会产生比较特殊的气味，据此可较准确地判断故障部位所在。如：发动机烧机油时，会产生烧油味；混合气过浓时，排气中有生油味；离合器、制动器等摩擦片打滑时会发出煳臭味；传动带打滑后会产生烧焦味；导线过热则会发出胶皮味；橡胶及塑料件过热后会发出橡胶及塑料味等。

6）"试"。试车检查，就是通过对汽车及总成进行不同工况的模拟试验，再现并确认故障症状，以进一步判断故障部位及原因。

（2）仪器诊断法　它是指诊断人员凭借简单仪表、诊断仪器，对汽车故障进行检测、分析，确定汽车故障原因和部位的诊断方法。仪器诊断法是对汽车电控系统故障、电器故障、疑难故障以及具体故障部位和原因进行诊断的常用方法。

1）用检测仪器初步诊断和验证故障。根据汽车的故障症状，选择相适应的汽车专用诊断设备，如汽车故障诊断仪、发动机综合分析仪、无负荷测功仪、四轮定位仪、机油分析仪、废气分析仪、烟度计、温度检测仪、压力检测仪等，对故障汽车进行检测，可以快速诊断或验证汽车的故障范围、性质和大致原因，可以大大提高汽车故障诊断的效率。

2）用简单仪表深入诊断故障。根据汽车故障类型、故障性质、最小故障点特点，选择相适应的汽车专用诊断仪表，如万用表、示波器、气缸压力表等，可以对汽车具体故障进行深入诊断。如利用万用表测量元件的电阻或输出电压，用示波器测试元件工作时的输出电压波形，并与标准比较可诊断故障；利用万用表测量元件导通性，则可判断元器件或线路是否工作正常；利用气缸压力表测量发动机各缸压力，可迅速诊断各缸是否存在故障。

（3）对比试验法　它是指诊断人员有意改变故障汽车的工作条件，进行对比试验诊断故障的方法。

1）隔除对比试验。通过隔除某些系统或部件，使其停止工作，如故障现象消失，则故障在被隔除部件或系统。诊断发动机异响或怠速不稳故障时，常用单缸断火试验查找故障缸，电工维修中常见的跨接线法查找断路故障点、断路法查找短路故障点，均属此法。又如汽车加速不良故障，判断故障是否因空气滤清器堵塞引起时，可取下空气滤清器试车，如故障消失，则故障确实是由空气滤清器引起的。

2）替换对比试验。对怀疑有故障的零部件用工作正常的相同件替换，如果换件后故障现象消失，则说明原件有问题。此方法经常用于诊断火花塞、传感器、电子控制单元等工作是否正常。

（4）模拟诊断法　它是指诊断人员在充分分析和了解故障的基础上，采用与车辆出现故障时相同或相似的条件和环境进行试验模拟，使其再现故障，来进行故障部位和原因诊断的方法。模拟诊断法常用于间歇性故障，因为间歇性故障会根据汽车行驶条件、状况，时而出现时而消失，而当需要对这类故障进行诊断时，它又没有明显的故障征兆，但其故障又确实存在。因此，利用模拟诊断法较好。故障征兆模拟诊断法主要有如下几种。

1）振动法。汽车在坏路面上运行时，电控系统容易出现故障，其振动可能是产生故障的原因，此时可采用振动法模拟。对发动机电控系统的导线束、插接器、传感器、执行器等元器件，进行人为的敲打振动，如在水平、垂直方向上拉动摇摆，以检查是否存在虚焊、松动、接触不良、导线断裂等故障，并根据被检测装置的反应来分析诊断。

🌼 **注意：**

振动模拟时，一定不能用力过度，否则会造成新的损伤或故障！

2）加热法。有些故障只在热车时出现，电控系统的有关零部件受热温度过高可能是引起故障的原因，此时可采用加热法模拟。可用电吹风或类似的加热工具加热可能引起故障的零部件，如传感器、执行器等元器件，检查故障是否出现。当加热某个元器件时，若故障出现，则表明该元器件为故障件，应维修或更换。

🌼 **注意：**

对有关电子元器件进行加热时，加热温度必须控制在60℃以下，而且不可直接加热电控单元，以免造成新的损坏。

3）加湿法。有些故障在雨天或潮湿环境时出现，而在干燥的晴天又恢复正常，此时可采用加湿法模拟。诊断时，可向怀疑的元器件上方喷水雾，模拟潮湿环境，来检查确认是否发生故障。

🌼 **注意：**

加湿模拟前，要对元器件作防水保护，以免因水损坏电控系统或腐蚀元器件。

4）电器全接通法。有些故障在电负荷过大时出现，此时可采用电器全接通法模拟。模拟时，可接通全车所有的用电设备，如音响、空调、前照灯等，检查是否发生故障。

5）电阻法或电压法。在电路诊断中，当怀疑电阻式传感器存在故障时，可采用电阻法模拟。模拟时，用电阻元件代替某些怀疑的电阻式传感器，并根据被代替后的反应来分析诊断传感器是否存在故障。例如：怀疑冷却液温度传感器损坏时，可将一只与冷却液温度传感器阻值大小相当的电阻，串联在冷却液温度传感器的插接器上，进行模拟试验，以便诊断该冷却液温度传感器是否存在故障。

在电路诊断中，当怀疑某信号传感器损坏时，可采用电压法模拟。模拟时，以外接的合适电压或用合适的元器件，来代替某些怀疑损坏的传感器，进行电压信号模拟试验，以便诊断该传感器是否损坏。

提示：在故障征兆模拟时，检测人员必须注意，根据不同故障对象采用不同的模拟试验；模拟试验的强度和持续的时间要严格掌握；模拟试验的范围要严格控制；模拟试验的故障表现形式，应耐心观察、仔细分析，以便快速确诊故障之所在。

（5）故障树分析法　汽车是由多个不同功能的子系统构成的复杂机电系统，其故障产生的原因往往较为复杂，采用故障树分析法进行汽车故障原因的诊断，尤其是对汽车自诊断系统不能准确把握的故障诊断，效果较好。

1）故障树基本概念。故障树分析法（Fault Tree Analysis）简称FTA法，是一种将系统故障形成的原因由总体至部分按树枝状逐渐细化的逻辑分析方法，其目的是确定故障的原因、影响因素及发生概率。

故障树分析法应用于汽车故障诊断时，是将汽车故障现象作为分析目标，从汽车故障发

生的机理出发进行发散思维、逻辑推理，找出导致故障发生的全部直接原因，然后再找出导致下一级故障的全部直接原因，逐级细化一直追查到那些最基本的、无须深究细节的原因为止，从而形成的反映汽车故障因果关系的树枝状图形——故障树，它是一种特殊的倒立树状逻辑因果关系图。

故障树分析法不仅可以定性分析故障发生的机理，而且还能定量预测故障发生的概率。故障树分析法简便、直观，可以一目了然地看出故障的原因与形成过程，能发现潜在的问题，有利于防患未然和预报故障。

2）故障树建立方法。通常，把研究对象即汽车故障事件称为顶事件，而无须深究的形成系统故障的基本事件称为底事件或初始事件，介于顶事件与底事件之间的一切事件称为中间事件。在故障树图中，常用一些事件符号、逻辑门符号等来描述系统中各种事件之间的因果、逻辑关系。故障树分析法常用的事件符号和逻辑门符号及其含义见表1-2。

建立故障树时，首先把要分析的顶事件即汽车故障事件扼要地写在矩形框内，置于故障树的最上端，并用"T"表示，作为故障树的第一级；然后，在顶事件下面，通过分析写出引起顶事件直接原因的事件，作为故障树的第二级，用"A"表示；以下继续分析还可列出第三级、第四级……，直到列出最基本原因的初始事件为止，并用"X"表示；暂时不分析的省略事件用"D"表示。上、下级事件之间有着"或""与"关系，用逻辑门符号联系，于是就形成了故障树。在故障树图中，每一级事件都是上一级事件的直接原因，同时又是下一级事件的直接结果。图1-10为发动机不能起动的故障树。

表1-2 故障树分析法常用符号及含义

符 号	名 称	含 义
矩形符号	故障事件	表示底事件之外的所有中间事件和顶事件
圆形符号	基本事件	表示初始事件，是不能再分解的事件，即故障发生的基本原因
屋形符号	非故障性事件	表示偶然发生的非故障性事件
菱形符号	省略事件	表示暂时不分析或发生概率极小的事件
$x_1, x_2, \cdots, x_n$ 与门符号（AND）	"与"逻辑关系	事件 $x_1, x_2, \cdots, x_n$ 同时发生，事件 A 才发生
$x_1, x_2, \cdots, x_n$ 或门符号（OR）	"或"逻辑关系	事件 $x_1, x_2, \cdots, x_n$ 有一个发生，事件 A 就会发生

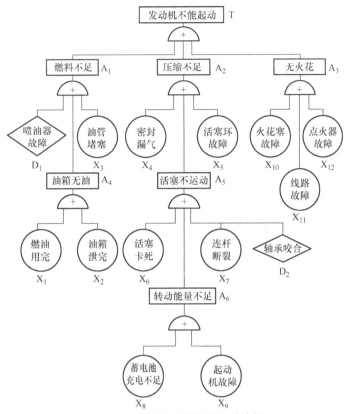

图 1-10　发动机不能起动的故障树

3）故障树分析。通过故障树定性分析和定量分析，可以确定汽车故障诊断流程。

① 故障树定性分析。定性分析就是通过故障树，分析汽车系统出现某种故障（顶事件）有多少种可能性，由多少种原因引起，并从中找出系统的最薄弱环节，最容易引发故障（顶事件）的原因，以此作为故障排除的重点。

② 故障树定量分析。定量分析就是通过故障树，分析各基本事件引发汽车故障（顶事件）发生的可能性大小，即引发故障的概率，其中汽车故障（顶事件）发生概率最大的路径，是最容易引发故障（顶事件）的原因，以此作为故障排除的重点。

汽车故障（顶事件）发生的概率，可以根据系统中各基本事件发生的概率，按故障树的逻辑结构，应用逻辑与、或的概率计算公式逐级向上运算，直至求出汽车故障发生的概率。

若输入事件 x_1，x_2，$\cdots$，x_n 间相互独立，并已知发生的概率为 $P(x_i)$，则输出事件 X 发生的概率可按下列方法计算。

当逻辑关系为"与"联接时，事件 $X = x_1 x_2 \cdots x_n$ 发生的概率为

$$P(x) = \prod_{i=1}^{n} P(x_i) \tag{1-1}$$

当逻辑关系为"或"联接时，事件 $X = x_1 + x_2 + \cdots + x_n$ 发生的概率为

$$P(X) = 1 - \prod_{i=1}^{n} \left[1 - P(x_i) \right] \tag{1-2}$$

③ 确定汽车故障诊断流程。通过故障树的分析，剔除故障率很小的故障原因，并根据具体的故障表现和维修经验，确定汽车故障诊断的最佳操作顺序和具体的操作方法，即确定汽车故障诊断流程，以便排除汽车故障。

提示：故障树分析法采用的是逻辑推断方法，在人工经验诊断和智能专家系统诊断中，都会自觉或不自觉地应用故障树分析法。

二、汽车技术状况

1. 汽车技术状况及其变化

汽车技术状况是指定量测得的表征某一时刻汽车外观和性能参数值的总和。汽车是一个多元件构成的复杂系统，系统内各元件、部件是相互关联的，系统内元件性能的变化或产生故障，必然会引起整个系统技术状况的变化。

汽车在使用过程中，汽车内部零件之间、零件与工作介质之间、汽车与外界环境之间均存在着相互作用，其结果是引起零件磨损、发热、腐蚀等一系列物理的和化学的变化，使零件尺寸、零件相互装配位置、配合间隙、表面质量等发生改变，使汽车总成或零件失去原有性能，引起工作质量下降，从而使汽车技术状况发生变化。

随着行驶里程的增加，汽车技术状况会逐渐变坏，从而导致汽车使用性能（动力性、经济性、制动性、操纵稳定性、行驶平顺性、通过性、环保性、可靠性）下降和外观形象变差。然而，汽车技术状况变化的速度是根据汽车的结构强度、使用条件（道路、载荷、气候、车速）、驾驶技术和汽车维护情况的不同而有所差别的。检测人员可通过检测表征汽车外观和性能的诊断参数值，来反映或确定某一时刻汽车的技术状况，例如：通过检测汽车加速时间、驱动轮输出功率、燃油消耗量等参数的变化情况来评价汽车的技术状况。

提示：要重视汽车技术状况变化的研究，掌握变化症状、探究变化原因，以便适时地实施维修，保持汽车技术状况完好。

2. 汽车技术状况变化原因

汽车技术状况变化是由汽车系统零件的原有尺寸、几何形状及表面质量发生改变，破坏了零件原来的配合特性和正确位置关系引起的。导致零件发生这种改变是汽车诸多原因综合作用的结果，其主要原因如下。

（1）零件磨损损坏 零件表面间相互摩擦产生磨损，汽车长时间使用会导致零件表面磨损损坏。绝大多数汽车零件不能继续使用并不是由于汽车零件的整体被破坏，而是由于零件工作表面的磨损逾限而促使零件加速失效。据统计，有75%的汽车零件是由于磨损而报废的。因此，磨损失效是汽车零件的主要损坏形式。

磨损现象只发生在零件表面，其磨损速度的快慢既与零件的材料、加工方法有关，又受汽车运用中装载、润滑、车速等条件的影响。引起汽车技术状况变化的主要磨损形式有磨料磨损、粘着磨损和腐蚀磨损。

磨料磨损是指零件表面与硬质微粒或硬质凸出物相互摩擦引起表面材料磨损的现象。磨料的来源主要有空气中的尘埃、机油里的夹杂物、零件在摩擦过程中剥落的磨屑。气缸表面、曲轴轴颈常发生磨料磨损。

粘着磨损是指摩擦副相对运动时，由于固相焊合，零件接触表面的材料由一个表面转移到另一个表面的现象。干摩擦和在润滑不良条件下工作的滑动摩擦副容易产生粘着磨损，严

重时会使摩擦副咬死。发动机气缸"拉缸"和曲轴"烧瓦"是典型的黏着磨损。

腐蚀磨损是指在摩擦过程中，摩擦表面在酸、碱等腐蚀物质作用下产生材料损失的现象。腐蚀磨损是腐蚀和摩擦共同作用的结果：腐蚀物质对零件表面的腐蚀可使表面形成薄而脆的氧化层，而在摩擦力作用下，氧化层脱落，腐蚀作用进一步向零件深部发展，再形成氧化层。如此，氧化层不断生成，不断脱落，从而造成了零件表面的磨损。

(2) 零件疲劳损坏 零件疲劳损坏是指零件在交变应力作用下，零件承受的循环应力超过了材料的疲劳极限而造成的损坏。汽车零件在长期承受较大交变载荷作用时，易产生疲劳损坏。在交变载荷作用下，零件表面易产生疲劳裂纹，当裂纹不断积累、加深、扩展至一定程度，则零件在循环应力作用下产生疲劳损坏。汽车钢板弹簧断裂是一种典型的疲劳损坏。

(3) 零件腐蚀损坏 零件腐蚀损坏是指零件表面与腐蚀性物质接触受到腐蚀而产生的损坏。汽车易于产生腐蚀损坏的主要部件有燃料供给系统和冷却系统管道、车身、车架等。汽车使用环境中的潮湿空气、尘埃，对车身及裸露的金属零件具有一定的腐蚀作用。车身表面的鸟粪、昆虫尸体等污物有很强的酸性，对漆膜和车身具有很强的腐蚀性，能使漆膜失去光泽。另外，酸雨对漆膜具有侵蚀作用，酸雨是指含有较高酸性（pH）的雨水。当汽车受到酸雨袭击后，漆膜就遭到酸性腐蚀，严重时漆膜出现点蚀状况，并伤及车身基体金属。

(4) 零件变形损坏 零件变形损坏是指零件在载荷作用下，因零件的内应力超过零件材料的弹性极限而产生的变形失效。零件在制造和加工过程中产生的残余内应力和零件受热不匀而产生的热应力足够大时，也会导致零件变形或加剧变形过程，使零件产生变形损坏。

(5) 零件老化损坏 零件老化损坏是指零件材料在物理、化学和温度变化的影响下，逐渐变质或性能下降的故障形式。汽车上的橡胶零部件（如轮胎、油封、膜片等）和电器元件（如晶体管、电容器等），长期受环境和温度变化的影响，会逐渐老化而失去原有性能。

(6) 偶然事故损坏 偶然事故损坏是指汽车在发生意外交通事故后造成的整车及零部件性能下降的损坏。

3. 汽车技术状况变化规律

汽车技术状况变化规律是指汽车技术状况与汽车行驶里程或行驶时间的变化关系。按变化过程的不同，汽车技术状况的变化规律有渐发性和偶发性两种。

(1) 汽车技术状况渐发性变化规律 渐发性变化规律是指汽车技术状况的变化随汽车行驶里程或使用时间呈单调变化，可用函数式表示的变化规律。如果汽车使用合理，则汽车大部分总成、机构的技术状况是随行驶里程或工作时间而逐渐平缓地发生变化（图1-11），如从初始状况 E_0(y_H) 随行程依次变化至 E_1，E_2，…，E_{n-1}、极限状况 E_n(y_P)。其变化规律可用 n 次多项式或幂函数加以描述。

1) n 次多项式

$$y = a_0 + a_1L + a_2L^2 + \cdots + a_nL^n \tag{1-3}$$

式中　　　y——汽车技术状况参数值；

　　　　　L——汽车工作状况参数，即汽车行程或汽车工作时间；

　　　　　a_0——汽车技术状况初始参数值；

a_1，a_2，…，a_n——用来表征 y 与 L 关系的待定系数。

在实际应用时，一般取第一至第四项，其计算精度已足够；而对制动蹄与制动鼓间的间隙、离合器踏板自由行程等参数变化规律的描述，只需用前两项，即用线性函数描述其精度就足够。

2）幂函数。对于主要因零件磨损所引起的汽车技术状况参数变化的规律，可用幂函数加以描述。

$$y = a_0 + aL^b \qquad (1\text{-}4)$$

式中　a，b——确定汽车技术状况
　　　　　变化程度的系数。

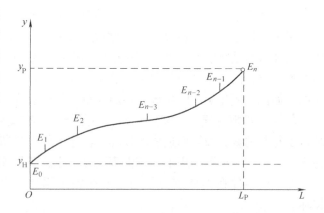

图1-11　汽车技术状况的渐发性变化

若已知 $y = \varphi(L)$ 的函数关系和汽车技术状况的极限参数值，则可确定汽车的使用寿命；若已知 $y = \varphi(L)$ 关系和汽车的使用寿命，则可确定汽车技术状况的极限参数值。

属于渐发性变化规律的技术状况参数有许多，如：汽车零件因磨损而导致的配合间隙变化量；冷却系统和润滑系统中沉淀物的积累值；机油消耗率及机油中机械杂质含量等。当汽车技术状况呈渐发性变化规律时，可根据其单调性，通过对上述参数变化量的测量，来确定汽车的技术状况，并预测汽车故障的发生。

（2）汽车技术状况偶发性变化规律　偶发性变化规律也称为随机性变化规律，它表示汽车、总成出现故障或达到极限状态的时间是随机的、偶发的，没有严格的对应关系，没有必然的变化规律，对其变化过程独立地进行观察所得的结果呈现不确定性，但在大量重复观察中又具有一定的统计规律。

在随机性变化过程中，汽车技术状况恶化所对应的汽车行程是随机变量，汽车行程的长短与汽车技术状况恶化前的状况无直接关系。但它仍然不同程度地受汽车使用中的偶然因素、驾驶人操作水平、零部件材料的不均匀性和隐蔽缺陷等因素的影响。

汽车技术状况参数的随机性变化是各影响因素具有随机性的反映。当给定汽车技术状况参数的极限值时，该随机性变化表现为汽车技术状况参数达到极限值所对应的行程是多种多样的，如图1-12a中的 L_{P1}，L_{P2}，…，L_{Pn}；而在同一行驶里程 L_0 时，汽车技术状况也存在明显差异，对应着不同的技术状况参数值，如图1-12b所示。

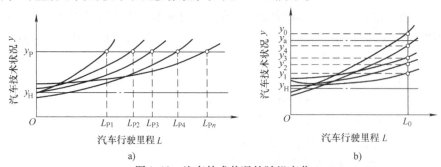

图1-12　汽车技术状况的随机变化

y_P—技术状况参数的极限值　y_a—技术状况参数的许用值　y_H—技术状况参数的原始值

对于汽车技术状况的随机性变化，不可避免地会引起汽车定期检测、维护作业的超前或者滞后，导致错失汽车维修时机。显然，只有掌握汽车的偶发性变化规律，才能正确地确定汽车的技术状况，从而更精确地把握汽车检测和维修作业的良机。

提示：汽车技术状况实际上是汽车渐发性和偶发性变化过程的总反映。因此，只有彻底掌握汽车技术状况的渐发性和偶发性变化规律，才能合理地制定汽车诊断标准和诊断周期，才能有针对性地对汽车实行定期维修，并预测汽车的运行潜力和故障。

第三节　汽车诊断参数与诊断周期

选择合适的汽车诊断参数，制定合理的汽车诊断标准，确定最佳的汽车诊断周期是现代汽车检测诊断技术的重要组成部分，是做好汽车检测与故障诊断的前提。

一、汽车诊断参数

1. 诊断参数

汽车诊断参数是指供诊断用的，表征汽车、总成及机构技术状况的参数。在不解体条件下直接测量汽车结构参数往往受到限制，因此，在进行汽车诊断时，需要找出一组与汽车结构参数有联系并能足够表达汽车技术状况的直接或间接汽车诊断参数，并通过对这些诊断参数的测量来确定汽车技术状况的好坏。

通常，诊断参数不是孤立的，它与诊断对象的工作状况和外界条件有密切关系。而诊断对象的工作状况和外界条件往往受测试规范的制约。因此，采用某诊断参数时，一定要注意测试规范。没有测试规范，诊断参数值就没有意义。诊断参数值都是对一定测试规范而言的，如测量功率是针对一定转速、一定节气门开度和规定的测量条件而言；测量制动距离是针对一定制动初速度、一定载荷和规定的道路条件而言。

注意：

为了提高诊断的正确性，必须严格掌握与规定要求一致的测试规范，应当把测试规范与诊断参数看成一个整体。

2. 诊断参数分类

汽车诊断参数按形成的方法可分为三大类：工作过程参数、伴随过程参数和几何尺寸参数。

（1）工作过程参数　工作过程参数是指汽车工作时输出的一些可供测量的物理量和化学量，或指体现汽车或总成功能的参数，例如：发动机功率、油耗、汽车制动距离等。它可反映汽车或总成技术状况的主要信息，能显示诊断对象的功能、质量，是对汽车技术状况进行综合评价的主要依据，常用于汽车或总成的初步诊断，是深入诊断的基础。

（2）伴随过程参数　伴随过程参数是指系统工作时伴随工作过程输出的一些可测量，例如：发热、声响、振动等。它具有很强的通用性，能反映有关诊断对象技术状况的局部信息，常用于复杂系统的深入诊断。

（3）几何尺寸参数　几何尺寸参数是指由各机构零件尺寸间的关系决定的参数，例如：间隙、自由行程、车轮定位参数等。它是诊断对象的实在信息，能反映诊断对象的具体结构

要素是否满足要求。几何尺寸参数与其他参数配合使用，无论是在初步诊断，还是深入诊断，均可对汽车技术状况的评价或故障诊断起到重要的作用。

虽然每一类诊断参数都有不同的含义，但它们都是用来描述汽车或总成技术状况的状态参数。这些状态参数与汽车或总成的结构参数变化有一定的函数关系，因此可通过检测状态参数的变化来准确描述结构参数的变化，从而达到不解体诊断汽车的目的。在确定汽车技术状况或判断某些复杂故障时，需采用不同类型的诊断参数进行综合诊断。

提示：汽车不工作时，工作过程参数、伴随过程参数均无法测量。

3. 诊断参数选择

能够表征汽车技术状况的参数很多，而且同一技术性能可采用不同参数反映。究竟选择哪些参数作为诊断参数，如何选择合适的诊断参数，应研究诊断参数随汽车技术状况变化的规律，从技术上和经济上综合分析确定。具体选择时，诊断参数应满足下列原则或特性。

（1）灵敏性　灵敏性通常用诊断参数的灵敏度来表示。灵敏度是指汽车诊断参数相对于汽车技术状况的变化率，可用下式表示

$$K_t = \frac{\mathrm{d}T}{\mathrm{d}y} \tag{1-5}$$

式中　K_t——诊断参数灵敏度；

　　　$\mathrm{d}y$——汽车技术状况参数微小变化量；

　　　$\mathrm{d}T$——汽车诊断参数 T 相对于 $\mathrm{d}y$ 的增量。

K_t 值越高，表明汽车技术状况发生微小变化时，其诊断参数的变化范围越大，诊断参数的灵敏性越好。诊断汽车时，应优先选择 K_t 值高的诊断参数，以提高汽车诊断的可靠性。

（2）单值性　单值性是指汽车技术状况参数从初始值变化到终了值的过程中，诊断参数 T 与技术状况参数 y 应具有单值对应关系。因此，诊断参数的变化不应出现极值，否则同一诊断参数将对应两个不同的技术状况参数，使得汽车的技术状况无法判断。

（3）稳定性　稳定性是指在相同的测试条件下，诊断参数的多次测量值保持一致的程度。诊断参数的稳定性可用均方差来衡量

$$\sigma_T(y) = \sqrt{\frac{\sum\limits_{i=1}^{n}\left[T_i(y) - \overline{T}(y)\right]^2}{n-1}} \tag{1-6}$$

式中　$\sigma_T(y)$——汽车技术状况为 y 状态下诊断参数测量值的均方差；

　　　$T_i(y)$——诊断参数的第 i 次测量值，$i=1, 2, \cdots, n$；

　　　$\overline{T}(y)$——诊断参数 n 次测量值的平均值；

　　　n——测量次数。

均方差越小，说明其重复一致的程度越高，稳定性越好，这样的检测诊断就越可靠。

（4）信息性　信息性是指诊断参数包含的信息量，它表明通过测量所能获得的信息数量及其诊断的可靠程度。诊断参数的信息性越强，则诊断的结论越可靠。

诊断参数的信息性取决于诊断参数处于完好和故障状态时的分布函数的分布情况。设 $f_1(T)$、$f_2(T)$ 分别是无故障诊断参数和有故障诊断参数的分布函数，$f_1(T)$ 与 $f_2(T)$ 分布曲线的重叠区域越少，则诊断结论出差错的可能性就越小，诊断参数的信息性就越强。图1-13中，诊断参数 T 的信息性强，诊断参数 T' 的信息性弱，而诊断参数 T'' 的信息性差。

对于诊断参数的信息性强弱可用下式进行定量描述

$$I(T) = \frac{|\overline{T}_1 - \overline{T}_2|}{\sigma_1 + \sigma_2} \qquad (1\text{-}7)$$

式中 $I(T)$——诊断参数 T 的信息性；

       $\overline{T}_1$——无故障时诊断参数 T 的平均值；

       $\overline{T}_2$——有故障时诊断参数 T 的平均值；

       σ_1——无故障时诊断参数 T 的均方差；

       σ_2——有故障时诊断参数 T 的均方差。

$I(T)$ 越大，说明诊断参数的信息性越好，越能表明汽车技术状况的特征，其诊断结果越可靠。

（5）经济性   经济性是指所确定的诊断参数在用于实际诊断时，投入费用的多少。诊断费用过高的诊断参数经济性不好，是不可取的。

（6）方便性   方便性是指所确定的诊断参数在用于实际诊断时，其操作使用的方便程度。方便性好的诊断参数，其设备应简单，其工艺应简便，其测量应容易。若测量费时、费力，则再好的参数，人们也会弃之不用。

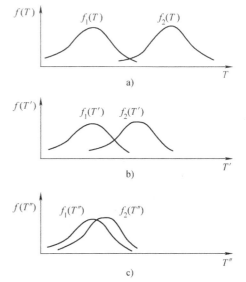

图 1-13   诊断参数信息性比较

a) T 的信息性强   b) T' 的信息性弱

c) T'' 的信息性差

4. 汽车常用的诊断参数

根据诊断参数选择原则确定的汽车常用诊断参数见表 1-3。

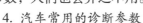

表 1-3   汽车常用的诊断参数

诊断对象	诊 断 参 数	诊断对象	诊 断 参 数
汽车整车	最高车速（km/h） 最大爬坡度（%） 0→100km/h 的加速时间（s） 驱动轮输出功率（kW） 驱动轮驱动力（N） 汽车燃油消耗量（L/100km） 侧倾稳定角（°）	曲柄连杆机构	气缸压力（MPa） 气缸间隙（mm） 曲轴箱窜气量（L/min） 气缸漏气量（kPa） 气缸漏气率（%） 进气管真空度（kPa） 进气管压力（kPa）
发动机总体	额定转速（r/min） 额定功率（kW） 最大转矩（N·m） 最大转矩的转速（r/min） 急速转速（r/min） 燃油消耗量（L/h） 单缸断火（油）时转速下降率（%） 发动机 HC、CO、NO_x 浓度排放量 发动机微粒（PM）排放率（g/m³、g/km） 柴油机烟度 R_b 值和光吸收系数 K（m^{-1}）	点火系统	蓄电池电压（V） 初级电路电压（V） 次级电路电压（V） 各缸点火电压（kV） 各缸短路点火电压（kV） 各缸断路点火电压（kV） 电子点火器闭合角（°） 各缸点火波形重叠角（°） 点火提前角（°） 火花塞电极间隙（mm）

（续）

诊断对象	诊断参数	诊断对象	诊断参数
汽油机供给系统	空燃比 过量空气系数 电喷发动机喷油器喷油量（mL） 电喷发动机各缸喷油不均匀度（%） 电动汽油泵油压力（kPa） 喷射系统压力（kPa） 喷射系统保持压力（kPa） 喷射时间（ms）	冷却系统	冷却液温度（℃） 电动风扇开启、停转时的温度（℃） 散热器冷却液入口与出口温差（℃） 风扇传动带张力（N/mm） 风扇离合器接合、断开时的温度（℃） 节温器主阀门开始开启和全开时的温度（℃） 节温器主阀门全开时的升程（mm）
柴油机供给系统	输油泵输油压力（kPa） 喷油泵高压油管最高压力（kPa） 喷油泵高压油管残余压力（kPa） 喷油器针阀开启压力（kPa） 喷油器针阀关闭压力（kPa） 喷油器针阀升程（mm） 各缸供油不均匀度（%） 供油提前角（°） 各缸供油间隔（°） 每一工作循环供油量（mL/工作循环）	制动系统	制动距离（m） 地面制动力（N） 左右制动力差值（N） 制动阻滞力（N） 制动系统协调时间（s） 驻车制动力（N） 充分发出的平均减速度（m/s^2） 产生最大制动力时的踏板力（N） 产生最大驻车制动力时的操纵力（N） 制动完全释放时间（s） 制动滑移率（%）
传动系统	传动系统游动角度（°） 传动系统机械传动效率（%） 传动系统功率损失（kW） 滑行距离（m） 滑行阻力（N） 传动系统噪声（dB） 传动系统总成工作温度（℃）	行驶系统	车轮侧滑量（m/km） 车轮前束（mm） 前束角（°） 推力角（°） 车轮外倾角（°） 主销后倾角（°） 主销内倾角（°） 转向20°时的张角 左右轴距差（mm） 车轮静不平衡量（g） 车轮动不平衡量（g） 车轮轴向圆跳动量（mm） 车轮径向圆跳动量（mm） 悬架吸收率 车轮接地力
转向系统	转向盘自由转动量（°） 转向盘操纵力（N） 最小转弯直径（m） 转向轮最大转角（°）		
配气机构	气门间隙（mm） 凸轮轴转角（°） 配气相位（°）		
起动系统	起动电流（A） 起动电压（V） 起动转矩（N·m） 起动转速（r/min）	其他	前照灯发光强度（cd） 前照灯光轴偏移量（mm） 前照灯基准中心高度（mm） 车速表示值误差 喇叭声级（dBA） 汽车定置噪声限值（dBA） 加速行驶车外噪声限值（dBA） 汽车电磁辐射平均值（dBμV/m） 汽车电磁辐射峰值（dBμV/m） 汽车电磁辐射准峰值（dBμV/m）
润滑系统	机油压力（kPa） 机油温度（℃） 理化性能指标变化量 清净性系数变化量 机油污染指数 介电常数变化量 金属微粒的含量，质量分数（%） 机油消耗量（kg）		

二、汽车诊断参数标准

为了定量评价汽车及总成的技术状况，确定维修的范围和深度，预报无故障工作里程，只有诊断参数是不够的，还必须制定合理的汽车诊断参数标准，以提供一个比较尺度。

1. 诊断参数标准

汽车诊断参数标准是指对汽车诊断参数限值的统一规定。它是从技术、经济的观点出发，表示汽车处于某种工作能力状态下所测的诊断参数界限值。汽车诊断参数标准，一般都应包括诊断参数初始标准、诊断参数许用标准和诊断参数极限标准。

（1）初始标准 诊断参数的初始标准相当于无技术故障的新车诊断参数的大小，往往是最佳值，可作为新车和大修车的诊断标准。

（2）许用标准 诊断参数的许用标准是指汽车无需维修可继续使用时，诊断参数的允许界限值，它是汽车维修工作中定期诊断的主要标准。当诊断结果超过许用标准时，即使汽车或总成还有工作能力，也需要进行维修，否则，汽车的技术经济性能将会下降，故障率将会上升。

（3）极限标准 诊断参数的极限标准是指汽车即将失去工作能力，或技术性能即将变坏时所对应的诊断参数值。当汽车技术状况低于极限标准后，汽车经济性能严重下降，甚至不能继续使用。在汽车使用过程中，经常对汽车进行检测，将检测结果与诊断参数极限标准进行比较，可以预测汽车的使用寿命。

提示：汽车诊断参数标准既可以是一个值，也可以是一个范围，视需要而定。

2. 诊断参数标准分类

按检测诊断标准的来源可分为国家标准、行业标准、地方标准和企业标准四类。

（1）国家标准 国家标准是指由国家标准化主管机构批准发布，对全国经济、技术发展具有重大意义，且在全国范围内统一执行的标准。国家标准又分为强制性标准（GB）和推荐性标准（GB/T）。强制性标准是法律及行政法规规定强制执行的标准，如 GB 1495—2002《汽车加速行驶车外噪声限值及测量方法》就是强制性标准。推荐性标准是指在生产、检验、使用等方面，通过经济手段或市场调节而自愿采用的标准，但推荐性标准一经接受并采用，就会成为必须遵守的技术依据，具有法律上的约束性，如 GB/T 37340—2019《电动汽车能耗折算方法》就是推荐性标准。

汽车诊断参数的国家标准很多，主要与汽车行车安全、环境保护、能源消耗有关，如制动距离、噪声、排放污染物含量、汽车燃油消耗量等限值标准。使用这些参数标准进行检测诊断时，只能从严，不可放宽，以保证国家标准的严肃性和权威性。

（2）行业标准 行业标准是指由国家行业主管部、委（局）批准发布的，在行业范围内统一执行的标准。行业标准一般是对没有国家标准而又需要在全国某个行业范围内统一其技术要求而制定。它在行业内具有强制性和权威性。如我国交通运输部颁布的 JT/T 198—2016《道路运输车辆技术等级划分和评定要求》，曾是交通系统和运输行业汽车技术等级评定的诊断标准。

（3）地方标准 地方标准是指由省、自治区、直辖市标准化行政主管部门制定并发布的，在地方范围内贯彻执行的标准。地方标准是对没有国家标准和行业标准而又需要在地方统一其技术要求而制定，需报国务院有关部门备案。地方标准根据本地具体情况制定，其标

准内容可能比上级标准更多，标准限值可能比上级标准更严，以满足本地区的特殊要求。如DB11/1475—2017《重型汽车排气污染物排放限值及测量方法》就是北京市地方标准。

（4）企业标准　汽车企业标准是指由汽车制造厂商或汽车维修企业，根据自己的实际情况制定的，在企业范围内协调、统一的技术标准。由于各企业的性质不同，企业标准也有差异。

汽车制造厂商提供的标准是根据其设计要求、制造水平，为保证汽车的使用性能和技术状况而制定的。它通过技术文件对汽车某些参数规定其限值，将其限值作为诊断参数标准，主要与汽车的使用性能参数、结构参数、调整数据有关，如发动机功率、汽车爬坡能力、气缸间隙、连杆轴承间隙、配气相位等标准。它们通常可通过一定的函数关系与诊断参数进行换算，可以直接用诊断参数限值代替诊断标准。这些标准与汽车的可靠性、寿命和经济性的优化指标有关。

汽车维修企业提供的诊断标准是根据其技术素质、维修要求等具体情况，为保证维修质量而制定的。其维修诊断标准一般与汽车使用经济性和可靠性密切相关，其诊断标准限值往往比上级标准更严，要求更高，以确保汽车维修质量和树立良好的企业形象。

3. 诊断参数标准的制定

诊断参数标准是评价汽车技术状况的依据，若诊断参数标准制定得不合理，就不能据此对汽车状况做出合乎实际的评价，其结果是过早维修造成不必要的浪费，或者是维修不及时使汽车带病运行，不能保证其技术经济指标和行驶安全性，因此应科学合理地制定诊断参数标准。

制定诊断参数标准是一项比较复杂的工作，既要考虑技术、经济、安全等方面的因素，又要考虑标准是否适应大多数汽车的诊断，同时还应注意与国际标准接轨。确定诊断标准的一般方法如下。

（1）统计法　统计法是指通过随机选择相当数量有工作能力的在用汽车，对所研究的诊断参数进行全面测试，找出正常状况下诊断参数测试值的分布规律，然后经综合考虑并以大多数在用汽车合格为前提制定诊断参数标准的一种方法。

（2）试验法　试验法是指在实际使用条件或在实验室工作条件下，通过试验和测量制定诊断参数标准的一种方法。采用实车试验时，为使诊断参数标准制定合理，必须有足够数量的汽车，在不同使用条件下进行长期实车试验，因此试验周期长、费用高。采用实验室台架试验时，往往通过控制试验条件，采取强化运行、加速损坏的手段来加速试验进程获得诊断参数标准，但试验费用较高。

（3）计算法　计算法是指建立在理论分析的基础上，通过一定的数学模型计算获得诊断参数标准的一种方法。例如，通过理论分析，得知发动机气缸压缩压力是压缩比的函数，当压缩比一定时，气缸压缩压力应有确定的数值，因此，通过计算分析可确定气缸压缩压力的诊断参数标准。但由于汽车实际工作条件极为复杂，影响因素很多，计算法所依赖的数学模型还不能完全反映汽车工作的实际状况，因此计算法得到的一些数据，通常应作充分的修正才能作为诊断参数标准。

（4）类比法　类比法是指利用类似结构在类似使用条件下已建立的诊断标准，根据自己的实际情况加以比较，从而确定诊断参数标准的一种方法。它借鉴了以往的使用经验，具有经济、简便、实用的特点。类比法在实际工作中得到了广泛的应用，如 GB 18285—2018

《汽油车污染物排放限值及测量方法（双怠速法及简易工况法）》中的限值及测试方法是类比了多个相关标准制定的。

（5）相对法　相对法是指通过对正常汽车总成或零部件进行测试后，采用一定的处理措施确定诊断参数标准的一种方法。通常的做法是测定一定数量正常的汽车总成或零部件的运行参数，确定一个基准值，然后用一个适当的系数乘上基准值即可得到诊断参数标准。在实际工作中，这种方法具有实用价值。由于我国目前技术水平和经济实力的限制，一个产品投入使用后，不可能对一些渐变故障的破坏特征有十分清楚的了解。然而，为了能对一些重要部件进行监测与诊断，可用相对法确定诊断参数标准。

提示：不管采用哪种方法，其制定的诊断参数标准都要在实际中试用、修改后才能最后确定，且随着汽车技术的发展和人们对汽车使用性能要求的提高，诊断参数标准往往需要进行修正。

三、汽车诊断周期

诊断周期是指汽车诊断的间隔期，以汽车行驶里程或使用时间表示。科学地确定诊断周期，对于经济、可靠地保障汽车技术状况具有重要的作用。

1. 最佳诊断周期

诊断周期如果过短，汽车的技术状况没有什么变化或变化很小，执行诊断就会造成浪费；相反，诊断周期如果过长，则有可能在下一次诊断到来之前，汽车的故障隐患引爆，导致汽车不能在安全、经济状况下运行，且失去汽车维修良机，使汽车因故障停驶的损耗费用增加。这样就会有一个最佳诊断周期，若按最佳诊断周期诊断汽车，则既能使车辆在无故障状态下运行，又能使车辆的检测诊断、维修费用降到最低。

最佳诊断周期是根据技术与经济相结合的原则进行定义的，它是指能保证车辆的完好率最高，而消耗的费用最少的诊断周期。据此，利用大量的检测、维护费用等统计资料，可以通过计算的方法求出最佳诊断周期。

2. 最佳诊断周期的确定

在确定汽车最佳诊断周期时，只依赖理论计算是远远不够的，因为还有很多因素影响着最佳诊断周期。因此，确定诊断周期时，往往是通过计算法、类比法、经验法初选一个诊断周期，然后通过重点考虑影响最佳诊断周期的主要因素，来修正其初选值，最后得到汽车的最佳诊断周期。确定最佳诊断周期时，应重点考虑如下因素。

（1）各构件的故障率不同　汽车是一个不等强度的复杂系统，各机构的故障率及故障间的平均行程一般并不相同。即使是同一总成、机构内的不同零件，其故障率和故障间平均行程也不会相同。从可靠性着想，通常取总成内故障概率最大的零部件的故障间平均行程作为制定诊断周期的依据，而不能仅以计算结果确定最佳诊断周期。另外，由于汽车是由许多总成、机构组成的，不可能对每一个总成或机构都规定一个诊断周期，一般把需要诊断的总成或机构，按诊断周期相近的原则组合在一级诊断中，对汽车执行与现行维护制度类似的分级诊断。

（2）各系统的重要性不同　有关汽车行车安全的系统如转向、制动系统等，在确定诊断周期时，其可靠性始终是首要的，而经济性的考虑则占据次要地位。因此，对于与汽车行车安全有关的系统或机构，不能仅以计算结果为依据建立最佳诊断周期，而应从安全角度出

发，以保证足够高的可靠度为条件来确定诊断周期，因而其诊断周期常较其他系统或机构的诊断周期短得多。

（3）汽车技术状况不同　汽车的新旧程度、行驶里程、技术状况等级不同，其最佳诊断周期显然也不会一样。凡是新车或大修车、行驶里程较少的车、技术状况等级为一级的车，其最佳诊断周期长，其余则短。对于大规模的汽车运输企业，由于车辆数量较大，汽车的使用年限不一，技术状况等级不同，因此汽车的无故障行驶里程在很宽的范围内变化。故在确定最佳诊断周期时，应按车种、使用年限、技术状况等级分成若干类别，使每一类车的无故障行驶里程相差不大，并据此分别建立每一类车的诊断周期。

（4）汽车使用条件不同　汽车的使用条件如气候条件、道路条件、装载条件、燃润料质量、驾驶技术等条件不同，其最佳诊断周期显然也不会一样。凡是处于气候恶劣、道路状况极差、经常超载、拖挂行驶、燃润料质量得不到保障、驾驶技术不佳等使用条件的汽车，其最佳诊断周期短，反之则长。

3. 推荐的汽车诊断周期

根据交通运输部《汽车运输业技术管理规定》，我国汽车实行计划预防维修制度，车辆维修必须贯彻"预防为主、强制维护、定期检测、视情修理"的原则。该规定要求车辆二级维护前都应进行检测诊断和技术评定，以确定附加作业或修理项目；又规定车辆修理应根据车辆检测诊断和技术鉴定的结果，视情按不同作业范围和深度进行。既然规定在二级维护前进行检测诊断，则二级维护周期（间隔里程）就可作为推荐的汽车诊断周期，若选择的汽车诊断周期比它长，则就是违规；若比它短，则汽车技术状况还好，是一种浪费。因此，汽车二级维护周期实际上是我国目前汽车的最佳诊断周期。

由于我国地域辽阔，汽车使用条件复杂，车辆结构性能、制造水平不同，因此，我国对各种车型的二级维护周期没有统一的规定。目前，汽车二级维护周期基本上是依据生产厂家汽车使用说明书的规定、车况、具体使用条件来确定。通常，中型货车的二级维护周期约为10000～15000km；轿车的二级维护周期约为30000km。

第四节　汽车检测站

汽车检测站是指综合运用现代检测技术，对运输车辆技术状况进行监督检测和技术服务的机构。它采用现代检测设备，按照规定的程序、方法，通过一系列技术操作行为，不解体检测汽车各种参数，诊断汽车可能出现的故障，为全面、准确评价汽车的使用性能和技术状况提供可靠的依据。

一、汽车检测站的任务

根据国家对汽车检测站的通用要求和交通运输行业对检测站的管理规定，汽车检测站的主要任务或服务功能如下。

1）依法对在用运输车辆的技术状况进行检测诊断。

2）依法对车辆维修行业的维修车辆进行质量检测。

3）接受委托，对车辆改装、改造、延长报废期及有关新工艺、新技术、新产品、科研成果鉴定等项目进行检测，提供检测结果。

4）接受公安、环保、商检、计量、保险和司法机关等部门的委托，为其进行有关项目的检测，提供检测结果。

目前，公安部要求对于公路上行驶的汽车必须定期到检测站进行安全环保性能检测；交通运输部要求对于运营中的车辆必须定期到检测站进行综合性能检测。经认定的检测站，对运输车辆的技术状况进行监督检测时，应不以营利为目的。

二、汽车检测站的类型

1. 按检测站的服务功能分类

根据检测站的服务功能，可分为汽车安全环保检测站、综合检测站和维修检测站。不同类型的检测站其作用也有所不同。

（1）安全环保检测站　汽车安全环保检测站是国家的执法机构。它根据国家的有关法规，定期检查车辆中与安全和环境有关的项目。它一般是针对汽车行驶安全和对环境的污染程度进行总体检测，并与国家有关标准比较，给出"合格"或"不合格"的结果，而不进行具体的故障诊断和分析。汽车安全环保检测站一般设有一条或多条安全环保检测线。

（2）综合检测站　汽车综合检测站既能担负车辆安全、环保方面的检测任务，又能担负汽车维修中的技术检测，还能承担科研、制造和教学等部门的有关汽车性能试验和参数测定。这种检测站设备多而齐全，自动化程度高，既可进行快速检测，以适应年检要求；又可以进行高精度的测试，以满足技术评定的需要。这种检测站的检测结果既可作为交通运输管理部门发放或吊扣车辆营运证的依据，也可作为维修单位车辆维修质量的凭证。汽车综合检测站一般都设有安全环保检测线和综合性能检测线。

（3）维修检测站　汽车维修检测站通常由汽车运输企业或维修企业建立，其作用是为车辆维修部门服务。它以汽车性能检测和故障诊断为主要内容。在汽车维修前，检测站通过对汽车技术状况的检测和故障诊断，可以确定汽车维护的附加作业、小修项目以及车辆是否需要大修；在汽车维修后，检测站通过对汽车的技术性能检测，可以监控汽车的维修质量。维修检测站一般设有一条或多条综合性能检测线。

2. 按检测站的工作职能分类

根据检测站的职能，可分为 A 级检测站、B 级检测站和 C 级检测站。不同类型的检测站其工作职责也不一样。

（1）A 级检测站　A 级检测站能全面承担汽车检测站的任务。它能检测车辆的制动、侧滑、灯光、转向、前轮定位、车速、车轮动平衡、底盘输出功率、燃料消耗、发动机功率和点火系统状况，以及异响、磨损、变形、裂纹、噪声、废气排放等状况。

提示：A 级检测站出具的检测结果或证明，可以作为汽车维修单位维修质量的凭证。

（2）B 级检测站　B 级检测站能承担在用车辆技术状况和车辆维修质量检测的任务。它能检测车辆的制动、侧滑、灯光、转向、车轮动平衡、燃料消耗、发动机功率和点火系统状况，以及异响、变形、噪声、废气排放等状况。

提示：B 级检测站出具的检测结果或证明，可以作为汽车维修单位维修质量的凭证。

（3）C 级检测站　C 级检测站能承担在用车辆技术状况的检测。它能检测车辆的制动、侧滑、灯光、转向、车轮动平衡、燃料消耗、发动机功率及异响、噪声、废气排放等状况。

三、汽车综合检测站的组成及检测内容

1. 综合检测站的组成

目前，国内已建立的或正在筹建的汽车检测站大多为 A 级综合检测站。作为独立完整的汽车综合检测站，它主要由检测车间、业务大厅、停车场、试车道路、辅助设施等组成。

（1）检测车间 检测车间是检测站的核心，检测线设置其内。检测车间根据检测站的检测纲领、承担的检测项目及执行的技术标准，一般设有单条或多条自动检测线。

有的检测站设置有多个检测车间，如安全环保检测车间、综合性能检测车间、外检车间、测功车间、调试车间等，对汽车进行分门别类的检测。

（2）业务大厅 业务大厅是检测站的办公场地，车辆的报检、打印报表、办证等都在业务大厅内完成。大厅墙上一般设置有检测站的检测工作程序、员工工作守则、服务质量承诺、检测收费标准以及其他信息资料。有的业务大厅设置车辆检测动态显示装置，以供观看。大厅内通常还设置车主休息区，以供车主休息等待。

（3）停车场 停车场是被检车辆停车的场地。停车场地一般分为待检停车区和已检停车区，它们分开设置，并有明显的标识加以区分。在已检停车区、待检停车区通常有专职人员对车辆进行指挥和调度，以充分保证场内车辆安全、有序，不会发生拥堵和瓶颈现象，从而确保检测线高效运行。

（4）试车道路 试车道路用于汽车的道路试验，它主要用于受检汽车的委托性检测或争议仲裁性检测。从安全角度考虑，其试车道路一般设置在检测车间后面，并在试车道路进出口区域有明显的警示标志，防止非工作人员和非试车车辆自行进入，以免引起安全事故。

另外，还有驻车坡道，以利于驻车制动试验，通常驻车坡道设置在试车道路尽头。

（5）辅助设施 检测站的辅助设施是为车辆检测提供服务和保障的各种设施的总称。一般包括检测所需的能源供给设施、办公设施、职工休息生活设施以及车辆调修设施等。

2. 综合检测站的检测内容

（1）检测种类 汽车综合检测站对机动车实施检测的种类主要划分为五类：综合性能检测、安全环保性能检测、修理质量检测、二级维护竣工检测、委托检测。

（2）检测项目 若检测种类不同，则检测所依据的标准就不同，因此其检测的项目和参数也会发生相应变化。

1）综合性能检测。综合性能检测项目主要是发动机性能、驱动轮输出功率、制动性能、驻车制动器性能、前照灯特性、车速表性能、车轮定位、车轮动平衡、转向性能、侧滑性能、尾气排放物含量、噪声、轴荷、客车防雨密封性、悬架特性、使用可靠性、外部检视。

2）安全环保性能检测。安全环保性能检测项目主要是制动性能、前照灯特性、车速表性能、侧滑性能、尾气排放物含量、噪声、轴荷、使用可靠性、外部检视。

3）修理质量检测。修理质量检测项目主要是发动机性能、制动性能、前照灯特性、车速表性能、车轮定位、转向性能、侧滑性能、尾气排放物含量、轴荷、客车防雨密封性、使用可靠性、外部检视。

4）二级维护竣工检测。二级维护竣工检测项目主要是发动机性能、制动性能、车轮定位、转向性能、车轮动平衡、侧滑性能、尾气排放物含量、轴荷、外部检视。

5）委托检测。委托检测项目由用户指定，可以是检测线上的任何检测项目，也可以是路试检测项目。

（3）检测参数　各类检测项目的主要检测参数如下。

1）发动机性能：发动机无负荷功率、怠速转速、气缸压力、起动电压、起动电流、蓄电池电压及内阻、汽油机燃油喷射压力、柴油机供油压力等。有时还应检测如下参数：点火提前角、配气相位、点火波形、点火高压、单缸转速降、喷油压力、针阀开启压力、燃油雾化质量、供油泵供油量、供油均匀性及曲轴箱污染物。

2）驱动轮输出功率：校正驱动轮输出功率、驱动力、滑行距离、整车加速时间。

3）制动性能：行车制动力、同轴制动力平衡、车轮拖滞力、制动协调时间、驻车制动力。

4）前照灯特性：基准中心高度、远光灯发光强度、远/近光灯光轴偏移量及前照灯配光特性。

5）车速表性能：车速表示值误差。

6）车轮定位：前后车轮前束、前后车轮外倾、主销后倾、主销内倾、推力角、轴距差等。

7）转向性能：转向盘自由转动量、转向盘操纵力、转向轮转向角。

8）侧滑性能：车轮横向侧滑量。

9）尾气排放物含量：对于汽油发动机主要有碳氢化合物、一氧化碳、二氧化碳、氮氧化物、氧气；对于柴油发动机主要有微粒、博世烟度值、光吸收系数。

10）噪声：喇叭声级、客车车内噪声、车辆定置噪声、驾驶人耳旁噪声。

11）轴荷：各轴质量、整车质量。

12）悬架特性：悬架吸收率、悬架效率、车轮接地力。

13）车轮平衡：动不平衡量、静不平衡量。

14）客车防雨密封性：客车门窗泄漏量。

15）使用可靠性

① 发动机异响：敲缸，活塞销、连杆轴瓦、曲轴轴瓦、气门敲击等。

② 底盘异响：离合器、变速器、传动轴、主减速器等。

③ 总成螺栓、铆钉紧固：发动机（附离合器）紧固、底盘传动系紧固、转向装置紧固、悬架装置紧固、制动器（系）紧固、轮胎螺栓（母）紧固、半轴螺栓（母）紧固、备胎紧固、车轴U形螺栓（母）紧固、油箱螺栓（母）紧固等。

④ 主要部件间隙：车轮轮毂、传动轴万向节、传动轴轴承、传动轴滑动槽、转向横直拉杆球头、转向节主销、钢板弹簧衬套（销）、减振器杆件衬套（销）、传动轴跳动量等。

⑤ 重要部位缺陷：承载轴（桥）裂纹，转向系杆件（臂）裂纹，悬架弹性组件裂纹及位移，车架裂纹，制动管路磨损、老化、龟裂等。

16）外部检视

① 车辆唯一性确认：车牌号码/颜色/车主（单位）、整备质量或座位数、车型类别/整车外廓尺寸、厂牌型号和出厂编号（或VIN）、车架号码/悬架形式、发动机形式/号码、驱动形式、燃油类别、车身颜色、制动形式、车辆轴数、前照灯制式等。

② 整车装备完整有效性基本检验：车容/漆面、后/侧/下视镜、车门/行李舱盖/风窗

及门窗玻璃、车门手把/车门锁/行李舱锁、安全门/安全窗/安全带/灭火器、刮水器/洗涤器、灯光/仪表/信号装置及控制、车内地板、车身外缘对称部位左右差、车身对称部位高度差、左右轴距差、挡泥板、轮胎气压、轮胎规格及胎冠花纹深度、牵引车与挂车连接机构、可见螺栓/管/线紧固、漏油/漏水/漏气/漏电、离合器操纵装置自由行程、行车制动系统操纵装置自由行程、应急制动系统操纵装置自由行程、驻车制动系统操纵装置自由行程等。

四、汽车综合检测站的检测线及其工位布置

一般的综合检测站有两条检测线。一条为安全环保检测线，主要承担车管部门对车辆进行年审的任务；另一条为综合检测线，主要承担对车辆技术状况的检测诊断。也有的大型检测站设置有多条安全环保检测线，如大、小型汽车通用检测线，小型汽车专用检测线等，还可以设置多条综合检测线。不管是安全环保检测线，还是综合检测线，它们都由多个检测工位组成。布置形式多为直线通道式，即检测工位按一定顺序分布在直线通道上，有利于流水作业。

1. 安全环保检测线及其工位布置

汽车安全环保检测线检测的主要内容基本一致，如检测侧滑、轴重、制动、前照灯、喇叭、车速表和排放污染物等，但项目的组合、工位的设置因实际情况的不同也有差异，通常设置 3～5 个工位。国内采用的典型四工位安全环保检测线的工艺布局如图 1-14 所示，各工位的情况说明如下。

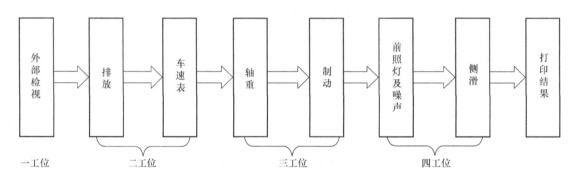

图 1-14　四工位安全环保检测线布置图

（1）外部检视工位　本工位设置在室外，属于人工检验，主要进行车辆唯一性确认、整车装备完整有效性检查等。把外检放在第一道工序，是为其他检测项目打好基础，如遇有外检关键项不合格的，将不得进入下一道工位检测。

（2）排放、车速表工位　本工位检测项目是排放检测、车速表检测、车底外观检查、汽车底盘间隙检测、汽车使用可靠性检查等。本工位配置的主要设备有不分光红外分析仪、不透光烟度计、车速表校验试验台、汽车底盘间隙检测台等，另外还配有地沟，专用于车底外观及可靠性检查。

（3）轴重、制动工位　本工位进行轴重和制动检测，其主要检测项目是检测各轴轴重、各轮制动力、制动力平衡、车轮阻滞力、驻车制动力、制动系协调时间。本工位配置的主要设备有制动试验台、轴重计，或带有轴重检测功能的制动试验台。

（4）前照灯、噪声及侧滑工位　本工位检测项目是前照灯发光强度、光束照射方向、喇叭声级、车轮侧滑量等。本工位配置的主要设备有汽车前照灯检测仪、声级计和双滑板式侧滑试验台。

这种检测线工艺布局的主要特点：各工位检测项目搭配恰当，工艺节拍性好，工位停留时间短，检测效率高；各工位布局合理，污染严重的排放项目放在检测线入门处，检测时便于及时排出废气、烟尘，减少车辆排放对检测现场的空气污染；检测车间的噪声小，因为噪声较大的高怠速废气检测、自由加速烟度检测、40km/k 的车速表检测都放在检测线入门处，有利于减少检测车间内的噪声污染。

2. 汽车综合检测线及其工位布置

综合检测线布置形式多种多样，有的设置 3～4 个工位，有的设置 8～10 个工位，它们具有各自的特点，但都具备综合检测的功能。下面介绍两种典型的综合检测线。

（1）四工位全能综合检测线　四工位全能综合检测线的工位设置及布局：外部检视工位→车轮定位工位→制动工位→底盘测功工位，它包括了安全环保检测线在内的主要检测设备和检测项目。

1）外部检视工位。本工位设置在室外，进行外部检视，主要进行车辆唯一性确认、整车装备完整有效性检查。

2）车轮定位工位。本工位主要检测项目有车轮动平衡检验、车轮定位检查、车轮侧滑量检测、底盘间隙检查、传动系游动间隙检测、转向系检测、悬架检测。

3）制动工位。本工位的主要检测项目有轴重、各轮制动力、制动力平衡、车轮阻滞力、驻车制动力、制动系协调时间。

4）底盘测功工位。本工位的主要检测项目有底盘测功、车速表校验、油耗测量、排放检测、电气检测、发动机各大系统综合检测、前照灯检验、噪声测定。

综合检测线上各工位的车辆，由于检测项目不一、检测难度不同，很难在相同的时间内检测完毕，容易造成检测堵车现象。为此可在各工位横向布置成尽头式或其他形式，以适应检测的需要，提高检测效率。

（2）十工位全能综合检测线　我国近期建成的综合检测站，通常将规定的各种检测项目设置成较多工位，依据检测类别，按一定顺序布置成全能综合检测线。典型的十工位全能综合检测线布局方案如图 1-15 所示。

1）检测工位内容。各工位主要检测内容、项目、设备，见表 1-4。

2）检测线工艺布局特点

① 检测线将所有检测项目划分为 10 个检测工位，其中 8 个室内工位，2 个室外工位。将 10 个工位，划分为两段，一段为常规必检项目，1～5 工位，布置成一条线；另一段为深入诊断项目，6～10 工位，布置成一条线。这种工艺有利于多条检测线的布局，可将 6～10 工位作为各条线的共享部分，其室外的外部检视和车身密封性工位也可共享。

② 检测线能适应流水作业，易实现自动控制和检测网络化，检测效率高，若每工位各有一辆车同时检测，则可实现 10 辆车的在线检测。

③ 检测线不仅能全面满足各项检测要求，而且还可根据承担的检测任务，有效地进行检测项目和工位的灵活组合，合理地使用资源，并使检测效率更高。主要体现在如下几点。

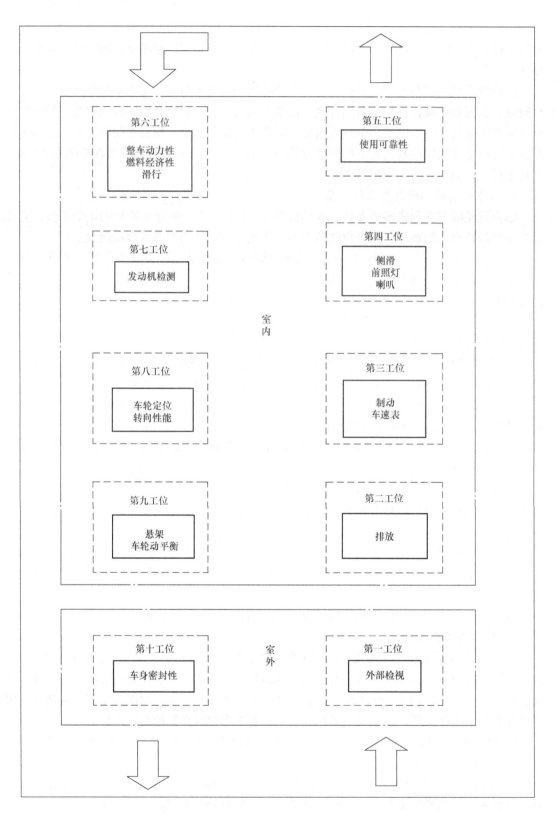

图 1-15　十工位全能综合检测线工位设置及布局

表1-4　各工位检测内容及设备

工位号	主要检测内容	主要检测项目或参数	主要检测设备
第一工位	外部检视	车辆唯一性确认、整车装备完整有效性检查	钢卷尺、钢直尺、轮胎压力表、轮胎花纹深度尺
第二工位	排放	点燃式发动机：HC、CO、NO_x	排气分析仪（带发动机转速显示）
		压燃式发动机：烟度、光吸收系数	滤纸式烟度计、不透光烟度计
第三工位	制动	轴荷、制动力、制动力平衡、车轮阻滞力、制动协调时间、驻车制动力	滚筒反力式制动试验台或平板式制动试验台
	车速表	车速表示值误差	汽车车速表试验台
第四工位	侧滑	转向轮侧滑量	侧滑检验台
	前照灯	基准中心高度、远光光强、远近光光束中心偏移量	前照灯检测仪
	喇叭	喇叭噪声	声级计
第五工位	使用可靠性	发动机异响、底盘异响、总成螺栓紧固及铆钉紧固、主要部件间隙、重要部位缺陷	底盘间隙检测仪、地沟、扭力扳手、专用锤子和专用设备
第六工位	整车动力性	驱动轮输出功率、整车外特性曲线、加速性能、加速性能曲线	底盘测功机、油耗计、大气压力表、温度计、湿度计
	燃料经济性	等速百公里燃料消耗量	
	滑行性能	滑行距离、滑行时间	
第七工位	发动机检测	发动机技术性能、发动机性能参数、电子控制系统、电喷系统、气缸压力、机油污染指数	发动机综合性能检测仪、机油油质分析仪、气缸压力表
第八工位	车轮定位	车轮前束值/张角、车轮外倾角、主销内倾角、主销后倾角、推力角、转向20°时的张角、车轮轮距	前轮定位仪或四轮定位仪
	转向性能	转向盘自由转动量、转向盘操纵力、转向轮最大转角	转向盘转向力—角仪、转向轮转角仪
第九工位	悬架	吸收率、左右轮吸收率差、悬架特性曲线、悬架效率、左右轮悬架效率差	悬架装置检测台
	车轮动平衡	车轮动平衡	就车式车轮动平衡仪
第十工位	车身密封性	车身淋雨试验	淋雨试验台或专用装置

a. 对车辆进行综合性能检测或对车辆进行技术等级评定时，应执行 GB 38900—2020《机动车安全技术检验项目和方法》、JT/T 198—2016《道路运输车辆技术等级划分和评定要求》标准，此时 10 个工位同时在线检测 10 辆车。

b. 对车辆进行安全环保检测时，应执行 GB 7258—2017《机动车运行安全技术条件》标准，通过一、二、三、四、五工位检测可以覆盖全部检测项目和参数，能同时在线检测五辆车。

c. 对车辆进行修理质量检测时，应执行 GB/T 15746—2011《汽车修理质量检查评定方法》标准，通过一、二、三、四、五、七、八、十工位检测，可以覆盖全部检测项目和参数，能同时在线检测八辆车。

d. 对车辆进行二级维护竣工检测时，应执行 GB/T 18344—2016《汽车维护、检测、诊断技术规范》标准，通过一、二、三、四、七、八、九工位检测，可以覆盖全部检测项目和参数，能同时在线检测七辆车。

e. 在接受委托检测时，可根据有关标准和用户要求，选择适当的检测项目和工位，能全面完成所委托的检测任务。

④ 检测时对车间的排放污染及噪声污染相对较少，原因是排放与噪声污染严重的第一工位、第六工位均设置在检测线的入门处，检测时有害气体可大量地直接排到室外，噪声也有利于向外传播。

提示：**汽车综合检测站在年审时，可用安全环保检测线和全能综合检测线同时检测车辆，以提高检测效率和效益。**

五、汽车检测站的检测工艺程序

1. 汽车检测站的检测工艺流程

汽车进入检测站后，只有按照规定的检测工艺路线和程序流动，才能完成整个检测过程。对于一个独立而完整的检测站，汽车进站后的检测工艺流程如图 1-16 所示。

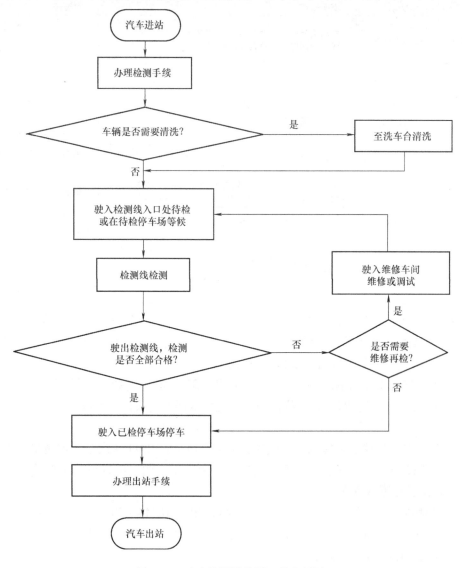

图 1-16　汽车检测站检测工艺流程图

2. 汽车检测线的检测工艺流程

汽车检测线的工位布置是固定的，进入检测线的汽车只能按工位顺序进行流水检测作业。下面以图 1-14 所示的四工位安全环保性能检测线为例，说明其检测的工艺流程，其工艺流程如图 1-17 所示。

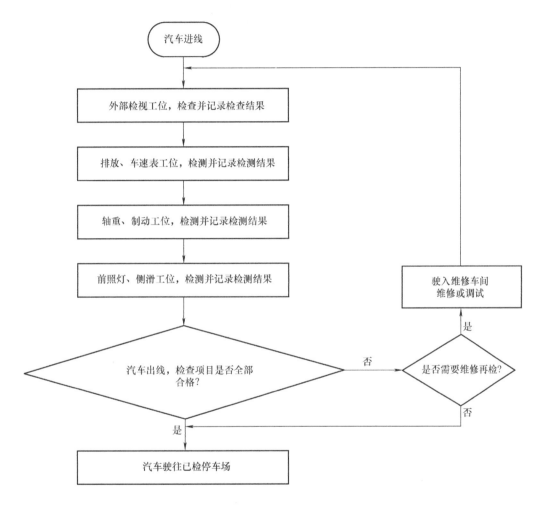

图 1-17　汽车安全环保检测线工艺流程图

思　考　题

1. 汽车检测分哪几种类型？各适应什么场合？
2. 现代汽车故障诊断的基本方法有哪些？各有什么特点？
3. 何谓汽车故障？汽车故障产生的原因有哪些？
4. 何谓车载诊断系统（OBD）？有何特点？
5. 汽车故障诊断流程是怎样的？常用的故障诊断方法有哪些？

6. 何谓故障树分析法？怎样建立系统的故障树？

7. 何谓诊断参数？诊断参数的选择原则是什么？

8. 如何确定诊断参数标准和最佳的诊断周期？

9. 汽车检测站的任务是什么？

10. 安全环保检测的主要作用是什么？主要检测哪些项目？

11. 综合检测的主要作用是什么？主要检测哪些项目？

第二章

汽车整车技术状况检测

【学习目标】

知识目标:

- 了解汽车整车技术状况检测的主要项目及其检测意义
- 熟悉汽车整车技术状况各检测项目的评价指标和检测标准
- 了解底盘测功机、制动试验台、侧滑试验台、前照灯检测仪、车速表试验台、不分光红外线分析仪、不透光烟度计、声级计等检测设备的结构原理
- 熟悉汽车动力性、经济性、制动性、车轮侧滑、前照灯、车速表、排放、噪声、电磁干扰的检测方法

能力目标:

- 能正确操纵底盘测功机、制动试验台、侧滑试验台、前照灯检测仪、车速表试验台、不分光红外线分析仪、不透光烟度计、声级计等各种检测设备
- 能合理选择整车技术状况检测项目的主要参数及相关标准
- 能正确检测整车技术状况的主要检测项目、参数
- 能根据检测结果分析汽车技术特性,并正确评价整车技术状况

汽车的检测诊断首先是从整车性能参数检测开始的,当发现整车性能参数发生变化时,再进行汽车各系统的深入检测与故障诊断。汽车整车的性能参数直接反映整车的技术状况,因此通过整车性能参数的检测,可以诊断汽车整车的技术状况。

汽车整车技术状况的好坏往往通过汽车行驶时的动力性、燃油经济性、安全性、环保性等方面予以反映,因此整车技术状况的检测就是检测与上述性能有关的内容,主要是汽车动力性、燃油经济性、制动性、车轮侧滑量、前照灯、车速表、排放污染物、噪声和电磁干扰等方面的检测。

第一节 汽车动力性检测

汽车动力性是指汽车以最大可能的平均行驶速度运送货物或乘客的能力。动力性是汽车高效运输最基本、最重要的一种性能,最能反映汽车的整体技术状况,因此它是汽车综合性能检测的必检项目。汽车动力性可以通过整车道路试验和台架试验测定。但对于在用汽车动力性的检测,常用驱动轮输出功率或驱动力作为诊断参数,用汽车底盘测功机检测。底盘输出功率检测俗称底盘测功,通过底盘测功,可以评价汽车的动力性。

一、汽车底盘测功机

汽车底盘测功机是一种不解体检验汽车性能的检测设备，它是在室内台架上通过模拟汽车道路行驶工况的方法来检测汽车动力性的，必要时还可检测汽车燃油经济性，以及汽车多工况排放指标。汽车底盘测功机按工作原理可分为测力式、惯性式和综合式三类。测力式底盘测功机可通过模拟道路阻力直接测量汽车驱动轮输出功率或驱动力；惯性式底盘测功机可通过模拟汽车行驶惯性来测量汽车的加速能力；综合式底盘测功机兼备测力式和惯性式两种功能，现代汽车底盘测功机大多属于综合式的。

1. 底盘测功机结构

汽车底盘测功机一般由滚筒装置、加载装置、飞轮装置、测量装置、控制与指示装置和辅助装置等构成，如图 2-1 所示。

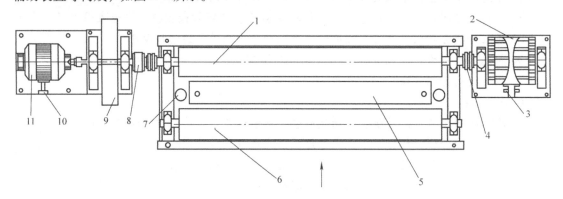

图 2-1　汽车底盘测功机结构示意图

1—主动滚筒　2—加载装置（电涡流测功器）　3、10—压力传感器　4—联轴器　5—举升器
6—从动滚筒　7—挡轮　8—电磁离合器　9—飞轮装置　11—反拖电动机

（1）滚筒装置　底盘测功机的滚筒用来模拟连续移动的路面，测功时，驱动轮在滚筒上滚动。因此，滚筒是支承车轴载荷，并传递功率、转矩、速度的主要构件。底盘测功机有单滚筒与双滚筒两种类型。

单滚筒底盘测功机滚筒直径大，多为 1500～2500mm，检测时车轮滚动阻力小，测试精度高，但由于大滚筒制造成本高，同时驱动轮检测定位难，因此单滚筒底盘测功机仅适用于科研单位。双滚筒底盘测功机滚筒直径相对较小，多为 185～400mm，检测时驱动轮胎变形大，测试精度相对较低，但由于双滚筒制造成本低，且驱动轮检测定位方便，因此双滚筒底盘测功机适用于汽车维修企业和汽车综合性能检测站。

（2）加载装置　在测力式底盘测功机中，必须装有加载装置。加载装置俗称测功器，用来模拟汽车在道路上的行驶阻力，吸收驱动轮上的输出功率。测功器的类型有水力测功器、电力测功器和电涡流测功器。电涡流测功器具有测试精度高、适应范围广、结构紧凑、易于调控、便于安装等优点，因此现代汽车底盘测功机加载装置大多采用电涡流测功器。

圆盘式电涡流测功器的结构原理如图 2-2 所示。它主要由圆盘转子和浮动定子组成，其转子由高磁导率钢制成，圆周呈齿状，转子通过联轴器与滚筒相连；其定子圆周装有励磁线圈，定子通过浮动支承能绕其轴线摆动。这种测功器是利用电磁感应产生涡电流形成制动载荷的。测功时，励磁线圈通以直流电产生磁场，并通过转子、空气隙、铁心形成磁路，当汽

车驱动滚筒带动转子在磁场中旋转时，由于磁通的周期性变化因而在转子盘上产生涡电流。由于涡电流和外磁场的相互作用，对转子盘产生一个制动阻力矩，从而对滚筒起加载作用。调节通过励磁线圈电流的大小，即可改变模拟阻力矩（或吸收功率）的范围。电涡流测功器将吸收的能量转变为热能，经空气或冷却液散失。

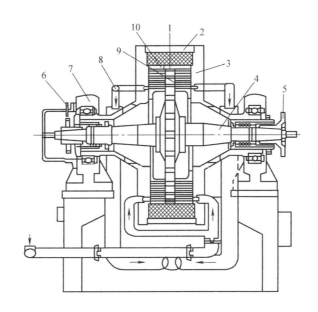

图 2-2　圆盘式电涡流测功器的结构原理
1—圆盘转子　2—定子　3—冷却盘　4—主轴　5—连接盘　6—转速传感器
7—支座　8—排水管　9—空气隙　10—励磁线圈

（3）飞轮装置　在惯性式底盘测功机中，必须装有飞轮装置。它通过离合器与主动滚筒相连，用于模拟汽车在道路上行驶的惯性。为了准确测量，飞轮的转动惯量应与被测车辆路试时的惯性相适应。一般来说，一定惯量的飞轮只能模拟一类对应车型的惯性能量。飞轮的转动惯量可根据行驶汽车的动能与底盘测功机检测时旋转部件动能相等的原则推出，其计算式为

$$J = \frac{mv^2 + J_k \omega_k^2 - J_0 \omega_0^2 - J_n \omega_n^2}{\omega^2} \tag{2-1}$$

式中　J、ω——飞轮的转动惯量（kg·m²）、飞轮角速度（rad/s）；

　　　J_0、ω_0——滚筒的转动惯量（kg·m²）、滚筒角速度（rad/s）；

　　　J_n、ω_n——测功器转子的转动惯量（kg·m²）、转子角速度（rad/s）；

　　　J_k、ω_k——从动车轮转动惯量（kg·m²）、车轮角速度（rad/s）；

　　　m——汽车质量（kg）；

　　　v——汽车车速（m/s）。

为扩大车辆检测范围，其飞轮装置应采用多个飞轮，以便用不同的飞轮或飞轮组合与不同的车型匹配。但由于现代车辆的类型复杂，以及测试条件的不断变化，即使采用大量的飞轮也很难与各类车辆进行精确的惯性模拟。因此，在有的底盘测功机上其飞轮装置只用一个飞轮，而通过制定相应的数学模型对测量结果进行修正来精确模拟各类汽车的行驶惯性。这

样不仅可以简化飞轮装置，降低制造成本，扩大使用范围，还可使检测操作更为方便。

（4）测量装置 测量装置主要包括测力装置、测速装置和测距装置。

1）测力装置。测力装置用来测量驱动轮上的驱动力，它由测力臂和测力传感器组成。其传感器有液压式、机械式和电测式等多种形式。测功时，测功器转子与定子之间的制动转矩通过与定子相连的测力臂传给测力传感器，然后传感器输送信号至测量电路，通过转换由测力仪表直接显示驱动轮的驱动力。

2）测速装置。测速装置可用来测量车速，它一般由测速传感器、中间处理装置和指示装置组成。常见的测速传感器有光电式、磁电式、霍尔传感器及测速发电机等多种形式。测速传感器的转子随滚筒一起滚动，测试时，传感器将滚筒的转速信号转变为电信号，该信号经中间处理装置变换放大，并由指示装置显示车速。底盘测功机在测功、加速、滑行、燃油消耗、排放等试验时，都需要准确地测量车速。

3）测距装置。一般采用光电盘脉冲计数式测距装置。当汽车在底盘测功机上进行加速距离、滑行距离、燃油经济性检测时，必须使用测距装置。

（5）控制与指示装置

1）控制装置。控制装置用来控制底盘测功机的整个检测过程，使检测能够按照给定的方式自动进行，确保车辆检测模拟的准确性。底盘测功机的控制主要是对加载装置的控制，某电涡流式加载装置的控制系统框图如图2-3所示。

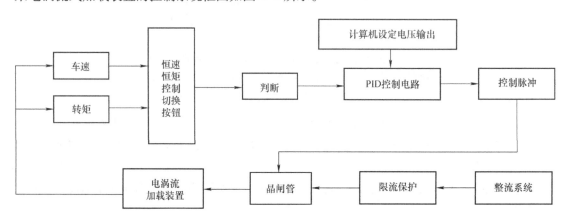

图2-3　电涡流式加载装置控制系统框图

从图中可以看出，电涡流加载装置控制系统是一个带反馈的闭环系统。检测时接通电源，整流系统将220V的交变电压转变为电涡流式加载装置所要求的励磁直流电压，并提供控制电压。选定控制方式（恒速控制或恒矩控制），于是系统将选定的速度或转矩信号与计算机输出的设定信号同时输送给PID控制电路进行运算处理，然后输出加减载控制脉冲信号（加载或减载电压）触发晶闸管，晶闸管输出电压加在电涡流加载装置的两端，使励磁线圈的电压发生变化，导致电涡流加载装置励磁电流发生改变，从而控制底盘测功机的负荷。当车速或转矩未能达到规定要求时，其车速或转矩的反馈信号将促使控制系统通过加载装置不断地修正被测车辆的速度或转矩以达到控制的目的。

2）指示装置。现代汽车底盘测功机检测的输出功率、驱动力和车速等参数普遍采用显示器直接显示，显示器还可显示测量过程的动态曲线。一般底盘测功机还有指针式仪表，它

可显示电涡流测功机的电流、转速、输出转矩，以便监视测功机的工作状态。

（6）辅助装置

1）举升装置。为方便被测车辆驶入和驶出底盘测功机，在主、副两滚筒中间装有举升装置。举升装置有气动、液动和电动三种形式，以气动式举升装置为多见。

2）冷却风扇。采用风冷式的底盘测功机，在加载装置处装有冷却风扇，以加强空气流动，散失加载装置测功时产生的热能，冷却加载装置。

3）反拖电动机。有的底盘测功机装有反拖电动机，利用反拖电动机可以有效、快速地检测底盘传动效率。

2. 底盘测功机原理

汽车驶上底盘测功机，将驱动轮支承于两个滚筒之上（图2-4），起动发动机让车轮驱动滚筒转动使之模拟路面的行驶状态，此时滚筒表面的线速度就是汽车的行驶速度，根据滚筒的转速可以换算出汽车的行驶速度，而滚筒的转速可由测速传感器输出脉冲信号

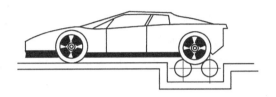

图2-4 双滚筒底盘测功机测功示意图

来反映，其脉冲频率的高低与滚筒转速成正比。汽车行驶的道路阻力由电涡流测功器加载模拟，当给电涡流测功器励磁线圈加一定电流时，则测功器中的涡电流与磁场相互作用，产生一个制动转矩，反作用于滚筒表面，这个制动转矩反力使定子随着转子旋转方向摆动，通过力臂作用在压力传感器之上，压力传感器输出模拟信号的大小与制动转矩成正比，在滚筒转速稳定时，该制动转矩与驱动轮驱动力对滚筒的驱动力矩相等。据此，可求出驱动轮作用在滚筒上的驱动力。

实际上，在测速装置获取车速信号（滚筒转速电信号）的同时，其测力装置也将驱动力信息（滚筒制动转矩）转换成电信号，两信号同时输入给计算机系统处理运算后，即可显示驱动轮输出功率。其功率表达式为

$$P_k = \frac{F_t v}{3600} \tag{2-2}$$

式中　P_k——驱动轮输出功率（kW）；

　　　F_t——驱动力（N）；

　　　v——车速（km/h）。

通过改变电涡流测功器负荷的大小，可以模拟汽车在道路上行驶的各种阻力，因此可以实现汽车在各种车速下驱动轮上的输出功率、驱动力的测定。但实际测试时，汽车发动机稳态转速下的最大功率点和最大转矩点对应的汽车底盘输出功率及驱动力的测试用得最多，因为利用这些参数可以评价汽车及发动机的动力性。

在底盘测功机上进行变工况试验，如对汽车进行加速能力和滑行距离测试时，需用飞轮装置来模拟汽车行驶的惯性力。

二、驱动轮输出功率的检测

1. 检测项目的确定

测功前，应根据动力性检测的要求确定检测项目。因为不同的检测项目，其检测点的选

取及测试方法有所差异。常用的底盘测功检测项目如下。

（1）发动机额定功率工况下驱动轮输出功率的检测　它检测的是汽车最大驱动功率，其功率大小可反映汽车整车的动力性及技术状况，是汽车动力性检测的必检项目。

（2）发动机最大转矩工况下驱动轮输出功率的检测　它检测的是发动机最大转矩时对应的驱动功率，其功率大小可反映汽车的最大加速能力和爬坡能力，是汽车动力性检测的必检项目。

（3）发动机全负荷选定车速下驱动轮输出功率的检测　它检测的是选定车速对应的功率，往往会选多种车速，其功率大小可反映不同车速时的动力性。

（4）发动机部分负荷选定车速下驱动轮输出功率的检测　它检测的是多种不同的节气门开度、不同选定车速下的功率，其功率大小可反映汽车在不同工况下行驶的动力性。

2. 检测点的选择

通常检测点的多少与所确定的检测项目有关。在汽车技术等级评定、在用汽车动力性评价时，只需测定发动机全负荷额定功率转速下和额定转矩转速下驱动轮的输出功率。若需全面考核发动机的动力性、底盘的技术状况及调整质量，还可进行中间转速下的功率测量。

检测点车速取决于发动机工况和汽车档位。发动机工况由检测项目确定，而汽车档位一般选择直接档或传动比最接近于 1 的档。其检测点的车速值可根据下式确定。

$$v = 0.377 \frac{rn}{i_0 i'_\mathrm{g}} \tag{2-3}$$

式中　v——汽车底盘测功车速（km/h）；

　　　n——选定工况的发动机转速（r/min）；

　　　r——车轮的滚动半径（m）；

　　　i'_g——变速器选定档位的传动比；

　　　i_0——主减速器传动比。

提示：驱动轮输出功率的大小与汽车的行驶工况有关。只有正确地选择检测工况和检测点，才能客观地评价汽车的使用性能。

3. 检测前的准备

（1）底盘测功机的准备

1）在底盘测功机进行定期检查、定期润滑、定期标定的基础上，保证底盘测功机各系统能正常工作。

2）按规定的程序操作进入待检状态。

3）飞轮装置除进行多工况油耗试验和加速、滑行试验外，不允许任意使用。

（2）被测车辆的准备

1）轮胎表面应清洁，不能嵌入任何杂物。

2）轮胎的规格和气压应符合制造厂的规定。

3）发动机机油应充足，机油压力应在允许范围内。

4）发动机冷却系统的工作应正常。

5）车辆处于空载状态，并关闭空调系统等非汽车运行所必需的耗能装置。

6）道路运行，走热全车，使汽车各运动部件、机油、冷却液等达到正常的温度状态。

4. 功率检测步骤

1）接通底盘测功机电源，使设备处于检测状态。

2）升起举升器托板。

3）将被测车辆沿垂直滚筒的方向平稳驶上底盘测功机，并将驱动轮置于两滚筒间举升器托板上。

4）操作仪器，降下举升器托板。

5）用三角铁塞住从动轮，对被测车辆进行必要的纵向约束。

6）利用车辆或反拖电动机驱动滚筒稍作预热运转，使底盘测功机各运动部件工作温度正常。

7）测量驱动轮输出功率。根据检测项目要求测量功率，方法如下。

① 额定功率工况下检测。

a. 起动发动机，由低档加速逐渐换至直接档（自动变速器应置于 D 位），使汽车以直接档的最低车速稳定运转。

b. 将加速踏板踩到底，测功机加载，扫描最大功率点，记录最大功率点速度（v_p）。

c. 在车速 v_p 下，测功机进行定速测功，待汽车速度稳定 5s 后，读取测功机不少于 3s 内测得功率的平均值并记录。在读数期间，实际车速应稳定在$(v_p \pm 0.5)$km/h 的范围内。

② 最大转矩工况下检测。

a. 设定检测车速：根据发动机最大转矩转速 n_m、车轮半径、主减速器传动比、变速器传动比参数，按式（2-3）确定的车速 v_m 即为检测车速。

b. 起动发动机，由低档加速逐渐换至直接档（自动变速器应置于 D 位），使汽车以直接档的最低车速稳定运转。

c. 测功机加载，并将加速踏板踩到底，在车速 v_m 下，进行定速测功，待汽车速度稳定 5s 后，读取测功机不少于 3s 内测得功率的平均值并记录。在读数期间，实际车速应稳定在$(v_m \pm 0.5)$km/h 的范围内。

③ 全负荷选定车速工况下检测。由低档加速逐渐换至直接档（自动变速器应置于 D 位），测功机加载，并将加速踏板踩到底，在选定车速下，进行定速测功，待汽车速度稳定 5s 后读取功率并记录。

④ 部分负荷选定车速工况下检测。由低档加速逐渐换至直接档（自动变速器应置于 D 位），踩加速踏板至规定的部分负荷，通过测功器加载调节，使发动机在选定车速下稳定运转 5s 后读取功率并记录。

8）记录环境状态下的各种检测数据，以便进行数据处理。输出或打印检测结果。

9）测试完毕后，待驱动轮停转，拆除外围的冷却及约束附件，升起举升器托板，将被测车辆驶离底盘测功机，然后切断底盘测功机电源。

5. 注意事项

1）走合期的新车或大修车不宜进行驱动轮输出功率检测。

2）检测时，车前方严禁站人，以确保检测安全。

3）检测时，应密切注意被检车辆的各种异响、发动机冷却液温度及底盘测功机的工作状态，保证测试顺利进行，以免发生意外事故。

三、驱动轮轮边稳定车速的检测

驱动轮轮边稳定车速 v_w 是汽车动力性台架检测的必检项目，它在汽车底盘测功机上检测。检测 v_w 时，被测车辆进入底盘测功机的检测准备步骤以及检测注意事项与驱动轮输出功率检测的相同。下面根据不同检测工况要求来检测驱动轮轮边稳定车速 v_w。

1. 额定功率工况下检测

1）车辆、底盘测功机准备就绪，车辆进入底盘测功机待检。

2）在测功机不加载的条件下，起动发动机，由低档加速逐渐换至直接档，加速踏板踩到底，测取最高稳定车速。当最高稳定车速大于95km/h（对于危险货物运输车辆，其最高稳定车速大于80km/h）时，应降低一个档位，重新测取最高稳定车速，并按式（2-4）计算额定功率车速

$$v_e = 0.87v_a \tag{2-4}$$

式中　v_e——额定功率车速（km/h）；

　　　v_a——加速踏板踩到底时，所挂档位的最高稳定车速（km/h）。

3）将档位挂回刚确定的档位，逐步踩下加速踏板到最大位置，同时测功机进行恒力加载至 $F_E \pm 20$N 内并稳定3s后，开始测取车速，当3s内的车速波动不超过 ± 0.5km/h时，该车速即为驱动轮轮边稳定车速 v_w。

加载力 F_E 是指检测环境下功率吸收装置在滚筒表面上的加载力。它是通过 v_e 车速点检测环境下，发动机达标功率换算在驱动轮上的驱动力，并考虑测功机内阻力、轮胎滚动阻力、发动机附件消耗的换算阻力以及车辆传动系阻力进行修正后，计算得到的加载力。

2. 最大转矩工况下检测

1）车辆、底盘测功机准备就绪，车辆进入底盘测功机待检。

2）在测功机不加载的条件下，起动发动机，逐步加速，选择变速器第3档位，采用加速踏板控制车速，当外接转速表（外接转速表无法稳定测取转速时，可观察发动机转速表）的转速稳定指向发动机最大转矩转速（n_m）时，测取当前驱动轮轮边线速度，记作最大转矩车速（v_m），当 v_m 大于80km/h时，应降低1个档位，重新测取最大转矩车速。

当最大转矩转速为一定范围时，n_m 取其均值；当 n_m 大于4000r/min 时，按 $n_m = 4000$r/min测取 v_m。

3）将档位挂回刚确定的档位，逐步踩下加速踏板，使车速超过 v_m，同时测功机进行恒力加载至 $F_M \pm 20$N 范围内并稳定3s后，开始测取车速，当3s内的车速波动不超过 ± 0.5km/h时，该车速即为驱动轮轮边稳定车速 v_w。

加载力 F_M 是指检测环境下功率吸收装置在滚筒表面上的加载力。它是通过 v_m 车速点检测环境下，发动机达标功率换算在驱动轮上的驱动力，并考虑测功机内阻力、轮胎滚动阻力、发动机附件消耗的换算阻力以及车辆传动系阻力进行修正后，计算得到的加载力。

四、汽车动力性的评价

1. 汽车动力性评价指标

底盘测功机检测时，汽车的动力性评价指标如下。

（1）汽车在发动机最大转矩工况或额定功率工况时的驱动轮输出功率　在进行维修质

量监督抽查或对动力性检查结果有异议时，采用驱动轮输出功率作为评价指标。

（2）汽车在发动机最大转矩工况或额定功率工况时的驱动轮轮边稳定车速　采用驱动轮轮边稳定车速作为评价指标时，压燃式发动机采用额定功率工况检测的 v_w，点燃式发动机采用最大转矩工况检测的 v_w。

2. 汽车动力性评价方法

（1）以驱动轮输出功率评价　依据额定功率工况和最大转矩工况下的检测，通过校正驱动轮输出功率与相应的功率限值比较来评价。

1）实测驱动轮输出功率。在检测环境状态下，采用额定功率工况和最大转矩工况，由底盘测功机测出驱动轮输出功率。

2）计算驱动轮输出功率。在实际环境状态下，实际的驱动轮输出功率还应包含轮胎滚动阻力消耗功率和底盘测功机内部损耗功率。因此，驱动轮输出功率可通过下式计算确定。

$$P = P_k + P_c + P_f \qquad (2-5)$$

式中　P——驱动轮输出功率（kW）；

$\quad\quad P_k$——测功机测得功率（kW）；

$\quad\quad P_c$——测功机内部损耗功率（kW），可通过测试和计算得到；

$\quad\quad P_f$——轮胎滚动阻力消耗功率（kW），可根据汽车重力、轮胎滚动阻力系数、工况车速通过计算得到。

3）计算校正驱动轮输出功率。实际驱动轮输出功率校正到标准环境状态下的功率，称为校正驱动轮输出功率。校正驱动轮输出功率的表达式为

$$P_0 = \alpha P \qquad (2-6)$$

式中　P_0——标准环境状态下的校正功率；

$\quad\quad \alpha$——校正系数，通过计算或查表得到；

$\quad\quad P$——驱动轮输出功率。

校正功率的标准环境状态是指大气压 100kPa、相对湿度 30%、环境温度 298K（25℃）、干空气压 99kPa（干空气压是基于总气压为 100kPa，水蒸气分压为 1kPa 计算得到的）时的状态。

4）动力性评价。GB/T 18276—2017《汽车动力性台架试验方法和评价指标》中规定：采用最大转矩工况或额定功率工况下的驱动轮输出功率评价时，当校正驱动轮输出功率大于或等于限值，则判定该车动力性为合格。

（2）以驱动轮轮边稳定车速评价　依据额定功率工况和最大转矩工况下的检测，通过驱动轮轮边稳定车速与相应的速度限值比较来评价。GB/T 18276—2017《汽车动力性台架试验方法和评价指标》中规定：采用额定功率工况下的驱动轮轮边稳定车速评价时，当驱动轮轮边稳定车速（v_w）大于或等于 v_e 时，判定该车动力性为合格；采用最大转矩工况下的驱动轮轮边稳定车速评价时，当驱动轮轮边稳定车速（v_w）大于或等于 v_m 时，判定该车动力性为合格。

当校正驱动轮输出功率或驱动轮轮边稳定车速小于限值时，允许复检一次。一次复检合格，则判定该车动力性为合格。若检测结果和复检结果均小于限值，则判定该车动力性不合格。

若校正驱动轮输出功率或驱动轮轮边稳定车速比其相应的限值小，则表明汽车的动力性

不良，说明汽车发动机及其传动系技术状况较差。为了确诊汽车动力性不良的原因，在底盘测功机上可采用反拖法检测传动系消耗的功率，若汽车传动系消耗功率过大，则表明传动系效率过低，说明汽车传动系技术状况不良；否则，说明发动机动力性不足、技术状况不良。

3. 汽车动力性评价标准

（1）驱动轮输出功率限值

1）最大转矩工况下，驱动轮输出功率限值取最大转矩点功率 P_M（kW）的51%，P_M 按式（2-7）计算。驱动轮输出功率限值也可选取推荐值（表2-1）。

$$P_M = \frac{T_M n_m}{9550} \tag{2-7}$$

式中 T_M——最大转矩点转矩（N·m）；

n_m——最大转矩点转速（r/min）。

2）额定功率工况下，驱动轮输出功率限值取额定功率 P_e（kW）的49%。

（2）驱动轮轮边稳定车速限值

1）额定功率工况下，驱动轮轮边稳定车速限值取 v_e。

2）最大转矩工况下，驱动轮轮边稳定车速限值取 v_m。

表2-1 最大转矩工况车速及驱动轮输出功率限值推荐值

	车长 L/mm	车速/(km/h)	输出功率限值/kW
客车	$L \leq 6000$	50	26
	$6000 < L \leq 7000$	50	28
	$7000 < L \leq 8000$	53	35
	$8000 < L \leq 9000$	60	54
	$9000 < L \leq 10000$	63	62
	$10000 < L \leq 11000$	65	70
	$11000 < L \leq 12000$	70	87
	$L > 12000$	70	109
	最大总质量 G/kg	车速/(km/h)	输出功率限值/kW
货车	$3500 < G \leq 4000$	47	19
	$4000 < G \leq 8000$	47	24
	$8000 < G \leq 9000$	47	26
	$9000 < G \leq 12000$	50	30
	$12000 < G \leq 15000$	50	33
	$15000 < G \leq 16000$	50	36
	$16000 < G \leq 18000$	50	48
	$18000 < G \leq 22000$	53	52
	$22000 < G \leq 25000$	55	56
	$25000 < G \leq 30000$	55	66
	$30000 < G \leq 31000$	55	75

（续）

	最大总质量 G/kg	车速/(km/h)	输出功率限值/kW
自卸车	3500 < G≤5000	46	23
	5000 < G≤9000	46	28
	9000 < G≤11000	46	30
	11000 < G≤17000	46	33
	17000 < G≤19000	46	36
	19000 < G≤23000	46	43
	23000 < G≤31000	48	79
牵引车	汽车列车最大总质量 G/kg	车速/(km/h)	输出功率限值/kW
	G≤27000	45	34
	27000 < G≤35000	53	59
	35000 < G≤43000	60	84
	43000 < G≤49000	60	100

第二节　汽车燃油经济性检测

汽车燃油经济性是指汽车以最少的燃油消耗完成单位运输工作量的能力，它通常用规定行驶工况的汽车燃油消耗量来表示。汽车燃油消耗量是评价在用汽车技术状况和维修质量的综合性参数，同时也是诊断和分析汽车故障的重要参考数据，因此对在用车辆进行燃油经济性的检测具有重要意义。

一、汽车燃油经济性评价指标

汽车燃油经济性评价指标是单位行程的燃油消耗量。而单位行程的燃油消耗量常用一定运行工况下汽车行驶 100km 的燃油消耗量（L/100km）来表示，燃油消耗的升数越小，则汽车的燃油经济性就越好。根据汽车燃油消耗试验工况的不同，单位行程的燃油消耗量主要有下面两种表示方法。

1. 等速百公里油耗

等速百公里油耗是常用的一种评价指标，它是指汽车在一定载荷下，以最高档在良好的水平路面上等速行驶百公里的燃油消耗量，一般是汽车等速行驶一定的里程折算成 100km 的燃油消耗量（L/100km）。乘用车常用 90km/h 和 120km/h 的燃油消耗量（L/100km）来评价其燃油经济性，在汽车使用说明书上可经常见到这些指标。

等速百公里油耗是一种单项评价指标，由于等速百公里油耗试验没有模拟汽车实际行驶中频繁出现的加速、减速、怠速等非稳定行驶工况，因此，它只能反映汽车在一定车速下的燃油经济性，而不能全面考核汽车运行的燃油经济性。

2. 循环工况百公里油耗

循环工况百公里油耗是按规定的循环行驶试验工况来模拟汽车的实际运行工况，折算成 100km 的燃油消耗量（L/100km）。所模拟的运行工况主要有换档、怠速、加速、减速、等

速、离合器脱开等的车速－时间规范。车型不同时，实际行驶的状况有所差异，因此其百公里油耗检测的多工况循环、多工况规范也不一样。如百公里油耗检测时，轻型汽车采用WLTC 测试循环，而重型商用车则采用 C－WTVC 测试循环。

循环工况百公里油耗是一项综合性评价指标，由于循环工况百公里油耗试验考虑了汽车的实际运行工况，因此，它可以比较全面地评价汽车的燃油经济性。

二、汽车燃油经济性检测方法

汽车燃油经济性检测就是检测汽车的燃油消耗量。汽车燃油消耗量可以通过台架试验或道路试验测得。在用汽车的燃油经济性通常用台架试验测得，当不能用台架（底盘测功机）检测百公里油耗时，则用道路试验。下面以台架试验为例说明汽车等速百公里油耗和多工况百公里油耗的检测。

1. 等速百公里油耗检测

等速百公里油耗的台架检测是利用底盘测功机和油耗仪配合使用完成的。检测时，将汽车驱动轮置于底盘测功机滚筒上，利用测功机滚筒模拟连续移动的路面，利用测功机加载装置模拟汽车的行驶阻力。当试验车速一定时，通过测功机测得试验车速和距离，通过油耗仪测得相应油耗，这样就可折算出汽车等速行驶的百公里燃油消耗量。

（1）检测条件

1）环境条件。环境温度为 $0 \sim 40 \text{℃}$；环境湿度小于 85%；大气压力为 $80 \sim 110 \text{kPa}$。检测前应测量并记录环境温度、大气压力和燃料密度。

2）检测设备。试验设备主要是底盘测功机和油耗仪，要求测试设备精度足够，符合使用要求。测试前，底盘测功机应预热到正常工作温度，确保底盘测功机和油耗计工作正常。

3）被测车辆。汽车为额定载质量，车辆轮胎规格和气压应符合该车技术条件的规定，测试前车辆应预热至正常热状态。

（2）模拟加载量　在用台架检测汽车的等速百公里油耗时，测功机的加载量，对检测结果具有重要影响。假设汽车在平直道路上以规定车速满载等速行驶，则汽车克服滚动阻力和空气阻力所消耗的驱动轮功率为

$$P_k = \frac{v}{3600}\left(Gf + \frac{C_D A v^2}{21.15}\right) \tag{2-8}$$

式中　P_k——驱动轮输出功率（kW）；

　　　v——车速（km/h）；

　　　G——汽车总重（N）；

　　　f——滚动阻力系数；

　　　C_D——空气阻力系数；

　　　A——迎风面积（m^2）。

若用加载装置来模拟汽车此时的行驶阻力，则汽车驱动轮输出功率应等于底盘测功机加载装置的加载功率与测功机内部摩擦阻力功率之和。对某一固定结构的底盘测功机而言，摩擦阻力功率为一常数。因此，合理确定式（2-8）中各个系数并求出试验车速下驱动轮输出功率后，便可据此确定测功机的模拟加载量。

（3）检测方法

1）在底盘测功机上设定检测车速：轿车为 60km/h；其他车辆 50km/h。

2）使汽车驱动轮驶入底盘测功机滚筒上，把油耗仪接入汽车发动机燃油管路。

3）起动发动机，逐步加速并换至直接档（无直接档时换至最高档）。

4）逐渐踩下加速踏板，使车速达到规定车速，同时给加载装置适当加载，使测功机指示的功率值等于计算值并使之稳定。

5）待车速稳定后，按下油耗测量按钮，当驱动轮在滚筒上驶过不少于 500m 的距离时，即可从显示装置上读得汽车的等速百公里油耗值。

为消除偶然因素的影响，应重复测量 3 次，取其平均值作为被检测汽车在给定测试条件下的百公里燃油消耗量。

（4）检测结果的重复性检验　汽车的燃油消耗量检测数据必须满足的要求为

$$\frac{Q_{\max} - Q_{\min}}{Q_{mp}} \leq R \tag{2-9}$$

式中　$Q_{\max}$——百公里燃油消耗量检测数据中的最大值（L/100km）；

　　　$Q_{\min}$——百公里燃油消耗量检测数据中的最小值（L/100km）；

　　　Q_{mp}——百公里燃油消耗量检测数据中的算术平均值（L/100km）；

　　　R——比例系数，其取值见表 2-2。

表 2-2　比例系数 R 与重复性检测次数 n 的关系

检测次数 n	2	3	4	5	10
R	0.053	0.063	0.069	0.073	0.085

若检测数据的重复性达不到式（2-9）的要求，必须排除检测仪器及发动机或底盘的有关故障后重新进行检测。

（5）检测数据的校正　在检测条件下测得的汽车燃油消耗量数据应校正为标准状态下的数值。标准状态是指：环境温度 20℃，大气压力 100kPa，汽油密度 0.742g/mL，柴油密度 0.830g/mL。校正公式为

$$Q_{mj} = \frac{Q_{mp}}{C_1 C_2 C_3} \tag{2-10}$$

式中　Q_{mj}——校正后的百公里燃油消耗量（L/100km）；

　　　Q_{mp}——实测的百公里燃油消耗量均值（L/100km）；

　　　C_1——环境温度校正系数，$C_1 = 1 + 0.0025(20 - T)$，其中 T 是检测时的环境温度（℃）；

　　　C_2——大气压力校正系数，$C_2 = 1 + 0.0021(P - 100)$，其中 P 是检测时的大气压力（kPa）；

　　　C_3——燃油密度校正系数，汽油机 $C_3 = 1 + 0.8 \times (0.742 - \rho)$，柴油机 $C_3 = 1 + 0.8 \times (0.830 - \rho)$，其中 ρ 是检测时燃油的平均密度（g/mL）。

提示：等速行驶燃油消耗量检测简单、成本低廉，但由于检测条件与汽车的实际行驶工况相差太多，所测得的油耗只能作为一种相对比较性的指标。

2. 多工况百公里油耗检测

多工况百公里油耗的台架检测需要在具有模拟汽车行驶动能的飞轮装置并采用自动控制

的综合式底盘测功机上，按规定的试验循环进行。

（1）检测条件

1）环境条件。实验室温度应设置为23℃，允许偏差±5℃；实验室空气和发动机进气绝对湿度 H（g/kg）（水/干空气）应为 $5.5 \leqslant H \leqslant 12.2$；大气压力应处于 $91 \sim 104$ kPa 之间；浸车区域温度控制目标为23℃，允许偏差±3℃。

2）检测设备。要求测试设备精度足够，符合使用要求。主要检测设备有：底盘测功机，用来模拟道路阻力，控制行驶状况，实现试验循环工况；油耗仪，用来检测循环工况油耗；排气稀释系统，用来检测排放污染物，以便计算循环工况油耗；冷却风机，用来冷却被测车辆。

3）被测车辆。被测车辆技术状况良好，所有零部件应满足批量生产要求；车辆应使用汽车生产企业规定的润滑剂；车辆轮胎规格和气压应符合该车技术条件的规定；车辆可根据汽车生产企业的需求进行磨合，并保证机械状况良好，磨合里程至少 2500km 但不超过 10000km。测试前，车辆应预热至正常热状态；测试期间，如无特殊要求，应关闭车辆所有辅助设备，或者令其处于失效状态。

（2）检测模拟　底盘测功机检测时，汽车匀速行驶的各种阻力通过加载装置模拟，汽车加速以及滑行时的惯性阻力通过飞轮组的转动惯量模拟。

1）加载量模拟。底盘测功机加载装置根据循环工况规范的要求，提供适当的加载量来模拟汽车的行驶阻力。检测时，底盘测功机会根据设定方案自动控制加、减载荷。

2）转动惯量模拟。飞轮的转动惯量应根据被检汽车行驶的动能与底盘测功机检测时旋转部件动能相等的原则确定，见式（2-1）。有的底盘测功机，在以不同车速、检测不同车型时，能对其飞轮装置的转动惯量进行自动修正，以满足检测精度要求。

（3）检测工况　检测要求及车型不同，其检测工况不尽相同。我国检测汽车燃油消耗限值时，重型商用汽车采用 C－WTVC 循环工况，轻型汽车采用 WLTC 循环工况。

1）C－WTVC 循环工况。C－WTVC 循环是以世界重型商用车瞬态循环（WTVC）为基础通过调整加（减）速度形成的驾驶循环，如图 2-5 所示。C－WTVC 循环包括市区路况、公

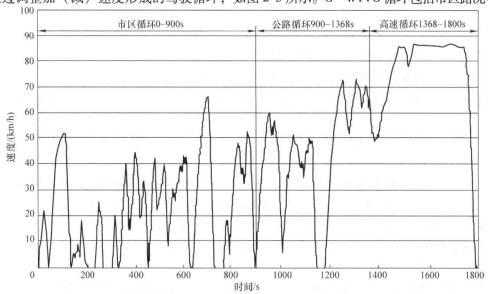

图 2-5　C－WTVC 测试循环速度曲线

路路况、高速路况三个部分，总计1800s。测试时，车辆行驶速度与对应的行驶时间，国标中有严格规定，车辆测试运行状态应尽量与C – WTVC循环一致，车速测试曲线的偏差应不超过±3km/h，每次超过速度偏差的时间不超过2s，累计不应超过10s。C – WTVC循环的工况数据统计特征参数见表2-3。实际测试时，对不同车型、不同的最大设计总质量，按不同的特征里程分配系数进行对应循环的试验及油耗计算。

表2-3　重型商用车 C – WTVC 循环数据统计特征参数

工况	运行时间/s	急速时间/s	运行距离/m	最高速度/(km/h)	平均速度/(km/h)	最大加速度/(m/s²)	最大减速度/(m/s²)	里程比例/(%)
市区部分	900	150	5.730	66.2	22.895	0.917	1.033	27.94
公路部分	468	30	5.687	73.5	43.746	0.833	1.000	27.73
高速部分	432	6	9.093	87.8	75.772	0.389	0.967	44.33
C – WTVC 循环	1800	186	20.510	87.8	40.997	0.917	1.033	100.00

2）WLTC 循环工况。WLTC 循环是全球统一轻型汽车测试规程所采用的测试循环，如图2-6 所示。WLTC 循环包括低速段、中速段、高速段与超高速段四个部分，对应持续时间分别为589s、433s、455s、323s，对应最高车速分别为 56.5km/h、76.6km/h、97.4km/h、131.3km/h，并且设置了停车、制动、急加速等不同操作。全循环最高行驶速度达131.3km/h，总里程为23.27km，持续时间为1800s。测试时，车辆行驶速度与对应的行驶时间，国标中有严格规定，车辆测试运行状态应尽量与WLTC 循环一致，车速测试曲线的偏差应不超过±2km/h，时间应在 ±1.0s 之内。

WLTC 工况复杂，急速、匀速工况较少，较多的加减速工况导致循环速度曲线波动变化较大。WLTC 所模拟的工况比较接近轻型汽车的实际运行工况。

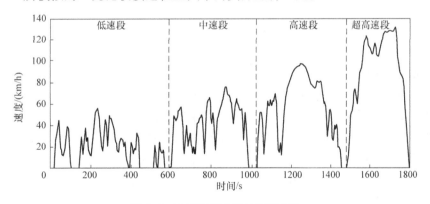

图2-6　WLTC 测试循环速度曲线

（4）检测方法　检测时，将被检汽车驱动轮置于测功机滚筒上，利用测功机滚筒模拟连续移动的路面，利用测功机加载装置模拟汽车的行驶阻力，利用测功机飞轮系统模拟汽车的运动惯性，按多工况规定的车速 – 时间规范和档位，操作汽车和底盘测功机，用底盘测功机及试验仪器记录行程 – 车速 – 时间曲线，检测试验参数及油耗，或排放污染物 CO、CO_2、HC，然后根据循环工况的油耗或 CO、CO_2、HC 计算汽车的燃油消耗量，即百公里油耗量（L/100km）。

在底盘测功机上检测时，应根据检测规范的要求，采用多种测量油耗的方法，如质量法、容积法与碳平衡法。质量法是利用油耗计检测一已知质量的燃油消耗所需的时间（s）来确定燃油消耗量。容积法是利用油耗计检测一已知容积的燃油消耗所需的时间（s）来确定燃油消耗量。碳平衡法是根据燃油在发动机中燃烧后排气中（CO、CO_2、HC）碳质量总和与燃烧前碳质量总和相等的质量守恒定律来测算燃油消耗量，它利用排放检测仪器测出CO、CO_2、HC，然后采用式（2-11）和式（2-12）确定燃油消耗量。

对于装配汽油机的车辆：

$$Q = \frac{0.1155}{D}\left[(0.866 \times HC) + (0.429 \times CO) + (0.273 \times CO_2)\right] \qquad (2-11)$$

对于装配柴油机的车辆：

$$Q = \frac{0.1156}{D}\left[(0.865 \times HC) + (0.429 \times CO) + (0.273 \times CO_2)\right] \qquad (2-12)$$

式中　Q——燃油消耗量（L/100km）；

　　　HC——测得的碳氢排放量（g/km）；

　　　CO——测得的一氧化碳排放量（g/km）；

　　　CO_2——测得的二氧化碳排放量（g/km）；

　　　D——15℃时试验燃油的密度（kg/L）。

提示：多工况循环燃油消耗量检测，检测条件更加接近真实路况，在一定程度上反映了汽车的实际行驶工况，因此所测的油耗能较好反映汽车的燃油经济性。但这种检测方法相对麻烦、复杂、时间长，且成本高。

三、汽车燃油消耗量限值

1. 乘用车燃料消耗量限值

GB 19578—2021《乘用车燃料消耗量限值》规定了我国能够燃用汽油或柴油燃料的乘用车燃料消耗量的限值。它根据乘用车车型和整车整备质量 CM（kg），对燃料消耗量限值 Q_L（L/100km）规定如下。

（1）装有手动变速器且具有三排以下座椅的车辆

1）若整车整备质量 CM≤750，则车型的燃料消耗量限值 Q_L =5.82。

2）若整车整备质量 750＜CM≤2510，则车型的燃料消耗量限值 Q_L = 0.0041×（CM−1415）+8.55，计算结果圆整（四舍五入）至小数点后两位。

3）若整车整备质量 CM＞2510，则车型的燃料消耗量限值 Q_L =13.04。

（2）其他车辆

1）若整车整备质量 CM≤750，则车型的燃料消耗量限值 Q_L =6.27。

2）若整车整备质量 750＜CM≤2510，则车型的燃料消耗量限值 Q_L = 0.0042×（CM−1415）+9.06，计算结果圆整（四舍五入）至小数点后两位。

3）若整车整备质量 CM＞2510，则车型的燃料消耗量限值 Q_L =13.66。

2. 轻型商用车辆燃料消耗量限值

GB 20997—2015《轻型商用车辆燃料消耗量限值》，根据轻型商用车的车型及结构特点，以整车整备质量 CM（kg）作为燃料消耗量的评价参数，规定了轻型商用车辆燃料消耗

量限值，见表2-4、表2-5。但对于具有下列一种或多种结构的车辆：

1）N_1类全封闭厢式车辆。

2）N_1类罐式车辆。

3）全轮驱动的车辆。

其燃料消耗量限值是表2-4或表2-5中的限值乘以1.05，求得的数值圆整（四舍五入）至小数点后一位。

表2-4　N_1类车辆燃料消耗量限值

整车整备质量 CM /kg	汽油车型燃料消耗量限值 /（L/100km）	柴油车型燃料消耗量限值 /（L/100km）
CM≤750	5.5	5.0
750＜CM≤865	5.8	5.2
865＜CM≤980	6.1	5.5
980＜CM≤1090	6.4	5.8
1090＜CM≤1205	6.7	6.1
1205＜CM≤1320	7.1	6.4
1320＜CM≤1430	7.5	6.7
1430＜CM≤1540	7.9	7.0
1540＜CM≤1660	8.3	7.3
1660＜CM≤1770	8.7	7.6
1770＜CM≤1880	9.1	7.9
1880＜CM≤2000	9.6	8.3
2000＜CM≤2110	10.1	8.7
2110＜CM≤2280	10.6	9.1
2280＜CM≤2510	11.1	9.5
2510＜CM	11.7	10.0

表2-5　最大设计总质量不大于 3500kg 的 M_2 类车辆燃料消耗量限值

整车整备质量 CM /kg	汽油车型燃料消耗量限值 /（L/100km）	柴油车型燃料消耗量限值 /（L/100km）
CM≤750	5.0	4.7
750＜CM≤865	5.4	5.0
865＜CM≤980	5.8	5.3
980＜CM≤1090	6.2	5.6
1090＜CM≤1205	6.6	5.9
1205＜CM≤1320	7.0	6.2
1320＜CM≤1430	7.4	6.5
1430＜CM≤1540	7.8	6.8
1540＜CM≤1660	8.2	7.1

（续）

整车整备质量 CM /kg	汽油车型燃料消耗量限值 /(L/100km)	柴油车型燃料消耗量限值 /(L/100km)
1660 < CM ≤1770	8.6	7.4
1770 < CM ≤1880	9.0	7.7
1880 < CM ≤2000	9.5	8.0
2000 < CM ≤2110	10.0	8.4
2110 < CM ≤2280	10.5	8.8
2280 < CM ≤2510	11.0	9.2
2510 < CM	11.5	9.6

3. 重型商用车辆燃料消耗量限值

GB 30510—2018《重型商用车辆燃料消耗量限值》，根据重型商用车的车型类别，以最大设计总质量 GVW（kg）作为燃料消耗量的评价参数，规定了最大设计总质量大于 3500kg 的燃用汽油和柴油的重型商用车辆（货车、半挂牵引车、客车、自卸汽车和城市客车）的燃料消耗量限值。表 2-6 ～表 2-8 所列分别为货车、客车和城市客车的燃料消耗量限值。

表 2-6　货车燃料消耗量限值

最大设计总质量 GVW /kg	燃料消耗量限值 /(L/100km)	最大设计总质量 GVW /kg	燃料消耗量限值 /(L/100km)
3500 < GVW ≤4500	11.5[①]	12500 < GVW ≤16000	24.0
4500 < GVW ≤5500	12.2[①]	16000 < GVW ≤20000	27
5500 < GVW ≤7000	13.8[①]	20000 < GVW ≤25000	32.5
7000 < GVW ≤8500	16.2[①]	25000 < GVW ≤31000	37.5
8500 < GVW ≤10500	18.3[①]	31000 < GVW	38.5
10500 < GVW ≤12500	21.3[①]		

① 对于汽油车，其限值是表中相应限值乘以 1.2，求得的数值圆整（四舍五入）至小数点后一位。

表 2-7　客车燃料消耗量限值

最大设计总质量 GVW /kg	燃料消耗量限值 /(L/100km)	最大设计总质量 GVW /kg	燃料消耗量限值 /(L/100km)
3500 < GVW ≤4500	10.6[①]	12500 < GVW ≤14500	19.1
4500 < GVW ≤5500	11.5[①]	14500 < GVW ≤16500	20.1
5500 < GVW ≤7000	13.3[①]	16500 < GVW ≤18000	21.3
7000 < GVW ≤8500	14.5[①]	18000 < GVW ≤22000	22.3
8500 < GVW ≤10500	15.0[①]	22000 < GVW ≤25000	24.0
10500 < GVW ≤12500	17.7	25000 < GVW	25.0

① 对于汽油车，其限值是表中相应限值乘以 1.2，求得的数值圆整（四舍五入）至小数点后一位。

表 2-8　城市客车燃料消耗量限值

最大设计总质量 GVW /kg	燃料消耗量限值 /(L/100km)	最大设计总质量 GVW /kg	燃料消耗量限值 /(L/100km)
3500 < GVW ≤4500	11.5	12500 < GVW ≤14500	25.5
4500 < GVW ≤5500	13.0	14500 < GVW ≤16500	28.0
5500 < GVW ≤7000	14.7	16500 < GVW ≤18000	31.0
7000 < GVW ≤8500	16.7	18000 < GVW ≤22000	34.5
8500 < GVW ≤10500	19.4	22000 < GVW ≤25000	38.5
10500 < GVW ≤12500	22.3	25000 < GVW	41.5

　　国家对汽车燃油消耗量限值政策的制定和实施，不仅促进了我国汽车行业技术水平的飞速发展，控制汽车油耗，进一步提高汽车的燃油经济性，而且给汽车燃油消耗量的检测诊断提供了一个标准。

第三节　汽车制动性检测

　　汽车制动性是指汽车行驶时，能在短距离内停车，且维持制动时行驶方向的稳定和下长坡时能维持一定车速，以及保证汽车长时间停驻坡道的能力。汽车制动性的好坏直接关系到汽车的安全运行，因此汽车制动性是汽车综合性能检测以及年检的必检项目。汽车的制动性能可通过台试检测或路试检测加以评价。

一、汽车制动性评价指标

　　汽车制动性评价指标体系应能全面评价汽车制动性能，充分反映汽车制动系技术状况。根据台试检测和路试检测的要求，在用汽车制动性能的评价指标主要有：汽车制动力、制动距离、充分发出的平均减速度、制动协调时间及制动时的方向稳定性。

　　1. 汽车制动力

　　汽车制动力是指汽车制动时，通过车轮制动器的作用，地面提供的对车轮的切向阻力。汽车在制动力作用下迅速降低车速以至停车。当汽车质量一定时，汽车制动力越大，则汽车的制动减速度就越大，汽车的制动性能就越好。因此，常用汽车制动力作为台试检测制动性的评价指标。

　　提示：汽车制动力能反映汽车制动系统的技术状况，能体现汽车制动过程的实质，它是汽车制动性最本质的评价指标。

　　2. 制动距离

　　制动距离是指汽车在规定的道路条件、规定的初始车速下急踩制动时，从脚接触制动踏板起至汽车停住时止汽车驶过的距离。在检测条件一定时，制动距离的长短能反映制动系统的技术状况，制动距离越短，则汽车的制动性能就越好。因此，常用制动距离作为路试检测制动性的评价指标。

　　提示：制动距离与行车安全有着直接关系，它是汽车制动性最直观的评价指标。

　　3. 充分发出的平均减速度

　　充分发出的平均减速度是指汽车在规定的初速度下急踩制动时，按式（2-13）测试计

算得到的减速度。

$$MFDD = \frac{v_b^2 - v_e^2}{25.92(S_e - S_b)}$$ (2-13)

式中　MFDD——充分发出的平均减速度（m/s^2）；

　　　　v_b——汽车速度（km/h），$v_b = 0.8v_0$；

　　　　v_e——汽车速度（km/h），$v_e = 0.1v_0$；

　　　　v_0——汽车制动初速度（km/h）；

　　　　S_b——在速度 v_0 至 v_b 时汽车驶过的距离（m）；

　　　　S_e——在速度 v_0 至 v_e 时汽车驶过的距离（m）。

制动时，汽车充分发出的平均减速度越大，说明汽车制动力越大，汽车的制动性能就越好。因此，常用充分发出的平均减速度作为路试检测制动性的评价指标。

提示：充分发出的平均减速度在车辆制动过程中，较瞬时减速度稳定，更能真实反映汽车制动系统的实际情况。

4. 制动协调时间

制动协调时间是指在急踩制动时，从踏板开始动作至车辆减速度（或制动力）达到标准规定的充分发出的平均减速度（或制动力）75%时所需的时间。它是制动器作用时间或滞后时间的主要部分，其长短反映了制动系传动间隙消除的快慢和制动力增长的速度。制动时，制动协调时间越短，则制动距离越短，汽车制动性能越好。

由于制动协调时间只反映制动过程的局部信息，因此，制动协调时间不能单独作为制动性的评价指标，而只能作为制动性的辅助评价指标。

5. 制动稳定性

制动稳定性是指汽车在制动过程中维持直线行驶的能力或按预定弯道行驶的能力。制动稳定性差的汽车，路试时会产生偏离规定通道宽度的现象，台试时会出现左、右车轮制动器制动力增长快慢不一致或左、右车轮制动力不等的现象。因此，在我国安全法规中，路试时制动稳定性的评价指标是试车道的宽度；台试时制动稳定性的评价指标是同轴左、右轮的制动力差值。

二、汽车制动性能的台试检测

汽车制动性能的台试检测就是利用汽车制动试验台进行检测。汽车制动试验台形式多样，按测试原理的不同，可分为反力式和惯性式两类；按试验台支承车轮形式的不同，可分为滚筒式和平板式两类。目前，使用较多的是单轴反力式滚筒制动试验台和平板式制动试验台。

1. 用反力式滚筒制动试验台检测制动性能

（1）反力式滚筒制动试验台　常用的反力式滚筒制动试验台是一种低速静态测力式的试验台，它检测的是各车轮的制动力。

1）制动试验台的基本组成。单轴反力式滚筒制动试验台主要由驱动装置、滚筒装置、测量装置、举升装置、指示与控制装置等组成，如图2-7所示。

①驱动装置。该装置由电动机、减速器和链传动组成。电动机动力经减速器驱动主动滚筒，主动滚筒又通过链传动带动从动滚筒旋转。减速器壳体为浮动支承，可以绕主动滚筒

轴线摆动。

② 滚筒装置。该装置由左、右独立设置的两对滚筒构成。被测车轮置于两滚筒之间，滚筒相当于活动路面，用来支承被检车轮并在制动时承受和传递制动力。

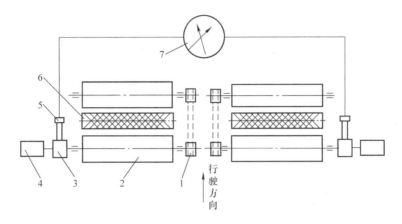

图 2-7 单轴反力式滚筒制动试验台

1—链传动 2—滚筒装置 3—减速器 4—电动机 5—测量装置 6—举升装置 7—指示装置

③ 测量装置。该装置由测力杠杆和传感器组成，测力杠杆一端与减速器浮动壳体连接，另一端与传感器相连，而传感器则装在试验台支架上。常用的传感器有应变测力式、自整角电动机式、电位计式和差动变压器式等多种类型。被测车轮制动时，减速器浮动壳体带动测力杠杆绕主动滚筒轴线摆动并作用于传感器上，传感器将测力杠杆传来的力或位移转变成电信号，送入指示与控制装置。另外，由于对汽车制动性的评判与轴重有关，因此目前有部分制动试验台直接带有轴重测量装置，能方便测量汽车轴负荷。

④ 举升装置。该装置由举升器、举升平板和控制开关等组成。举升器有液压式、气压式和电动式等多种形式。举升装置的功用是便于汽车平稳地出入制动试验台。

⑤ 指示与控制装置。目前制动试验台控制装置都采用电子式。为提高自动化与智能化程度，有的控制装置中配置微机。指示装置有数字显示和指针式两种，带微机的控制装置多配置数字式显示器。

带微机的指示与控制装置主要由微机、放大器、模数转换器（A/D）、数模转换器（D/A）、继电器、数字显示器和打印机等组成，如图 2-8 所示。在键盘和制动踏板开关的控制下，微机控制举升装置的升降、滚筒电动机的转动与停止、测力传感器信号的采集与处理，并输出或打印检测结果；指示装置则可根据检测项目要求显示汽车制动性能指标的各种检测数据，并显示整车制动性技术状况的评判结果。

2) 制动试验台的检测原理。检测时，将被测汽车驶上制动试验台，车轮置于主、从动滚筒之间，放下举升器。通过延时电路起动电动机，电动机则通过减速器及链传动驱动滚筒从而带动车轮低速旋转。当驾驶人踩制动踏板时，在制动器摩擦力矩 T_μ 作用下（图 2-9a），车轮开始减速旋转。此时电动机驱动滚筒，而滚筒则对车轮轮胎周缘的切线方向作用着制动力 F_{x1}、F_{x2}，以克服制动器摩擦力矩，维持车轮继续旋转。与此同时，车轮轮胎对滚筒表面切线方向作用着与制动力数值相等而方向相反的反作用力 F'_{x1}、F'_{x2}。在 F'_{x1}、F'_{x2} 对滚筒轴线形成的反作用力矩作用下，浮动的减速器壳体与测力杠杆一起朝滚筒转动相反的方向摆动

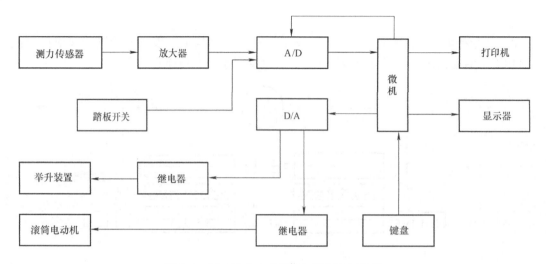

图2-8 制动试验台的指示与控制装置框图

（图2-9b），而测力杠杆另一端的力 F_1 经传感器转换成与制动力大小成比例的电信号。此信号经放大变换处理后，由指示装置显示左、右车轮的制动力。在制动过程中，当左、右车轮制动力之和大于某一数值时，微机即开始采集数据，采集过程所经历的时间是一定的。经历了规定的采集时间（如3s）后，微机发出指令使电动机停转，以防止轮胎剥伤。在有第三滚筒的制动试验台上，其电动机的停转是由第三滚筒的转速信号控制的，制动时，第三滚筒跟随车轮转动，当车轮即将抱死时，微机则根据第三滚筒转速信号指令电动机停转。检测过程结束后，将举升器举起，车辆即可驶离试验台。

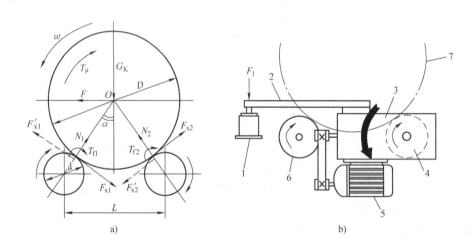

图2-9 制动力检测原理图

a）车轮制动受力简图 b）制动力测量原理图

1—传感器 2—测力杠杆 3—减速器 4—主动滚筒 5—电动机 6—从动滚筒 7—车轮

G_K—车轮载荷 F—车轴对车轮的水平推力 N_1、N_2—滚筒对车轮的支反力

F_{x1}、F_{x2}—滚筒对车轮的制动力 F'_{x1}、F'_{x2}—车轮对滚筒的切向反作用力 T_μ—制动器摩擦力矩

T_{f1}、T_{f2}—滚动阻力矩 α—安置角 L—滚筒的中心距

制动协调时间的测量是与测量制动力同步进行的,它以驾驶人踩制动踏板的瞬间作为计时起点,由制动踏板上套装的踏板开关向控制装置发出一个"开关"信号,开始时间计数,直至制动力达到标准规定的制动力的75%时为止。其计时终点通常由试验台微机执行相应的程序来控制。

车轮阻滞力的测量是在汽车和驻车制动装置处于完全释放状态,变速器置于空档位置时进行。此时,电动机通过减速器、链传动及滚筒来带动车轮维持稳定转动所需的力,即车轮的阻滞力,该力可通过指示装置读取。

(2)反力式滚筒制动试验台的检测方法

1)做好试验台的准备工作,滚筒表面应干燥,没有松散物质及油污,滚筒表面当量附着系数不应小于0.75。

2)将试验台电源开关打开,并使举升器在升起位置。

3)将汽车垂直于滚筒方向驶入试验台,使前轴车轮处于两滚筒之间的举升平板上。

4)汽车停稳后,置变速器于空档,使行车制动、驻车制动处于完全放松状态,把脚踏开关套装在制动踏板上。

5)降下举升器,至轮胎与举升器完全脱离为止。

6)带有轴重测量装置的试验台,此时测得轴荷。

7)起动电动机,使滚筒带动车轮转动,2s后测得车轮阻滞力。

8)踩下制动踏板,测取制动力增长全过程中的前轴左、右轮制动力差和各轮制动力的最大值,同时也测出了制动协调时间。

9)升起举升器,驶出已测车轴,驶入下一车轴,按上述同样方法检测后轴车轮阻滞力、制动力、左右轮制动力差和制动协调时间。

10)当与驻车制动相关的车轴在试验台上时,检测完行车制动后,应重新起动电动机,在行车制动完全放松的情况下,用力拉紧驻车制动手柄,检测驻车制动性能。

11)所有车轴的行车制动性能和驻车制动性能检测完毕后,升起举升器,汽车驶出试验台。

12)切断制动试验台电源。

(3)反力式滚筒制动试验台检测注意事项

1)为了防止制动时车轮容易抱死而难以测出制动器能够产生的制动力,允许在汽车上增加足够的附加质量或施加相当于附加质量的作用力,但附加质量或作用力不计入轴荷。

2)检测制动力时,可以在非测试车轮上加三角垫块或采取牵引方法阻止车辆移动。

3)检测制动力时,若采取措施后,仍出现车轮抱死并在滚筒上打滑或整车随滚筒向后移出的现象,而制动力仍未达到合格要求时,应改用平板试验台检测或路试检测。

(4)反力式滚筒制动试验台检测特点

1)检测迅速、经济、安全,不受外界条件的限制,测试车速低,测试条件稳定,重复性较好。

2)检测参数全面,能定量测得各车轮制动力、左右轮制动力差值、制动协调时间、车轮阻滞力。因而,可全面评价汽车制动性能,并给制动系的故障诊断、维修和调整提供可靠依据。

3)检测时,由于汽车没有平移运动,因而实际制动时因惯性作用而引起的轴负荷前移

效应完全没有，这往往使得前轴车轮容易抱死而难以测到前轴制动器能够提供的最大制动力，从而导致整车的制动力不够，易引起误判。

4）检测时，由于汽车没有实际的行驶，因而其制动性检测结果不能反映其他系统（如转向系统、行驶系统）的结构、性能对制动性能的影响。

5）对于防抱死制动系统汽车，由于检测时车轮防抱死不起作用，因而无法测得实际制动时的最大制动力，不能准确反映防抱死制动系统汽车的制动性能。

2. 用平板式制动试验台检测制动性能

（1）平板式制动试验台　平板试验台是一种低速动态式制动试验台，它检测的是各车轮制动力。

1）制动试验台的基本组成。平板式制动试验台主要由测试平板、控制和显示装置（控制柜）、辅助装置等组成，如图2-10所示。

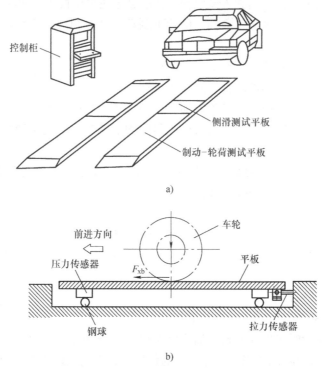

图 2-10　平板式制动试验台示意图

a）试验台组成　b）制动测试原理

① 测试平板。制动测试平板共四块，且相互独立，一次制动试验可同时检测 4 个车轮的制动力及轮重。测试平板由面板、底板、钢球和力传感器等组成。底板作为底座固定在水平地面上，面板通过压力传感器和钢球支承在底板上，其纵向则通过拉力传感器与底板相连。

② 控制和显示装置。控制和显示装置是一个以计算机为核心的数据采集、分析、处理和显示的系统。计算机对传感器的各路输出信号进行高速采样，并将其转换为数字信号，然后对这些数字信号进行处理、计算，按要求显示出各轮制动力、轴制动力、左右轮制动力差、全车制动力、制动协调时间、制动释放时间等测试结果，并判定制动性能是否合格，同

时还能给被检车驾驶人提供操作指示。

③ 辅助装置。辅助装置包括前、后引板和中间过渡板，其作用是方便汽车平稳地上下制动试验台。

2）制动试验台的检测原理。汽车在制动试验台的测试平板上紧急制动时，车轮则在汽车惯性力作用下，对测试平板产生作用力 F_{xb}（图2-10b），与此同时测试平板对车轮产生了阻碍汽车前进的制动力，该制动力是 F_{xb} 的反作用力，其大小与 F_{xb} 相等，因此 F_{xb} 相当于就是要检测的制动力。而拉力传感器通过纵向拉杆能感受各轮 F_{xb} 的信号，同时压力传感器能感受制动过程中各轮的动态载荷信号，这些信号经控制装置转换放大处理后，其显示仪表能记录或显示各轴制动力和动态载荷的变化过程，显示检测结果。

（2）平板式制动试验台的检测方法

1）做好试验台的准备工作，保持各平板表面干燥，清洁。

2）将试验台电源开关打开，使设备进入检测状态。

3）让汽车以 5～10km/h 速度驶上平板。

4）置变速器于空档（自动变速汽车可置于 D 位），急踩制动，试验台就测取了制动力增长全过程中的前后轴左、右轮制动力差和各轮制动力的最大值及轴载荷，并显示检测结果。

5）汽车驶离平板试验台。

注意：

轴重大于试验台允许载荷极限的汽车，请勿开上试验台。

（3）平板式制动试验台的检测特点

1）汽车在平板试验台上的制动与汽车的实际制动较为接近，能反映轴负荷转移效应和其他系统（如转向系统、行驶系统）的结构、性能对制动性能的影响，其检测结果能反映汽车的实际制动性能。

2）平板试验台不仅能检测整车制动效果，还可检测各车轮的制动力和轴荷，能方便分析和查找制动器故障，能较好地评价汽车的制动性能。

3）平板式试验台无须模拟汽车转动惯量，结构简单，较容易与轮重仪、侧滑仪、悬架检测仪组合在一起，能使车辆测试更为方便、高效。

4）平板式制动试验台占地面积大、需要助跑车道，不利于流水作业。

三、汽车制动性能的路试检测

汽车制动性能的路试检测，是利用必要的检测仪器在规定的道路上进行的制动性试验。

1. 路试检测仪器

目前，路试检测常用的仪器是非接触式多功能速度检测仪或 GPS 汽车多功能检测仪。利用这些仪器可以检测制动距离、制动时间和制动速度。

（1）非接触式多功能速度检测仪 它是以计算机为核心部件，配以相应的标准接口及外设的智能化测试仪器，不需要与路面接触或设置任何测量标志。

非接触式多功能速度检测仪由传感器和主机部分组成，如图 2-11 所示。其距离传感部件是一个光电传感器，它用吸盘压在车身外面，汽车运行检测时，安装在车身上的光电探测

器（俗称光电头）照射路面，向主机提供检测信号。主机部分主要由单板机、控制器、显示器、微型打印机等组成，它们的作用是计算、处理传感器输送的信号和脚踏套输送的开关信号，并显示或打印试验曲线及检测结果。

制动试验时，非接触式多功能速度检测仪可以检测汽车制动速度、制动距离、制动时间、最大减速度、平均减速度、MFDD。

这种采用光电传感器的检测仪，其检测特点是精度高、成本低、传感器安装较复杂。

（2）GPS 汽车多功能检测仪　它是基于高性能卫星接收器，用 GPS 非接触式测量移动汽车的速度、距离并提供加速度、减速度、制动距离、时间、油耗等许多数据的功能强大的检测仪器。

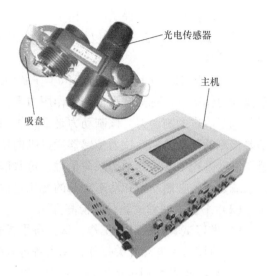

图 2-11　非接触式多功能速度检测仪

VBOX Ⅱ是一种典型的 GPS 汽车多功能检测仪，它主要由主机、GPS 传感器、显示器、触发器等组成，如图 2-12 所示。GPS 传感器通过其天线接收卫星信号；制动触发器用来反映制动踏板制动开始的触发信号；主机是检测系统的核心，用来计算、处理 GPS 传感器以及触发器输入的信号，提供检测结果，并具有存储、打印数据功能；显示器用来在线显示测量参数。

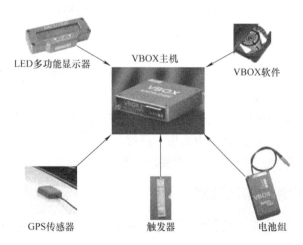

图 2-12　GPS 汽车多功能检测仪

GPS 汽车多功能检测仪的检测特点是安装简单，方便携带，可进行长时间测试。但精度逊于光电速度传感器，并受到适时接收到的卫星数量影响，受地形地貌干扰较大，如在树林、桥下、城市高层建筑等处检测效果较差。

2. 路试检测方法

汽车制动性能的路试检测方法有制动距离法和制动减速度法。

（1）制动距离法　制动距离法是指路试时采用非接触式多功能速度检测仪或 GPS 汽车多功能检测仪，或其他测试仪器检测汽车的制动距离及制动稳定性。

1）检测方法

① 道路条件。路试检测制动距离应在平坦（坡度不应超过 1%）、干燥和清洁的硬路面（轮胎与路面之间附着系数不小于 0.7）上进行，在试验路面上应画出与制动稳定性要求相应宽度的试车通道边线。

② 车辆准备。在被测汽车的制动踏板上安装提供信号用的踏板套，在汽车适当位置装上用于测量汽车行驶速度、距离的检测仪器。

③ 路试检测。将被测汽车沿着试车道的中线行驶至高于规定的初速度后，置变速器于空档（自动变速汽车可置于 D 位），当滑行到规定初速度时，急踩制动踏板，使汽车停住，并同时操作检测仪，测出汽车的制动距离。在紧急制动的同时，检查汽车制动的稳定性，看制动时汽车是否超出试车通道边线。对除气压制动外的汽车还应同时测取制动踏板力。

2）检测特点

① 检测制动性直观、简便，能真实反映汽车在实际行驶过程中的动态制动性能。

② 能充分体现整车的制动效果，可综合反映汽车其他系统（如转向系统、行驶系统）的结构、性能对汽车制动性能的影响。

③ 只能检测整车制动性能，不能定量检测各车轮的制动状况及制动力分配，因而对制动性能不合格的汽车，不易诊断故障发生的具体部位。

④ 紧急制动时轮胎磨损严重，同时其冲击载荷对汽车各部件均有不利影响。

⑤ 路试时要求有良好的道路条件及气候条件。

⑥ 与台试检测相比，检测速度慢，效率低。

（2）制动减速度法　制动减速度法是指路试时采用非接触式多功能速度检测仪或 GPS 汽车多功能检测仪，或其他测试仪器检测汽车制动时充分发出的平均减速度和制动协调时间，同时还检测汽车制动稳定性。

1）检测方法。制动减速度法的道路条件与制动距离法相同，检测时，将汽车行驶至高于规定的初速度后，置变速器于空档（自动变速器汽车可置于 D 位），当滑行到规定初速度时，急踩制动踏板，利用车上的检测仪器测取汽车充分发出的平均减速度计算公式中的相关参数，从而测得充分发出的平均减速度（MFDD）。同时还应测出制动协调时间，并检查制动稳定性，查看制动时汽车是否超出试车通道边线。对除气压制动外的汽车，路试时还应测取制动踏板力。

2）检测特点

① 检测的 MFDD 与瞬时减速度相比具有良好的稳定性，其重复性较好，检测精度较高。

② 能根据制动协调时间的长短判断制动系的调整情况。

③ MFDD 只能反映整车制动效果，不能具体反映各个车轮制动器的技术状况。

④ 与台试检测相比，检测速度慢，效率低。

提示：在用汽车制动性能的检测，要求速度快，因而常用台试检测。当台试检测有质疑时，采用路试检测。

四、汽车制动性能的检测标准

汽车制动性能与行车安全紧密相关，因而制动性能检测标准常根据国家的有关法规制订。在 GB 7258—2017《机动车运行安全技术条件》中，对在用车制动性能的检测标准，有明确的规定。根据该文件的规定，可用台试法或路试法检测汽车制动性能，只要检测参数符合检测标准，则认为汽车的制动性能合格。

1. 台试检测标准

台试检测制动性能的方法有制动力法、制动距离法和制动减速度法，但常用的是制动力法。制动力法的检测标准如下。

（1）行车制动检测标准

1）制动力。汽车、汽车列车在制动试验台上测出的制动力应符合表 2-9 的要求。制动力检测时，制动踏板力或制动气压应符合表 2-10 的要求。对空载检验制动力有质疑时，可用表 2-9 中规定的满载检验制动力的要求进行检验。

表 2-9　台试检验制动力要求

机动车类型	制动力总和与整车重量的百分比（%）		轴制动力与轴荷[1]的百分比（%）	
	空载	满载	前轴[2]	后轴[2]
三轮汽车	—			≥60[3]
乘用车、其他总质量小于等于 3500kg 的汽车	≥60	≥50	≥60[3]	≥20[3]
铰接客车、铰接式无轨电车、汽车列车	≥55	≥45	—	—
其他汽车	≥60[4]	≥50	≥60[3]	≥50[5]
挂车	—	—		≥55[6]

[1] 用平板制动检验台检验乘用车、其他总质量小于等于 3500kg 的汽车时，应按左、右轮制动力最大时刻所分别对应的左、右轮动态轮荷之和计算。

[2] 机动车（单车）纵向中心线中心位置以前的轴为前轴，其他轴为后轴；挂车的所有车轴均按后轴计算；用平板式制动试验台测试并装轴制动力时，并装轴可视为一轴。

[3] 空载和满载状态下测试应满此要求。

[4] 对总质量小于等于整备质量的 1.2 倍的专项作业车应大于等于 50%。

[5] 满载测试时后轴制动力百分比不做要求；空载用平板式制动试验台检验时应大于等于 35%；总质量大于 3500kg 的客车，空载用反力式滚筒制动试验台测试时应大于等于 40%，用平板式制动试验台检验时应大于等于 30%。

[6] 满载状态下测试时应大于等于 45%。

表 2-10　制动性能检测时制动踏板力或制动气压要求

检测参数		空载	满载
气压制动系气压表的指示气压/kPa		≤750	≤额定工作气压
液压制动系踏板力/N	乘用车	≤400	≤500
	其他汽车	≤450	≤700
	三轮汽车	≤600	

2）制动力平衡。在制动力增长全过程中同时测得的左、右轮制动力差的最大值，与全过程中测得的该轴左、右轮最大制动力中大者（当后轴制动力小于该轴轴荷的60%时为与该轴轴荷）之比，对新注册车和在用车应分别符合表2-11的要求。

3）制动协调时间。对液压制动的汽车应小于等于0.35s，对气压制动的汽车应小于等于0.60s；汽车列车和铰接客车、铰接式无轨电车的制动协调时间应小于等于0.80s。

4）车轮阻滞力。汽车各车轮的阻滞力均应小于等于轮荷的10%。

表2-11　台试检验制动力平衡要求

汽车	前轴	后轴（及其他轴）	
		轴制动力大于等于该轴轴荷60%时	制动力小于该轴轴荷60%时
新注册车	≤20%	≤24%	≤8%
在用车	≤24%	≤30%	≤10%

5）制动释放时间。汽车制动从松开制动踏板到制动消除所需要的时间，两轴汽车应小于等于0.8s，对三轴及三轴以上汽车应小于等于1.2s。

（2）驻车制动检测标准　当采用制动试验台检查车辆驻车制动时，车辆空载，乘坐一名驾驶人，使用驻车制动装置，驻车制动力的总和应大于等于该车测试状态下整车质量的20%，对总质量为整备质量1.2倍以下的汽车应大于等于15%。

提示：台试检测后，若对汽车制动性能结果有异议，则在空载状态下用路试检测方法进行复检。若对空载状态复检结果有异议，则以满载路试检测结果为准。

2. 路试检测标准

（1）行车制动路试检测标准

1）制动距离法检测标准。

①制动距离。汽车在规定的初速度下急踩制动时其制动距离应符合表2-12的要求。制动距离检测时，制动踏板力或制动气压应符合表2-10的要求。对空载检验制动距离有质疑时，可用表2-12中规定的满载检验制动距离要求进行检验。

②制动稳定性。汽车在规定的初速度下急踩制动时，车辆任何部位（不计入车宽的部位除外）不允许超出表2-12规定宽度的试验通道的边缘线。

表2-12　制动距离和制动稳定性要求

机动车类型	制动初速度 /（km/h）	空载检验制动距离要求/m	满载检验制动距离要求/m	试验通道宽度 /m
三轮汽车	20	≤5.0		2.5
乘用车	50	≤19.0	≤20.0	2.5
总质量小于等于3500kg的低速货车	30	≤8.0	≤9.0	2.5
其他总质量小于等于3500kg的汽车	50	≤21.0	≤22.0	2.5
铰接客车、铰接式无轨电车、汽车列车	30	≤9.5	≤10.5	3.0[①]
其他汽车、乘用车列车	30	≤9.0	≤10.0	3.0[①]

① 对车宽大于2.55m的汽车和汽车列车，其试验通道宽度为"车宽（m）+0.5"。

2）制动减速度法检测标准。

① 充分发出的平均减速度。汽车在规定的初速度下急踩制动时充分发出的平均减速度（MFDD）应符合表2-13的要求。检测时，制动踏板力或制动气压应符合表2-10的要求。对空载检验制动性能有质疑时，可用表2-13中规定的满载检验充分发出的平均减速度要求进行检验。

② 制动协调时间。对液压制动的汽车应小于等于0.35s，对气压制动的汽车应小于等于0.60s；汽车列车和铰接客车、铰接式无轨电车的制动协调时间应小于等于0.80s。

表2-13 制动减速度和制动稳定性要求

机动车类型	制动初速度 /(km/h)	空载检验充分发出的平均减速度 /(m/s²)	满载检验充分发出的平均减速度 /(m/s²)	试验通道宽度 /m
三轮汽车	20	≥3.8		2.5
乘用车	50	≥6.2	≥5.9	2.5
总质量小于等于3500kg的低速货车	30	≥5.6	≥5.2	2.5
其他总质量小于等于3500kg的汽车	50	≥5.8	≥5.4	2.5
铰接客车、铰接式无轨电车、汽车列车	30	≥5.0	≥4.5	3.0①
其他汽车、乘用车列车	30	≥5.4	≥5.0	3.0①

① 对车宽大于2.55m的汽车和汽车列车，其试验通道宽度为"车宽（m）+0.5"。

③ 制动稳定性。汽车在规定的初速度下急踩制动时，车辆任何部位（不计入车宽的部位除外）不允许超出表2-13规定宽度的试验通道的边缘线。

（2）驻车制动路试检测标准　在空载状态下，驻车制动装置应能保证汽车在坡度为20%（总质量为整备质量的1.2倍以下的汽车为15%）、轮胎与路面附着系数大于等于0.7的坡道上正、反两个方向保持固定不动，其时间应大于等于2min。检验汽车列车时，应使牵引车和挂车的驻车制动装置均起作用。检测时，驻车制动应通过纯机械装置把工作部件锁止，并且驾驶人的操纵力应符合表2-14的要求。

表2-14 驻车制动性能检测时操纵力要求

机动车类型	手操纵时操纵力/N	脚操纵时操纵力/N
乘用车	≤400	≤500
其他汽车	≤600	≤700

提示：在汽车制动性能检测中，其检测指标只要符合制动力法、制动距离法和制动减速度法其中之一的标准要求，即可判为合格。

第四节　汽车车轮侧滑量检测

车轮侧滑是指汽车在直行过程中，因车轮定位不当导致车轮在向前直线滚动的同时，产生的侧向滑移现象。车轮严重侧滑时，不仅会加快轮胎的磨损，更重要的是会破坏汽车的操纵稳定性，影响行车安全。因此，汽车侧滑是汽车安全检测中的必检项目。

车轮侧滑的程度用侧滑量来衡量，而侧滑量则通过侧滑试验台检测。由于侧滑量的大小可以反映车轮定位的技术状况，而侧滑量的检测又是在汽车运动中进行的，因此通常把侧滑量检测称为车轮定位的动态检测。

一、车轮侧滑机理

在车轮定位中，若车轮外倾与车轮前束不匹配，则会导致车轮承受侧向力而发生侧滑。

1. 车轮外倾引起侧滑

为提高转向车轮工作时的安全性，转向车轮设置一定的外倾角。这样可防止汽车承载后车轮内倾引起的轮毂在路面对车轮垂直反力的轴向分力作用下，压向外端的小轴承，使小轴承和紧固螺母载荷增大，严重时紧固螺母损坏，出现车轮"飞脱"的危险。但是，转向前轮外倾后，在车轮向前滚动时，车轮具有向外滚开的趋势。虽然在刚性前轴的约束下，前轮并不能真正地向外分开滚动，但前轴分别给两前轮向内的侧向力和轮胎在地面上的滑摩是实际存在的。因此，在汽车行驶时，前轴两车轮在向前滚动的同时向内侧滑。

2. 车轮前束引起侧滑

为减少和消除车轮外倾造成的轮胎滑磨及磨损增加的危害，车轮设置前束。车轮具有前束后，在车轮向前滚动时，车轮具有向内滚动的趋势。虽然在刚性前轴的约束下，车轮并不能真正地向内收拢，但车轴分别给两车轮向外的侧向力及轮胎在地面上的滑摩也是实际存在的。因此，在汽车行驶时，同轴上的两车轮在向前滚动的同时向外侧滑。

3. 外倾与前束的综合作用

车轮定位中，外倾与前束在车上同时存在，若车轮外倾与前束配合得当，则车轮在向前滚动过程中，车轮外倾与前束产生的作用于车轮的侧向力因其大小相等方向相反而抵消，车轮处于向前直行的滚动状态，无侧滑现象。若车轮外倾与前束配合不当，则两者产生的对车轮的侧向力失去平衡，车轮将会向侧向力大的一方侧滑。

二、车轮侧滑量测量原理

1. 双滑板测量原理

车轮的侧滑量可利用图 2-13 所示的双滑板装置进行测量。该装置的双滑板互不连接，均通过滚动装置平放于地面，且在沿汽车行驶的纵向受约束不能移动，而在横向则可自由滑动。

假定让两个只有外倾而无前束的车轮缓慢地向前通过可以左右滑动的滑板时，由于车轮轮胎与滑板之间摩擦系数很大，因而两侧滑板在车轮侧向力作用下，分别向内滑动，如图 2-13a所示。该滑动量即为车轮外倾引起的侧滑量，若单个车轮的平均侧滑量为 X_1，则

$$X_1 = \frac{(L - L')}{2}$$

式中　L——滑板静态时两板外侧间距；

　　　L'——滑板向内侧滑后两板外侧间距。

假定让两个只有前束而没有外倾的车轮缓慢地向前通过可以左右滑动的滑板时，则两侧的滑板在侧向力的作用下分别向外侧滑动，如图 2-13b 所示。该滑动量即为前束引起的侧滑量，若单个车轮的平均侧滑量为 X_2，则

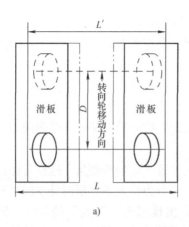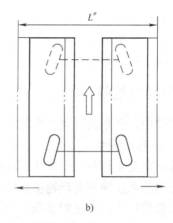

a)　　　　　　　　　　　　b)

图 2-13　车轮侧滑量测量原理

a）车轮外倾引起的侧滑　b）前束引起的侧滑

$$X_2 = \frac{(L'' - L)}{2}$$

式中　L''——滑板向外侧滑后两板外侧间距。

实际上，目前一般汽车转向前轮同时存在着外倾与前束，因此在两前轮通过可以左右滑动的滑板时，其侧滑量 X 为前束和外倾两者的综合，即 $X = X_2 - X_1$。只有在外倾与前束配合得当时，二者产生的侧向力相互抵消，才能保持车轮无侧滑，此时滑板无侧滑，$X = 0$。若两者配合不当，则侧向力失去平衡，车轮将沿着较大侧向力的方向侧滑，产生侧滑量，此时 $X \neq 0$。当 $X > 0$ 时，两轮向外侧滑；当 $X < 0$ 时，两轮向内侧滑。

双滑板侧滑试验台就是利用上述滑板原理来检测车轮侧滑量的。

2. 单滑板测量原理

单滑板侧滑试验台仅用一块滑板，如图 2-14 所示。单滑板通过滚动装置平放于地面，且在沿汽车行驶的纵向受约束不能移动，而在侧向则可自由滑动。

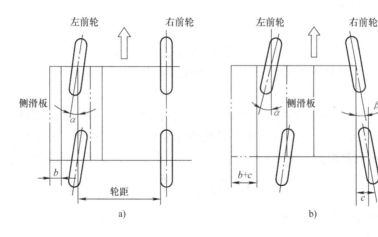

a)　　　　　　　　　　　　b)

图 2-14　侧滑量单滑板测量原理

a）单轮引起的侧滑　b）双轮引起的侧滑

让汽车左前轮从单滑板上通过，右前轮在地面上行驶。若右前轮正直行驶无侧滑，而左

前轮因前束角过大具有侧滑角 α 产生侧滑时，如图 2-14a 所示，通过车轮与滑板间的附着作用带动滑板向左移动距离 b。若右前轮因前束角过大具有侧滑角 β，右前轮行驶时有向内侧滚动的趋势，而左前轮走在滑板上，不能侧向约束右前轮的内滚趋势，这样滑板在右前轮的侧向推力作用下，会向左移动距离 c，并由于左前轮同时产生侧滑量 b，则滑板的移动距离为两前轮侧滑量之和，即 $b+c$，如图 2-14b 所示。

上述 $b+c$ 距离可反映出汽车左、右车轮总的侧滑量及侧滑方向。也就是说，采用单滑板式侧滑试验台测量汽车的侧滑量时，虽然是一侧车轮从滑板上通过，但测量的结果并非是单轮的侧滑量，而是左、右轮侧滑量的综合反映。根据这一侧滑量可以计算出每一边车轮的平均侧滑量，即单轮的平均侧滑量为

$$X = \frac{b+c}{2}$$

三、车轮侧滑量检测方法

1. 侧滑量检测试验台

目前，国内车轮侧滑量的检测大多采用双滑板式侧滑试验台。图 2-15 为电气式侧滑试验台的结构简图，它主要由测量装置、指示装置和报警装置等组成。

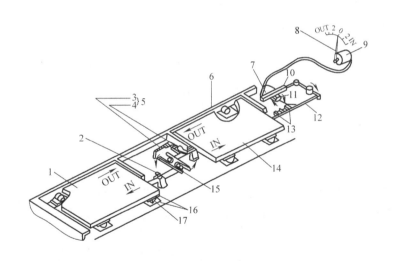

图 2-15　电气式侧滑试验台

1—左滑板　2—导向滚轮　3—回位弹簧　4—摆臂　5—回位装置　6—框架　7—产生电信号的自整角电动机
8—指示机构　9—接收电信号的自整角电动机　10—齿条　11—小齿轮　12—连杆　13—限位开关
14—右滑板　15—双销叉式曲柄　16—轨道　17—滚轮

（1）测量装置　测量装置主要由左右两块滑板、杠杆机构、回位装置、位移传感器及信号传递装置等组成，它能将车轮侧滑量测出并传给指示装置。滑板的长度一般有 500mm、800mm 和 1000mm 三种，滑板表面与轮胎之间可以看成是无滑动的。滑板在外力作用下，通过滚轮、轨道和两板之间的杠杆机构（双销叉式曲柄），能进行左右等量的相对运动。当车轮正前束（IN）过大时，滑板向外侧滑动；当车轮外倾角过大时，滑板向内侧滑动；当侧向力消失时，在回位装置作用下两滑板回到零点位置；当关闭锁止装置时，两滑板被约束

锁止。

按滑板滑动量传递给指示装置方式的不同，测量装置可分为电气式和机械式两种。

1）电气式测量装置。它是把滑板的滑动量通过位移传感器变成电信号，再经过放大、处理而传输给指示装置的一种测量装置，如图2-15所示。该装置的位移传感器有自整角电动机式、电位计式和差动变压器式等多种形式。

2）机械式测量装置。它是通过连杆和L形杠杆等零件，把滑板与指示装置机械地连接在一起，并将滑板滑动量直接传递给指示装置的一种测量装置。

（2）指示装置　指示装置是把测量装置传递来的车轮侧滑量信号按规定的单位加以显示的装置。指示装置有机械式和电气式两类。目前，大多数采用电气式，而电气式又分为数字式和指针式两种。

图2-16为指针式指示装置，其标定时按汽车每行驶1km侧滑1m为1格刻度，指示装置在"0"刻度的两侧有IN、OUT字样，并分别刻有7格以上的刻度。当指示装置的指针指向某一刻度时，该刻度的数值可反映其侧滑量的大小，而指针的位置则可反映其侧滑的性质：若指针指向IN边，则表示滑板向外侧滑动；若指针指向OUT边，则表示滑板向内侧滑动；若指针指向0，则表示车轮无侧滑。

数字式指示装置由数码管显示侧滑量。数字式指示装置多以计算机进行数据采集和处理，当滑板侧滑时，通过位移传感器转换成电信号，经过放大

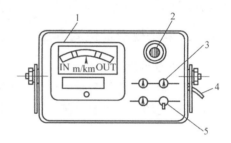

图2-16　侧滑量指示装置
1—指示仪表　2—蜂鸣器或信号灯
3—电源指示灯　4—电线　5—电源开关

与信号处理后，成为0~5V的模拟量，再经过A/D转换器转换成数字量，输入计算机运算处理，然后由数码管显示检测结果。

（3）报警装置　报警装置用于车轮侧滑量超过限值的报警。在检测车轮侧滑量时，为便于快速表示测量结果是否合格，当侧滑量超过规定值后，报警装置能根据测量装置的限位开关等发出的信号，用蜂鸣器或信号灯报警，因而无须再读取指示仪表的数值，节约了检测时间。由于它实行的是定性检测，故其报警装置也称为定性显示装置。

2. 车轮侧滑量的检测

侧滑量检测不仅是针对前轮，也可以是后轮。侧滑量检测时，应根据侧滑试验台使用说明书规定的步骤进行。一般双滑板侧滑试验台的侧滑量检测方法如下。

1）汽车在检测前，应将轮胎充气至规定气压，并除去轮胎表面的油污、水渍及花纹沟槽内的夹杂物。

2）打开试验台滑板的锁止装置，并接通电源。注意指示装置，它应指示"零"位。

3）将汽车垂直对正侧滑试验台，并使转向盘处于直行位置。

4）将汽车以3~5km/h的车速平稳驶向试验台滑板，在行进过程中，不允许转动转向盘或制动汽车。

5）当被测汽车前轮（或后轮）完全通过试验台滑板时，从指示装置上观察侧滑方向并读取、打印最大侧滑量，最大侧滑量即为被测前轮（或后轮）的侧滑量。

6）检测完毕，锁止滑板并切断电源。

注意：

超过试验台允许轴荷的车辆，不得通过侧滑试验台，以免将其损坏。

四、车轮侧滑量检测分析

1. 检测标准

GB 7258—2017《机动车运行安全技术条件》规定：对前轴采用非独立悬架的汽车，用双滑板侧滑试验台检测时，前轮侧滑量值应在 ±5m/km 之间。轿车的前轮侧滑量一般在 ±3m/km之间。规定侧滑量方向为外正内负。

2. 检测分析

车轮侧滑量是反映车轮前束与车轮外倾综合作用的参数，因此当侧滑量超标时，应根据其侧滑性质重点查找车轮前束与车轮外倾的匹配情况。侧滑量超标时若指针指向 IN 边（或读数为 + ），则表明前束太大或外倾角太小甚至车轮内倾；若指针指向 OUT 边（或读数为 - ），则表明前轮外倾角太大或前束过小甚至负前束。总之，车轮侧滑量超标，则说明车轮外倾与前束匹配不当，此时应加以调整。

提示：通常车轮的外倾角不可调整，因而调整时只能调前束。绝大多数情况下侧滑不合格都可以通过前束调整得到解决，但侧滑调整合格后并不一定说明其车轮定位符合设计要求。因此，为确保行车安全，建议通过静态车轮定位的检测并调整来解决车辆的侧滑不合格问题。

第五节 汽车前照灯检测

汽车前照灯在使用过程中，灯泡会逐渐老化，发光效率下降；反射镜污暗、聚光性能变差。汽车运行中的振动，也可能会引起前照灯安装位置错动，改变光束的照射方向。这些都会使夜间行车时，前方看不清或看不远，或给迎面来车的驾驶人造成眩目，易导致夜间行车事故的发生。因此，定期检测前照灯以保障夜间安全行车是十分必要的，它是汽车安全性能检测的重要项目。

一、前照灯评价指标

1. 发光强度

发光强度是表示光源发光强弱的物理量，计量单位是坎德拉（cd）。其定义如下：一个光源发出频率为 540×10^{12} Hz 的单色辐射，且在此方向上的辐射强度为每球面度 1/683W/sr（瓦特每球面度），则此光源在该方向上的发光强度为1cd。

前照灯就是一个光源，前照灯发光强度越大，则受光物体照得越亮，驾驶人能看清物体的距离就越远。受光物体被光源照明的程度称为照度，它是表示受光面明亮度的物理量，计量单位是勒克斯（lx）。在不计光源大小（看作是点光源）的情况下，照度与离开光源距离的平方成反比。因此，在受光距离一定时，受光物体照度的大小实际上反映了光源的发光强度。

2. 光束照射位置

如果把前照灯光线最亮的地方看作是光轴的中心，则光束照射位置可用该中心对某一水

平、垂直坐标轴的偏离量来表示。

前照灯的光束照射位置会影响驾驶人夜间行车的视野，会影响汽车前方路面的照明程度，会影响迎面来车驾驶人的视觉。因此，在前照灯发光强度足够的情况下，正确的光束照射位置能使驾驶人夜间行驶、会车时看清前方的路面，确保行车安全。

3. 配光特性

前照灯远光是夜间行车照明用的，当无迎面来车或不尾随其他车辆时，希望灯光照得远并使路面有足够亮度；前照灯的近光是会车用的，要求光束倾向路面右侧，以避免对向来车驾驶人眩目。因此，前照灯发出的光线应满足一定的分布即配光特性。配光特性是指用等照度曲线表示的明亮度分布特征，亦称光形分布特性，它可反映受照物体各部位照度的大小。

（1）对称配光特性　对称配光特性是指前照灯光束在受照物体上所产生的等照度曲线左右对称、不偏向一边、水平方向宽、垂直方向窄的一种光形分布，如图 2-17 所示。前照灯的远光灯采用这种配光特性。

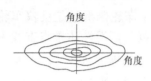

图 2-17　对称配光特性

（2）非对称配光特性　非对称配光特性是指前照灯光束在受照物体上产生的等照度曲线不对称的一种光形分布。若非对称配光特性的灯光投射到配光屏幕，则会有一条明显的明暗截止线（即明暗陡变的分界线）。常见的非对称配光方式有两种，如图 2-18 所示。前照灯的近光灯常采用非对称配光特性。

提示：良好的前照灯配光特性可以使其远光具有良好的照明，近光具有足够的照明和不眩目。

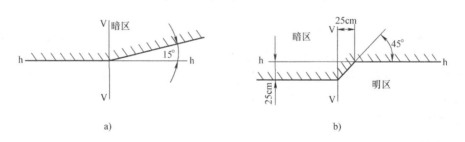

a)   b)

图 2-18　非对称配光示意图
a）配光方式一　b）配光方式二

二、前照灯检测标准

前照灯的发光强度、光束照射位置在 GB 7258—2017《机动车运行安全技术条件》中具有明确的要求；前照灯配光特性在 GB 4599—2007《汽车用灯丝灯泡前照灯》中也有明确的规定。这些要求和规定就是前照灯的检测标准。

1. 基本要求

1）汽车装备的前照灯应有远、近光变换功能；当远光变为近光时，所有远光应能同时熄灭。同一辆车上的前照灯不得左、右的远、近光灯交叉开亮。

2）所有前照灯的近光均不应眩目。

3）汽车前照灯光束照射位置在正常使用条件下应保持稳定。

4）前照灯应有光束高度调整功能和装置，以方便地根据装载情况对光束照射位置进行调整，该调整装置为手动的，应坐在驾驶座上就能被操作。

2. 前照灯远光光束发光强度要求

汽车每只前照灯的远光光束发光强度应达到表 2-15 的要求；并且，同时打开所有前照灯（远光）时，其总的远光光束发光强度应不超过 430000cd。测试时，其电源系统应处于充足电状态。

表 2-15　前照灯远光光束发光强度最小值要求

机动车类型	检查项目					
	新注册车/cd			在用车/cd		
	一灯制	两灯制	四灯制	一灯制	二灯制	四灯制
三轮汽车	8000	6000	—	6000	5000	—
最高设计车速小于 70km/h 的汽车	—	10000	8000	—	8000	6000
其他汽车	—	18000	15000	—	15000	12000

注：四灯制是指前照灯具有四个远光光束；对于采用四灯制的机动车，其中两只对称的灯达到两灯制的要求时也视为合格。

3. 前照灯光束照射位置要求

（1）前照灯近光光束照射位置　在空载状态下，汽车前照灯近光光束照射在距离 10m 的屏幕上，近光光束明暗截止线转角或中点的垂直方向位置，对近光光束透光面中心（基准中心，下同）高度小于等于 1000mm 的机动车，应不高于近光光束透光面中心所在水平面以下 50mm 的直线且不低于近光光束透光面中心所在水平面以下 300mm 的直线；对近光光束透光面中心高度大于 1000mm 的机动车，应不高于近光光束透光面中心所在水平面以下 100mm 的直线且不低于近光光束透光面中心所在水平面以下 350mm 的直线。除装用一只前照灯的三轮汽车外，前照灯近光光束明暗截止线转角或中点的水平方向位置，与近光光束透光面中心所在垂直面相比，向左偏移的距离应小于等于 170mm，向右偏移的距离应小于等于 350mm。

（2）前照灯远光光束照射位置　在空载状态下，对于能单独调整远光光束的汽车前照灯，前照灯远光光束照射在距离 10m 的屏幕上，其发光强度最大点的垂直方向位置，应不高于远光光束透光面中心所在水平面（高度值为 H）以上 100mm 的直线且不低于远光光束透光面中心所在水平面以下 $0.2H$ 的直线。除装用一只前照灯的三轮汽车外，前照灯远光发光强度最大点的水平位置，与远光光束透光面中心所在垂直面相比，左灯向左偏移的距离应小于等于 170mm 且向右偏移的距离应小于等于 350mm，右灯向左和向右偏移的距离均应小于等于 350mm。

4. 前照灯配光性能要求

前照灯配光性能应在前照灯基准中心前 25m，过 HV 点的垂直配光屏幕上测定，其配光屏幕的布置如图 2-19 所示。

（1）近光的配光要求

1）在配光屏幕上，近光应产生明显的明暗截止线：在 V－V 线左侧为过 HV 点的水平

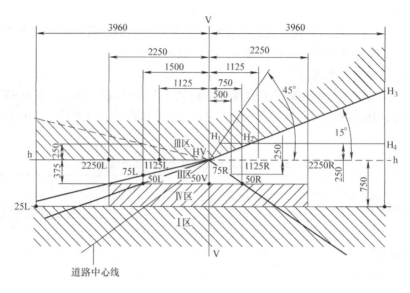

图 2-19　在配光屏幕上测定配光性能

线，在 V – V 线右侧为 HV – H$_2$ – H$_3$ 线或 HV – H$_1$ – H$_2$ – H$_4$ 线。明暗截止线上方为暗区、下方是明区。

2）在配光屏幕上的照度值，应符合表 2-16 的规定。Ⅲ区尤其是 B50L 处应尽可能暗些，以防对方驾驶人眩目；Ⅳ区代表车前方 25～50m 处，是近光照明区，应有足够的照度；Ⅰ区代表车前方 10～25m 处，是照得最亮的区域，为避免与其他区域产生过大的明暗对比，其最大照度有所限制。

3）在Ⅰ、Ⅱ、Ⅲ和Ⅳ区域内，其水平方向相邻区域间的照度应无明显的陡变，以不致影响良好的可见度。

表 2-16　前照灯近光照度要求

测试点或区域	A 级前照灯和白炽封闭式灯光组（SB）/lx	B 级前照灯和卤钨封闭式灯光组（HSB）/lx
B50L	≤0.3[①]；≤0.4	≤0.4
75R	≥6	≥12
75L	≤12[①]	≤12
50L	≤15[①]	≤15
50R	≥6	≥12
50V	—	≥6
25L	≥1.5	≥2
25R	≥1.5	≥2
Ⅲ区任何点	≤0.7	≤0.7
Ⅳ区任何点	≥2	≥3
Ⅰ区任何点	≤20	$2E_{50R}$[②]

① 封闭式白炽灯 SB 灯光组为 0.3，且不包括测试点 75L 和 50L。

② E_{50R} 为 50R 的实测照度值。

（2）远光的配光要求

1）远光在配光屏幕上的照度值，应符合表 2-17 的规定。

2）双光束卤钨前照灯，其远光最大照度应不大于近光在 75R 点测试照度的 16 倍。

表 2-17 前照灯远光照度要求

测试点或区域	A 级前照灯和白炽封闭式灯光组（SB）/lx	B 级前照灯和卤钨封闭式灯光组（HSB）/lx
最大照度 E_{max}	≥32	≥48 且 ≤240
HV 点	≥0.8E_{max} ≥0.9E_{max}[①]	0.8E_{max}
HV 点至 1125L 和 R	≥16	≥24
HV 点至 2250L 和 R	≥4	≥6

① 0.9E_{max} 适用于 SB 灯光组。

三、前照灯检测基本原理

1. 发光强度检测原理

光学上点光源发光强度与被照物体照度的大小可由下式表示

$$I = EL^2 \qquad (2\text{-}14)$$

式中　I——光源发光强度；

　　　E——被照面上的照度；

　　　L——光源至被照面的距离。

由式（2-14）知：当受光距离 L 为一定值时，光源的发光强度与被照面上的照度成对应比例关系。因此，只要测得受光物体被照面上照度的大小，即可得到光源的发光强度。

通常，被照面上的照度可利用光电池的光生伏特效应检测。当被照面上装有光电池时，受光照射后，光照越强，照度越大，则光电池产生的电动势就越大。因此，测出其电动势就可得到被照面上的照度，实际上也就是测出了光源的发光强度。汽车前照灯检测仪一般采用这一原理来检测前照灯的发光强度。

图 2-20 为发光强度检测原理图，其测量电路由光电池、光度计和可变电阻等组成。当前照灯按规定的距离照射光电池时，光电池便按受光强度的大小产生电动势，并在其回路中产生相应的光电流，使光度计指针偏转，经标定后，指针偏转的大小即可反映前照灯的发光强度。

2. 光轴偏移量检测原理

汽车前照灯光轴偏移量一般是根据检测仪中四块性能完全相同的光电池的受光面不一致程度来检测。图 2-21 为光轴偏移量测量电路，受光器由四块光电池组成，其中上下一对光电池 $S_上$、$S_下$ 之间接有上下偏移指示计，用于测量光轴的上下偏移量，左右一对光电池 $S_左$、$S_右$ 之间接有左右偏移指示计，用于测量光轴的左右偏移量。

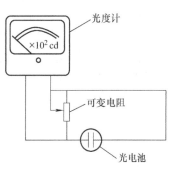

图 2-20　发光强度检测原理

检测时，若前照灯光束无偏移地照射在四块光电池构成的受光器中心，则 $S_上$ 与 $S_下$、$S_左$ 与 $S_右$ 的受光面分别相同，因而 $S_上$ 与 $S_下$、$S_左$ 与 $S_右$ 产生的电动势大小一致，彼此平衡，故偏移量检测电路无电流，则上下、左右偏移指示计的指针均处于"0"位。而当前照灯光束偏移地照射受光器时，则 $S_上$ 与 $S_下$、$S_左$ 与 $S_右$ 的受光面不一致，因而 $S_上$ 与 $S_下$、$S_左$ 与 $S_右$ 产生的电动势大小不同，于是上下、

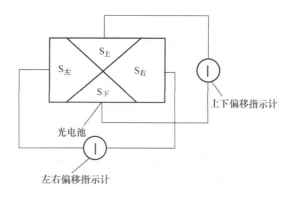

图 2-21　光轴偏移量检测原理

左右偏移量检测电路便产生电流，使上下、左右偏移指示计的指针偏转。指针偏转幅度反映汽车前照灯光轴偏移量大小，而指针偏转方向则反映汽车前照灯光轴的偏移方向。若通过适当的调节机构，调整光束照射光电池的位置，使上下、左右偏移指示计的指针均指向"0"位，则此调节量正好反映光轴偏移量，前照灯检测仪就是通过该调节量来检测光轴偏移量的。

四、前照灯检测仪

1. 前照灯检测仪的类型

（1）按检测对象分类　目前国内使用的前照灯检测仪按检测对象分为两种类型：一类是采用 SAE（美国汽车工程师学会）标准的前照灯检测仪，它可用来检测对称光的前照灯，如自动追踪光轴式前照灯检测仪等。另一类是采用 ECE（联合国欧洲经济委员会）标准的前照灯检测仪，它可用于检测对称光和非对称光前照灯。ECE 标准检测仪主要有两种结构形式：一种是投影式前照灯检测仪，其屏幕采用特殊材料制作，易于识别被测前照灯光束投影的明暗截止线；另一种是采用 CCD 和光电技术的前照灯检测仪。

（2）按结构特征与测量方法分类　根据结构特征与测量方法，前照灯检测仪可分为聚光式、屏幕式、投影式和自动跟踪光轴式等几类。这些不同类型的前照灯检测仪主要由接受前照灯照射光束的受光器、前照灯发光强度指示装置、前照灯光轴偏移量指示装置以及支柱、底座、导线、车辆摆正找准器等组成。

2. 典型的前照灯检测仪

（1）投影式前照灯检测仪　投影式前照灯检测仪是将前照灯光束的影像映射到投影屏上，从而检测发光强度、光轴偏移量以及配光特性的。

投影式前照灯检测仪的外形结构如图 2-22 所示，它主要由光接收箱和行走机构两大部分组成。检测仪通过底座上的行走机构可在导轨上左右运动；光接收箱由两根立柱支承并导向，通过齿轮、齿条的传动作用，光接收箱可视需要沿立柱上下运动。光接收箱的屏幕上对称地分布 5 个光电池（图 2-23），其中上下光电池检测垂直方向的光分布情况，其平衡输出连接至光轴上下偏移指示表；左右光电池检测水平方向的光分布情况，其平衡输出连接至光轴左右偏移指示表；中心光电池检测发光强度，其输出连接至光度计。

检测时，被测前照灯光束经透镜汇聚后进入光接收箱，由反射镜将光束影像反射到显示

屏幕上（图 2-23），通过上下与左右移动光接收箱，使上下和左右偏移指示表指针为零，此时表明上与下、左与右的光电池受光量相等，从而找到被测前照灯主光轴的方向，其主光轴中心正好反射到中心光电池上，因此通过光度计可测出前照灯发光强度值。

通过转动检测仪的光轴刻度盘（左右、上下），使前照灯影像中心与投影屏坐标原点重合，可以从光轴刻度盘上读出光轴偏移量。

通过观察前照灯近光光束在屏幕上的投影，检查近光是否产生明显的明暗截止线，可确定前照灯近光的配光特性是否符合要求。

（2）自动追踪光轴式前照灯检测仪 自动追踪光轴式前照灯检测仪是利用光接收箱自动追踪光轴的方法来检测发光强度和光轴偏移量的。

1）检测仪的基本结构。自动追踪光轴式前照灯检测仪的外形结构如图 2-24 所示，它主要由行走机构、光接收箱和自动追踪传动系统等部分组成。行走机构可使检测仪通过底座下面装的轮子在导轨上左右运动。光接收箱在立柱的导引下，可由链条牵引作上下运动。在光接收箱正面配置有上下左右四个光电池，用作光轴追踪；光接收箱内部装有一透镜组件、四象限硅光电池和光检测系统，用于发光强度和光轴偏移量的检测。自动追踪传动系统主要由驱动电动机和传动链条、链轮等组成，用于光轴的追踪。

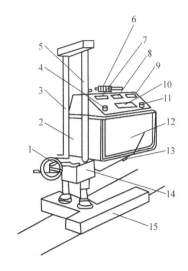

图 2-22 投影式前照灯检测仪

1—上下移动手轮 2—光接收箱
3—后立柱（防回转） 4—光轴刻度盘（左右）
5—前立柱（带齿条） 6—对准瞄准器
7—光轴左右偏移指示表 8—光度计
9—光轴上下偏移指示表 10—投影屏幕
11—光轴刻度盘（上下） 12—聚光镜
13—测距卷尺 14—传动箱 15—底座

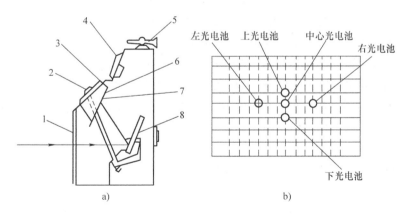

图 2-23 投影式前照灯的工作原理

a）光路 b）光电池分布

1—聚光镜 2—光轴刻度盘 3—屏幕盖 4—指示表
5—对准瞄准器 6—屏幕 7—光电池 8—反射镜

2）光轴自动追踪原理。光接收箱正面配置的作为受光器的四个光电池具有性能相同，

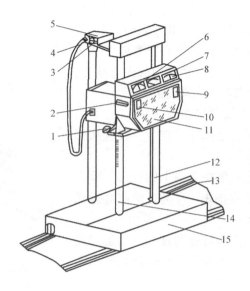

图 2-24　自动追踪光轴式前照灯检测仪

1—调整手轮　2—车辆找准器　3—输出信号插座　4—控制盒插座　5—接线盒
6—光轴上下偏移指示表　7—光度计　8—光轴左右偏移指示表　9—测定指示灯
10—电源指示灯　11—光接收箱　12—右立柱　13—轨道　14—左立柱　15—底座

上下、左右布置对称（图2-25）的特点。检测时，四个光电池接收前照灯光束的照射，当上下光电池受到的光照度不同时，光电池产生的偏差信号将驱动上下传动部件中的电动机，牵引光接收箱向光照平衡的位置移动。同样，左右光电池的偏差信号将驱动左右传动部件中的电动机，使光接收箱向左或向右移动，直到光轴位置偏差信号为零。由于这两个运动的综合作用，光接收箱即可自动追踪光轴而对准被检测的前照灯光轴。

　　3）光轴偏移量的测量。光轴偏移量测量是利用光接收箱内四象限光电池组、聚光镜控制系统和光检测系统（位移传感器和指示装置等）来共同完成的。检测时，前照灯光轴对准光接收箱后，光束通过接收箱内透镜聚光投射至四象限光电池组上。若前照灯光轴偏移量为零，则光束的焦点会落在四象限光电池组的中央，四个光电池产生的偏差信号为零，光轴偏移量指示表指示为零。若前照灯光轴偏离了四象限光电池组的中央，则光电池必然会产生偏差信号，其左右偏移的偏差信号将驱动控制透镜的左右电动机，使透镜移动，使会聚的光束在水平方向趋于光电池组中心；同样，上下偏移的偏差信号则驱动透镜在垂直方向上作调整，使会聚的光束在垂直方向趋于光电池组中心；当光束会聚在四象限光电池组中央时，透镜的移动调整结束。此时，透镜在两个方向的位移量由分别安装在两个方向上的位移传感器检测，由于透镜的位移量与光轴偏移量成线性比例关系，因此通过传感器位移量的检测就可确定光轴的偏移量。

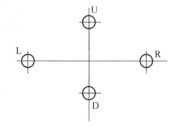

图 2-25　光电池的分布

　　4）发光强度的测量。当光束的焦点落在光接收箱内四象限光电池组的中央时，四块光电池组输出电压的大小，将对应于照射在光电池表面的

光照度，由于光源至光电池表面的距离一定，因此光电池组的输出电压实际上就是对应的被检测前照灯的发光强度。将四块光电池的各自输出电压送往检测电路处理，最后由光度计显示其发光强度。

五、前照灯检测方法

1. 检测前的准备

（1）检测仪的准备　在前照灯检测仪不受光状态下，确保光度计和光轴偏斜指示计的指示值为零；确保前照灯检测仪能在导轨上正常移动。

（2）车辆的准备　清除前照灯上的污垢，使轮胎气压符合规定，蓄电池处于充足电状态，灯光电路状况完好，汽车空载并乘坐一名驾驶人。

2. 检测方法

汽车前照灯检测仪有多种类型，其具体使用方法各不相同。使用时，应根据检测仪规定的步骤进行检测。

（1）用投影式前照灯检测仪检测

1）将汽车尽可能地与导轨保持垂直方向驶近检测仪，使前照灯与光接收箱保持规定的距离。

2）用车辆摆正瞄准器使检测仪与汽车对正。

3）使汽车发动机处于怠速状态，置变速器于空档，电源处于充电状态。

4）开亮前照灯，移动检测仪，使光束照射到光接收箱上，并确保上下、左右光轴偏斜指示计的指针指到零位。

5）观察投影屏上前照灯影像位置，必要时转动光轴刻度盘测出光轴的偏移量。

6）读取光度计的指示值，该值即为被测前照灯的发光强度。

7）变换前照灯开关至近光，观察屏幕上的光束投影，检查近光配光性能。

（2）用自动追踪光轴式前照灯检测仪检测

1）将汽车尽可能地与导轨保持垂直方向驶近检测仪，使前照灯与光接收箱保持 3m 的距离。

2）用车辆摆正瞄准器使检测仪与汽车对正。

3）使汽车发动机处于怠速状态，置变速器于空档，电源处于充电状态。

4）开亮前照灯，接通检测仪电源，通过操纵开关调整光接收箱的上下与左右位置，使前照灯光照射到光接收箱上。

5）按下控制盒上的检测开关，测定指示灯亮，仪器进入测定状态，光接收箱随即追踪前照灯光轴，仪器将自动测定光轴偏移量和发光强度并通过各指示表直接显示检测结果。

6）按控制开关使仪器退出测定工作状态。

第六节　汽车车速表检测

车速表是指驾驶室内用来指示汽车行驶速度的仪表。车速表长期使用后，其指示误差会愈来愈大。当车速表的指示误差太大时，不仅驾驶人在限速路段行驶时难以正确控制车速，而且极易错误地判断汽车的行驶情况，对行车安全与高效运用车辆不利。因此，为保证行车安全，车速表的检测被列为安全检测中的必检项目，要求对车速表进行定期检测并校正。车速表检测通常在滚筒式车速表试验台上进行。

一、车速表试验台

1. 车速表试验台结构

车速表试验台按有无驱动装置可分为标准型与驱动型两种。若将具有车速表检测功能的试验台也归入其中，则还有综合型车速表试验台。

（1）标准型车速表试验台　标准型车速表试验台是指本身不带驱动装置而依赖被测汽车驱动轮来进行驱动的车速表试验台。它主要由滚筒、测速装置、显示装置、报警装置、举升器及安全保护装置等几部分组成，如图2-26所示。

1）滚筒。试验台通常采用四滚筒式结构，左右各有两个，用于支撑汽车的驱动轮。在测试过程中，为防止汽车的差速器起作用而造成左右驱动轮转速不等，前面的两个滚筒用联轴器联在一起。滚筒多为钢制，直径在175～370mm之间。

2）测速装置。即滚筒转速传感器，常用的转速传感器有测速发电机式、磁电式和霍尔元件式等。它装在滚筒的一端，其作用是将滚筒转速信号转变成电信号（模拟信号或脉冲信号）送至速度指示装置，以便试验台适时地检测车速。

3）显示装置。即速度指示装置，以km/h为单位在指示仪表上显示，目前多用智能型数字显示装置。显示装置按照转速传感器发出的电信号进行工作，适时显示实际车速。

4）报警装置。即警告灯或蜂鸣器，用以速度报警，使检测更为方便、快速。检测时，当汽车实际车速达到检测车速如40km/h时，报警装置的警告灯亮或蜂鸣器响，提示检测人员已达到检测车速，应立即读取驾驶室车速表的指示值，以便与实际车速对照，看此时车速表指示值是否在规定的范围。

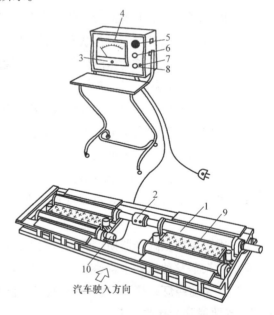

图2-26　标准型车速表试验台

1—滚筒　2—联轴器　3—零点校正螺钉　4—速度指示表
5—蜂鸣器　6—警告灯　7—电源灯　8—电源开关
9—举升器　10—速度传感器

5）举升器。举升器置于前后两个滚筒之间，多为气动装置，也有液压驱动和电动机驱动的。测试前，举升器升起以便汽车驶入试验台；测试时，举升器落下，滚筒支撑车轮；测试后，举升器升起，顶起车轮，以便汽车驶离试验台。

6）安全保护装置。

① 挡轮防护。车速表试验台滚筒两侧设有挡轮，以免检测时车轮左右滑移损坏轮胎或设备。

② 举升器和滚筒制动联动装置。车速表试验台都设有滚筒抱死、举升保护装置，为保证检测安全，当举升器升起时，滚筒制动抱死而不转动，当举升器下降时滚筒松开制动。

③ 自动控制保护。有的车速表试验台为防止检测时举升器突然上升引发安全事故，设有软件自动控制保护，以确保滚筒停转时才允许举升器上升。

提示：标准型车速表试验台结构简单，价格便宜，目前得到了广泛应用。但标准型车速表试验台只适合检测那些车速表由变速器输出驱动的车辆，而不能检测那些车速表由从动车轮输出驱动的车辆。

（2）驱动型车速表试验台 驱动型车速表试验台如图 2-27 所示，它除带有驱动装置（电动机）外，其他组成结构基本上与标准型车速表试验台相同。驱动装置与滚筒之间通过离合器相连，离合器起传递和中断动力的作用。

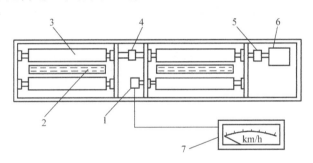

图 2-27 驱动型车速表试验台
1—测速发电机 2—举升器 3—滚筒 4—联轴器
5—离合器 6—电动机 7—速度指示仪表

现代汽车中，有部分车速表是由从动车轮提供的车速信号驱动的。对于这类车型，检测时将被测车辆的从动轮驶入试验台，离合器 5 接合，起动电动机 6 带动滚筒和被测车轮旋转，从而驱动试验台车速表显示实际车速，与此同时也驱动驾驶室内车速表显示指示车速而测出车速表的指示误差。对于车速表由变速器或分动器输出驱动的车辆，检测时，则可让离合器 5 分离，将被测车辆的驱动轮驶入试验台并驱动滚筒旋转，从而测出车速表指示误差，此时驱动型车速表试验台完全是当标准型车速表试验台使用。

提示：驱动型车速表试验台的最大优点是检测范围广，除极个别汽车如全时四轮驱动汽车外，能检测各种车辆的车速表。

（3）综合型车速表试验台 综合型车速表试验台通常是一个多功能试验台，其车速表检测往往是一个附加功能而不是主要功能。例如汽车底盘测功机、汽车惯性滚筒式制动试验台等，它们都有测速的功能，因此可以很容易地检测汽车车速表。

2. 车速表试验台检测原理

车速表试验台检测原理如图 2-28 所示。检测时，将被测汽车的车轮置于试验台滚筒上，由汽车车轮驱动滚筒旋转或由滚筒驱动汽车车轮旋转。旋转的滚筒相当于连续移动的路面，以车轮在该滚筒上旋转来模拟汽车在路面上行驶时的实际状态，利用车速表试验台测出的车速与车速表上显示的车速进行对比，从而检测车速表的指示误差。

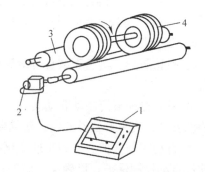

图 2-28 车速表试验台检测原理
1—车速指示仪表 2—转速传感器
3—滚筒 4—被测车轮

检测时，由于车轮和滚筒之间无相对滑动，故车轮的线速度与滚筒的线速度相等，因此滚筒线速度可作为汽车的实际车速。实际车速可由下式求出

$$v = 60 \times 10^{-6} Ln \qquad (2-15)$$

式中　v ——汽车实际车速（km/h）；

　　　L ——滚筒的圆周长（mm），$L = \pi d$，在滚筒直径 d 确定后 L 为常数；

　　　n ——滚筒的转速（r/min）。

由式（2-15）知，实际车速与滚筒的转速成正比。因此，可通过速度传感器测出滚筒转速，然后经测量电路处理即可得到实际车速，并在试验台的车速指示仪表上加以显示。

试验台在检测实际车速的同时，驾驶室内的车速表也被滚筒上的车轮驱动，因而车速表也将显示指示车速。将车速表试验台测得的车速与车速表的指示车速比较即可得到车速表的车速指示误差。

二、车速表的检测方法

1. 检测前的准备

（1）试验台的准备　确保车速表试验台处于良好的工作状态，滚筒在静止状态时接通电源，其指示仪表指针应在零位，举升器动作应正常，滚筒表面应清洁，无油、水、泥等杂物。

（2）被检车辆的准备

1）确保轮胎气压符合汽车制造厂的规定，以免引起检测误差。

2）确保轮胎花纹沟槽内无任何杂物，如小石子等，以免检测时杂物飞出伤人；轮胎应不沾有水、油等，以免检测时车轮打滑。

2. 车速表的检测

1）接通车速表试验台电源，升起滚筒间的举升器。

2）将被检车辆与滚筒垂直地驶入车速表试验台，使具有车速表输入信号的车轮停于两滚筒之间。

3）降下滚筒间的举升器，让轮胎与举升器托板完全脱离，使车轮稳定地支承在滚筒上。

4）用挡块抵在位于车速表试验台滚筒之外的一对车轮的前方，以防检测时汽车驶出试验台发生意外事故。

5）对于标准型车速表试验台：

① 起动汽车，挂入最高档，缓慢踩下加速踏板，使驱动轮平稳地加速运转。

② 当汽车车速表的指示值达到车速 40km/h 时，维持 3～5s 测取实际车速，读取试验台速度表的指示值；或当试验台速度表的车速指示值达到检测车速 40km/h 时，立即读取汽车车速表的车速指示值。

6）对于驱动型车速表试验台：

① 将汽车变速器挂入空档。

② 接合试验台离合器，使滚筒与电动机相连。

③ 起动电动机，驱动滚筒及车轮缓慢加速。

④ 当汽车车速表的指示值达到车速 40km/h 时，维持 3～5s 测取实际车速，读取试验台速度表的指示值；或当试验台速度表的车速指示值达到检测车速 40km/h 时，立即读取汽车车速表的车速指示值。

7）检测结束时，对于标准型试验台，减速停车，轻踩汽车制动踏板，使滚筒停止转动。对于驱动型试验台，应先将试验台离合器分离或关断电动机电源，再踩制动踏板。

8）升起举升器，去掉挡块，汽车驶离试验台。

9）切断试验台电源。

三、车速表的检测分析

1. 检测标准

车速表的检测标准在 GB 7258—2017《机动车运行安全技术条件》中有明确的规定：车速表指示车速 v_1（km/h）与实际车速 v_2（km/h）之间应符合下列关系式

$$0 \leqslant v_1 - v_2 \leqslant (v_2/10) + 4 \qquad (2\text{-}16)$$

当被测汽车车速表的指示车速 v_1 为 40km/h 时，车速表试验台速度指示值 v_2 在 32.8～40km/h 范围内为合格；或当车速表试验台速度指示值 v_2 为 40km/h 时，汽车车速表的指示车速 v_1 在 40～48km/h 范围内为合格。

2. 检测结果分析

当汽车车速表的车速指示误差大于规定范围时，应找出其产生误差的原因，以消除故障隐患。汽车在使用过程中，车速表产生误差的原因主要有车速信号传递误差、车速表本身故障或损坏、轮胎磨损误差。

（1）车速信号传递误差 现代汽车车速表获取车速信号的方式有机械式和电子式两种。机械式获取车速信号通常是通过软轴将变速器的输出轴转速传递给车速表的主动轴，这种机械式车速信号的传递可靠性较高，一般不会产生误差。而电子式获取车速信号通常是通过安装在变速器处的各种车速传感器，如光电式、霍尔效应式、磁电式等获得反映汽车车速的脉冲信号，再由电子电路驱动车速表，这种车速信号在传递时，若传感器性能变差、老化、损坏，或驱动电路性能不良、存在故障，会使车速信号产生误差，从而导致车速表出现指示误差。

（2）车速表本身故障或损坏 现代汽车车速表主要有电磁式和电子式两大类。电磁式车速表用于机械式车速信号的获取，其是利用磁电互感作用，通过指针摆动来显示汽车行驶速度的，车速表内有可转动的活动盘、转轴、轴承、齿轮、游丝等零件和磁性元件，这些零

件在使用过程中的自然磨损以及磁性元件的磁性变化，都会造成车速表的指示误差。而电子式车速表通常是一个电磁式电流表，用于接收驱动电路送来的车速信号，其接收的平均电流与车速成正比，并驱动车速表指针偏摆，指示相应的车速，它无需软轴传动，性能一般较为稳定，但当电磁式电流表失效或性能变差时，也会造成车速表的指示误差。

（3）轮胎磨损误差　汽车轮胎在使用过程中，随行驶里程的增加而逐渐磨损，其滚动半径将日渐减小。在变速器输出轴转速不变的情况下，车速表的指示值为定值，与轮胎滚动半径的变化无关；而汽车实际行驶速度会因轮胎滚动半径的变小而变小，因而车速表指示值与实际车速就会形成误差。若仅是因为轮胎磨损而引起的车速表指示值误差，则可通过更换轮胎来消除车速表指示值误差。

提示：**当车速表部件磨损过甚或损坏时，应予以更换。若轮胎气压和轮胎尺寸合适，车速表正常，而在车速表试验台检测时车速表仍然指示误差过大，则说明车速信号的接收或传递部分存在故障，应予以修复或更换。**

第七节　汽车排放污染物检测

随着汽车保有量的急剧增加，汽车排放污染物对大气的污染已经构成公害，它对部分人群，尤其是对大城市的人群造成了严重的健康威胁，同时它还损害生态环境，污染河流湖泊，危及野生动植物的生存。汽车排放污染物恶化了人类的生存环境，已发展成为严重的社会问题。因此，监督并检测汽车排放污染物，已成为汽车检测项目中极为重要的部分。同时，汽车排放污染物的浓度与汽车的技术状况密切相关，因此通过汽车排放污染物的检测也可评价汽车的技术状况。

一、汽车排放污染物的形成及危害

汽车排放污染物主要有一氧化碳（CO）、碳氢化合物（HC）、氮氧化物（NO_x）、微粒（PM）等。这些污染物由汽车的排气管、曲轴箱和燃油系统排出，分别称为排气污染物、曲轴箱污染物和燃油蒸发污染物。

1. 一氧化碳

（1）CO 的形成　汽车发动机的主要燃料是汽油和柴油，它们是碳氢化合物（烃）的混合物（C_nH_m）。汽车排放中的 CO 是燃料不完全燃烧的产物。当燃料在空气充足的条件下完全燃烧时，会生成 CO_2 和 H_2O。而当发动机混合气过浓或燃烧质量不佳时，燃料不能充分燃烧会生成 CO；此外，若燃烧后的温度很高，也会使正常燃烧情况下形成的少量 CO_2 分解成 CO 和 O_2。

CO 是汽油车的主要排放污染物。柴油机过量空气系数大，循环温度低，因此，柴油车的 CO 排放量比汽油车低很多。

（2）CO 的危害　CO 是一种无色无味的有毒气体，它进入人体后极易与血液中的血红蛋白结合。CO 与血红蛋白的亲合力是氧的 300 倍，因此，CO 可使血液携带氧的能力降低而引起缺氧。CO 被人体大量吸入后，人因缺氧而出现各种中毒症状，如恶心、头晕、四肢无力，严重时会使人窒息死亡。

2. 碳氢化合物

（1）HC 的形成　汽车排放中的 HC 是各种没有燃烧和没有完全燃烧的碳氢化合物的总称。HC 主要由发动机排气管排出，部分从供油系统、曲轴箱和燃油箱中泄漏或蒸发。在任何工况下，汽油机排气中总含有一定量的 HC，其排放量远大于柴油机。

缸壁的激冷作用和燃烧室缝隙效应是产生 HC 的重要原因。汽油机通过火焰传播使燃油燃烧，但紧靠缸壁的气体层（0.05~0.38mm）因低温缸壁的冷却作用，火焰传播不到；同时，火焰不能在缝隙（小于1mm）内的混合气中传播。因而这些混合气中的 HC 将随废气排出。

另外，在发动机工作过程中，如果混合气过浓或过稀、点火系统出现故障、火焰在传播过程中熄灭，都会致使混合气中的部分或全部燃料以 HC 的形式排出。HC 既有未燃的燃料，也有燃料不完全燃烧的中间产物和部分被分解的产物。因此，一切妨碍燃料正常燃烧的因素都是 HC 形成的原因。

（2）HC 的危害　高浓度的 HC 对人的眼、鼻和咽喉黏膜有较强的刺激作用，严重时可致癌。HC 对大气的污染主要在于其与 NO_x 产生光化学反应形成光化学烟雾。HC 与 NO_x 在强太阳光作用下，会发生一系列的光化学反应，生成臭氧（O_3）、过氧乙酰基硝酸盐（PAN）等光化学过氧化物，以及各种游离基根、醛、酮等成分，形成一种毒性很大的光化学烟雾（白色或浅蓝色）。光化学烟雾滞留在大气中时，会使人感到呼吸困难，头昏目眩、眼红咽痛，甚至引起中枢神经瘫痪、痉挛等疾病。

3. 氮氧化物

（1）NO_x 的形成　汽车排放中的 NO_x 是复杂氮氧化物的总称，主要包括 NO_2 和 NO。废气中的 NO_x 主要是在高温燃烧过程中由空气中的氧和氮化合而成，燃料中含氮化合物也会部分形成氮氧化物排放。

通常，高温燃烧时含氧量越充足，越易促使氧、氮化合，因而氮氧化物的排放浓度越大。汽车尾气中直接排出的氮氧化物基本上是 NO，汽油机排出的氮氧化物中，NO 占 99%，而柴油机排出的氮氧化物中 NO_2 比例稍大。

（2）NO_x 的危害　NO 在发动机刚排出时，其毒性较小，但排出之后 NO 在大气中被氧化为剧毒的 NO_2，这一过程一般需要几小时，若空气中有强氧化剂如臭氧，则氧化过程变得很迅速。NO_2 是一种刺激性很强的污染物，它能刺激眼、鼻黏膜，麻痹嗅觉，甚至引起肺气肿；NO_2 还是形成酸雨及光化学烟雾的主要物质之一，对人体健康及植物生长均有不良影响。

4. 微粒

（1）微粒的形成　汽车排放中的微粒是发动机排气中各种固体或液体微粒的总称。汽油机排出的主要微粒是铅化物、硫酸盐、低分子物质；柴油机排出的主要微粒为炭物质（炭烟）和高分子量的有机物（机油的氧化和裂解产物）。

炭烟由直径较小的多孔性炭粒构成，它主要是燃油在高温缺氧情况下的燃烧产物。混合气燃烧时，在空气不足的局部高温区（2000~3000K），已形成气相的燃油分子通过裂解和脱氢过程，经过核化或形成先期产物，快速产生较小分子的物质，在后期出现聚合反应，最终产生炭烟微粒，随废气排入大气，形成炭烟。另外，在低于1500K 的低温区（如燃烧室壁等非火焰区），则通过聚合和冷凝过程，缓慢产生较大分子量的物质，最后也生成炭烟微粒。

柴油车排出的微粒要比汽油车多得多，其中炭烟微粒排放比汽油机多30~60倍。理论研究表明，汽油等轻质燃料的汽化是一个物理过程，而柴油等重质燃料的汽化则还包含化学裂解过程，这就是柴油机微粒排放多的重要原因。

（2）微粒的危害　微粒中对人体和大气环境危害最大的是2.5μm左右的微粒，它悬浮于离地面1~2m高的空气中，容易被人体吸入。而这些微粒，往往吸附许多有机污染物、重金属元素和一些致癌物质。因此，微粒炭烟被人体吸入后，易引起心、肺部病变，甚至使人致癌，严重危害人体的健康。

二、汽车排放污染物检测仪器

（一）汽车排气成分分析仪

1. 不分光红外线分析仪

不分光红外线分析仪（Non – Dispersive Infrared Analyzer，简称NDIR），适宜检测汽车排放中的CO和CO_2。

不分光红外线分析仪检测原理是基于某些待测气体对特定波长红外辐射能的吸收程度来测定其浓度的。除了单原子气体（如Ar、Ne）和同原子的双原子气体（如N_2、O_2和H_2）外，大多数非对称分子如汽车排气中的有害气体CO、HC、NO等都有吸收红外线的能力，但不同气体在红外波段内有其特定波长的吸收带，如CO为4.7μm、CO_2为4.2μm、C_6H_{14}（正乙烷）为3.5μm、NO为5.3μm等，如图2-29所示。红外线被吸收的程度，与被测气体的浓度有对应的函数关系，气体浓

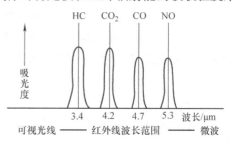

图2-29　气体的红外吸收光谱

度愈高，吸收红外线的能力也愈强。不分光红外线分析仪则根据废气吸收红外线能量引起的变化来测量废气中各种污染物的浓度。

图2-30为不分光红外气体分析装置的结构原理示意图。该装置由红外线光源、气样室、旋转光栅和传感器组成。气样室由比较室和试样室构成，其中比较室内充满不吸收红外线能量的气体（如N_2），以作为比较之用；而试样室则可接受连续流过的废气，以供分析。检测室用于吸收红外光的能量，它由容积相等的左右两腔构成，中间用兼作电容传感器极板的金属膜片隔开，两腔充有相同浓度的被测气体，如测废气中CO含量时，两腔均充有CO，而测HC含量时，均充入C_6H_{14}气体。在过滤室中充有干扰气体，其作用是预先滤掉干扰气体所能吸收的那部分波段，以防检测时排气中所含的干扰气体的干涉而产生测量误差，如测CO时，在过滤室中充入CO_2、CH_4等，就可在检测时不受排气中的CO_2和CH_4的干扰。旋转光栅的作用是交替地遮挡和让开红外线，使两极间的电容循环变化，从而产生交变信号，有利于测量。

检测时，两个红外线光源发出相同的两束红外线，当红外线通过旋转光栅时，两束红外线将形成红外线脉冲。其中一路红外线脉冲经过滤室、试样室后进入检测室右腔，另一路则通过过滤室、比较室进入检测室左腔。由于通过比较室到达检测室的红外线能量未被吸收，所以检测室左腔中的被测气体吸收了较多的能量；而通过试样室到达检测室的红外线由于已被试样室中的所测气体吸收了一部分能量，所以检测室右腔中的被测气体只能吸收较少能

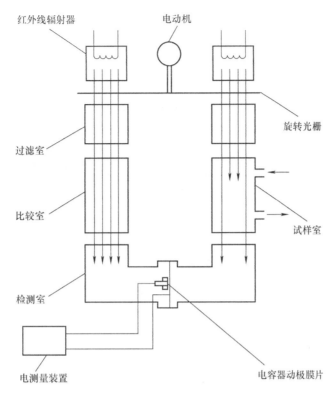

图 2-30 不分光红外气体分析装置结构原理图

量。这样，检测室两腔中的气体便产生了温差，从而导致两腔压力出现差异，致使作为电容一个极的金属膜片产生弯曲振动，其振动频率取决于旋转光栅的转速，振幅则取决于所测气体的浓度。膜片的弯曲振动将使传感器的电容量发生交替变化，从而产生交流电压信号，该信号经放大整流后，转换为直流信号输送给指示装置。

提示：不分光红外线分析仪可测量 CO、CO_2、HC、NO 等多种气体成分，当然测量时须在检测室内充入相应的气体，同时测量用的红外光波长也要相应变化。

汽车排放法规中一般规定不分光红外线分析仪只用于检测 CO 和 CO_2，但由于它的便携性，故也被广泛用于怠速时的 HC 检测。在测定 HC 时，检测室内密封正乙烷，其测定的结果以相当于正乙烷的浓度来表示。

用 NDIR 测量 CO 是目前最好的方法，其测量上限为 100%，下限可至微量（10^{-6}级）以至痕量（10^{-9}级）；当采用连续取样系统时，还能观察到因发动机运转条件的不同而引起的排气成分的变化。

2. 氢火焰离子分析仪

氢火焰离子分析仪（Flame Ionization Detector，FID），用来检测汽车排放中的 HC。

氢火焰离子分析仪的检测原理是基于大多数有机碳氢化合物在氢火焰中产生大量电离的现象来测定 HC 浓度的。由于电离度与引入火焰中的碳氢化合物分子中的碳原子数成正比，所以这种分析法对不同类型的烃没有选择性，因而它可测定 HC 的总量。

氢火焰离子分析仪通常由燃烧器、离子收集器及测量电路组成。图 2-31 为 FID 的工作

原理图，被测气体与含有体积分数40%的H_2（其余为He）的燃料气体混合后进入燃烧器，并与引入的空气一起形成可燃混合气。此时用点火丝点燃，HC便在氢火焰的高温（2000℃左右）中，裂解产生元素态碳，然后形成碳离子C^+，在$100\sim300V$外加电压作用下形成离子流，这个离子流（电流）的强度与HC中C原子数成正比，可见只要测出这个离子电流的大小，就可得到HC的浓度。微弱的离子电流经放大后送入指示或记录仪表，以显示HC的浓度。整个系统应加电磁屏蔽，以避免外界电磁干扰的影响。

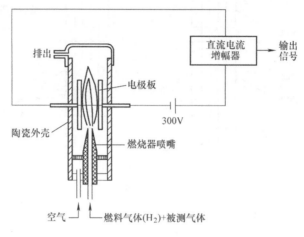

图 2-31　FID 工作原理图

氢火焰离子分析仪是汽车排放试验规范中推荐的检测HC的仪器。它具有很高的灵敏度，其检测极限最小可达$\times10^{-9}$数量级，可以在较宽的动态范围内进行测量；其测量精度高、响应快、可靠性好，使用维护方便。无此仪器时允许采用NDIR测量HC，不过其测试精度较低。

3. 化学发光分析仪

化学发光分析仪（Chemiluminescent Detector，CLD），用来检测汽车排放中的NO_x。

化学发光分析仪测量NO_x的原理是基于NO和O_3的反应

$$NO + O_3 = NO_2^* + O_2$$
$$NO_2^* = NO_2 + h\nu$$

式中　　NO_2^*——激发态的NO_2分子；

h——普朗克常量；

ν——光量子频率。

检测时，首先使被测气体中的NO与O_3反应，生成NO_2^*分子，在NO_2^*由激发态衰减到基态的过程中，会发出波长为$0.6\sim3\mu m$的光量子（能量为$h\nu$，即近红外光谱线），称为化学发光。这种化学发光的强度与NO浓度成正比，因而通过检测发光强度就可确定被测气体中NO的浓度。

化学发光分析仪从原理上讲只能测量NO，而无法测量NO_2。但实际应用中可以先通过适当的转换将NO_2还原成NO，然后再进行NO的测量，即可用间接方法测出NO_2。因此，用同一仪器也可以测得NO_2和NO_x。

图2-32为化学发光分析仪的检测原理图。检测时，O_2持续不断地进入臭氧发生器，产生的臭氧（O_3）进入反应室。在检测NO时，汽车尾气经二通阀后直接进入反应室，NO与O_3反应产生的化学发光，经滤光片进入光电倍增器，反映NO浓度的电信号经信号放大器输出，并由指示仪表显示，其测量结果是NO的浓度。检测NO_2时，转动二通阀，汽车尾气全部经催化转化器，尾气中的NO_2在此转化为NO，然后进入反应室再与O_3反应，这时仪器测出的是NO与NO_2的总和NO_x，再利用测定的NO_x和NO的浓度差值，可以测出NO_2的浓度。为使NO_2全部转化成NO，催化转化器的工作温度必须保持在650℃以上，由于转化器的效率对分析精度有直接影响，故应经常检查催化转化器，当效率低于90%时，需要更换新的催化转化器。使用滤光片的目的是分离给定的光谱区域，以避免反应气体中其他一些化学发光的干扰。

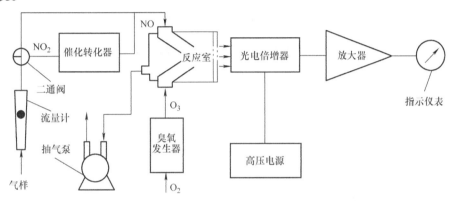

图2-32　CLD检测原理图

化学发光分析仪是汽车排放检测规范中推荐的检测NO_x的仪器。它测量精度高，响应特性好，在$0 \sim 10^{-2}$范围内具有良好的线性输出；仪器灵敏度高，测量体积分数可达10^{-7}。无此仪器时允许采用NDIR测量NO_x，不过其测试精度稍低。

4. 汽车综合排放分析仪

汽车综合排放分析仪通常是根据汽车排放法规的要求，将各种废气成分分析仪有机组合成一体的检测仪器，它可以对排放法规中规定的全部气体排放物及过量空气系数λ进行分析测量。它用NDIR原理测量CO和CO_2，用FID原理测量HC，用CLD原理测量NO_x，用电化学原理测量O_2，用测得的O_2和排放浓度计算出过量空气系数λ。

目前，市场上出现的体积小、重量轻、携带方便的五气体分析仪是一种典型的综合排放分析仪。这种分析仪通常采用NDIR原理直接测量CO、CO_2、HC，采用电化学原理工作的氧传感器和NO传感器分别测量排气中的O_2和NO浓度，并通过计算测出过量空气系数。

汽车综合排放分析仪能全面分析汽车排气成分，可同时检测汽车排气中的CO、CO_2、HC、NO_x、O_2和λ，能满足汽车排放标准规定的测量要求。

（二）汽车排气烟度计

柴油车的排烟主要有黑烟、蓝烟和白烟，其排烟的多少以烟度来表征。目前常用的烟度计有不透光烟度计和林格曼烟度计。

1. 不透光烟度计

不透光烟度计是利用透光衰减率来测量排气烟度的。不透光烟度计可分为全流式和分流

式两类。全流式不透光烟度计是通过测量全部排气的透光衰减率来检测烟度，而分流式不透光烟度计则是通过测量由取样管引入的部分烟气的透光衰减率来检测烟度。

（1）基本检测原理　不透光烟度计主要由光源、光通道、光接收器等组成，其检测原理如图 2-33 所示。不透光烟度计光源发光，当光线通过一定有效长度的、充满被测烟气的光通道时，光强被衰减，其衰减率（不透光度）与烟度成正比。因此，通过光接收器测量得到的光强信号，即可得到不透光度，从而测出排气烟度。

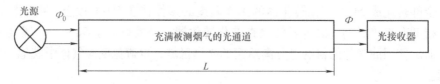

图 2-33　不透光烟度计基本检测原理

排气烟度的计量单位是不透光度或光吸收系数。不透光度是指光线被排烟吸收而不能到达光接收器的百分率，不透光度越大，说明排烟浓度越大。光吸收系数是表示光束被排烟吸收的系数，与炭烟的质量分数成正比。根据光的透射原理有

$$\boldsymbol{\Phi} = \boldsymbol{\Phi}_0 e^{-KL} \tag{2-17}$$

式中　Φ_0——入射光通量（lm）；

Φ——出射光通量（lm）；

L——被测气体的光通道有效长度（m）；

K——光吸收系数（m^{-1}）。

不透光度（0~100%）与光吸收系数 K 之间的关系可由式（2-17）推出

$$K = -\frac{1}{L}\ln\left(1 - \frac{N}{100}\right) \tag{2-18}$$

式中　N——不透光度（%）；

K——相应的光吸收系数值。

两种计量单位的刻度范围均以光全通过时为零，光全吸收时为满量程。即烟气完全不吸光时，$N = 0$，$K = 0$；光线完全被烟气吸收时，$N = 100$，$K = \infty$（m^{-1}）。

（2）全流式不透光烟度计　图 2-34 是一款典型的全流式烟度计，它引入柴油机的全部排气来检测烟度。烟度计基于光电转换原理，用透光度来测定排烟浓度。在排气管口端不远处的排气烟束两侧，分别布置有光源和光电转换装置。排烟时，光电转换装置接收到的不透光度信号与排气烟度成正比，其检测结果由烟度指示表显示。为了减小排气的热影响，光源和光电转换装置至排气通道有适当的距离。

（3）分流式不透光烟度计　图 2-35 是一种典型的分流式不透光烟度计，它利用光线通过部分烟气时的衰减率来测量排气烟度。测定前，用鼓风机向空气校正管（A）吹入干净空气，旋转转换手柄，使光源和光电池分别置于校正管两侧，作零点校正。然后，再旋转转换手柄，将光源和光电池移至测试烟道（S）两侧，并把需要测定的一部分汽车排气连续不断地导入测试烟道，光源发出的光部分地被排气中的烟气吸收衰减，光电检测单元则可连续测出光线强度的衰减量，并通过光电转换显示测量结果。不透光度读数以 0 表示无烟，以 100 表示全黑。

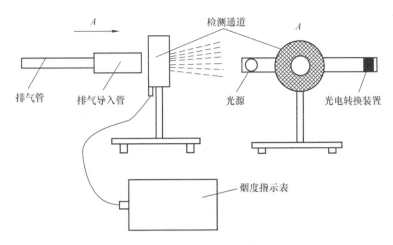

图 2-34　全流式不透光烟度计结构原理图

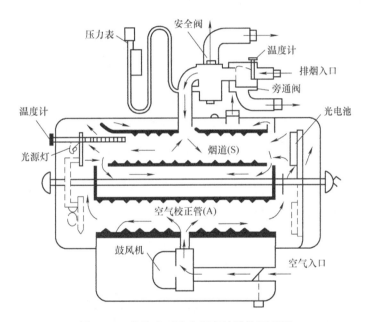

图 2-35　分流式不透光烟度计结构原理图

不透光烟度计可以对柴油车排烟进行连续测量，可以按排放法规的要求进行自由加速和加载减速工况下的烟度测量，在低烟度时有较高的分辨率，可以用来研究柴油机的瞬态炭烟排放特性。

2. 林格曼烟度计

林格曼烟度计是利用比色原理，将柴油车的排气与标准林格曼烟气黑度图相比较确定排气烟度的。当柴油车排气颜色与某张标准林格曼烟气黑度图相同时，则该张林格曼烟气黑度图的黑度就是被测柴油车排气烟羽的黑度。

（1）林格曼黑度　林格曼黑度是一种评价烟羽黑度的指标，它由观测的烟羽黑度与林格曼烟气黑度图对比得到。共分为六级，分别是 0、1、2、3、4、5 级。

标准的林格曼烟气黑度图由 5 张 14cm×21cm 不同黑度的图片组成（图 2-36），除全白

和全黑分别代表林格曼黑度 0 级和 5 级外,其余 4 个级别是根据黑色条格占整块面积的百分数来确定的,黑色条格的面积占 20% 为 1 级,占 40% 为 2 级,占 60% 为 3 级,占 80% 为 4 级。级数越高,烟度越大,0 级无污染,5 级污染最严重。

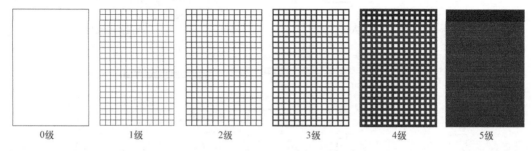

图 2-36　林格曼烟气黑度图

(2)林格曼烟度计　人工直接观测时,只需利用林格曼烟气黑度图与柴油机在规定工况下排出的烟气对比,即可测得林格曼烟度。但标准形式的林格曼烟气黑度图尺寸较大,使用时必须装在支架上,一人不便操作,而且在观察者与柴油机排气口之间要有相当长的一段空距离。为了检测方便快捷,人们按同一原理研制出了林格曼烟度计。

林格曼烟度计主要由望远镜、林格曼烟气黑度图和数码照相机等组成,如图 2-37 所示。林格曼烟度计把各国通用的标准林格曼烟气黑度图缩制在一块玻璃上,并置于望远镜内。观测柴油机排烟时,物镜将烟气的像成在带有林格曼烟气黑度图的玻璃上,人眼通过望远镜目镜看到的或由数码照相机拍摄到的烟气成像与林格曼烟气黑度图直接作对比,即可确定烟气的黑度等级。

林格曼烟度计体积小巧、携带方便、操作简便、测试快捷。因此,林格曼烟度计适用于环境保护部门对在用柴油汽车进行排放检验、监督抽测。

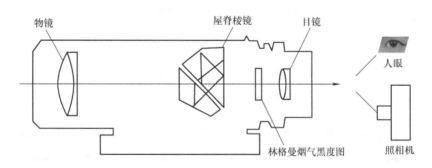

图 2-37　林格曼烟度计原理图

(三) 汽车排气颗粒物测量系统

汽车排气颗粒物的测量首先需要对排气进行稀释,然后用滤纸进行采样,最后进行质量测量。因此,汽车排气颗粒物测量系统主要包括稀释采样系统和质量测量系统。

稀释采样就是将汽车排气掺入低温的稀释空气,将排气中可能进行的化学反应终止,模拟汽车尾气排出后被大气稀释的过程。根据汽车排气通过稀释风道的比例不同,汽车排气颗粒物采样系统可分为全流式稀释风道采样系统和分流式稀释风道采样系统两种类型。

排气颗粒物检测时，整车或发动机按规定的工况运转，在抽气泵的作用下，环境空气经空气滤清器以恒定的容积流量进入稀释风道，发动机排出的废气全部或部分引入稀释风道，并与空气混合，形成稀释样气。然后，稀释样气在颗粒取样泵的抽吸下以一定的流速流过颗粒收集滤纸，使颗粒被过滤到滤纸上获得排气颗粒物。再用微克级精密天平称得滤纸在收集前后的质量差，从而测得颗粒物的质量，并根据需要计算出颗粒排放率如 g/m^3、g/km、$g/(kW \cdot h)$ 等。

（四）汽车排放随车诊断系统

汽车排放随车诊断系统是指汽车运行时，能实时监测诊断汽车排放状况的系统。车载自诊断系统（OBD）是一种典型的汽车排放随车诊断系统。OBD 系统在发动机运行过程中，随时监控汽车排放是否超标，一旦超标，会马上发出警示。

发动机管理系统中与排放有关的部件，如发动机、催化转化器、颗粒捕集器、氧传感器、排放控制系统、燃油系统、EGR 等出现故障或损坏，会导致汽车有害物质排放明显增多。根据这一原理，OBD 系统的随车排放诊断不是直接测量 CO、HC、NO_x 等排放污染物来进行的，而是通过检查发动机管理系统中与排放有关的部件信息来确定的。发动机工作时，OBD 系统通过实时监测各种与排放有关的部件信息，并输送到电控单元（ECU），而 ECU 具有检测分析与排放相关故障的功能。当 ECU 检测出排放故障时，则记录故障信息和相关代码，并点亮 OBD 故障指示器（MIL），随时提醒车主去维修站检修车辆。

为了控制和减少污染物排放，现代汽车均要求安装 OBD。

三、汽车排放污染物检测方法

汽车排放污染物检测方法，会随着汽车技术和检测技术的发展以及对排放要求的提高而发生变化，同时不同的排放法规、不同类型的汽车，检测方法也会有差异。下面介绍 GB 18285—2018《汽油车污染物排放限值及测量方法（双怠速法及简易工况法）》和 GB 3847—2018《柴油车污染物排放限值及测量方法（自由加速法及加载减速法）》规定使用的汽车排放污染物检测方法。

（一）汽车排放污染物检测流程

汽车排放污染物检测流程与汽车类型、汽车检验类别及检验项目有关，下面以在用汽车环保检验为例说明汽车排放污染物的检测流程（图 2-38）。

1. 车辆登录和环保联网核查

将相关资料交给环检录入窗口工作人员，让其将信息录入进去。同时，进行环保联网核查，查验车辆有无环保违规记录，并按规定报送相关信息。

2. 外观检验

外观检验主要是对汽车状况、污染控制装置的检查及环保信息随车清单的核查。具体检验项目如下。

1）检查被检车辆的车况是否正常。如有异常，应要求车主进行维修。

2）检查车辆是否存在严重烧机油或者严重冒烟现象，如有，应要求车主进行维修。

3）检查燃油蒸发控制系统连接管路连接是否正确、完整。如果发现有老化、龟裂、破损或堵塞现象，应要求车主进行维修。对柴油车和单一燃料的燃气汽车不需要进行此项检验。

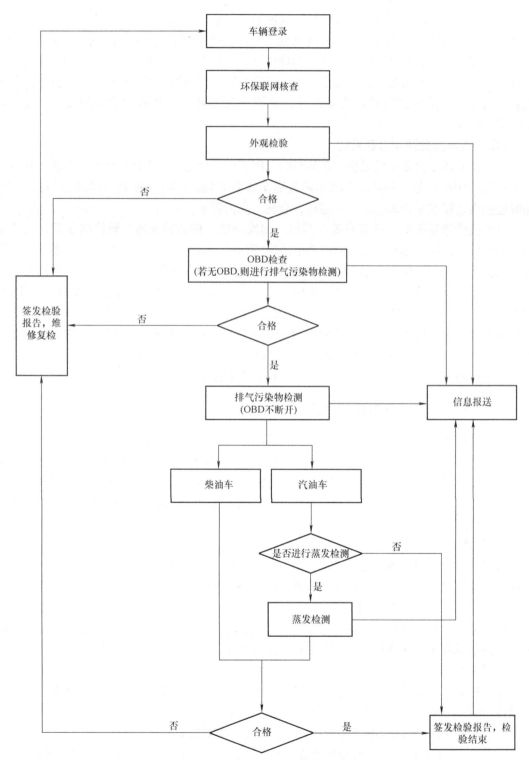

图 2-38 在用汽车环保检验流程图

4）检查发动机排气管、排气消声器和排气后处理装置的外观及安装紧固部位是否完

好，如发现有腐蚀、漏气、破损或松动，应要求车主进行维修。

5）检查车辆是否配置有 OBD 系统。

6）判断车辆是否适合进行简易工况法（汽油车）检测，或加载减速法（柴油车）检测，如不适合（例如：无法手动切换两驱模式的全时四驱车和适时四驱车），应标注。对进行简易工况法检测的汽油车，或进行加载减速法检测的柴油车，应确认车辆轮胎表面无夹杂异物。

7）变更登记、转移登记检验时应查验污染控制装置是否完好。

3. 车载诊断系统（OBD）检查

对配置有 OBD 系统的在用汽车，在外观检验合格后，应进行 OBD 检查。

（1）OBD 检查项目　OBD 检查项目包括：故障指示灯状态，诊断仪实际读取的故障指示灯状态，故障码、MIL 点亮后行驶里程和诊断就绪状态值等。

（2）OBD 检查方法　车型确认后，如发现 OBD 故障指示灯（MIL）被点亮，则要求车主维修后再进行排放检验；如果 MIL 未被点亮，则应将 OBD 诊断仪连接到被检车辆，检验 OBD 系统是否存在故障。检查步骤如下。

1）用故障指示灯检查。目测检查仪表板上的故障指示灯的状态，初步判断车辆 OBD 故障指示系统的工作是否正常。

① 将车辆点火开关置于 ON 状态后（各种仪表指示灯点亮），仪表板上的各指示灯进行自检，此时 OBD 故障指示灯（MIL）应被激活，暂时点亮。若故障指示灯没有被激活，则可以判定 OBD 检查不合格。

② 起动发动机，若故障指示灯熄灭，表明车辆故障指示灯工作状态正常，车辆可能不存在确认的排放相关故障；若故障指示灯仍点亮，表明车辆存在排放相关故障，受检车辆需要进行维修，消除故障后重新进行排放检验。

2）用 OBD 诊断仪检查。将发动机充分预热至正常工作温度，保持发动机处于怠速状态，将 OBD 诊断仪与车辆诊断接口正确连接，启动 OBD 诊断仪，使用 OBD 诊断仪的快速检查功能，自动检查是否存在排放相关故障码。OBD 诊断仪自动将检测结果传输到计算机数据管理系统上，根据输出的检查结果，判断车辆是否存在排放相关故障。

① OBD 诊断仪与车辆诊断接口连接后，若连续两次尝试通信失败，检测人员应确认该 OBD 诊断仪与其他车辆的 OBD 系统是否能够正常进行通信。若与其他车辆能够正常通信，则应进一步查询该车辆的 OBD 检查记录，以及与该车同型号车辆的 OBD 检查记录。若有该车辆 OBD 通信合格记录或同型号车辆 OBD 通信合格记录，则判定该车 OBD 检查不合格；若未发现通信合格记录，受检车辆的 OBD 检查结束，判定 OBD 检查通过，在通信检查结果中记录不合格；若同型号车型 OBD 通信检查记录（至少 5 台）均不合格，应作为问题车型按规定集中上报。

② 进一步查看仪表板上故障指示灯显示的状态与从 OBD 诊断仪获取的状态信息是否一致。若二者的状态一致，并且故障指示灯熄灭，则该项检查合格；若二者状态一致，但是故障指示灯点亮，则该车辆存在与排放相关的故障，车辆排放检验不合格，需要进行维修后复检；若二者状态不一致，判定车辆 OBD 检查不合格，需要维修后进行复检，同时作为问题车型上报。

③ 对已通过步骤②检查的车辆，应对其诊断就绪状态（Readiness）进行检查，就绪状

态未完成项应不超过 2 项。若超过 2 项，应暂停排放检验，要求将该车辆充分行驶后再进行检测。

（3）OBD 检查诊断　若车辆存在故障指示灯故障（含电路故障）、故障指示灯激活、车辆与 OBD 诊断仪之间的通信故障、仪表板故障指示灯状态与 ECU 中记载的故障指示灯状态不一致，均判定 OBD 检查不合格。对于车辆污染控制装置被移除，而 OBD 故障指示灯未点亮报警，视为该车辆 OBD 检查不合格。

4. 排气污染物检测

单一燃料汽车，仅按燃用单一燃料进行排放检测；两用燃料汽车，要求使用两种燃料分别进行排放检测。有手动选择行驶模式功能的混合动力电动汽车应切换到最大燃料消耗模式进行测试，如无最大燃料消耗模式，则应切换到混合动力模式进行测试，若测试过程中发动机熄火自动切换到纯电模式，无须中止测试，可进行至测试结束。

在排气污染物检测过程中，OBD 诊断仪应始终与车辆连接，持续读取车辆 OBD 信息和相关数据流。若 OBD 诊断仪测出与排放相关的故障，则车辆排放检验也不合格。

5. 蒸发检测

蒸发检测是针对汽油车的检测，柴油车无此项。蒸发检测内容是汽油车燃油蒸发排放控制系统外观检验、加油口压力测试及油箱盖测试，对于无油箱盖设计车辆可不进行油箱盖测试。

在用汽油车的排放监控是否需要进行蒸发检测，由省级生态环境主管部门根据臭氧污染状况确定。

6. 签发检验报告

汽车环保检验的最后一项就是签发检验报告，到此，检验结束。

（二）汽油车排放污染物检测方法

1. 双怠速法

双怠速是指发动机的怠速和高怠速。怠速是指加速踏板处于完全松开位置时，发动机空转的最低稳定转速；高怠速是指用加速踏板控制发动机空转的某一高转速。通常将轻型汽车的高怠速转速规定为 $(2500 \pm 200)\text{r/min}$，重型汽车的高怠速转速规定为 $(1800 \pm 200)\text{r/min}$，或按制造厂技术文件规定的高转速作为高怠速。

双怠速法是指在规定怠速、高怠速工况下测量汽油车排气污染物的方法，主要检测 CO 和 HC，其常用的检测仪器是不分光红外线气体分析仪。双怠速法的测量步骤如下。

1）开启废气检测仪，按仪器使用说明书要求做好检查、预热及调整工作，使检测仪处于正常的待检状态。

2）发动机进气系统应装有空气滤清器，排气系统应装有排气消声器，并且不得有泄漏。

3）必要时在发动机上安装转速计、点火正时仪、冷却液和润滑油测温计等测试仪器。测量时，发动机冷却液和润滑油温度不低于 80℃，或者达到汽车使用说明书规定的热车状态。

4）汽车离合器处于接合状态，变速器置于空档位置（对于自动变速器汽车应处于"N"位或"P"位）。

5）控制加速踏板，使发动机由怠速工况加速到 0.7 倍的额定转速，维持 30s 后降至高

怠速状态运转。

6）将取样管插入排气管中间，深度等于 400mm，并固定于排气管上。维持 15s 开始读数，读取 30s 内的最低值及最高值，其平均值即为高怠速排放测量结果。对于使用闭环控制电子燃油喷射系统和三元催化转化器技术的汽车，还应同时读取过量空气系数的数值。

注意：若车辆排气管长度小于测量深度，则应使用排气加长管。

7）发动机从高怠速降至怠速状态，维持 15s 后开始读数，读取 30s 内的最低值及最高值，其平均值即为怠速排放测量结果。

8）若为多排气管，则分别取各排气管高怠速和怠速排放测量结果的算术平均值作为测量结果。

双怠速法检测具有操作简便、高效快捷、成本低廉、仪器携带方便等优点，因而适用于汽车检测站对在用汽车排放性能的年检测试、环保部门对在用汽车进行的排放监测，尤其适用于无法手动切换两驱驱动模式的全时四驱车和适时四驱车的排放检验。

2. 稳态工况法

稳态工况法（ASM）是指车辆预热到规定的热状态后，加速至规定车速，根据车辆规定车速时的加载负荷，通过底盘测功机对车辆加载，使车辆保持等速稳态运转工况，测量汽车排气污染物的方法，主要检测 CO、HC 和 NO。

（1）ASM 工况 ASM 试验运转循环由 ASM5025 和 ASM2540 两个稳态工况组成，其规范如图 2-39 及表 2-18 所示。

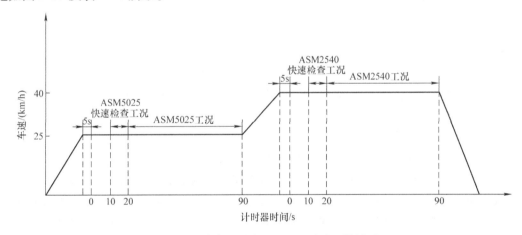

图 2-39 稳态工况法（ASM）试验运转循环

表 2-18 稳态工况法（ASM）试验运转循环规范

工况	运转次序	速度/(km/h)	操作持续时间(mt)/s	测试时间(t)/s
5025	1	0~25	—	—
	2	25	5	
	3	25	10	90
	4	25	10	
	5	25	70	

（续）

工况	运转次序	速度/(km/h)	操作持续时间(mt)/s	测试时间(t)/s
2540	6	25～40	—	—
	7	40	5	
	8	40	10	90
	9	40	10	
	10	40	70	

1）ASM5025工况。经预热后的车辆，在底盘测功机上以25.0km/h的速度稳定运行，系统根据车辆的基准质量自动施加规定的载荷，测试过程中应保持施加的转矩恒定，车速保持在规定的误差范围内。

2）ASM2540工况。经预热后的车辆，在底盘测功机上以40.0km/h的速度稳定运行，系统根据车辆的基准质量自动施加规定的载荷，测试过程中应保持施加的转矩恒定，车速保持在规定的误差范围内。

（2）ASM测量步骤

1）车辆准备。如需要，可在发动机上安装冷却液和润滑油温度传感器等测试仪器；关闭空调、暖风等附属装备；预热车辆，使车辆动力传动系统的热状态符合汽车技术条件的规定，并保持稳定。

2）开启排气分析仪预热，起动底盘测功机预热并根据车辆参数及工况设定载荷，使检测设备处于正常的待检状态。

3）车辆驶入底盘测功机，将驱动轮置于测功机滚筒上，将排气分析仪取样探头插入排气管中，深度为400mm，并固定于排气管上，对独立工作的多排气管应同时采样。

4）档位选择。将自动变速器汽车置于"D"位，手动变速器汽车置于二档，若二档所能达到的最高车速低于45km/h，则使用三档。

5）ASM5025工况测试。车辆预热后，加速到25.0km/h，测功机根据车辆基准质量自动进行加载，驾驶人控制车辆保持在（25.0±2.0）km/h等速运转，维持5s后，系统自动开始计时 $t=0s$。工况计时10s后，开始进入快速检查工况，排气分析仪开始采样，每秒测量一次，并根据稀释修正系数和湿度修正系数计算10s内的排放平均值，运行10s（$t=20s$），ASM5025的快速检查工况结束，进行快速检查判定。若被检车辆没有通过快速检查，则车辆继续运行至计时器 $t=90s$，ASM5025工况结束。若快速检查工况10s内的排放平均值经修正后，等于或低于排放限值的50%，则测试合格，排放检测结束，输出检测结果报告。

若所有检测物连续10s的平均值经修正后均不大于标准规定的限值，则该车应判定为ASM5025工况合格，排放检验合格，打印检验合格报告。若任何一种检测物连续10s的平均值修正后超过限值，则应继续进行ASM2540工况检测；在检测过程中，若任意连续10s内的任何一种检测物10s排放平均值经修正后均高于限值的500%，则测试不合格，输出检测结果报告，检测结束。

6）ASM2540工况测试。ASM5025工况排放检验不合格车辆，需继续进行ASM2540工况排放检验。被检车辆在ASM5025工况结束后，立即加速到40.0km/h，测功机根据车辆基准质量自动加载，车辆保持在（40.0±2.0）km/h范围内等速运转，维持5s后开始计时 $t=$

0s。工况计时 10s 后，开始进入快速检查工况，排气分析仪开始测量，每秒测量一次，并根据稀释修正系数和湿度修正系数计算 10s 内的排放平均值，运行 10s（$t=20s$），ASM2540 的快速检查工况结束，进行快速检查判定。若没有通过快速检查，则车辆继续运行至 90s（$t=90s$），ASM2540 工况结束。若快速检查工况 10s 内的排放平均值经修正后，等于或低于排放限值的 50%，则测试合格，排放检测结束，输出检测结果报告。

若所有检测物连续 10s 的平均值经修正后均不大于标准规定的限值，则该车应判定为排放检验合格，排放检测结束，打印检验合格报告。若任何一种检测物连续 10s 的平均值修正后超过限值，则该车辆排放测试结果不合格，继续进行到本工况检测结束，输出不合格检验报告。在检测过程中，若任意连续 10s 内的任何一种检测物 10s 排放平均值经修正后均高于限值的 500%，则测试不合格，检测结束。

注意：测量排放时应同时进行过量空气系数的测定。

稳态工况法需在汽车底盘测功机上进行，要利用底盘测功机模拟汽车行驶阻力，进行有载排放检测，其检测结果比双怠速法更接近汽车的实际排放状态。目前，新生产汽车下线检验、注册登记检验、在用车检验、监督抽检主要采用稳态工况法，而对于不能进行稳态工况法检测的四驱车辆则采用双怠速法。

3. 瞬态工况法

瞬态工况法是指车辆在底盘测功机上行驶，模拟汽车的真实运行工况，在加载状态下按照规定的运转循环，测量汽车排放污染物的方法，主要检测 CO、HC 和 NO_x。

（1）瞬态测试工况　瞬态工况法由多种瞬态测试工况组成，主要有汽车经常使用的怠速、加速、等速和减速等工况。图 2-40 为瞬态工况的运转循环，表 2-19 为瞬态工况运转循环规范。

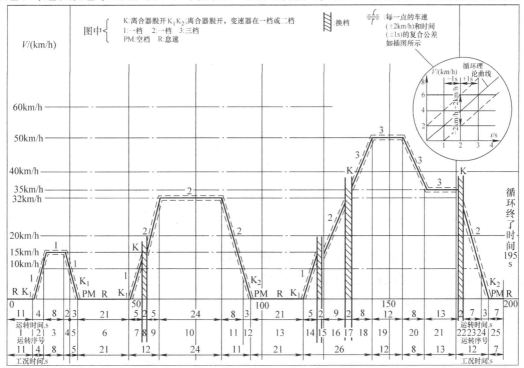

图 2-40　瞬态工况的运转循环

表 2-19 瞬态工况运转循环规范

| 工序 | 操作 | | 加速度 /(m/s²) | 速度 /(km/h) | 每次时间 | | 累计时间 /s | 手动变速器 |
	序号	状态			操作/s	工况/s		使用档位
1	1	怠速	—	—	11	11	11	6sPM① + 5sK₁②
2	2	加速	1.04	0.04	4	4	15	1
3	3	等速	—	15	8	8	23	1
4	4	减速	−0.69	15.69	2	5	25	1
	5	减速，离合器脱开	−0.92	10.9	3		28	K₁
5	6	怠速	—	—	21	21	49	16sPM +5s K₁
6	7	加速	0.83	0.83	5	12	54	1
	8	换档			2		56	—
	9	加速	0.94	1594M	5		61	2
7	10	等速	—	32	24	24	85	2
8	11	减速	−0.75	32.75	8	11	93	2
	12	减速，离合器脱开	−0.92	10.9	3		96	K₂
9	13	怠速	—	—	21	24	117	16sPM +5s K₁
10	14	加速	0.83	0.83	5	26	122	1
	15	换档			2		124	—
	16	加速	0.62	1562M	9		133	2
	17	换档			2		135	—
	18	加速	0.52	3552M	8		143	2
11	19	等速	—	50	12	12	155	3
12	20	减速	−0.52	50.52	8	8	163	3
13	21	等速	—	35	13	13	176	3
14	22	换档			2	12	178	—
	23	减速	−0.86	32.86	7		185	2
	24	减速，离合器脱开	−0.92	10.9	3		188	K₂
15	25	怠速	—	—	7	7	195	7sPM

① PM 表示变速器置空档，离合器接合。

② K₁（或 K₂）表示变速器挂 1 档（或 2 档），离合器脱开。

（2）瞬态工况测试方法

1）车辆准备。如需要，可在发动机上安装冷却液和润滑油温度传感器等测试仪器；关闭空调、暖风等附属装备；预热车辆，使车辆动力传动系统的热状态符合汽车技术条件的规定，并保持稳定。

2）开启排气分析仪预热，起动底盘测功机预热，并根据车辆的整备质量及工况自动设定测功机载荷，使检测设备处于正常的待检状态。

3）车辆驶入底盘测功机，将驱动轮置于测功机滚筒上，将排气分析仪取样探头插入排气管中，深度为 400mm，并固定于排气管上。

4）按规定的运转循环测量排放污染物。同时，还要进行过量空气系数的测定。

5）检测系统自动对排放污染物测量值进行计算与修正，并输出、打印排放检测报告。至此，排放检测结束。

瞬态工况法由于模拟了汽车若干常用工况和排放污染较重工况的有载行驶，其排放检测能充分反映汽车实际运行时的排放状态。因此，与双怠速法和稳态工况法相比，瞬态工况法的检测结果能较全面地评价车辆的排放水平。但瞬态工况法从检测设备、控制系统到实际操作比双怠速法要复杂得多，因此，瞬态工况法不宜用于在用汽车排放性能的年检、监督抽测。但瞬态工况法可用于新生产汽车下线的排放检验，也适用于生产企业汽车的排放检验。

（三）柴油车排放污染物检测方法

1. 自由加速法

自由加速法是指柴油车从怠速状态突然加速至高速空载转速过程中，利用不透光烟度计检测其排气烟度的方法。检测方法如下。

1）开启不透光烟度计，按仪器使用说明书要求做预热和零点调整工作，使检测仪处于正常的待检状态。

2）汽车发动机预热，使发动机冷却液和润滑油温度不低于80℃，或者达到汽车使用说明书规定的热车状态。

3）确认汽车机械状态良好，排气系统相关部件无泄漏，并将烟度计取样探头按规定插入并固定于排气管内。

4）自由加速预运转。将汽车置于空档，在发动机怠速下稳定运转(15 ±5)s，迅速踩下加速踏板使油门全开，并保持该位置直到发动机达到调速器控制的空载最高转速为止，然后松开加速踏板，使发动机恢复至怠速运转，如此重复连续三次吹拂排气系统，以清扫排气系统中的残留污染物。

5）排气烟度检测。检测时，汽车置于空档。在每个自由加速循环的开始点，发动机均处于怠速状态，对重型汽车用发动机，将加速踏板放开后至少等待10s，然后在1s的时间内，将加速踏板连续完全踩到底，使供油系统在最短时间内达到最大供油量，发动机达到断油转速（对使用自动变速器的车辆，应达到发动机额定转速，如果无法达到，不应小于额定转速的2/3），再松开加速踏板使发动机恢复至怠速运转，如此重复多次（图 2-41），用不透光烟度计测量排气烟度。

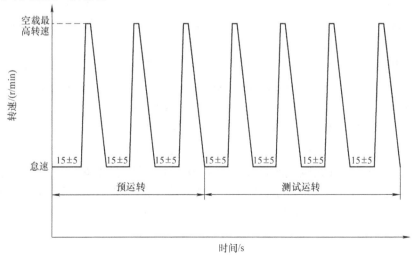

图 2-41　自由加速法排气烟度检测规范

6）检测结果。取最后三次自由加速烟度测量的不透光度或光吸收系数的算术平均值作为检测结果。

自由加速法检测具有操作简便、高效快捷、成本低廉等优点，因而它极适用于汽车检测站对在用柴油车排放性能的年检测试、环保部门对在用柴油车进行的排放监测。目前，自由加速法主要用于无法手动切换两驱模式的全时四驱和适时四驱在用柴油车的排放检验。

2. 加载减速法

加载减速法是一种在底盘测功机上模拟车辆负载稳定运行时，利用不透光烟度计、氮氧化物分析仪等测量柴油车排气烟度及污染物的方法。检测方法如下。

（1）车辆预检　预检的目的是核实受检车辆是否和行驶证相符，并评价车辆的状况是否能够进行加载减速工况的排放检测。对车况太差的应维修后再检，对全时四轮驱动车辆不能检测，可采用自由加速法检测。预检时，还应中断受检车辆所有主动型制动功能和转矩控制功能（自动缓速器除外），例如中断制动防抱死系统（ABS）、电子稳定程序（ESP）等，并关闭车上所有以发动机为动力的附加设备，或切断其动力传递机构。

（2）检测系统检查　检查目的是为了判断底盘测功机是否能够满足待检车辆的功率要求，同时检查检测系统的工作状态是否正常。将待检车辆驶入底盘测功机正确放置，连接好发动机转速传感器，选择合适的档位，进行功率试测，其功率应在检测范围内。连接并预热、调整好不透光烟度计、氮氧化物分析仪等检测设备，在排气管中插入采样探头，深度不得小于400mm。

（3）排气污染物检测　在发动机及传动系统达到汽车技术文件规定的热状态、检测系统正常时进行下述加载减速排气污染物检测。

1）起动发动机，变速器置空档，逐渐踩下加速踏板直到油门开度达到最大，并保持在最大开度状态，记录此时发动机的最大转速，然后松开加速踏板，使发动机回到怠速状态。

2）选择合适档位，使油门全开时，底盘测功机的指示车速最接近70km/h，但不能超过100km/h。若两个档位接近的程度相同，则检测时选用低档位。对装有自动变速器的车辆，应注意不要在超速档下进行测量。

3）计算机控制系统在确认汽车可以进行排放检测后，将底盘测功机切换到自动检测状态。此时，加载减速测试的过程完全自动化，整个检测循环中，均由计算机控制系统自动完成对测功机加载减速过程的控制。

4）油门保持全开，按下检测开始键，底盘测功机进入自动检测状态，计算机控制系统按照规定的加载减速检测程序自动检测最大轮边功率和相对应的发动机转速、转鼓表面线速度（VelMaxHP），然后自动加载减速至80% VelMaxHP点检测各参数。

5）自动控制系统采集二工况点（VelMaxHP、80% VelMaxHP）的检测数据，包括轮边功率、发动机转速、排气光吸收系数 k 和 NO_x。计算机控制系统将 VelMaxHP 点和 80% Vel-MaxHP 点测量得到的排气光吸收系数 k 以及 80% VelMaxHP 点测量得到的 NO_x、发动机转速、转鼓表面线速度和轮功率的数据作为检测结果，并与相应的排放限值进行比较。若测得的光吸收系数 k 或 NO_x 超过了标准规定的相应限值，则判定该车排放不合格；若加载减速过程中经修正的轮边功率测量结果低于制造厂规定的发动机额定功率的40%，则判定该车检验结果不合格。

6）检测结束，加速踏板松开，打印检测报告并存档。

7）车辆驶离底盘测功机。

加载减速工况法模拟了车辆油门全开行驶的部分工况，比自由加速法更能客观地反映被检车辆运行的排放状况。因此，目前柴油车新生产汽车下线检验、注册登记检验、在用车检验、监督抽检主要采用加载减速工况法，而对于不能进行加载减速工况法检测的四驱柴油车则采用自由加速法。

3. 林格曼烟度法

林格曼烟度法是用视觉对柴油车排气烟羽黑度与林格曼烟气黑度图进行对比确定排气烟度的方法。林格曼烟度应由具有资质的观察者用目视观察检测，检测步骤如下。

（1）检测条件

1）应在白天进行观测，观察者与柴油车排气口的距离应足以保证对烟气排放情况清晰地观察。林格曼烟气黑度图安置在固定支架上，图片面向观察者，尽可能使图片位于观察者至排气口端部的连线上，并使图与烟气有相似的天空背景。图距观察者应有足够的距离，以使图上的线条看起来融合在一起，从而使每个方块有均匀的黑度，对于绝大多数观察者这一距离约为15m。

2）观察者的视线应尽量与烟羽飘动的方向垂直。观察烟气的仰视角不应太大，一般情况下不宜大于45°，尽量避免在过于陡峭的角度下观察。

3）观察排气烟羽黑度力求在比较均匀的天空光照下进行。如果在太阳光照射下观察，应尽量使照射光线与视线成直角，光线不应来自观察者的前方或后方。雨雪天、雾天及风速大于4.5m/s时不应进行观察。

（2）检测工况　除排放标准另有规定或有特殊要求的检验外，一般要求柴油车机械状态良好，在排烟相对严重的工况如自由加速工况、全负荷工况下进行检测。

（3）检测方法

1）预热柴油车，使其处于正常的热状态，按规定工况运行柴油机。

2）观察排气烟羽。选择在排气黑度最大的地方观察，观察者连续观测排气黑度，并将排气黑度与林格曼烟气黑度图进行比较，记下的排气林格曼级数最大值作为林格曼烟度值，如排气黑度处于两个林格曼级数之间，可估计一个0.5或0.25林格曼级数。如在阴天的情况下观察，由于天空背景较暗，在读数时应根据经验取稍偏低的级数（减去0.25级或0.5级）。

3）记录检测结果。观察者连续观测后，记下的排气林格曼级数最大值作为林格曼烟度值；采用林格曼烟度测试仪观测排气烟度时，其测试的最大读数作为林格曼烟度值。

林格曼烟度法直观明了，简便易行，成本低廉，但检测结果易受观察者主观判断和观察位置条件的影响。因此，林格曼烟度法极适用于柴油车排放性能检验的辅助测试，也可用于在用柴油车的排放检验。

四、汽车排放污染物检测标准

实施严格的汽车排放标准是控制汽车排放对大气污染的强制性措施，也是推动排放控制技术和检测技术发展的动力。因此，我国在吸收发达国家的成功经验后，制订、修改、颁布并实施了多种汽车排放污染物标准。下面介绍从2019年5月1日起实施的GB 18285—2018《汽油车污染物排放限值及测量方法（双怠速法及简易工况法）》和GB 3847—2018《柴油

车污染物排放限值及测量方法（自由加速法及加载减速法）》标准。该标准对汽车污染物排放限值设置了限值 a 和限值 b，全国统一执行限值 a。限值 b 的要求更加严格，主要是满足对汽车污染控制要求较高的地区，如汽车保有量超过 500 万的特大城市，或汽车排放污染物为当地首要空气污染源的城市，或按照法律法规设置低排放控制区的城市，这些城市在充分征求社会各方面意见基础上，经省级人民政府批准和生态环境部备案后，可提前选用限值 b。而在全国范围内统一执行限值 b，需要各方面条件充分具备后择机实施。

（一）汽油车污染物排放限值

1. 双怠速法排放限值

按双怠速法进行排放检测的汽车，其怠速和高怠速 CO、HC 的检测结果，应小于表 2-20 的排放限值。任何一项污染物不满足限值要求，则判定车辆排放不合格。对于使用闭环控制电子燃油喷射系统和三元催化转化器技术的汽车，其高怠速检测的过量空气系数还应在 1.00 ± 0.05 之间，或在制造厂规定的范围内，否则为不合格。

表 2-20 双怠速法排气污染物排放限值

类别	怠 速		高 怠 速	
	CO （%）	HC (10^{-6})[①]	CO （%）	HC (10^{-6})[①]
限值 a	0.6	80	0.3	50
限值 b	0.4	40	0.3	30

① 对以天然气为燃料的点燃式发动机汽车，该项目为推荐性要求。

2. 稳态工况法排放限值

按稳态工况法（ASM）进行排放检测的汽车还应同时进行过量空气系数的测定，其 ASM5025 工况和 ASM2540 工况的 CO、HC 和 NO 的检测结果，应小于表 2-21 的排放限值。任何一项污染物不满足限值要求，则判定车辆排放不合格。

表 2-21 稳态工况法排气污染物排放限值

类别	ASM5025			ASM2540		
	CO （%）	HC $(\times 10^{-6})$[①]	NO $(\times 10^{-6})$	CO （%）	HC $(\times 10^{-6})$[①]	NO $(\times 10^{-6})$
限值 a	0.50	90	700	0.4	80	650
限值 b	0.35	47	420	0.3	44	390

① 对以天然气为燃料的点燃式发动机汽车，该项目为推荐性要求。

3. 瞬态工况法排放限值

按瞬态工况法进行排放检测的汽车，其 CO、$HC + NO_x$ 的检测结果，应小于表 2-22 的排放限值。任何一项污染物不满足限值要求，则判定车辆排放不合格。

表 2-22 瞬态工况法排气污染物排放限值

类别	CO/（g/km）	$HC + NO_x$/（g/km）
限值 a	3.5	1.5
限值 b	2.8	1.2

采用双怠速法等对在用车辆进行监督抽测，可采用本标准规定限值的 1.1 倍进行判定；对于 2011 年 7 月 1 日以后生产的轻型汽车，以及 2013 年 7 月 1 日以后生产的重型汽车，若

OBD 检查不合格，则判定排放检验结果不合格。

（二）柴油车污染物排放限值

按自由加速法和加载减速法进行排放检测的在用汽车和注册登记汽车，其相应的检测结果，应小于表 2-23 的排放限值；新生产下线汽车的排放检测结果应小于表 2-23 的排放限值，生产企业也可采用其他方法进行排放检测，但应证明其等效性。任何一项污染物不满足限值要求，则判定车辆排放不合格；车辆排放有明显可见烟度或烟度值超过林格曼 1 级，则判定排放不合格；加载减速法功率扫描过程中，经修正的轮边功率测量结果低于制造厂规定的发动机额定功率的 40%，则判定该车检验结果不合格。

采用自由加速法等对在用车辆进行监督抽测，可采用表 2-23 规定限值的 1.1 倍进行判定；对于 2018 年 1 月 1 日以后生产的汽车，若 OBD 检查不合格，则判定排放检验结果不合格。

表 2-23　在用汽车和注册登记汽车排放检验的排放限值

类别	自由加速法	加载减速法		林格曼烟度法
	光吸收系数（m^{-1}）或不透光度（%）	光吸收系数（m^{-1}）或不透光度（%）[①]	氮氧化物（$\times10^{-6}$）[②]	林格曼黑度（级）
限值 a	1.2（40）	1.2（40）	1500	1
限值 b	0.7（26）	0.7（26）	900	

① 海拔高于 1500m 的地区加载减速法可以按照每增加 1000m 增加 0.25m^{-1} 幅度调整，总调整不得超过 0.75m^{-1}。

② 2020 年 7 月 1 日前，限值 b 的过渡限值为 1200×10^{-6}。

第八节　汽车噪声检测

汽车上除需要喇叭有适当的声响外，其他的噪声是越小越好。新车的噪声一般较小，但当汽车技术状态变差时，如发动机燃烧不正常，发动机、底盘运转部件间隙过大，转动件不平衡等，则汽车行驶时就会产生较大噪声，因此通过噪声检测也可以反映汽车的技术状况。

一、汽车噪声及其危害

噪声是指人们不需要的令人烦躁、讨厌的声音总称。汽车噪声是由多种声源组成的综合性噪声，它主要是指发动机、传动系统、轮胎以及车身扰动空气所发出的响声。

汽车在运行过程中受发动机、传动系统、行驶系统的影响以及来自路面的冲击，所有的零部件都会产生不同程度的振动和噪声。其总体噪声强度与汽车和发动机的结构形式、技术状况和运行条件（车速、载荷、道路等）有关。通常，汽车技术状况越差，车速越高，负荷越大，路面条件越差，汽车噪声就越大。

汽车噪声分车外噪声和车内噪声两种。车外噪声造成环境公害，车内噪声直接对驾驶人和乘客造成损害。汽车噪声不仅会破坏安静的环境，使人心情不安、烦躁、疲倦和工作效率降低，而且还会损害人体健康，引起某些疾病，如听力下降、噪声性耳聋以及神经系统和血液循环系统疾病。噪声的强度愈大、频率愈高、作用时间愈长、个人耐力愈小，则危害愈严重。据统计，当环境噪声大于 45dB 时，人会感到明显不适；当噪声达到 60～80dB 时，会

影响睡眠；当噪声超过 90dB 时，就会对身体产生伤害。而汽车噪声强度一般可达 60 ~ 90dB，所以汽车噪声是一种环境污染。

汽车是一种移动性噪声源，其噪声影响范围大，干扰时间长，因而受害人员多。另外，车内噪声过大还会影响驾驶人的正常操作而诱发汽车交通事故。因此，对汽车噪声应根据国家标准进行检测与控制。

二、汽车噪声评价指标

噪声是一种声波，具有一切声波运动的特点和性质，因此噪声可用声波的度量指标来评价。

1. 声压与声压级

声压是指声波作用于大气使大气压强发生变动的量，单位为 Pa。它是表示声音强弱的客观度量指标。由于正常人耳能听到的最弱声音的声压和能使人耳感到疼痛的声压大小之间相差一百多万倍，声压表达和应用极不方便；同时人耳对声音大小的感觉，并不与声压的大小成正比，而是同它的对数近似成正比，因此人们又引入了一个用来表示声音强弱的物理量——声压级。声压级定义为

$$L_p = 20 \lg \frac{p}{p_0} \tag{2-19}$$

式中　L_p——声压级（dB）；

　　　p——实际声压（Pa）；

　　　p_0——基准声压，即听阈声压，$p_0 = 2 \times 10^{-5} \mathrm{Pa}$。

当引入声压级这一概念后，就把可闻声声压百万倍的变化范围变成从 0 至 120dB 的变化范围，这样就显著减少了数量级。在噪声测量中，通常是测定它的声压级。声压级越大，表示声音越强。

2. 响度与响度级

人耳对声音的主观感觉，不仅与声压有关，而且还与声音的频率有关。在人耳可听的频率范围（20 ~ 20000Hz）内，人耳对高频声反应敏感，而对低频声反应迟钝。声压级相同的声音，由于其频率不同，听起来并不一样响；相反，不同频率的声音，虽然声压级不同，但有时听起来却一样响。因此，用声压级测定的声音强弱与人耳的主观感受往往不一样，这说明主观感受与客观物理量之间并不完全一致。在噪声研究中，应将这种主观感受与客观反映加以统一，否则无法对噪声做出有用的评价。因此，在噪声评价中常用与人耳主观感受相适应的响度与响度级度量指标来描述噪声。

响度是人耳主观感受的声音强弱程度。响度的大小主要依赖于声强，也与声音的频率有关，因此声音的响度是声压级和频率的函数。响度单位为宋（Sone），1 宋是声压级为 40 分贝（dB）、频率为 1000Hz 纯音所产生的响度。

响度级是表示响度的主观量，它是以频率 1000Hz 的纯音作标准，将其他频率声音的强度级换算成主观音响感觉与之相同的标准音的强度级。响度级用于不同频率、不同强度级声音的主观音响感觉的比较。响度级的单位是方（Phon），它是 1000Hz 纯音的声压级分贝值，如 1000Hz 纯音的声压级为 40dB，则响度级是 40 方。若其他频率的声音响度与 1000Hz 的纯音响度相同，则把 1000Hz 的响度级当作该频率的响度级。

把不同频率、相同响度级的点连成的曲线称为等响曲线或叫等响特性。为了确定声压级与响度级的关系，通过许多人的听觉试验，得到 1000Hz 纯音各分贝值的等响曲线，图 2-42 为 ISO 推荐的等响曲线。图中的纵坐标是声压级（dB），横坐标是频率（Hz），二者都是声波客观的物理量。因为频率不同时，人耳的主观感觉不同，所以每个频率都有各自的听阈声压级和痛阈声压级。如果把它们连接起来，就能得到听阈线和痛阈线。两线之间按响度的不同可分为若干个响度级，通常分成 13 个响度级，单位是方，听阈线为零方响度线，痛阈线为 120 方响度线。两者之间通常标出 10 方、20 方……100 方、110 方响度线。

凡在同一条曲线上的各点，虽然它们代表着不同频率和声压级，但其响度（主观感觉）是相同的。每条等响曲线代表的响度级由该曲线在 1000Hz 时的声压级的分贝值而定。实际上是以 1000Hz 纯音作为基准声音，当某一噪声听起来与该纯音一样响，则该噪声的响度级（方值）就等于这个纯音的声压级（分贝值）。例如某噪声听起来与声压级 85dB、频率 1000Hz 的基准声音一样响，则该噪声的响度级就是 85 方。

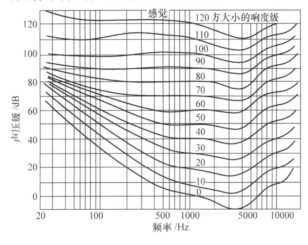

图 2-42　等响曲线

3. A 声级

声级计是测量声音强弱的仪器，声级计的输入是声音客观存在的物理量——声压和频率，而输出不仅要求是对数关系的声压级，还应该是符合人耳特性的主观量——响度级。然而声压级没有反映出频率的影响，它具有平直的频率响应。为使声级计的输出符合人耳的听觉特性，应通过一套电学的滤波器网络，对某些频率成分进行衰减，这种特殊的滤波器叫计权网络。通过计权网络测得的声压级，已不再是客观物理量的声压级，而是经过听感修正的声压级，叫作计权声级。

通常，声级计设有 A、B、C 三种计权网络，它能对不同频率的声音信号进行不同程度的衰减。A 计权网络效仿 40 方等响曲线而设计，其特点是对低频和中频声有较大的衰减，即测量仪器对高频敏感，对低频不敏感，这与人耳对声音的感觉比较接近；B 计权网络效仿 70 方等响曲线，使被测的声音通过时，低频段有一定的衰减；C 计权网络效仿 100 方等响曲线，任何频率都没有衰减，因而可用 C 计权网络测得的读数代表总声压级。

经过 A 计权网络测出的 dB 读数称 A 计权声级，简称 A 声级（L_A），并用分贝 dB（A）表示其单位。噪声的 A 声级，与人们的主观感觉比较接近，同时 A 声级的测量比较方便，

因此，A声级已成为国际标准化组织和绝大多数国家评价噪声的度量指标。

三、汽车噪声检测仪器

1. 声级计

声级计是一种最基本的噪声测量仪器，它可以按人耳相近的听觉特性检测汽车噪声和喇叭声响。根据所用电源不同，声级计可分为交流式和直流式（干电池）两种。其中直流干电池式声级计因体积小、质量轻、操作携带方便，应用比较广泛。图2-43为国产ND₂型便携式精密声级计。

（1）声级计的基本结构 声级计一般由传声器、放大器、衰减器、计权网络、检波电路、指示仪表和电源等组成（图2-44）。

1）传声器。传声器俗称为话筒，是声级计的传感器，其作用是把噪声信号转变为电信号。常见传声器有晶体式、驻极式、动圈式和电容式多种。其中电容式传声器是声学测量中比较理想的传声器，它具有动态范围大、频率响应特性好、灵敏度高和在一般测量环境中稳定性好等优点，因而应用广泛。

2）放大器。放大器的作用是将传声器输出的微弱电压信号放大，在声频范围内放大器应具有平直的放大特性、较低的固有噪声和良好的稳定性，以满足检测的需求。

3）衰减器。衰减器的作用是调整输入信号和输出信号的幅度，以控制指示仪表获得适当的指示值。

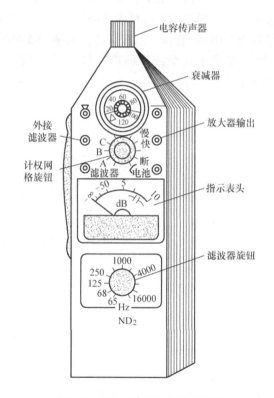

图2-43 ND₂型便携式精密声级计

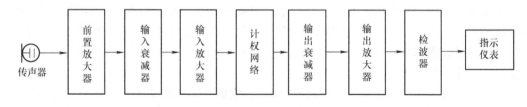

图2-44 声级计结构原理框图

4）计权网络。计权网络是把电信号修正为听感近似值的网络，其作用是使仪器检测噪声的频率特性更接近人耳的听觉特性。声级计设有A、B、C三种标准的计权网络。

5）检波器。检波器的作用是将迅速变化的声音频率交流信号转换成变化较慢的直流电压信号，以便于仪表指示。

6）指示仪表。指示仪表的作用是直接显示噪声级的 dB 值，可用数字显示或指针指示。

声级计面板上一般还备有一些插孔，以便外接滤波器、示波器、记录仪等，对噪声做进一步分析。有的声级计内还装有倍频程滤波器，以便在现场对噪声直接作频谱分析。

（2）声级计工作原理　声级计检测时，噪声通过传声器转换成电压信号，并由前置放大器变换阻抗，使其与输入衰减器匹配，然后信号经输入放大器送入计权网络处理，再经输出衰减器及放大器将信号放大到一定的幅度，最后经有效值检波器进入指示仪表，从表头得到相应的声级读数。

声级计检测时，应根据被测噪声的性质和特点选择声级计的"快"档或"慢"档。声级计一般都有"快"和"慢"两档，其中"快"档平均时间为 0.27s，比较接近人耳听觉的生理平均时间；"慢"档平均时间为 1.05s。当对稳态噪声进行测量或需要记录声级变化过程时，应选用"快"档；当被测噪声的波动比较大时，应选用"慢"档。

声级计检测时，还可根据如图 2-45 所示的声级计 A、B、C 计权网络频率响应特性，通过声级计 A、B、C 三档对同一声源测量所得的读数大致地估计出所测噪声的频谱特性：若 $L_A = L_B = L_C$，则表明噪声中的高频成分较突出；若 $L_B = L_C > L_A$，则表明中频成分略强；若 $L_C > L_B > L_A$，则表明噪声呈低频特性。

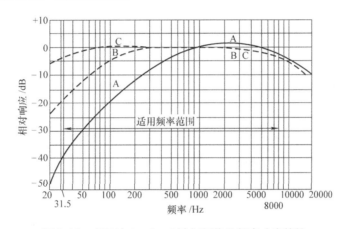

图 2-45　声级计 A、B、C 计权网络的频率响应特性

2. 频率分析仪

汽车噪声是由大量的不同频率的声音复合而成的，为了分析产生噪声的原因，需对噪声进行频谱分析。

所谓频谱分析就是应用数学原理（傅立叶变换），将原来由时间域表征的动态参数转换为由频率域表征。实现这一转换的最基本装置是滤波器，利用滤波器将待分析的噪声信号所包含的不同频率的分量分离出来，由记录器记录测量结果。通常，根据测量结果，以频率为横坐标，以声压级为纵坐标做出的噪声曲线称为噪声的频谱图。它在频域上描述了声音强弱的变化规律。

用于测定噪声频谱的仪器称为频率分析仪或频谱仪。频率分析仪主要由滤波器、测量放大器和指示装置组成。检测时，噪声信号经过一组滤波器，使被测信号中所含有的不同频率分量逐一分离出来，并由测量放大器将其幅值放大，然后由指示装置直接显示测量结果或绘制频谱图。

图 2-46 为频谱仪测得的几种轿车加速行驶的噪声频谱图，从图上可以看出，汽车加速行驶噪声是宽频带噪声，低、中频段噪声级较高，其原因是各声源（尤其是进排气系统）的中、低频噪声都有较高的声级。

利用频率分析仪，可以了解噪声的频率成分和各频率噪声的强弱，可为汽车噪声故障的诊断提供依据，并做到有针对性地控制和消除噪声。

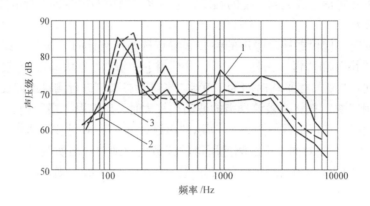

图 2-46 轿车加速行驶的噪声频谱
1—排量 1.1L 2—排量 1.5L 3—排量 1.7L

四、汽车噪声检测方法

1. 汽车定置噪声的测量

汽车定置噪声是指车辆不行驶，发动机处于规定空载运行状态时的车外噪声。汽车定置噪声测量按 GB/T 14365—2017《声学 机动车辆定置噪声声压级测量方法》的规定进行。

（1）测量的基本条件

1）测量仪器应采用精密声级计。

2）测量场地应为开阔的、由混凝土或沥青等坚硬材料构成的平坦地面，其边缘距车辆外廓至少 3m。除测量人员和驾驶人外，测量现场不得有影响测量的其他人员。

3）背景噪声应比所测车辆噪声至少低 10dB（A）。背景噪声是指测量对象噪声不存在时，周围环境的噪声。

4）测量时，变速器应挂空档（自动变速器汽车变速杆处于 P 位或 N 位），拉紧驻车制动器，离合器接合；发动机舱盖、车窗和车门应关上，车辆的空调器和其他辅助装置关闭；发动机冷却液温度、机油温度应符合生产厂的规定。

5）测量时，发动机转速的目标值。对于 M、N 类车辆，发动机额定转速小于等于 5000r/min 时，目标转速为 3/4 的额定转速；发动机额定转速大于等于 7500r/min 时，目标转速为 1/2 的额定转速；发动机额定转速在 5000 ~ 7500r/min 之间时，目标转速为 3750r/min。若发动机转速不能达到上述要求，则发动机转速目标值应比定置试验时能达到的最高发动机转速低 5%。发动机转速目标值允许偏差为 ±5%。

（2）汽车定置噪声测量方法

1）车辆准备。将车辆置于测量场地中央。

2）放置传声器。将声级计传声器按如图2-47所示的规定参考点位置放置。传声器与排气口端等高，在任何情况下距地面不得小于0.2m；传声器的参考轴应与地面平行，并和通过排气口气流方向且垂直地面的平面成45°±5°的夹角；传声器朝向排气口，距排气口端（0.5±0.01）m，放在车辆的外侧；当排气管两侧都能布置传声器时，传声器布置在离车辆纵向轴线较远一侧；当排气管轴向与车身纵向轴线成90°时，传声器布置在距离发动机较远的一侧。对于某些车辆部件（如备胎、油箱、蓄电池等）妨碍了测量点，在排气口参考点位置不宜布点的车辆，传声器应安置在距离最近的妨碍部件（包括车身）至少0.2m处，并最大限度避开妨碍部件，其轴线正对排气口。如果存在多个测量位置时，则取d_1、d_2中较小的一个作为测量位置（图2-47c）。对排气管垂直向上的车辆，传声器放置高度应与排气管口等高，传声器朝上，其参考轴应垂直地面，传声器应放在离排气管较近的车辆一侧，侧面不能小于0.2m，并距排气口端（0.5±0.01）m（图2-47d）。

3）噪声检测。将发动机转速从怠速起逐渐增加至发动机目标转速稳定运转，然后迅速松开加速踏板，测量由稳定转速减速到怠速过程的噪声，用最大声压级作为测量结果。测量应至少涵盖1s的稳定转速，并包含整个减速过程。测量时使用声级计的A计权、"快"档，每个测点重复测量，至连续三次测量数据的变化范围在2dB（A）之内为止，并取其算术平均值作为测量结果。

若汽车装有多个排气管，并且各排气管的间隔大于0.3m，则应对每一个排气管都要测量，并记录其最大声压级。

4）记录检测结果，检测结束。

2. 汽车加速行驶噪声的测量

汽车加速行驶噪声的测量按GB 1495规定进行。

（1）测量的基本条件

1）测量仪器。噪声测量仪器应采用精密声级计，1级精度；转速测量应选用准确度优于±2%的发动机转速表；车速测量应选用准确度优于±0.5%的车速测量设备；气象参数测量仪器准确度要求：温度计±1℃、风速仪±1.0m/s、大气压计±5hPa、相对湿度计±5%。

2）测量场地。测量场地如图2-48所示，测量场地应平整干燥，试验路面平直，路面坡度不超过0.5%，AA'线为加速始端线，BB'线为加速终端线，加速段长度为2×（10m±0.5m）。为保持汽车通过测量场地时的稳定性，平稳加速连接段l_s至少应预留60m，对于参考点（发动机前置的汽车为最前端，发动机后置的汽车为最后端）到前轴中心纵向距离超过10m的后置发动机汽车，在BB'线出口方向的l_a长度为20m，其他汽车的l_a长度为10m。测量场地应达到的声场条件是：在该场地的中心（PP'与CC'的交点）放置一个无指向性小声源时，半球面上各方向的声级偏差应不超过±1dB。为此要求：在测试中心以50m为半径的范围内，不应有大的声反射物，如建筑物、围墙等；试验路面与其余场地表面应干燥，没有积雪、松土或炉渣之类的吸声材料；传声器附近没有任何影响声场的障碍物，并且声源与传声器之间没有任何人站留，进行测量的观察者也应站在不致影响仪器测量值的位置。

3）气象条件。测量应在良好的天气条件下进行，环境温度必须在5~40℃范围内，传声器高处风速不超过5m/s（包括阵风）。

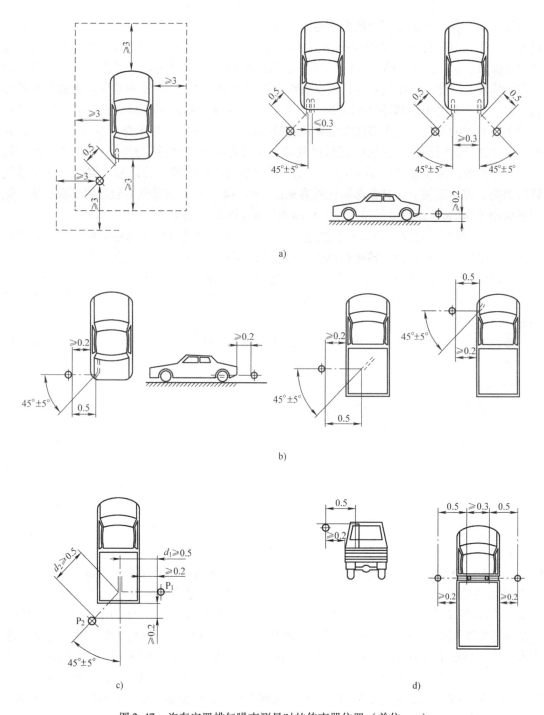

图 2-47　汽车定置排气噪声测量时的传声器位置（单位：m）

a）普通四轮车辆　b）排气口参考点位置不宜布点的四轮车辆

c）存在多个可测量位置的车辆　d）垂直排气系统车辆

⊕—传声器位置　P_1、P_2—传声器 1 和 2 的位置　d_1、d_2—排气管至 P_1 和 P_2 的距离

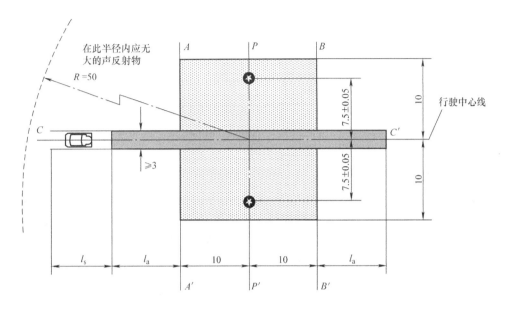

■—最小的标准试验行驶车道 ▨—声传播区域 ✪—传声器（高度：1.2m）

l_s—加速连接段 l_a—最小标准试验行驶车道延伸长度

图2-48 汽车加速行驶噪声测量场地示意图（单位：m）

4）背景噪声。噪声测量前后，应持续测量10s背景噪声。应采用测量过程中所用的同一传声器并置于与噪声测量时相同的位置，记录其最大A计权声级。背景噪声（包括风噪）至少比被测汽车噪声低10dB（A）。当背景噪声与被测噪声相差10~15dB（A）时，需从声级计读数中减去表2-24中的对应修正值作为测量结果。

表2-24 背景噪声修正值

背景噪声与被测噪声差值/dB（A）	10	11	12	13	14	≥15
修正值/dB（A）	0.5	0.4	0.3	0.2	0.1	0.0

5）测点位置。测点位置如图2-48所示，传声器应固定在离地面高1.2m±0.02m、距行驶中心线7.5m±0.05m的两侧，其参考轴线必须水平并垂直指向行驶中心线。

6）被测车辆。测试前，对被测车辆具有如下要求。

① 测量开始之前，被测汽车的技术状况应符合该车型的技术条件（特别是该车的加速性能），并关闭所有车门、天窗、车外各种盖板、空调及车内音响。被测汽车应不带挂车（不可分解的汽车除外）。

② 测试质量 m_t 应按照表2-25的要求进行计算及相应加载，并可有±5%的偏差。

表2-25 汽车测试质量

汽车分类	汽车测试质量 m_t/kg
M_1、M_2、M_3、N_1	$m_t = m$（汽车整备质量）+75（驾驶人质量）
N_2、N_3	$m_t = 50\text{kg/kW} \times P_n$[①]

① P_n 为汽车发动机额定功率（kW）。为达到汽车测试质量，应在汽车后轴上方增加附加载荷，附加载荷与空载后轴载荷之和不超过后轴最大允许轴荷的75%。若汽车整备质量已超过汽车测试质量 m_t，则不需要再增加附加载荷。

③ 汽车轮胎应为该车选用的标准轮胎，采用汽车正常行驶用的轮胎花纹，花纹深度不低于1.6mm，轮胎冷态气压应为该车规定的标准气压。

④ 汽车发动机及动力系统应调整至正常工作状态，发动机、传动系统、轮胎及其他部分预热到汽车制造企业规定的热状态。

⑤ 若是多轴驱动汽车，测量时应采用道路正常行驶常用的驱动方式。

⑥ 若汽车装有带自动驱动机构的风扇，在测量期间应保持其自动工作状态。

⑦ 若汽车装有带自动控制的进气增压装置，在测量期间应保持其自动工作状态。

（2）加速行驶车外噪声测量方法

1）对于 M_1、M_2（GVM≤3500kg）、N_1 类汽车。从汽车接近 AA' 线到汽车后端通过 BB' 线的整个测量过程中，汽车行驶中心线应尽可能接近 CC' 线，当汽车参考点到达 PP' 线时的车速（$V_{PP'}$），必须在 50km/h±1km/h 范围内。若汽车装有辅助手动变速器或多齿轮轴，其位置应置于道路正常行驶时的位置。任何情况下都不能使用慢速档位、驻车或制动档位。

① 试验加速度（$a_{\text{wot test}}$）计算。能锁定传动比的汽车，其试验加速度为 $a_{\text{wot test},i}$、$a_{\text{wot test},i+1}$，不能锁定传动比的汽车，其试验加速度为 $a_{\text{wot test,D}}$，它们分别是各相应试验档位 4 次加速噪声试验加速度 $a_{\text{wot test},i,j}$、$a_{\text{wot test},i+1,j}$、$a_{\text{wot test, D},j}$ 的均值（m/s²）。

a. 对能锁定传动比汽车的试验加速度计算。汽车以档位 i 的每次试验加速度 $a_{\text{wot test},i,j}$ 由式（2-20）计算获得，档位 $i+1$ 的每次试验加速度 $a_{\text{wot test},i+1,j}$ 计算过程与 $a_{\text{wot test},i,j}$ 计算过程相同。

$$a_{\text{wot test},i,j} = \left[(V_{BB'}/3.6)^2 - (V_{AA'}/3.6)^2 \right] / \left[2 \times (20 + l) \right] \qquad (2\text{-}20)$$

式中　$V_{AA'}$——加速噪声试验时汽车参考点通过 AA' 线的车速（km/h）；

$V_{BB'}$——汽车最后端通过 BB' 线的车速（km/h）；

l——计算的汽车长度（m），如参考点在汽车最前端，则 $l = l_{\text{veh}}$；如参考点在汽车前、后中心，则 $l = 1/2 l_{\text{veh}}$；如参考点在汽车最后端，则 $l = 0$。其中 l_{veh} 为整车车长（m）。

将 4 次试验的试验加速度平均，获得档位 i 的试验加速度 $a_{\text{wot test},i}$，见式（2-21）。档位 $i+1$ 试验加速度 $a_{\text{wot test},i+1}$ 的计算过程与 $a_{\text{wot test},i}$ 计算过程相同。

$$a_{\text{wot test},i} = \frac{1}{4} \sum_{j=1}^{4} a_{\text{wot test},i,j} \qquad (2\text{-}21)$$

各档位 4 次有效试验加速度 $a_{\text{wot test},i,j}$（$a_{\text{wot test},i+1,j}$）与 $a_{\text{wot test},i}$（$a_{\text{wot test},i+1}$）的差异均应控制在 $a_{\text{wot test},i}$（$a_{\text{wot test},i+1}$）值 ±10% 范围内。可在 AA' 线之前踩下加速踏板进行预加速，以保证汽车获得较为稳定的加速度。

b. 对不能锁定传动比汽车的试验加速度计算。汽车每次加速噪声试验时的试验加速度 $a_{\text{wot test,D},j}$，以及相应的试验加速度 $a_{\text{wot test,D}}$ 为

$$a_{\text{wot test,D},j} = \left[(V_{BB'}/3.6)^2 - (V_{AA'}/3.6)^2 \right] / \left[2 \times (10 + l) \right] \qquad (2\text{-}22)$$

$$a_{\text{wot test,D}} = \frac{1}{4} \sum_{j=1}^{4} a_{\text{wot test,D},j} \qquad (2\text{-}23)$$

4 次有效测量 $a_{\text{wot test,D},j}$ 值与均值 $a_{\text{wot test,D}}$ 的差异，均应控制在 $a_{\text{wot test,D}}$ 值 ±10% 范围

内。必要时，可采用预加速控制。

② 目标加速度。目标加速度 a_{urban} 是道路正常行驶工况下，调查得到的汽车典型加速度值，是汽车功率质量比系数 PMR 的函数。目标加速度 a_{urban} 定义为

$$a_{\mathrm{urban}} = 0.63\lg(\mathrm{PMR}) - 0.09 \tag{2-24}$$

式中　PMR——发动机额定功率与汽车测试质量之比（kW/t）。

③ 参考加速度。参考加速度 $a_{\mathrm{wot\ ref}}$ 是在试验路面上加速测量时期望获取的汽车加速度值，是汽车功率质量比系数 PMR 的函数，PMR 值不同的汽车，对应函数形式也不同。参考加速度 $a_{\mathrm{wot\ ref}}$ 定义为

$$a_{\mathrm{wot\ ref}} = 1.59\lg(\mathrm{PMR}) - 1.41 \quad \mathrm{PMR} \geqslant 25$$
$$a_{\mathrm{wot\ ref}} = 0.63\lg(\mathrm{PMR}) - 0.09 \quad \mathrm{PMR} < 25$$

④ 汽车试验档位选择。

a. 对能锁定传动比汽车的试验档位选择。依据汽车油门或节气门全开条件下所能达到的试验加速度值 $a_{\mathrm{wot\ test}}$ 和参考加速度值 $a_{\mathrm{wot\ ref}}$ 的关系来选择试验档位。汽车档位选择时应满足下列条件。

a）若档位 i 试验加速度值 $a_{\mathrm{wot\ test},i}$ 不超过试验加速度上限 $a_{\mathrm{wot\ max}}$，且与参考加速度 $a_{\mathrm{wot\ ref}}$ 的差异在 $a_{\mathrm{wot\ ref}}$ 的 ±5% 范围内，则采用此档位进行测量。若多于一个档位达到要求的加速度，则选择 $a_{\mathrm{wot\ test},i}$ 最接近 $a_{\mathrm{wot\ ref}}$ 的档位进行测量。

b）若没有档位能达到要求的加速度，则选择一个大于 $a_{\mathrm{wot\ ref}}$ 的档位 i 和小于 $a_{\mathrm{wot\ ref}}$ 的档位 $i+1$。若档位 i 的试验加速度值 $a_{\mathrm{wot\ test},i}$ 不超过 $a_{\mathrm{wot\ max}}$，则采用这两个档位进行测量。

c）若档位 i 的加速度大于 $a_{\mathrm{wot\ max}}$，则采用加速度小于 $a_{\mathrm{wot\ max}}$ 的第一个档位 $i+1$ 进行测量，档位 $i+1$ 的加速度小于 a_{urban} 时除外。如档位 i 的加速度 $a_{\mathrm{wot\ test},i}$ 大于 $a_{\mathrm{wot\ max}}$，同时档位 $i+1$ 的加速度 $a_{\mathrm{wot\ test},i+1}$ 小于 a_{urban}，则采用 i 和 $i+1$ 两个档位进行测量，包括加速度大于 $a_{\mathrm{wot\ max}}$ 的档位。

d）若汽车只有一个档位，则使用此档位 i 进行加速噪声测量，并获取该档位试验加速度 $a_{\mathrm{wot\ test},i}$。

e）若汽车采用档位 i 进行噪声测量过程中，最后端通过 BB' 线前，发动机转速超过额定转速，则仅采用档位 $i+1$ 进行测量（对于只有一个档位的汽车，则应降低档位 i 的入线速度 $V_{AA'}$，直至汽车最后端通过 BB' 线前，发动机转速不超过额定转速）。

b. 对不能锁定传动比汽车的试验档位选择。将汽车变速杆置于全自动操纵位置，按照式（2-23）计算试验加速度 $a_{\mathrm{wot\ test,D}}$。测量过程中允许汽车换入更低、加速度更大的档位。不允许换入更高、加速度更小的档位。应避免换档至道路正常行驶不常用的档位。允许使用电子或机械装置，以防止在测量过程中，汽车降档至道路正常行驶不常用的档位。

⑤ 加速噪声测量。检测时，当汽车参考点通过预加速位置点时，迅速将加速踏板踩到底并保持不变，汽车则在选定档位下加速行驶，从 AA' 线到 BB' 线的整个测量过程，当汽车最后端通过 BB' 线时（对不可分解的汽车列车，汽车最后端通过 BB' 线时不考虑挂车），尽快松开加速踏板。整个检测过程，加速噪声采用声级计 A 计权、"快"档测量，检测系统同时记录测量数据。

⑥ 匀速噪声测量。对于功率质量比系数 PMR ≥ 25 的汽车，需进行匀速噪声测量。匀速噪声测量时，应采用与加速噪声测量时相同的档位，并在 AA' 线与 BB' 线之间稳定住加速踏板，以 $50km/h \pm 1km/h$ 的速度匀速行驶。若加速噪声测量时锁定了传动比，则也应锁定相同的传动比进行匀速噪声测量。

2）对于 M_2（GVM > 3500kg）、M_3、N_2 和 N_3 类汽车。从汽车接近 AA' 线到汽车后端通过 BB' 线的整个测量过程中，汽车行驶中心线应尽可能接近 CC' 线。不可分解的汽车列车，试验时不考虑挂车。若汽车装备有混凝土搅拌机、压缩机等设备，则测量期间不应起动这些设备。

① 试验汽车的目标条件。

a. M_2（GVM > 3500kg）、N_2 类汽车的目标条件：当汽车参考点通过 BB' 线时，发动机转速 n_{test} 应保持在额定转速的 70% ~ 74% 之间，车速 V_{test} 应在 $35km/h \pm 5km/h$ 范围内。汽车在 AA' 线和 BB' 线之间应能稳定加速。

b. M_3、N_3 类汽车的目标条件：当汽车参考点通过 BB' 线时，发动机转速 n_{test} 应保持在额定转速的 85% ~ 89% 之间，车速 V_{test} 应在 $35km/h \pm 5km/h$ 范围内。汽车在 AA' 线和 BB' 线之间应能稳定加速。

确定试验档位的发动机转速 n_{test} 和车速 V_{test} 应该以 4 次加速噪声测量时的转速 $n_{test,j}$ 均值与 $V_{test,j}$ 均值来最终确定。

② 汽车试验档位选择。

a. 对能锁定传动比汽车的试验档位选择。汽车试验时，应保证汽车稳定加速，依据目标条件选择适合的档位。

a）在确保满足发动机目标转速条件的情况下，若仅一个档位 i 的 V_{test} 满足目标车速条件，则采用此档位 i 进行测量；若多于一个档位（i 和 $i + 1$）的 V_{test} 满足目标车速条件，则采用车速最接近 $35km/h$ 的一个档位进行测量；若两个档位（i 和 $i + 1$）的 V_{test} 同时满足目标车速条件，且车速与 $35km/h$ 差值相等，则同时采用此两档位进行测量。

b）在确保满足发动机目标转速条件的情况下，若没有档位满足目标车速条件，则采用两个档位进行测量，一个 V_{test} 高于且最接近 $40km/h$ 的档位 $i + 1$ 和一个 V_{test} 低于且最接近 $30km/h$ 的档位 i。采用 V_{test} 低于 $30km/h$ 的档位 i 进行试验时，若入线转速降至怠速，转速 n_{test} 仍高于 70% ~ 74% 发动机额定转速（M_2、N_2 类汽车）或 85% ~ 89% 发动机额定转速（M_3、N_3 类汽车），则舍弃该档位，仅采用 V_{test} 高于 $40km/h$ 的档位 $i + 1$ 进行试验。采用车速高于 $40km/h$ 的档位 $i + 1$ 测量时，若该档位达到发动机目标转速条件时的车速高于 $50km/h$，则以 5% 额定转速逐步降低其发动机目标转速条件，直到该档位车速 V_{test} 不高于 $50km/h$。

c）若汽车只有一个档位 i，且无法同时满足发动机目标转速条件和目标车速条件，则采用该档位优先满足发动机转速条件，并确保车速 V_{test} 不高于 $50km/h$ 进行测量。如无法满足发动机转速条件（尤其是电动汽车，无发动机转速），则可仅满足 V_{test} 在目标车速条件 $35km/h \pm 5km/h$ 范围内进行测量。

d）当采用选定档位 i 进行测量过程中，若汽车发动机转速超过额定转速，则舍弃该档

位仅采用档位 $i+1$ 进行测量（对于只有一个档位的汽车，则应以5%额定转速逐步降低其目标转速条件，直至发动机转速不超过额定转速）。采用档位 $i+1$ 进行测量时如达到发动机目标转速条件时的车速 V_{test} 高于50km/h，则以5%额定转速逐步降低其目标转速条件，直到该档位车速 V_{test} 不高于50km/h。

b. 对不能锁定传动比汽车的试验档位选择。将汽车变速杆置于全自动操纵位置，测量过程中允许汽车换入更低、加速度更大的档位，但不允许换入更高、加速度更小的档位。应避免换档至道路正常行驶不常用的档位。允许使用电子或机械装置，以防止在测量过程中，汽车降档至道路行驶不常用的档位。如能满足发动机目标转速条件，则可参照该类车能锁定传动比汽车的试验档位选择。

如不能满足发动机目标转速条件，则测量时也仅考虑目标车速，V_{test} 在35km/h ± 5km/h 范围内。汽车参考点通过 PP' 线后，允许汽车换入更高、加速度更小的档位。若测量过程中，能满足目标车速条件，则采用此速度进行测量；如果不能满足此目标车速条件，则进行两种情况的测量：一种是出线速度 $V_{test}=40\sim45$km/h；另一种是 $V_{test}=25\sim30$km/h；若 $V_{test}=25\sim30$km/h 的速度条件仍不能达到，则只测量 $V_{test}=40\sim45$km/h 一种状态。记录汽车通过测量区的最大声级。

③ 加速噪声测量。当汽车参考点通过 AA' 线时，迅速将加速踏板踩到底（汽车不能降档至道路正常行驶不常用的档位），并保持到汽车参考点通过 BB' 线后5m，然后按照汽车制造企业的要求松开加速踏板。整个检测过程，加速噪声采用声级计A计权、"快"档测量，检测系统同时记录测量数据。

（3）汽车噪声最终结果 L_{urban} 的确定

1）汽车噪声检测记录。记录汽车每次通过测量区的最大"A"计权声级，档位 i 加速噪声为 $L_{wot\ test,i,j}$，档位 $i+1$ 加速噪声为 $L_{wot\ test,i+1,j}$；档位 i 匀速噪声为 $L_{crs\ test,i,j}$，档位 $i+1$ 匀速噪声为 $L_{crs\ test,i+1,j}$，不能锁定传动比的汽车加速噪声为 $L_{wot\ test,D,j}$，匀速噪声为 $L_{crs\ test,D,j}$。汽车每一侧在各档位至少测量4次，左右两侧可同时或依次测量。若汽车同侧连续4次测量结果差值不大于2dB（A），将被用于汽车该侧声级最终结果的计算，不符合汽车一般声级特性的异常读数应予忽略。分别计算汽车每侧的平均结果。取两侧算术平均值中较高侧的值，并保留到小数点后一位，作为加速、匀速噪声中间结果 $L_{wot\ test}$、$L_{crs\ test}$，档位 i 加速、匀速噪声中间结果 $L_{wot\ test,i}$、$L_{crs\ test,i}$，档位 $i+1$ 加速、匀速噪声中间结果 $L_{wot\ test,i+1}$、$L_{crs\ test,i+1}$，不能锁定传动比的汽车加速、匀速噪声中间结果为 $L_{wot\ test,D}$、$L_{crs\ test,D}$。

对于 M_1、N_1 和 M_2（GVM≤3500kg）类汽车，应记录下汽车每次加速噪声试验通过 AA' 线、BB' 线和 PP' 线时的车速 $V_{AA'}$、$V_{PP'}$ 和 $V_{BB'}$ 并保留到小数点后一位有效数字，计算每次加速噪声试验的试验加速度 $a_{wot\ test,i,j}$（$a_{wot\ test,i+1,j}$、$a_{wot\ test,D,j}$）并保留到小数点后两位；对于 M_2（GVM＞3500kg）、M_3、N_2 和 N_3 类汽车，应记录汽车每次加速噪声试验时汽车参考点通过 BB' 线的发动机转速 $n_{test,j}$，并将记录的车速 $V_{test,j}$ 保留到小数点后一位数。

2）汽车噪声结果计算。

① 对于 M_1、N_1 和 M_2（GVM≤3500kg）类汽车。采用两个档位进行加速噪声测量和匀

速噪声测量时，加速噪声计算值 $L_{\text{wot rep}}$ 和匀速噪声计算值 $L_{\text{crs rep}}$ 为

$$L_{\text{wot rep}} = L_{\text{wot test},i+1} + k(L_{\text{wot test},i} - L_{\text{wot test},i+1}) \tag{2-25}$$

$$L_{\text{crs rep}} = L_{\text{crs test},i+1} + k(L_{\text{crs test},i} - L_{\text{crs test},i+1}) \tag{2-26}$$

式中　k——传动比加权系数，$k = (a_{\text{wot ref}} - a_{\text{wot test},i+1})/(a_{\text{wot test},i} - a_{\text{wot test},i+1})$。

仅采用一个档位或不能锁定传动比的汽车进行测量时，则此档位加速、匀速噪声中间结果就是计算值，即

$$L_{\text{wot rep}} = L_{\text{wot test},i} \text{、} L_{\text{wot test},i+1} \text{ 或 } L_{\text{wot test},D}$$

$$L_{\text{crs rep}} = L_{\text{crs test},i} \text{、} L_{\text{crs test},i+1} \text{ 或 } L_{\text{crs test},D}$$

通过加速噪声与匀速噪声计算值 $L_{\text{wot rep}}$ 和 $L_{\text{crs rep}}$ 加权，并保留到小数点后一位，作为测量最终结果，即

$$L_{\text{urban}} = L_{\text{wot rep}} k_{\text{p}} (L_{\text{wot rep}} - L_{\text{crs rep}}) \tag{2-27}$$

式中　k_{p}——部分功率系数。采用两个档位进行测量时，$k_{\text{p}} = 1 - (a_{\text{urban}}/a_{\text{wot ref}})$；仅采用一个档位或不能锁定传动比的汽车进行测量时，$k_{\text{p}} = 1 - (a_{\text{urban}}/a_{\text{wot test}})$，其中，根据不同的试验档位，$a_{\text{wot test}}$ 可能为 $a_{\text{wot test},i}$、$a_{\text{wot test},i+1}$ 或 $a_{\text{wot test},D}$，当 $a_{\text{wot test}}$ 小于 a_{urban} 时：$k_{\text{p}} = 0$。

② 对于 M_2（GVM > 3500kg）、M_3、N_2 和 N_3 类汽车。仅采用一个档位（或速度条件）进行测量时，L_{urban} 等于中间结果 $L_{\text{wot test},i}$、$L_{\text{wot test},i+1}$ 或 $L_{\text{wot test},D}$。采用两个档位（或速度条件）进行测量时，L_{urban} 为两个中间结果 $L_{\text{wot test},i}$ 与 $L_{\text{wot test},i+1}$ 的算术平均值，最终结果保留到小数点后一位。

3. 客车车内噪声测量方法

客车车内噪声的测量可按 GB/T 25982—2010《客车车内噪声限值及测量方法》的规定执行。

（1）测量的基本条件

1）测量仪器。噪声测量仪器应采用精密声级计；转速、车速测量应选用准确度优于 ±2% 的发动机转速表或车速测量仪器来监测转速或车速，不应使用客车上的同类仪表。

2）测量路段。从客车辐射的噪声只能通过道路表面的反射成为车内噪声的一部分，而不能通过建筑物、墙壁或客车外的类似大型物体的反射成为车内噪声。测量路段的客车与这类大型物体之间的距离应大于 20m。

3）测量路面。应有试验需要的足够长度，应是平直、干燥的沥青路面或混凝土路面，且不应有接缝、凸凹不平或类似的表面结构。测量时应避免通过隧道、桥梁、道岔、车站及会车。

4）测量环境。测量环境温度在 −5 ~ +35℃ 范围，风速不大于 5m/s。

5）背景噪声。对于所有 A 声级测量，由背景噪声和仪器内部电噪声而确定的测量动态范围下限应至少低于所测声级 15dB（A），否则试验结果无效。

6）车辆条件。汽车空载，车内除驾驶人和测量人员外，不应有其他人员；汽车技术状态正常，发动机处于正常工作温度；轮胎规格、气压应符合制造厂家的规定要求，轮胎任意部位花纹深度应不小于 1.6mm；车辆门窗、进风口及出风口，如有可能都应关上；辅助装置，如刮水器、暖风装置、风扇以及空调等，在测量试验过程中不能工作，如果某一辅助装

置自动工作，则应将工作条件在试验报告中加以说明；可调节的座椅应调节到制造厂规定的设计位置。

（2）车内噪声测量方法

1）选择车内噪声测量点。车内噪声测量点的布置因车型有所不同，但测量点的高度通常在人耳附近，传声器在测量点处指向客车前进方向。具体布置如下。

① 一个测量点应选在驾驶人耳旁（图2-49）。

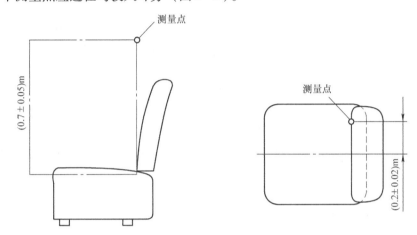

图 2-49 座位测量点的布置

② 其他测量点：对于城市客车，乘客区按照车内尺寸取测量点，每节车厢分别取中心线上的前中后 3 个点来测量（图 2-50）。

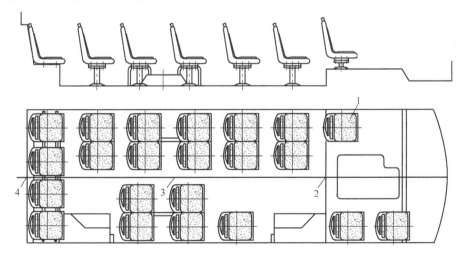

图 2-50 城市客车的测量点位置

1、2、3、4—测量点

对于其他客车，在乘客区的前部、中间和后部也应各布置一个测量点。沿着汽车的纵向轴线附近（不算轴线上的），前排、中间排（如果是偶数排，排数为 n，对中后置发动机客车则取 $n/2+1$ 排；对前置发动机客车则取 $n/2-1$ 排）和最后排左侧的第一个座位位置作为测量点。对于双层客车，应增加上层乘客区的后排中间座位作为测量点。其座位测量点的

传声器位置如图 2-49 所示。

对于卧铺客车，中间列卧铺的前部、中部和最后部的下铺作为测量点（对于 2 列卧铺客车，测量纵向轴线左侧的铺位）。卧铺测量点的传声器应放在无人枕头的中部向右距离为 $(0.20 \pm 0.02)\mathrm{m}$ 以上 $(0.15 \pm 0.02)\mathrm{m}$ 处。

2）车内噪声检测。不同客车，检测方法略有差异。

① 城市客车车辆：汽车分别在第 2 档 15km/h 和第 3 档 35km/h（如第 2 档 15km/h 和第 3 档 35km/h 车速下对应的发动机转速超过额定转速的 90%，则取前一档位下 90% 额定转速对应的车速）时，在最大加速的两种运行工况下进行测试，其变速器档位在噪声测试过程中不应改变。对于自动变速器（含手自一体的变速器）的客车，测试工况为 10 ~ 50km/h 最大加速过程。

当客车达到稳定的上述测试车速时，将声级计置于 A 计权、"快" 档进行测量，同时尽可能快地把加速踏板踩到底，直到发动机转速达到制造厂规定额定转速的 90%，读取声级计的读数。每个测量点进行往返各 1 次测量，并记录在所规定的加速范围内出现的 A 计权声级最大值。分别计算驾驶人耳旁和乘客区各测点在第 2 档和第 3 档时的 4 次测量的算术平均值作为中间结果。

② 其他客车车辆：汽车以 90km/h 或设计最高车速的 80%（取两者的较小值）的车速匀速行驶，机械式变速器客车的档位应处于最高档，自动变速器（含手自一体的变速器）的客车应使操纵手柄处于制造厂为正常行驶而推荐的位置。

按相应车速匀速行驶试验，用声级计对每个测量点进行往返各 1 次测量，每次测量时间至少 5s，读取稳态噪声测量读数，并记录 A 计权等效声压值。分别计算驾驶人耳旁和乘客区各测点 2 次测量的算术平均值作为中间结果。

3）车内噪声声级的确定。

① 不符合一般声级特性的异常读数应予忽略。

② 测量过程中，如果遇间歇噪声，则应重新开始该次测量。所谓间歇噪声是指稳态噪声以外的间断性噪声。

③ 如果 A 计权声级在任何一种运转工况下，两次测量最大值与最小值之差超过 2dB（A），则应继续测试，一直到两次连续的测量最大读数差值在 2dB（A）范围内为止，这两次测量的算术平均值便可作为测量结果。

当各次测量均有效时，分别取驾驶人耳旁和乘客区各中间结果的最大值，作为驾驶区和乘客区噪声的最终测量结果。

4. 驾驶人耳旁噪声测量

其他机动车驾驶人耳旁噪声测量可按 GB 7258—2017《机动车运行安全技术条件》的规定执行。

（1）检测基本条件

1）测量仪器。噪声测量仪器应采用精密声级计；发动机转速表的准确度优于 ±2%。

2）环境噪声。环境噪声应低于被测噪声值至少 10dB（A）。

3）汽车空载，发动机温度正常，门窗紧闭。

（2）耳旁噪声测量

1）安装传声器。如图 2-49 所示，在驾驶人座位噪声测量点安装传声器。

2）运转发动机。汽车处于静止状态，变速器置于空档，使发动机处于额定转速运转（当发动机正常工作状态下无法达到额定转速时，则在可达到的最高转速运转，并记录该转速）。

3）测量噪声级。将声级计置于A计权、"快"档测量，测取的声压级即为耳旁噪声级。

5. 汽车喇叭声级测量

汽车喇叭声级的测量可按GB 7258—2017《机动车运行安全技术条件》的规定执行。采用声级计检测喇叭声级，方法如下。

1）安装声级计。如图2-51所示，将声级计置于被测车辆前2m，传声器距地面高1.2m处，轴线与汽车纵轴线平行，并指向被测车辆驾驶人位置。

2）调整声级计。将声级计置于A计权、"快"档位置。

3）测量喇叭声级。按响喇叭并保持发声3s以上，测取声压级。测量声压级2次以上取平均值，并监听喇叭声音是否悦耳。

提示：检测喇叭声级时应注意不要被偶然的其他声源峰值所干扰。

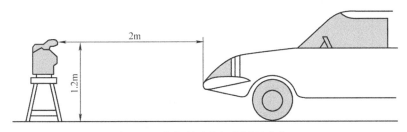

图2-51 汽车喇叭声级的测量点位置

五、汽车噪声检测标准

1. 汽车定置噪声标准

根据GB 16170—1996《汽车定置噪声限值》的规定，汽车定置噪声应不超过表2-26的限值。

表2-26 汽车定置噪声限值

车辆类型	燃料种类及其他		噪声限值/dB（A）	
			1998年1月1日前出厂的车辆	1998年1月1日起出厂的车辆
轿车	汽油		87	85
微型客车、货车	汽油		90	88
轻型客车、货车越野车	汽油	$n_r \leqslant 4300r/min$	94	92
		$n_r > 4300r/min$	97	95
	柴油		100	98
中型客车、货车大型客车	汽油		97	95
	柴油		103	101
重型货车	$P \leqslant 147kW$		101	99
	$P > 147kW$		105	103

注：P—发动机额定功率（kW）。

　　n_r—发动机额定转速（r/min）。

2. 汽车加速行驶噪声标准

汽车加速行驶时，车外最大噪声应不超过表2-27的限值。该标准适用于 M 和 N 类汽车的型式检验和生产一致性检查。自2020年7月1日起，所有销售和注册登记的汽车应符合该标准第三阶段要求；自2023年7月1日起，所有销售和注册登记的汽车应符合该标准第四阶段要求。

表 2-27 汽车加速行驶车外噪声限值

汽车分类		噪声限值/dB（A）	
		第三阶段	第四阶段
M_1	GVM≤2500kg[①][②]	72	71
	GVM>2500kg[③][④]	73	72
M_2[⑥]	GVM≤3500kg	74	73
	GVM>3500kg	76	75
M_3[⑥]	GVM≤7500kg	78	77
	7500kg<GVM≤12000kg	80	79
	GVM>12000kg	81	80
N_1[⑤]	GVM≤2500kg	73	72
	GVM>2500kg	74	73
N_2[⑥]	GVM≤7500kg	78	77
	GVM>7500kg	79	78
N_3[⑥]	GVM≤17000kg	81	80
	GVM>17000kg[⑦]	82	81

注：对特殊车型的限值宽松说明，详见以下条款（可叠加）。

① GVM≤2500kg 的 M_1 类车型：如属于越野车（G类），或采用中置（后置）发动机且后轴参与驱动时，其限值增加 1dB（A）；其中，采用中置发动机仅后轴驱动的车型若其驾驶人座椅 R 点离地高度≥800mm，其限值再增加 1dB（A）。

② GVM≤2500kg 的 M_1 类车型：如 PMR>120kW/t，其限值增加 1dB（A）；其中，如 PMR>160 kW/t，其限值再增加 2dB（A）。

③ GVM>2500kg 的 M_1 类车型：如属于越野车（G类），或其驾驶人座椅 R 点离地高度≥850mm，其限值增加 1dB（A）。

④ GVM>2500kg 的 M_1 类车型：如 PMR>160 kW/t，其限值增加 2dB（A）。

⑤ N_1 类车型：如属于越野车（G类），或噪声测量时后轴参与驱动，其限值增加 1dB（A）。

⑥ M_2、M_3、N_2、N_3 类车型：如噪声测量时采用多于两轴行驶，其限值增加 1dB（A）；如噪声测量时采用多轴驱动，其限值再增加 1dB（A）。

⑦ GVM>17000kg 的 N_3 类车型：如属于越野车（G类），其限值增加 1dB（A）。

3. 客车车内噪声标准

客车按一定工况行驶时，车内噪声应根据 GB/T 25982—2010《客车车内噪声限值及测量方法》的规定，不超过表2-28的限值。

4. 驾驶人耳旁噪声标准

根据 GB 7258—2017《机动车运行安全技术条件》规定，汽车驾驶人耳旁噪声声级应不大于 90dB（A）。

表 2-28 各类客车车内噪声声压级限值

车辆种类		车内噪声声压级限值/dB（A）	
城市客车	前置发动机	驾驶区	86
		乘客区	86
	后（中）置发动机	驾驶区	78
		乘客区	84
城市客车	前置发动机	驾驶区	82
		乘客区	82
	后（中）置发动机	驾驶区	72
		乘客区	76

5. 汽车喇叭检测标准

从防止噪声对环境污染的观点出发，汽车喇叭噪声越低越好。然而从保证行车安全的角度出发，汽车的喇叭必须有一定的响度。为此，GB 7258—2017《机动车运行安全技术条件》对汽车喇叭做出如下要求。

1）具有连续发声功能，其工作应可靠。

2）在距车前 2m，离地高 1.2m 处测量时，喇叭声级的值应为 90～115dB（A）。

第九节　汽车电磁干扰检测

一、汽车电磁干扰的形成及危害

汽车电磁干扰是指汽车工作时产生的电磁波向车内外辐射，经过耦合途径传输至敏感设备，从而干扰敏感设备正常工作的现象。汽车电磁干扰分为传导干扰和辐射干扰两种。沿导线传输的电磁干扰称为传导干扰，通过空间传播的电磁干扰称为辐射干扰。

1. 汽车电磁干扰的形成

汽车电磁干扰源主要有点火系统和电气系统。发动机工作时，点火系统次级电压的高频振荡产生很强的电磁辐射。电气系统中有许多导线、线圈，都具有不同的电容和电感，而任何一个具有电感和电容的闭合回路都会形成振荡回路。在电路接通或断开的瞬间，电路中尤其是电感性和电容性电路中，会出现高频振荡产生电磁辐射。此外，带有触点的电器，如起动机、发电机、闪光器、触点式电磁振动电喇叭、刮水器等在工作时，也向外发射高频电磁波。这些电磁波发射到空中，切割无线电、电视广播等通信设备的天线，就形成了辐射电磁干扰。如果电磁波通过汽车导线直接输入到车内的无线电设备或电子设备内部，则形成传导干扰。

2. 汽车电磁干扰的危害

汽车在公路上、城市街道运行时，汽车电气系统会辐射电磁波，对汽车上及周围数百米

范围内的收音机、电视机和其他敏感电子设备的正常工作，产生不同程度的干扰。强烈的电磁干扰可能使灵敏的电子设备因过载而损坏，造成重大的危害或损失，如导致手术中的医疗电子设备失常、起爆装置的意外爆炸等。

汽车电磁干扰还会影响本车电子电器设备的正常工作。汽车上的电感、电容性负载很多，如发电机、点火线圈、电磁继电器、电动机、电喇叭等。当电路突然断开时产生的自感电动势，会形成过电压加在负载上，产生电磁干扰脉冲，引起电子元件损坏，导致基本计算逻辑判断错误。若电磁干扰使本车安全方面的自动控制系统失效（如 ABS、SRS、ESP 等），则会存在严重的安全隐患。

二、汽车电磁干扰评价指标

汽车电磁干扰的评价指标是汽车的电磁辐射量。根据检波方式不同，汽车的电磁辐射量可用平均值、峰值和准峰值表示。在规定的条件下，检测汽车的电磁辐射量可以评价汽车的无线电骚扰特性。

三、汽车电磁干扰检测方法

GB 14023—2011《车辆、船和内燃机 无线电骚扰特性 用于保护车外接收机的限值和测量方法》规定了汽车电磁干扰的检测方法。

1. 测量的基本条件

1) 测量系统。采用适当的频谱分析仪或扫描接收机和接收天线，在 30～1000MHz 范围内，其测量电场强度的准确度应为 ±3dB，频率准确度应优于 ±1%。

2) 测量场地。户外测量时，其场地应是一个以车辆与测量天线之间连线的中点为圆心，最小半径为 30m 的圆形区域内没有电磁波反射物的空旷场地。

3) 测量环境。要求环境无外界噪声或信号。在测量前和后，车辆没有运转状态下，测量环境噪声，两次测量到的环境噪声电平应比骚扰的限值至少低 6dB。应优先考虑车辆在干燥时或雨停 10min 之后测量，否则应选不同的限值标准。当测量有异议时，应以干燥条件测量为准。

4) 测量天线。要求在规定频率范围，应分别进行水平极化和垂直极化的测量，天线中心到最近的车辆边缘金属部分的水平距离为（10±0.2）m，天线中心离地面的高度为（3±0.05）m（图 2-52）。要求天线单元与天线支架或升降系统之间、天线单元与馈线之间不发生电耦合。

2. 汽车电磁干扰的测量

1) 测量时发动机应处于正常的工作温度，所有和动力系统一起自动接通的电气设备，都应尽可能处于典型的工作状态。

2) 在"上电且发动机不运转"模式下测量。接通点火开关，发动机不运转，但电气系统处于正常运行状态时，在车辆左、右两侧用峰值检波器，在整个频率范围内测量电磁辐射的峰值。若峰值低于平均值限值，则该模式检测通过；若高出平均值限值，则用平均值检波器测量高出部分频率点的电磁辐射平均值。

3) 在"发动机运转"模式下测量。发动机运转，对于单缸发动机运行在（2500±250）r/min，对于多缸发动机运行在（1500±150）r/min，在车辆左、右两侧用峰值检波器，在

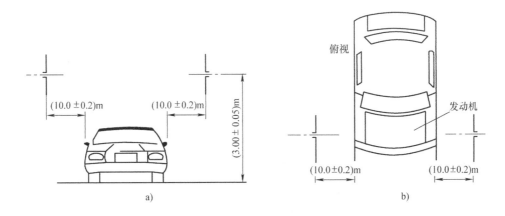

图 2-52　测量辐射的天线位置

a）垂直极化　b）水平极化

整个频率范围内测量电磁辐射的峰值。若峰值低于准峰值限值或峰值限值，则该模式检测通过；若高于峰值限值，则用准峰值检波器测量超过部分频率点的电磁辐射平均值。

4）平均值、峰值和准峰值的测量结果以 dB（μV/m）表示。

四、汽车电磁干扰（骚扰）限值

GB 14023—2011《车辆、船和内燃机 无线电骚扰特性 用于保护车外接收机的限值和测量方法》对汽车电磁干扰的限值做出如下规定。

1. 依据限值确定车辆的符合性

在 30～1000MHz 范围内，车辆应符合以下两种情况：

1）平均值限值，车辆的检测模式为"上电且发动机不运转"。

2）峰值或准峰值限值，车辆的检测模式为"发动机运转"。

该标准给定的限值考虑了不确定度。图 2-53 规定了符合性判定的方法。

2. 峰值或准峰值检波器限值

当天线测量距离为 10m 时，使用峰值或准峰值检波器测量的发射限值如图 2-54 中的表格和曲线所示。测量时，只需选择图2-54 中的一种带宽。为了更准确地确定限值，应使用图 2-54 给出的限值计算公式。若天线测量距离为 3m，则限值应增加 10dB。

🌀 注意：

根据积累的经验数据，在 120kHz 带宽，准峰值与峰值测量之间的修正系数为 +20dB。

3. 平均值检波器限值

当天线测量距离为 10m 时，使用平均值检波器测量的发射限值如图 2-55 所示。若天线测量距离为 3m，则限值应增加 10dB。

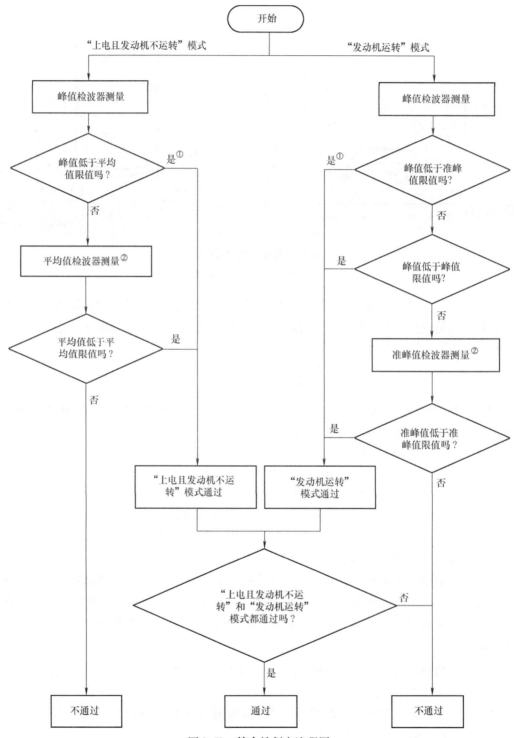

图 2-53　符合性判定流程图

① 因为峰值检波器测量值总是高于或等于准峰值和平均值检波器测得的数据，而且适用的峰值限值总是高于或等于准峰值和平均值限值。单个检波器测量方法能够使测试简单化，并加快测试进度。

② 该流程适用于每个单独频率点的测试，例如：只有一些超出限值的频率点，需要分别用准峰值检波器和平均值检波器重新测量。

限值LBW(dBμV/m) —带宽、检波器和频率f(MHz)的函数

带宽	30～75 MHz	75～400 MHz	400～1000 MHz	测量方式
120kHz	$L=34$	$L=34+15.13\lg(f/75)$	$L=45$	准峰值
120kHz	$L=54$	$L=54+15.13\lg(f/75)$	$L=65$	峰值
1MHz	$L=72$	$L=72+15.13\lg(f/75)$	$L=83$	峰值

图 2-54 天线测量距离为 10m 的干扰（骚扰）限值（峰值或准峰值检波器）

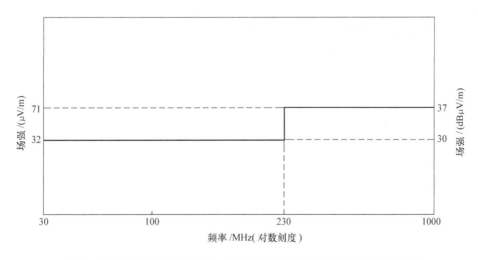

图 2-55 天线测量距离为 10m 的干扰（骚扰）限值（平均值检波器）

思 考 题

1. 什么是底盘测功？为什么要进行底盘测功？

2. 试述底盘测功机的工作原理和检测方法。

3. 如何评价在用汽车的动力性？

4. 汽车燃油经济性的评价指标有哪些？如何检测？

5. 路试制动性检验的项目有哪些？台试制动性检验的项目有哪些？

6. 试述反力式滚筒制动试验台、平板式制动试验台检测制动性能的方法。

7. 反力式滚筒制动试验台能检测 ABS 性能吗？为什么？

8. 车轮为什么会侧滑？如何检测侧滑？

9. 利用双滑板式侧滑试验台能否判断车轮侧滑的原因？试举例说明。

10. 对汽车前照灯灯光的安全检测有哪些要求？四灯制与两灯制的检测要求有哪些差别？

11. 前照灯检测仪有哪几种类型？试述其各自的检测原理。

12. 试述投影式前照灯检测仪、自动追踪光轴式前照灯检测仪的检测方法。

13. 试述车速表误差的检测原理和检测方法。

14. 车速表指示误差产生的原因主要有哪些？如何确定车速表指示误差？

15. 汽车排气污染物的主要成分有哪些？各用什么方法检测？

16. 试述 NDIR、FID、CLD 的测量原理及其特点。

17. 何谓不透光度？简述不透光烟度计的工作原理和检测方法。

18. 在用汽油车应采用何种方法检测排气污染物？其检测标准如何？

19. 柴油车烟度检测的方法有哪些？各有何特点？

20. 汽车噪声的常用评价指标是什么？

21. 简述声级计的工作原理及检测方法。

22. 何谓汽车的定置噪声？如何检测汽车的定置噪声？

23. 汽车加速行驶噪声如何测量？车内噪声如何测量？

24. 汽车电磁干扰如何形成？有何危害？怎样检测？

第三章

汽车发动机的检测与故障诊断

【学习目标】

知识目标：

- 熟悉发动机功率检测、发动机各系统检测的原理和方法
- 了解发动机各检测设备的结构原理和使用方法
- 了解发动机各系统的常见故障及其诊断方法
- 掌握发动机电子控制系统故障的自诊断原理和检测方法

能力目标：

- 能正确操纵发动机性能检测的各种仪器和设备
- 能对发动机功率、气缸密封性、点火性能进行检测分析，并评价其技术状况
- 能对发动机起动系统、燃油供给系统、润滑系统、冷却系统进行检测分析，并诊断其故障
- 能对发动机电子控制系统的故障进行检测、分析、诊断

第一节　发动机功率的检测

发动机输出的有效功率是发动机的综合性能评价指标，通过该指标可以确定发动机的动力性，判断发动机的技术状况。因此，发动机功率检测是汽车不解体检测中最基本的检测项目。

一、发动机功率检测基本原理

发动机有效功率的表达式如下

$$P_e = \frac{T_{tq}n}{9550} \tag{3-1}$$

式中　P_e——发动机有效功率（kW）；

　　　T_{tq}——发动机转矩（N·m）；

　　　n——发动机转速（r/min）。

只要能测出发动机输出轴上的转矩和此时的转速，则可通过式（3-1）求得发动机的有效功率。测功仪器通常是利用这一原理来测功的，可见，发动机有效功率的测量属于间接测量。

二、发动机功率检测方法

发动机功率检测简称测功。根据发动机运转状态的不同，发动机功率检测有稳态测功和

动态测功两种方法。

1. 稳态测功

稳态测功是指发动机在节气门开度一定、转速一定且其他参数都保持不变的稳定状态下，在台架测功器上测定发动机功率的一种方法。常见的测功器有电涡流测功器、水力测功器、电力测功器。检测时，利用测功器提供稳定的制动负载来平衡发动机的输出转矩，并测出发动机的转速和转矩，从而获得发动机功率。

稳态测功时，由于需要对发动机施加外部负荷，因此稳态测功又称为有负荷测功或有外载测功。稳态测功必须在专用台架上进行，需要复杂昂贵的测功设备。

稳态测功的特点：测功结果准确可靠，测功过程费时费力，测试成本高。因此，稳态测功多用于发动机设计、制造及院校科研部门的性能试验。

2. 动态测功

动态测功是指发动机在节气门开度和转速等参数均处于变化状态下，测定发动机功率的一种方法。检测时，将发动机在怠速或某一空转转速下，突然全开节气门，使发动机加速运转，此时其加速性能的好坏能直接反映发动机功率的大小。因此，只要测出发动机在加速过程中的某些相关参数（如加速时间、角加速度），就可获得发动机功率。

动态测功时，由于只利用发动机加速过程中曲轴飞轮等旋转件产生的惯性力矩来平衡发动机的输出转矩，无须对发动机施加外部载荷，因此动态测功又称为无负荷测功或无外载测功。动态测功不需将发动机从车上拆下，可实现就车不解体检测。

动态测功的特点：检测仪器轻便，价格便宜，测功速度快，方法简单，但测功精度较低。对于汽车维修企业、检测站和交通管理部门，目前应用较多的是无负荷动态测功。

三、发动机无负荷测功原理

把发动机的所有运动部件等效看作一个绕曲轴轴线旋转的回转体，当发动机与传动系统脱开没有外加负荷时，在发动机怠速下突然将加速踏板踩到底，发动机产生的动力除克服内部的机械阻力和压力阻力外，其有效转矩将全部用来加速发动机运转，克服惯性阻力矩。此时，通过测量发动机的瞬时角加速度或加速时间，即可计算出发动机功率。根据检测方法不同，无负荷测功分为瞬时功率检测和平均功率检测。

1. 瞬时功率检测原理

瞬时功率是指发动机在加速运转时某一转速所对应的功率。发动机加速时，其惯性阻力矩为唯一负载，根据刚体转动微分方程，发动机有效转矩与角加速度关系为

$$T_{tq} = J\frac{d\omega}{dt} = J\frac{\pi}{30}\frac{dn}{dt} \tag{3-2}$$

式中　T_{tq}——发动机有效转矩（N·m）；

　　　J——发动机运动部件对曲轴轴线的当量转动惯量（kg·m^2），对于一定的发动机，J 视作常量；

　　　$\dfrac{d\omega}{dt}$——曲轴角加速度（rad/s^2）；

　　　n——发动机转速（r/min）；

　　　$\dfrac{dn}{dt}$——曲轴转速变化率（r/s^2）；

将式（3-2）代入式（3-1）整理得

$$P_e = Cn\frac{\mathrm{d}n}{\mathrm{d}t} \qquad (3-3)$$

式中　P_e——发动机功率（kW）；

C——与发动机当量转动惯量有关的常量，$C = \dfrac{\pi}{30} \times \dfrac{J}{9550}$。

由于在动态测试时，发动机的进气、燃烧状况与稳态时不同，其有效功率相对小些，因而应进行功率修正，其修正系数可由发动机稳态测功和动态测功的对比试验确定，如设功率修正系数为 k_1，则发动机有效功率为

$$P_e = C_1 n\frac{\mathrm{d}n}{\mathrm{d}t} \qquad (3-4)$$

式中　C_1——与发动机当量转动惯量和功率修正有关的常量，$C_1 = k_1 C$。

式（3-4）表明，发动机在加速过程中某一转速下的功率，与该转速及转速变化率呈正比。因此，只要测出加速过程中的这一转速 n 及其对应的转速变化率 $\dfrac{\mathrm{d}n}{\mathrm{d}t}$ 或角加速度，则可求得该转速下的发动机功率。实际应用中，往往是通过测取发动机额定转速下的功率，来评价发动机的动力性，判断发动机的技术状况。

2. 平均功率检测原理

平均功率是指发动机在加速运转时某一指定转速范围内的平均功率。根据动能原理，发动机在无负荷加速过程中，其动能增量等于发动机所做的功，数学表达式为

$$A = \frac{1}{2}J(\omega_2^2 - \omega_1^2) \times \frac{1}{1000} \qquad (3-5)$$

式中　J——发动机当量转动惯量（kg·m²），同式（3-2）；

ω_1，ω_2——发动机加速过程测定区间的曲轴起始角速度和终止角速度（rad/s）；

A——在 $\omega_1 \rightarrow \omega_2$ 的加速过程中，发动机曲轴输出的有效功（kJ）。

设曲轴角速度加速过程测定区间 $\omega_1 \sim \omega_2$ 对应的发动机转速为 $n_1 \sim n_2$，加速所经历的时间为 ΔT，则这一时间间隔的平均功率为 $A/\Delta T$，变换后得

$$P_{av} = C_2 \frac{1}{\Delta T} \qquad (3-6)$$

式中　P_{av}——平均功率（kW）；

ΔT——加速时间（s）；

C_2——与发动机当量转动惯量和起、止转速有关的系数，$C_2 = \dfrac{1}{1000} \times \dfrac{1}{2}J\left(\dfrac{\pi}{30}\right)^2$

$(n_2^2 - n_1^2)$，当起、止转速 n_1、n_2 以及 J 给定时，C_2 为常量。

式（3-6）表明，发动机在加速过程中的平均功率与加速时间成反比，即突然踩下加速踏板时，发动机由转速 n_1 加速到转速 n_2 的时间越长，表明发动机功率越小；反之，加速时间越短，表明发动机功率越大。因此，只要测取某一转速范围的加速时间，则可得到发动机相应的平均功率，定性评价发动机的动力性。

实际应用中，往往是将额定功率作为发动机的动力性评价指标。因此，应将测出的某一转速范围的平均功率 P_{av} 转化为稳态时额定转速下的功率 P_{emax} 进行对比评价。由于现代内燃

机具有类似的外特性功率曲线和动态特性，因此发动机发出的平均功率与发动机最大有效功率即额定功率具有较为稳定的比例关系。通过稳态测功与动态测功的对比试验，可以找出所测机型的这种功率比例关系。设其关系系数 $k_2 = P_{emax}/P_{av}$，则由式（3-6）得

$$P_{emax} = C_3 \frac{1}{\Delta T} \tag{3-7}$$

式中 C_3——转换系数，$C_3 = k_2 C_2$，当发动机及测试条件一定时为常量。

通常利用式（3-7）中加速时间 ΔT 与额定功率的关系，来对无负荷测功仪进行标定。这样通过测量加速时间就可直接测得额定转速下的功率，即发动机最大功率，从而定量评价发动机的动力性。

四、发动机无负荷测功仪及其使用方法

目前，采用平均功率检测原理的无负荷测功仪得到了广泛应用。下面以这种无负荷测功仪为例进行说明。

1. 无负荷测功仪的组成及原理

发动机无负荷平均功率测功仪主要由转速信号传感器、转速脉冲整形装置、起始转速触发器、终止转速触发器、时标、计算与控制装置和显示装置等组成，如图3-1所示。它通过测量发动机加速过程中某转速范围内的加速时间来确定发动机功率。

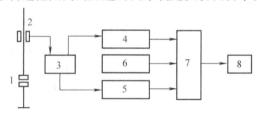

图 3-1　无负荷平均功率测功仪方框图

1—低压电路通断器　2—转速信号传感器　3—转速脉冲整形装置　4—起始转速触发器

5—终止转速触发器　6—时标　7—计算与控制装置　8—显示装置

测功时，转速信号传感器通过点火系统低压电路或高压电路，或高压油管处（柴油机）感应出发动机的转速脉冲信号，然后送入转速脉冲整形装置整形为矩形触发脉冲，并转变为平均电压信号，该电压值与发动机转速成正比。在发动机加速过程中，当转速达到起始转速时，与起始转速对应的电压信号通过起始转速触发器触发计算与控制电路，使时标信号进入计数器并寄存；当发动机加速到终止转速时，与终止转速对应的电压信号通过终止转速触发器又去触发计算与控制电路，使时标信号停止进入计数器，并把寄存器中时标脉冲数经数模转换成电信号，通过显示装置显示出加速时间或最大功率。

2. 无负荷测功仪的使用方法

无负荷测功仪既可以制成单一功能的便携式测功仪，又可以与其他测试仪表组合成发动机综合检测仪。下面以元征 EA2000 发动机综合检测仪为例，说明无负荷测功仪的使用方法。

（1）测试前的准备

1）调整发动机使其处于最佳技术状态，预热发动机至正常工作温度（80～90℃）。

2）接通电源，打开检测仪总开关、显示器开关、主机开关，预热仪器。

3）将汽车（或发动机）点火开关置于 OFF，然后按仪器使用说明书给定的方法，连接好测试线和传感器。汽油机检测时应将一缸信号拾取器夹在一缸高压线上；柴油机检测时应将喷油压力传感器接在一缸高压油管上。

4）启动检测程序。系统通过自检后首先进入主界面，在主界面用鼠标单击"检测"图标，进入检测界面，再单击用户资料图标，进入用户数据录入界面，录入所测汽车相关资料，然后单击"确定"按钮，系统进入测试项目主菜单界面。

5）在测试主菜单下，用鼠标单击"汽油机"或"柴油机"，在汽油机或柴油机测试菜单下用鼠标左键单击"无外载测功"图标，系统即进入无外载测功界面。

6）输入设定参数。根据发动机转速工作范围，设定起始转速 n_1 和终止转速 n_2，根据发动机的型号输入转动惯量数值。

（2）功率的测试

1）使发动机与传动系分离，让发动机在怠速下稳定运转。

2）用鼠标左键单击"测试"，系统开始倒记数（"测试"被单击后变为"停止"，若按下"停止"则恢复为"测试"，且系统停止测试）。

3）当记数为零时，迅速将加速踏板踩到最大位置，使发动机转速猛然上升，当转速达到或超过所确定的终止转速 n_2 时，迅速松开加速踏板，使发动机回到怠速工况，系统将自动检测发动机的加速时间、额定功率并显示其数值，如图 3-2 所示。

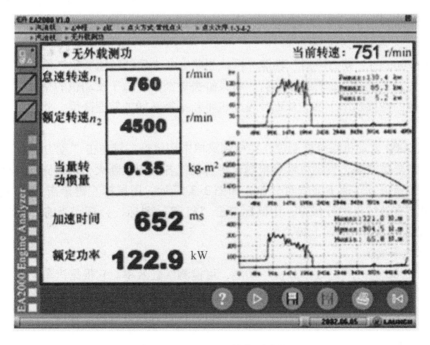

图 3-2　EA2000 无外载测功界面

4）为保证测试结果可靠，一般重复测量 3 次取其平均值作为测量结果。

5）用鼠标左键单击"保存数据"或"打印"图标，系统则可将检测结果进行保存或打印输出，单击"返回"图标则返回到上级菜单。

（3）使用注意事项

1）发动机当量转动惯量 J 值的选取要准确。J 值的大小将直接影响无负荷测功的精度，故 J 值的选取应相当慎重，最好选用权威部门提供的 J 值。对于新型车或初次测试的车型，若不知其 J 值，则可在测功前选择"J"图标进入转动惯量测试，测取 J 值，不过这样得到的 J 值一般误差较大。

2）发动机加速区间的转速 n_1、n_2 的选取要适当。通常起始转速 n_1 应高于发动机怠速转速，常取发动机怠速转速的150%，以减少怠速的影响，提高测量精度；终止转速 n_2 应取额定转速，以便检测发动机最大功率。

3）检测时，踩加速踏板的速度和力度要均匀，且要求重复性好，以保证检测结果具有良好的稳定性。

4）使用不同的无负荷测功仪时，应严格按各自的使用说明书要求操作。

五、发动机各缸功率均衡性检测

技术状况良好的发动机各缸发出的功率应均衡相等。各缸功率是否均衡，可通过发动机各单缸功率、单缸断火后的转速变化及气缸效率来反映，利用发动机综合检测仪可检测发动机单缸功率、单缸断火后的转速变化和气缸效率。

1. 单缸功率的检测

利用发动机综合检测仪的"无外载测功"功能可检测发动机单缸功率。预热发动机至正常工作温度，先测出各缸都工作时的发动机整机功率，然后在某气缸断火（高压短路或柴油机输油管断开）情况下，再测量发动机功率，两功率之差即为断火气缸的单缸功率。

2. 单缸断火后转速变化的检测

利用 EA2000 的"动力平衡"功能，可检测单缸断火后的转速变化。预热发动机至正常工作温度，使发动机在一定转速下运行，将某缸突然断火，由于发动机的指示功率减少，导致克服原转速的摩擦功率不够，从而使发动机重新平衡运转的转速降低，此时测出其转速的下降值。

对于 EA2000 发动机综合检测仪，在检测菜单中用鼠标左键单击"动力平衡"图标，即进入动力平衡测试状态，发动机综合检测仪将自动使各缸依次断火，从而测得各缸断火前转速、断火后转速以及转速下降的百分比，如图 3-3 所示。用鼠标左键单击"保存数据"图标，可将检测有效结果进行保存；用鼠标单击"打印"图标，会打印当前界面图形；用鼠标单击"返回"图标可返回上级菜单。

3. 气缸效率测试

利用 EA2000 的"气缸效率分析"功能，可检测气缸效率。它根据汽车发动机各缸间歇工作造成转速微观波动的特点，来高速采集各缸点火的间隔时间，通过计算各缸点火的间隔时间，求出各单缸的瞬时转速与平均转速之差值，作为判断各气缸工作能力及比较各缸工作均匀性的指标。

与动力平衡相比，气缸效率测试不必进行断火测试，因而不会发生排气温度过高及催化转化器催化剂中毒的情况，更适合于电子燃油喷射车辆的检测。

对于 EA2000 发动机综合检测仪，在发动机测试菜单中，用鼠标左键单击"气缸效率分析"图标，系统即进入测试状态，单击"测试"图标，系统即开始进行测试，并显示发动

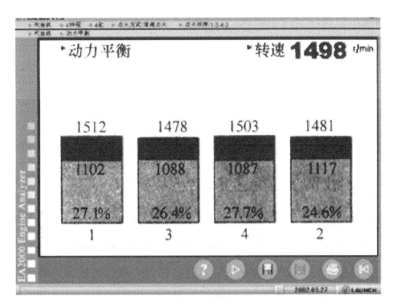

图 3-3　单缸断火后转速变化检测

机的转速和各缸相对平均转速的差值，如图 3-4 所示。柱形图在标线上方表示为正，说明瞬时转速比平均转速高，在下方表示为负，说明瞬时转速比平均转速低。视需要还可保存、打印当前界面图形。

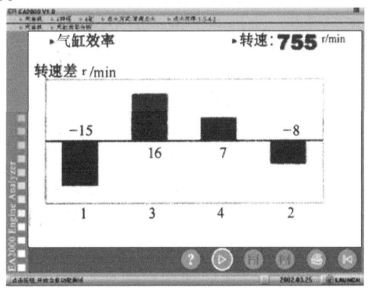

图 3-4　气缸效率检测

六、发动机功率及均衡性检测分析

1. 发动机功率检测分析

发动机最大功率是评价在用汽车发动机动力性的一个重要参数。在我国，机动车运行安全技术条件要求：发动机功率应大于等于标牌（或产品使用说明书）标明的发动机功率的

75%；汽车修理质量检查评定方法要求：大修竣工后，在标准状态下，发动机功率应大于等于原设计标定值的90%。部分汽车发动机的动力性指标见表3-1。

表3-1 部分汽车发动机的动力性指标

汽车型号	排量/L	最大功率/kW	最大功率对应转速/(r/min)
东风标致508	1.751	150	5500
大众途锐3.0TSI	2.995	250	6400
吉利博越1.8TD	1.799	135	5500
别克君越2.8T	1.998	177	5000
红旗H7 2.0T	1.995	150	5500
宝马X5	2.998	250	6500
东风风神AX7	1.598	123	6000
江淮帅铃T6	1.997	108	6000
联合卡车M270	7.470	199	2300

若发动机功率偏低，则应首先检查燃料供给系和点火系技术状况。若这些系统正常，则应检查气缸的密封性，以判断发动机机械部分是否存在故障。当怀疑个别气缸技术状况不良而导致整机功率偏低时，可进行单缸断火后测功验证。

2. 发动机各缸功率均衡性检测分析

各缸功率均衡性是判断发动机技术状况的一个重要指标，是发动机检测诊断的一个重要内容，利用各缸功率均衡性检测结果可以评价发动机各缸工作状况。

（1）各单缸功率检测分析 技术状况良好的发动机，其运转应平稳，各缸发出的功率应一致。但发动机长期使用后，由于结构、供油系统以及点火系统方面的差异，各气缸实际发出的功率还是会有所不同，特别是当某气缸存在故障时，这种差别就更大。例如在某一转速下，若某气缸火花塞突然断火，则该气缸就不能做功，发动机总功率就会下降。因此，根据轮流将各缸断火测出的发动机各单缸功率，可以判断各缸技术状况是否良好。

若各单缸功率相同，则说明发动机各缸功率均衡性好；若某缸断火后，测得的功率没有变化，则说明其单缸功率为零，该缸完全不工作；若发动机单缸功率偏低，则一般系该缸高压线、分线插座或火花塞技术状况不佳，气缸密封性不良所致，应更换、调整或维修。

（2）单缸断火后转速变化检测分析 工作正常的发动机，在某一转速下稳定空转时，发动机的指示功率与摩擦消耗功率是平衡的。此时，若取消任一气缸的工作，发动机转速都会有相同的下降值。因此，可以利用在单缸断火情况下测得的发动机转速下降值，来评价各缸的工作状况。

单缸断火后发动机转速的下降程度与起始的稳定转速有关，因此，作为单缸断火后转速下降的诊断标准应有规定的起始转速，一般建议以怠速的150%作为测试的起始转速。表3-2是某些发动机在正常情况下，以1000r/min转速稳定工作时，单缸断火后转速下降值的诊断标准。

表3-2 发动机单缸断火后转速下降值

气缸数	平均转速下降值/(r/min)	允许偏差/(r/min)
4	100	±20
6	70	±10
8	45	±5

若各缸轮换断火时，转速下降的幅度大而且基本相同，则说明各缸工作状况良好，各缸功率均衡性好；若各缸转速下降的幅度差别很大，则说明各缸功率均衡性差，有些缸工作不正常；若某缸转速下降的幅度较标准小，则说明其单缸功率小，该缸工作状况不良；若某缸转速下降值等于零，则说明其单缸功率为零，该缸不工作。

检测时，单缸断火后的转速下降值应符合诊断标准，且要求最高和最低下降值之差不大于转速下降平均值的30%。

⊙ **注意**：

对于8缸以上发动机，用单缸断火法检测其各缸功率均衡性是不适宜的，因为气缸数越多，单缸断火后转速下降值就越小，测量误差就越大，判断各缸工作性能的难度就越大。

（3）气缸效率检测分析 若发动机技术状况良好，各缸做功能力相同，则气缸效率检测时各缸应无转速差。当存在转速差时，若某缸瞬时转速比平均转速高，说明该缸工作较好；反之某缸瞬时转速比平均转速低，说明该缸工作性能相对较差；若各缸瞬时转速相差过大，则说明发动机各缸功率均衡性不好，发动机工作不稳定。

各缸瞬时转速相差过大主要是各缸的密封性、供油供气状况、火花塞技术状况、燃烧效果不一致所致。

第二节 气缸密封性的检测与故障诊断

气缸密封性与气缸活塞组、气门组的技术状况密切相关，同时它对发动机的动力性、经济性产生直接影响。因此，通过检测气缸密封性表征参数如气缸压缩压力、气缸漏气量、进气管真空度等，可以诊断气缸活塞组、气门组的故障，判断发动机的基本技术状况。

一、气缸压缩压力的检测诊断

气缸压缩压力是指缸内气体压缩终了的压力。它是气缸密封性最直接的评价指标，常用来诊断发动机性能和气缸活塞组的技术状况。

1. 气缸压缩压力的检测

（1）用气缸压力表检测

1）气缸压力表。气缸压力表有多种结构形式，一般由表盘、导管、单向阀和接头等组成，如图3-5所示。压力表盘的作用是指示压力；压力表接头的作用是连接火花塞或喷油器安装孔，有螺纹管接头和锥形或阶梯形橡胶接头两种；单向阀的作用是，当阀处于关闭位置时可保持测得的气缸压缩压力读数，当阀打开时可使压力表指针回零。

2）检测方法。用气缸压力表检测发动机气缸压缩压力的方法如下。

① 将发动机运转至正常工作温度（冷却液温度达70~90℃）后停机。

② 拧出各缸火花塞或喷油器，以减少曲轴转动阻力。汽油机还应将节气门全开，以减少空气阻力。

③ 将气缸压力表锥形橡胶接头扶正压紧在火花塞孔内，或将螺纹管接头拧在火花塞（喷油器）安装孔上，如图3-6所示。

④ 用起动机带动发动机运转，其转速应符合原厂规定，转动3~5s，待压力表指针指示

并保持最大压力后停止转动。

图 3-5　气缸压力表

图 3-6　测量气缸压缩压力

⑤ 取下气缸压力表，记下读数，按下单向阀使压力表指针回零。

⑥ 为使测量数据准确，每缸应重复测量两三次，取其平均值作为被测气缸的压缩压力。

⑦ 依次测量各缸，即可得到各缸的压缩压力。

3）检测特点。

① 检测实用可靠，简单易行，经济实惠，适用于气缸组技术状况的常规诊断。

② 检测效率低，需拆火花塞或喷油器（柴油机），且一缸一缸地测量，不适应现代化检测要求。

③ 检测精度受发动机转速变化的影响大。研究表明，在曲轴转速低于 1000r/min 的范围内，较小的转速变化会带来较大的气缸压缩压力值变化。为减少测量误差，应使发动机检测转速符合要求。

提示：用气缸压力表检测气缸压缩压力是传统检测诊断中应用最广泛的一种方法，适用于各种汽车维修企业。

（2）用发动机综合检测仪检测

1）检测原理。发动机综合检测仪可在不拆卸火花塞或喷油器的情况下，测定发动机各缸的压缩压力。其检测原理是利用电流传感器测出起动机起动过程中起动电流的变化，通过仪器屏幕显示其波形来间接测定发动机各缸的压缩压力。

起动机驱动发动机时起动阻力矩与起动电流成线性关系，即起动阻力矩越大，则起动电流就越大。发动机起动阻力矩是由机械阻力矩、惯性阻力矩和气缸内压缩气体的反力矩组成的。正常情况下机械阻力矩和惯性阻力矩变化不大，可认为是常数；而缸内压缩气体的反力矩则是随气缸压缩过程而波动的变量。因此起动发动机时，起动电流的变化与气缸压力的变化存在着对应的关系，所以可通过测量反映阻力矩波动的起动电流变化曲线来确定气缸的压缩压力。

图 3-7 是六缸发动机起动机起动电流与曲轴转角的关系曲线。它清楚表明，起动电流值是变化的，其变化是由气缸内压缩压力的波动而引起的，其电流波形各段的峰值与各缸的最大压缩压力成正比。若能确定某一电流峰值所对应的气缸，则可按点火次序确定各缸所对应的起动电流峰值，其大小可代表相应气缸最大压缩压力值。通常各缸电流波形峰值所对应的

缸号是通过点火传感器或喷油传感器先确定第 1 缸波形的位置而推得的。

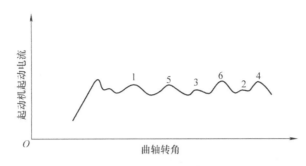

图 3-7　六缸发动机起动机起动电流与曲轴转角关系曲线

1、2、3、4、5、6—点火次序为 1－5－3－6－2－4 时，各缸分别对应的起动机峰值电流

检测时，若显示的各缸电流波形振幅一致，且峰值又在规定范围内，说明各缸压缩压力符合要求；若各缸波形振幅不同，对应某缸电流峰值低于规定范围，则说明该缸压缩压力不足。

EA2000 发动机综合检测仪依据上述原理，检测发动机气缸压缩压力的相对变化量，并将起动电流的波形变成直方图来显示各缸的相对压缩压力，这对各缸压缩压力的均衡性判断非常直观。

2）检测方法。不同的发动机综合检测仪，检测方法也略有差异。下面以 EA2000 型为例说明发动机气缸压缩压力的检测方法。

① 将发动机运转至正常工作温度（冷却液温度达 70～90℃）后停机。

② 接通电源，打开检测仪总开关、显示器开关、主机开关，预热仪器。

③ 按仪器使用说明书给定的方法，连接好测试线和传感器。

④ 启动检测程序，在汽油机测试菜单下用鼠标左键单击"相对气缸压缩压力"图标进入测试界面。

⑤ 用鼠标左键单击"测试"图标，系统进入测试状态，如汽车已经起动则会弹出对话框，提示用户先关闭发动机。

⑥ 起动发动机，进行压缩压力测试。系统测试完毕，将自动显示发动机起动转速、蓄电池电压值、相对气缸压缩压力直方图及起动电流波形，如图 3-8 所示。右侧坐标系内，起动电流波形上方对应标出各缸起动电流峰值；左侧为相对气缸压缩压力百分比值的直方图。

⑦ 视需要保存或打印输出检测结果。

3）检测特点。用发动机综合检测仪检测气缸压缩压力，不需拆装火花塞或喷油器，且能同时检测各个气缸，因而其检测速度快，效率高。但它检测的往往是各缸的相对压缩压力，因此只适用于发动机一般技术状况的定性检查。

2. 气缸压缩压力的诊断

（1）气缸压缩压力诊断标准　发动机气缸压缩压力标准值一般由制造厂提供。由于发动机结构和压缩比不同，各车型气缸压缩压力的标准值也不尽相同，表 3-3 为几种车型发动机气缸压缩压力的标准值。

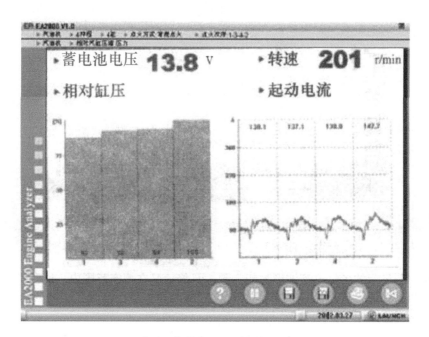

图 3-8 相对气缸压缩压力检测

表 3-3 几种车型发动机的气缸压缩压力标准值

车型或发动机型号	压缩比	气缸压缩压力/kPa	测定转速/(r/min)
解放 CA6102B6	7.4	930	100 ~ 150
东风 EQ6100 - 1	7.0	834	100 ~ 150
五菱柳机 LJ465Q	9.0	1000	200 ~ 250
富康（TU3F2/K）	8.8	1200	200 ~ 250
吉利帝豪（1.5）	10.3	1000	200 ~ 250
新桑塔纳（1.6）	10.5	1000 ~ 1300	200 ~ 250
一汽捷达（1.6）	10.5	1000 ~ 1300	200 ~ 250
广汽本田雅阁（2.0）	10.6	1000 ~ 1300	200 ~ 250

根据检测性质的不同，其诊断标准也略有差异。对于营运车辆发动机的性能检测，一般要求发动机各气缸压缩压力应不小于原设计规定值的 85%；每缸压力与各缸平均压力的差：汽油机应不大于 8%，柴油机应不大于 10%。对于发动机大修的竣工检验，则要求发动机各气缸压缩压力应符合原设计规定；每缸压力与各缸平均压力的差：汽油机应不大于 5%，柴油机应不大于 8%。

（2）气缸压缩压力诊断 根据气缸压缩压力检测的结果，可以评价发动机的技术状况。若气缸压缩压力超过标准，过低或过高，则说明发动机气缸活塞组、气门组技术状况不良，存在故障。通常可根据以下几种情况做出诊断。

1）有的气缸在两三次测量中，压力读数时高时低，相差较大，说明其进排气门有时关闭不严。

2）一缸或数缸压力偏低，可以用清洁而黏度较大的机油 20 ~ 30mL，注入压力偏低缸

火花塞或喷油器孔内再测量气缸压力。若压力上升接近标准压力，则说明该气缸、活塞环、活塞磨损过大或活塞环对口或气缸壁拉伤等；若压力基本无变化，则说明该缸进排气门关闭不严或气缸衬垫密封不良。

3）相邻两缸压力过低，而其他缸正常，加注机油后检测其压力仍然很低，说明相邻两缸间气缸衬垫烧损窜气。

4）个别缸压力偏高，可能是这个缸积炭过多而导致燃烧室容积减少所致。

5）各缸压力都偏高，汽车行驶中又出现过热或爆燃，可能是燃烧室积炭过多，或经几次大修因缸径加大、缸盖接合平面修理磨削过度，或气缸衬垫过薄而使压缩比增大所致。

二、气缸漏气量的检测诊断

气缸漏气量是指活塞处于压缩行程上止点附近时，缸内一定压力的气体，通过气缸活塞组配合副间隙、活塞环对口、进排气门密封面、气缸衬垫密封面泄漏的空气量，它直接反映气缸密封性。气缸漏气量越大，则气缸密封性就越差。

1. 气缸漏气量的检测

（1）气缸漏气量检测仪　气缸漏气量的检测可通过气缸漏气量检测仪进行。图3-9为LDR－Ⅲ型气缸漏气量检测仪的外形和结构原理图，它主要由调压阀、进气压力表、测量表、空气量孔、橡胶软管、快换管接头和充气嘴等组成。此外，还得配备外部气源，以提供相当于气缸压缩压力的压缩空气。

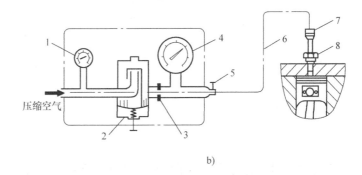

图3-9　气缸漏气量检测仪结构原理图
a）仪器外形图　b）工作原理图
1—进气压力表　2—调压阀　3—空气量孔　4—测量表　5—出气阀　6—橡胶软管　7—快换管接头　8—充气嘴

（2）气缸漏气量检测原理　检测时，发动机不运转，活塞处于压缩行程上止点附近，从火花塞或喷油器安装孔处通入一定压力的空气，通过测量气缸内空气压力的变化情况，来表征气缸漏气量。

经调控的压缩空气，由进气压力表1显示压力p_1，并经调压阀、空气量孔、橡胶软管、快换管接头和充气嘴进入处于压缩行程终了的气缸，由于各缸配合副总有一定的间隙，压缩空气将从气缸内不密封处泄漏出去，所以空气量孔3后面的空气压力下降为p_2，根据流体力学原理，其压力差为

$$p_1 - p_2 = \rho \frac{Q^2}{2\alpha^2 A^2} \tag{3-8}$$

式中　Q——空气漏气量；

　　　　A——空气量孔截面积；

　　　　α——空气量孔阻力系数；

　　　　ρ——空气密度。

由式（3-8）可知，当进气压力一定，空气量孔截面积及技术条件一定时，压力差或者 p_2 的大小就决定了漏气量 Q。因此，通过测量表的压力检测就可得到气缸漏气量。通常，测量表上气缸漏气量的标定单位为 kPa 或 MPa。

若测量表的标定单位为百分数，则这种检测仪可用来检测气缸漏气率。这种检测仪的标定方法：接通外部压缩空气，关闭出气阀，调整调压阀，使测量表指针指向额定进气压力，并将其作为 0 点，表示漏气率为零，气缸不漏气；打开出气阀，让压缩空气全部经量孔后与大气相通，此时压力表指示刻度标为 100%，表示漏气率为 100%，气缸内的压缩空气全部漏掉；在测量表 0～100% 之间等分 100 份，每一份即为 1% 的漏气量。

（3）气缸漏气量检测方法　下面以 LDR－Ⅲ型气缸漏气量检测仪为例，说明气缸漏气量的检测方法。

1）将发动机预热至正常工作温度（75～80℃）后停机。

2）用压缩空气吹净火花塞孔处的脏物，并拧下所有火花塞，装上充气嘴。

3）转动曲轴，使第 1 缸活塞位于压缩行程上止点（可根据上止点记号及第 1 缸缸内压力感触确定）。

4）将变速杆置于最高档，并拉紧驻车制动，以防压缩空气进入气缸后推动活塞下移。

5）调定测量表初始压力。将仪器与气源接通，在出气阀完全关闭的情况下，调整调压阀，使测量表初始压力为 400kPa。

6）检测第 1 缸漏气量。在第 1 缸充气嘴接上快换接头，打开出气阀，向第 1 缸充入压缩空气，此时测量表的读数便反映了该缸的漏气量。同时倾听可能漏气部位是否有漏气声，以便确诊故障所在。

7）按照点火顺序检测其他缸漏气量。松开驻车制动，换入空档，根据发动机气缸数，适当转动曲轴一定角度，保证检测的气缸其活塞处于压缩上止点，再按上述步骤分别检测其余各缸漏气量。为使检测结果可靠，各缸应重复再检测一次，取平均值作为各缸的漏气量。

2. 气缸漏气的故障诊断

（1）气缸漏气诊断标准　气缸漏气量检测时，测量表读数越接近其调定的初始压力，说明漏气量越少，气缸密封性越好。通常，对于国产货车发动机，在测量表调定初始压力为 400kPa 条件下，当测量表读数大于或等于 250kPa 时，表示气缸密封性正常，发动机可继续使用；当测量表读数小于 250kPa 时，表示气缸密封性差，不符合要求，应确诊故障部位并排除故障。

气缸漏气率检测时，测量表读数越大，表示漏气量越多。通常，漏气率在 0～10%，表示气缸密封性良好；漏气率在 10%～20%，表示气缸密封性一般；漏气率在 20%～30%，表示气缸密封性较差。一般来说，当漏气率达 30%～40% 时，若能确认进排气门、气缸垫、气缸盖和气缸等是密封的，则说明气缸活塞摩擦副的磨损临近极限值，已到了需换活塞环或镗磨气缸的程度。

（2）气缸密封性故障诊断　若气缸密封性不符合要求，则检测时可采用下列辅助手段

诊断其故障部位。

1）在空气滤清器入口处监听，若有漏气声，则表明该缸进气门与气门座密封不良。

2）在消声器管口处监听，若有漏气声，则表明该缸排气门与气门座密封不良。

3）在散热器加水口处观察，若有气泡冒出，则表明该缸与冷却液道相通，多为气缸垫密封不良漏气所致。

4）在被测气缸相邻缸火花塞孔处监听，若有漏气声，则表明相邻两缸之间的气缸垫烧穿漏气。

5）经上述检查，若进排气门、气缸垫等处不漏气，而检测的气缸漏气量仍超标，则表明气缸与活塞的磨损严重使配合间隙过大，或者活塞环对口、损坏、弹性不足而失去密封作用，导致漏气量过大。此时，在曲轴箱加机油孔处能监听到严重的漏气声。

6）通过检测活塞在压缩行程进气门关闭后不同位置的气缸漏气量变化，可以估计各气缸纵向磨损情况。

三、进气歧管真空度的检测诊断

进气歧管真空度也称为进气管负压。它是指发动机进气歧管内的进气压力与外界大气压力之差。它是汽油机气缸密封性的评价指标，常用来诊断气缸活塞组、气门组的技术状况。

1. 用真空表检测诊断

（1）进气歧管真空度诊断原理　汽油机在调整负荷时是依靠节气门开度变化控制进入气缸混合气的量，来改变发动机输出功率的。怠速时，节气门开度小，进气节流作用大，进气歧管真空度较高；节气门全开时，进气歧管真空度较小。怠速时进气歧管真空度较高，同时技术状况良好的汽油机怠速时，进气歧管真空度具有较为稳定的数值，另外怠速时的真空度对进气管和气缸密封性不良状况最为敏感，因此，常用怠速条件下检测的进气歧管真空度来诊断汽油机气缸的密封性。

进气歧管真空度数值会随气缸活塞组的磨损而变化，并与配气机构、怠速控制系统、点火系统等的技术状况有关，因此，利用进气歧管真空度还可以诊断相关系统的故障。

（2）进气歧管真空度检测方法　真空表是检测汽油机进气歧管真空度最常用的工具，它主要由表头和软管构成。表头类似于气缸压力表，用来显示真空度数值；软管一头固定在真空表上，另一头可方便地连接在进气歧管的检测孔上。进气歧管真空度的检测步骤如下。

1）预热发动机至正常工作温度。

2）将真空表软管与进气歧管上的检测孔连接。

3）将变速杆置于空档。

4）将发动机按规定的怠速稳定运转，读取真空表上读数，并观察其指示状态。

5）迅速改变节气门开度，观察真空表读数的变化，据此可诊断相关故障。

（3）进气歧管真空度检测分析

1）进气歧管真空度诊断标准。一般进气歧管真空度怠速时都有规定的正常值和波动范围。汽车修理质量检查要求，大修竣工的汽油发动机在怠速时，进气歧管真空度应符合原设计规定（通常为 57～70kPa）；进气歧管真空度波动：六缸汽油机不超过 3kPa，四缸汽油机不超过 5kPa（大气压力以海平面为准）。

提示：进气歧管真空度随海拔升高而降低。海拔每升高 1000m，真空度将降低 10kPa

左右。因此进气歧管真空度的诊断标准，也应根据当地海拔进行修正。

2）进气歧管真空度故障诊断。检测时，通过对真空表的读数及其波动状态进行分析，可诊断发动机的技术状况和故障。

① 急速时，若进气歧管真空度稳定在 57～70kPa 之间，则表明气缸密封性正常；若进气歧管真空度过低，即低于标准值，则说明气缸密封性差，可能是活塞与气缸间隙过大，活塞环及气门密封不严，进气歧管衬垫及气缸垫漏气。

② 急速时，若迅速开启节气门，同时真空表读数急剧下降，再急速关闭节气门时，真空表读数又迅速回升，则说明各工况的气缸密封性较好。在节气门开启和关闭过程中，若真空表指针摆动幅度越宽，则表明发动机技术状况越好；若真空表指针摆动幅度不明显，则说明活塞与气缸间漏气严重。

③ 急速时，若进气歧管真空度波动过大（超过标准值），仪表指针不稳定，说明发动机技术状况不良。可能是气门与气门座密封不严、气门与导管卡滞、气门导管磨损严重、气缸垫漏气致使气缸密封性不良引起，也可能是其他系统如点火系统、急速控制系统失常导致发动机急速不稳定引起。

提示：发动机各大系统的技术状况对进气歧管真空度都会产生一定影响，因此，通过进气歧管真空度的检测，可以综合反映发动机技术状况，但不足之处是难以确定故障的具体原因。

2. 用示波器检测诊断

（1）进气歧管真空度波形诊断原理　往复式活塞汽油机的进气过程是间歇的，这必然引起进气压力脉动，导致进气歧管真空度波动，而气缸密封性状况会影响进气歧管真空度波动的波形，因此，利用示波器不解体检测的发动机进气歧管真空度波形，可以分析、判断气缸密封性和诊断相关机件的故障。

（2）进气歧管真空度波形检测方法　用示波器或发动机综合检测仪可以检测进气歧管真空度波形。由传感器采集到的进气歧管真空度的电压信号，经仪器处理后送入示波器，于是仪器屏幕上便显示出进气歧管真空度波形。进气歧管真空度波形的检测步骤如下。

1）预热发动机至正常工作温度。

2）将检测仪真空度传感器与发动机相应部件连接。对于电控燃油喷射发动机，有的采用三通接头使传感器与发动机真空软管相连，有的在进气歧管上与专用传感器相连。

3）使发动机稳定运转在规定转速。

4）开启检测仪器，示波器则显示被检测发动机进气歧管真空度的波形，图3-10是四缸发动机进气歧管真空度的标准波形。

（3）进气歧管真空度波形检测分析　发动机技术状况良好时，各缸进气歧管真空度波形基本相似，只是因进气歧管形状与断面情况不尽一样，致使其进气真空度波形稍有差异。但若气缸的结构参数或技术状况变化，则进气歧管真空度波形会有明显改变，如气缸与活塞配合副磨损使其密封性变差、气缸垫或气门漏气、气门弹簧弹性不足、混合气过浓或过稀等，均会引起进气歧管真空度波形的改变，由此判断发动机故障是十分方便有效的。

诊断时，将发动机进气歧管各缸真空度的检测波形进行对照比较，若各缸进气过程所形成的进气歧管负压基本一致，且与标准波形相同，则说明该发动机进气系统、气缸活塞组和气门组技术状况正常；若个别气缸波形异常，则说明个别气缸活塞组和气门组存在故障，

图 3-11 是四缸发动机第 4 缸进气门严重漏气的进气歧管真空度波形。

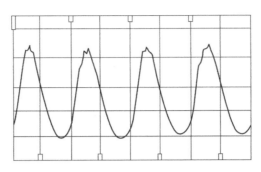

图 3-10　四缸发动机进气歧管真空度标准波形

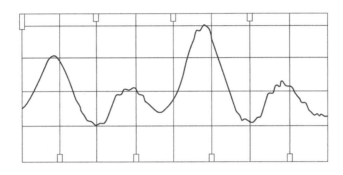

图 3-11　四缸发动机第 4 缸进气门严重漏气的进气歧管真空度波形

第三节　起动系统的检测与故障诊断

起动系统性能的好坏，决定了发动机起动的难易程度。良好的起动系统能使发动机有足够高的起动转速，并使发动机迅速起动。当发动机起动困难时，应对起动系统的性能进行检测。

一、起动系统性能的不解体检测

1. 用发动机综合检测仪检测

很多发动机综合检测仪都能检测起动系统性能参数如起动电流、起动电压、起动转速等，以诊断起动系统故障。

检测前，开启发动机综合检测仪，并将各种传感器按规定接到发动机上。检测时，先选择检测起动系项目，然后起动起动机约 4s，此时检测仪将自动检测起动电流、起动电压、起动转速等参数，并在仪器屏幕上显示检测结果数据或曲线。

各检测参数应满足诊断标准的要求，否则说明起动系统性能不良。通常，汽油机起动电流约为 100～200A，柴油机为 200～600A，但不同的发动机及起动机类型其标准也不一样。当发动机机械负荷正常时，若起动电流过大，说明起动机绕组有短路或搭铁故障。蓄电池起动电压不能过低，否则说明蓄电池严重亏电或内阻过大，汽油机起动电压不应低于 9V。起动转速越高，说明起动系统性能越好，若起动转速过低而发动机机械负荷正常，则说明起动

系统电路存在故障。

2. 用万用表检测

起动电路电阻过大是导致起动机起动电压过低、起动困难的常见原因，利用万用表电压档就车检测起动电路的电压降，能方便判断起动电路中各接点的接触状态是否正常、线路电阻是否过大。

起动电路中万用表的检测点如图3-12所示，各点检测时，应将万用表的正极接线柱与电缆最接近蓄电池的正极端连接，将万用表的负极接线柱与所测电缆的另一端连接。其检测步骤如下。

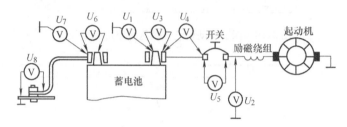

图 3-12　起动电路中万用表的检测点

1）将万用表的正负极接线柱按方向接入电压检测点（图3-12）。

2）转动点火开关使起动机运转，但发动机不得发动（可拔掉中央高压线）。

3）用万用表的电压档测出各点的电压。

⚙ 注意：

每次检测时间不能太长，应尽快完成，以免烧坏起动机绕组。

起动机运转时，若 U_7 读数接近于零，U_1 与 U_2 读数接近，则说明起动电路的接触状况良好，导电正常；若 U_2 读数比 U_1 小太多，则说明起动电路线路间存在高电阻，接触不良。

通常，电缆两端的电压降应低于0.2V（如 U_4），否则说明电缆电阻过大，应更换电缆；开关间的电压降应低于0.1V（如 U_5），否则说明触点烧蚀接触不良，应修复或更换开关；接点的电压降应低于0.1V（如 U_3、U_6、U_8），否则说明接点接触不良，应查出高电阻原因，重新连接。

二、起动系统常见故障的诊断

1. 起动机不转

（1）故障现象　接通点火开关至起动位置时，起动机不转，无任何动作迹象。

（2）故障原因

1）电源供电故障。可能的原因是：蓄电池损坏或电量不足，起动电路导线断路，导线连接松动，接线柱接触不良。

2）起动机故障。可能的原因是：励磁绕组或电枢绕组有断路或短路，换向器与电刷接触不良，绝缘电刷搭铁，电枢轴弯曲与磁极卡滞，起动机轴承过紧或损坏卡死。

3）电磁开关故障。可能的原因是：电磁开关线圈断路、短路、搭铁，电磁开关触点烧蚀、接触不良。

4）起动系统线路故障。可能的原因是：点火开关接线脱落、触点烧蚀或接触不良，起

动继电器失效，自动变速器档位开关接触不良，线路中有断路或接触不良等。

（3）故障诊断 故障诊断方法随车型不同而略有差异，下面以大众帕萨特自动档起动控制电路（图 3-13）为例进行说明。该车自动变速器处于 P 或 N 位时，多功能开关（即档位开关）F125 使防起动锁继电器 J207 的 6/85 端子接地，导致 J207 的常开触点吸合，对起动机电磁开关的 50 端子供电使起动机旋转。该车在 P 或 N 位起动时，起动机不转的诊断方法如下。

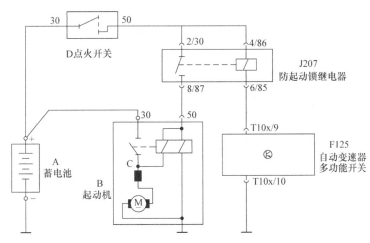

图 3-13 大众帕萨特自动档起动系统控制电路

1）检查蓄电池电量是否充足。按喇叭、开前照灯，看是否有电。若前照灯不亮、喇叭不响，说明蓄电池损坏，或蓄电池电缆断路；若喇叭声响不正常，灯光暗，说明蓄电池电量不足，或电缆插头松动，这些都表明电源供电存在故障。若喇叭声响、灯光正常，起动机电源线接线柱（30）有 12V 以上电压，则说明蓄电池电量充足，应进行下步检查。

2）检查起动系统相关线路。拔下起动机起动插头（50），短接电源线（30）与 50 端子，即对起动开关接线柱端子直接供电，观察起动机能否正常运转。若起动机能正常起动，则为外部电路故障，可能的原因是：多功能开关接触不良或损坏而锁止了起动继电器正常工作，起动锁继电器（J207）失效使触点不能吸合或触点接触不良，点火开关松动或接触不良，线路有断路或接触不良，需检修外部电路。若起动机不转，则进行下步检查。

3）检查电磁开关。短接起动机电源接线柱（30）和电动机接线柱（磁场绕组端子 C），观察起动机能否正常运转。若能正常运转，说明电磁开关有故障，应更换电磁开关。若不能正常运转，说明起动机内部有故障，应更换起动机。

2. 起动机转动无力

（1）故障现象 接通点火开关至起动位置时，起动机转动缓慢无力，起动转速过低，发动机起动困难。

（2）故障原因

1）电源供电故障。可能的原因是：蓄电池电量不足，电源导线连接松动，接线柱接触不良。

2）起动机故障。可能的原因是：换向器与电刷接触不良，磁场绕组或电枢绕组有局部短路，起动机轴承过紧或松旷，电枢轴弯曲与磁极刮碰。

3）电磁开关故障。可能的原因是：电磁开关接触盘和触点烧蚀而接触不良。

4）发动机方面故障。可能的原因是：曲轴转动阻力过大。

（3）故障诊断

1）检查起动电路接线处。检查蓄电池极桩与线夹、起动电路导线插头是否松动，在起动机运转时用手触摸导线连接处是否发热。若某连接处松动或发热，则表明该处接触不良，必要时清除导线接触面并紧固；若线路连接正常，则进行下步检查。

2）检查蓄电池是否亏电。现代汽车普遍采用免维护蓄电池，这种蓄电池大多数在盖上设有一个孔形的密度指示器（俗称"电眼"），如图3-14所示。它会根据电解液密度的变化而改变颜色，通过不同的颜色来显示蓄电池的状态：当电眼呈绿色时，表明蓄电池电量较足，蓄电池正常；当电眼呈黑色时，表明蓄电池电量不足，需要及时充电；当电眼显示淡黄色或没有颜色，表明蓄电池的酸液液面过低或内部有故障，需要修理或进行更换。对于一般的蓄电池，需检查蓄电池端电压，若蓄电池端电压过低或起动机运转时端电压下降过多，则说明蓄电池性能不良。若蓄电池正常，则进行下步检查。

3）检查电磁开关。如图3-13所示，短接起动机电源接线柱（30）和电动机接线柱（磁场绕组端子C），观察起动机运转状况。若起动机变得转动有力，则表明电磁开关接触盘和触点烧蚀而导电不良，应更换电磁开关；若起动机转动状况不变，则进行下步检查。

4）检查起动机。拆下起动机，对起动机进行空载性能和制动性能检查，若起动电流、转矩等参数不符合规定要求，则故障在起动机，应拆修起动机。若起动机性能良好，则说明发动机存在机械故障，导致曲轴转动阻力过大。

图3-14　蓄电池密度指示器

第四节　点火系统的检测与故障诊断

一、点火波形的检测与诊断

在不解体检测发动机点火系统故障时，利用其点火波形可以评价发动机点火性能并快速诊断点火系统故障。

1. 点火波形检测

点火系统的点火线圈相当于一个变压器，在初级绕组周期性通电和断电的过程中，初、次级绕组都因电流变化而产生感应电动势，而此时初、次级电压随时间变化的波形就是点火波形，它有初级电压波形和次级电压波形之分。

点火波形的检测，通常由汽车专用示波器测取，其检测方法如图3-15所示。检测时，使发动机运转，将示波器探针分别连接点火线圈的"－"接柱（a）和搭铁，可以测得初级电压波形；将示波器的外接线用感应夹连接高压线（b），另一个探针搭铁，可测得次级电压波形。

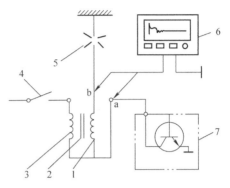

图3-15　点火波形的检测
1—次级绕组　2—铁心　3—初级绕组
4—点火开关　5—火花塞　6—示波器　7—点火控制器

检测点火波形时，不同的检测仪器、不同的点火系统，可能有不同的连接与测试方法。因此，检测点火波形时，应根据被测发动机点火系统的类型，严格按照检测仪器说明书规定的连接及操作方法进行检测。示波器与点火系统连接的一般方法如下。

有分电器点火系统与示波器连接，如图3-16所示。首先将示波器与专用的点火测试探头连接好，并使接地端通过测试夹良好接地，然后将点火高压线嵌入测试探头的卡槽内。

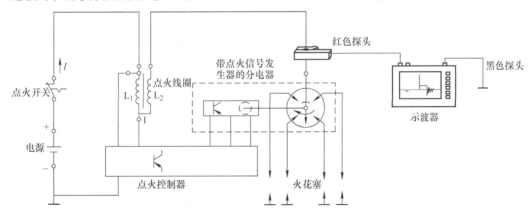

图3-16　有分电器点火系统与示波器连接

双缸同时点火系统与示波器连接，如图3-17所示。示波器除良好接地外，只需将测试探头卡槽夹住高压线即可。

多缸独立点火系统与示波器连接时相对复杂些。独立点火系统通常在点火线圈集成了点火控制器与高压线，直接安装在火花塞上，无高压电缆。因此，示波器连接测试探头时，还应取出集成的点火线圈，取一根备用的点火高压电缆将点火线圈与火花塞连接起来，再将高压线嵌入测试探头的卡槽内。有的检测仪配备有检测独立点火系的特殊传感器，将该传感器的测试探头与点火线圈的顶端接触即可。

多通道示波器可以同时测量各缸的点火波形，在示波器屏幕上，选择单缸、阵列、三维

等多波形不同的显示方式，可用于比较各缸点火击穿电压、火花持续时间、导通角等的一致性。

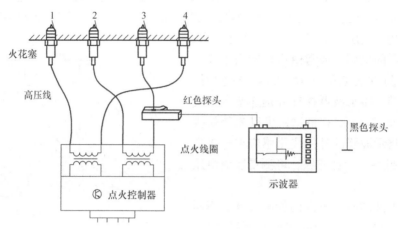

图 3-17　双缸同时点火系统与示波器连接

2. 点火波形分析

无论是传统点火系统还是电子点火系统或计算机控制的点火系统，都是由点火线圈通过互感作用把低压电转变为高压电，通过火花塞跳火点燃混合气做功的。点火系统低压、高压的变化过程是有规律的，它可通过点火波形予以反映。点火系统正常工作时的点火线圈初、次级的电压波形，称为标准点火波形，它是点火系统的诊断标准。

（1）单缸初、次级电压标准波形　图 3-18 为电控点火系统单缸初、次级电压标准波形。图中点火线圈初级绕组断电时间，对应于次级绕组的点火、放电及振荡阶段；初级绕组通电时间，对应于点火线圈的储能阶段，这两个阶段组成了一个完整的点火循环。图中波形反映了点火控制器控制点火线圈初级绕组电流截止、导通、再截止的整个点火过程中，初、次级电压随时间变化的规律。

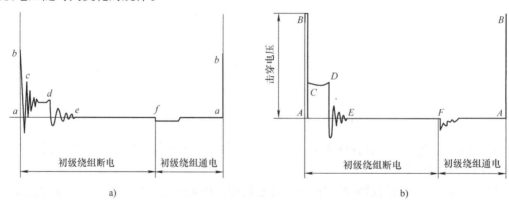

图 3-18　电控点火系统单缸初、次级电压标准波形
a）初级电压波形　b）次级电压波形

1）初级电压波形。图 3-18a 是单缸初级电压标准波形。当点火控制器给点火线圈初级绕组断电时，初级电压迅速提高（约为 100～300V），从而导致次级电压急剧上升击穿火花

塞间隙。当火花塞两极火花放电时，由于初、次级间的变压器效应，初级电压下降且出现高频振荡。火花放电完毕后，由于点火线圈和电路中分布电容的残余能量释放，又出现低频振荡波，其波幅迅速衰减直至初级电压趋向于蓄电池电压。当点火控制器输出导通时，初级绕组突然通电充磁，使初级电压反向突变，随后升至导通电压一直延续到点火控制器输出截止。当下一缸点火时，点火循环又将复现。

示波器上初级绕组断电时间、通电时间，通常用 ms 表示，也可用分电器凸轮轴转角表示，此时其断电时间、通电时间则分别用张开角和闭合角（导通角）表示。

2）次级电压波形。因点火线圈初、次级间的变压器效应，其次级电压波形与初级电压波形具有一定的对应关系，图 3-18b 是单缸次级电压标准波形。有关次级电压波形的含义说明如下。

① A 点：点火控制器输出断开，点火线圈初级绕组突然断电，导致次级电压急剧上升。

② AB 线：称为点火线，其幅值为火花塞击穿电压即点火电压。击穿电压约为 15 ~ 30kV，不同的车型或点火系统，其击穿电压可能不一样。

③ BC 线：在火花塞间隙被击穿时，两电极之间出现火花放电，同时次级电压骤然下降，BC 为电压下降的幅值。

④ CD 线：称为火花线或燃烧线，它是火花塞电极间混合气被击穿之后，形成的火花放电过程，是一段波幅很小的高频振荡波。CD 的高度是火花放电的电压，称为火花电压，约为 3kV；CD 的宽度是火花放电的持续时间，约为 0.8 ~ 2.0ms。不同的缸数、不同的转速持续时间不同。

⑤ DE 线：低频振荡波。当次级电路的能量不足以维持火花放电时，火花消失，电压急降，点火线圈和高压电路中分布电容的残余能量在线路中维持低频振荡，形成次级电压衰减的振荡波，并最后以 EF 直线波形至点火控制器输出导通。

⑥ F 点：点火控制器输出开始导通，点火线圈通电充磁，使初级电流迅速增加，引起次级电压突然增大。但由于在 F 点初级电流的变化趋势与 A 点正好相反，故使次级绕组产生反向电动势，在 F 点产生反向突变。

⑦ FA 线：点火控制器输出导通过程的次级电压波形。刚导通时，因初级电流接通而引起次级电压出现衰减振荡，然后次级电压趋向于零，直至下一点火循环开始。但有的电控点火系统，在次级波形导通段内有波纹或凸起；或次级波形导通段结束时，先产生一条锯齿状的上升斜线，再导出点火线等都属于正常现象。

由于次级电压对发动机的正常点火至关重要，实际检测诊断中应用更多的是次级电压波形。

（2）双缸同时点火波形　在无分电器的点火系统中，不少汽车发动机采用两缸同时点火方式，即两缸共用一个点火线圈（图 3-19a）。根据发动机工作原理可知，双缸同时点火时，一个缸是有效点火，而另一个缸必然是无效点火。对于四缸发动机，在压缩行程末期点火的气缸是有效点火，由于该工况下气缸的充量为新鲜可燃混合气，电离程度低，因而其击穿电压和火花电压都较高（图 3-19b）；而对应另一缸必然是排气行程末期点火，是无效点火，由于该工况下气缸内为燃烧废气，电离程度高，因而其击穿电压及火花电压都较低（图 3-19b）。通常，火花塞无效点火的峰值电压约比有效点火的峰值电压低 5kV 以上，检测时容易区分。

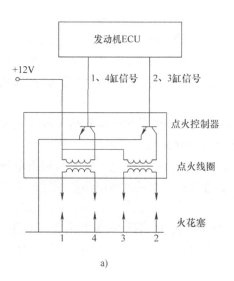
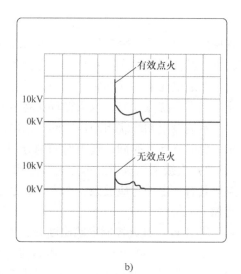

a)
b)

图 3-19　双缸同时点火原理及波形
a）双缸同时点火原理　b）双缸同时点火次级电压波形

3. 点火波形类别

为了便于比较、分析各缸点火波形，判断点火系统故障，通常按一定的规则分类排列各缸点火波形，利用示波器可显示各类点火波形。

（1）多缸平列波　将各缸电压波形按点火顺序从左至右依次排列的波形，称为多缸平列波，如图 3-20 所示。利用多缸平列波很容易观察比较各缸点火电压的高低以及点火状况是否正常。

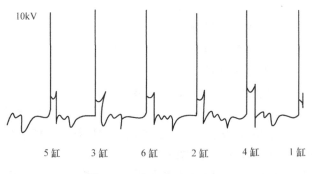

图 3-20　多缸次级平列波

（2）多缸并列波　将各缸电压波形之首对齐，并按点火顺序从下至上依次排列的波形，称为多缸并列波，如图 3-21 所示。利用多缸并列波很容易观察各缸火花线长度、各缸闭合角或导通时间是否一致，从而判断点火系统工作状况是否正常。

（3）多缸重叠波　将各缸电压波形之首对齐并重叠放在一起的波形，称为多缸重叠波，如图 3-22 所示。利用多缸重叠波可以评价各缸工作的一致性，各缸工作一致的重叠波就像一个单缸波形，只要其中一个缸工作不佳，其波形就会偏离重叠波，届时通过逐缸断火可立即找出这一工作不佳的气缸。

（4）单缸选缸波形　在故障判断过程中，有时为了仔细观察某一个缸的故障波形，可

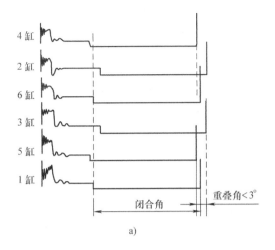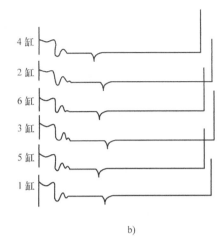

图 3-21　多缸并列波

a）初级并列波　b）次级并列波

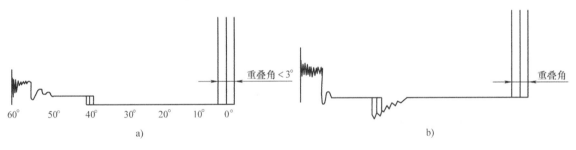

图 3-22　多缸重叠波

a）初级重叠波　b）次级重叠波

将其单独选出观测。这种视需要单独选出任何一个缸的单缸点火波形，称为单缸选缸波形。将选出的波形适当提高其垂直幅度以及水平幅度，并与单缸标准波形对照，很容易发现故障。

4. 点火波形诊断

把实测的点火波形与标准点火波形进行分析比较，可以确定点火系的技术状况及诊断故障。实际诊断时，往往看：所有波形是否正常；波形不正常时，是否各缸都相同；不正常波形出现在哪一部分。然后分析波形不正常的原因，必要时可通过测试加速、怠速、拆高压线时的波形查找故障部件。

（1）个别缸点火电压过低　在多缸发动机中，个别缸点火电压过低（图 3-23a），说明该缸高压电路存在短路故障，可能是该缸火花塞间隙太小，火花塞电极油污，以及高压线绝缘损坏或火花塞瓷芯破裂漏电等原因所致。

（2）各缸点火电压过低　在多缸发动机中，各缸点火电压都过低（图 3-23b），在急加速时各缸点火电压仍然偏低，说明点火系统存在故障：可能是点火线圈性能不良，点火控制器性能不佳，火花塞脏污，火花塞电极间隙太小等原因所致。另外，气缸压缩压力过低时也会导致点火电压过低。

（3）个别缸点火电压过高　在多缸发动机中，个别缸点火电压过高（图3-23c），说明该缸高压电路存在高阻故障，可能是该缸高压线电阻值过高，高压线断路，高压线插接处间隙过大，高压线接触不良，火花塞间隙过大等原因所致。

（4）各缸点火电压过高　在多缸发动机中，各缸点火电压均高于标准值（图3-23d），说明其高压回路有高阻，多为点火线圈的高压线插孔有积炭，高压线电阻值过高，各缸火花塞间隙过大等原因所致。点火电压过高时，点火线圈容易击穿损坏。

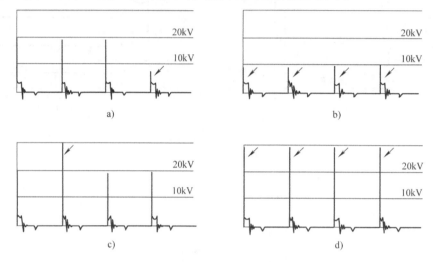

图3-23　四缸发动机次级点火平列波形

（5）火花线异常　正常时，火花线近似水平无杂波，火花持续时间适当。正常的火花线可保证可燃混合气着火质量。但火花线异常时，如火花线过短，则不能确保有效点火，会使发动机动力性、经济性、环保性下降；如火花线过长，则火花塞电极寿命会显著缩短。因此，应及时诊断排除火花线异常故障。常见的火花线异常故障波形如下。

1）火花线陡而短（图3-24a），火花较快熄灭。故障原因可能是次级电路阻抗过大，如高压线电阻过高，高压线路接触不良，火花塞间隙过大。另外，混合气过稀时也会导致火花持续时间变短。

2）火花线低而长（图3-24b），火花电压过低。故障原因可能是火花塞间隙过小，火花塞脏污或漏电，高压线短路或漏电。另外，气缸压力过低或混合气过浓会导致火花电压过低，火花持续时间变长。

3）火花线较为陡峭（图3-24c），击穿电压过高。故障原因可能是火花塞间隙太大，或次级电路开路。火花塞间隙越大，所需击穿电压越高，而且往往没有良好的放电过程，因而火花线陡峭。

4）火花线出现干扰杂波（图3-24d）。故障原因可能是分电器盖或分火头松动，这样在发动机高速运转时，因分电器的振动会使火花塞上的电压不稳定而出现抖动。

（6）重叠角过大　重叠角是指各缸点火波形首端对齐，最长波形与最短波形长度之差所占的分电器轴转角（图3-22）。重叠角的大小反映了多缸发动机各缸点火间隔的一致程度，重叠角愈大，则点火间隔愈不均匀。这不仅会影响发动机的动力性、经济性，还会影响发动机运转的稳定性。一般要求：重叠角不应大于点火间隔的5%，即：4缸发动机≤4.5°

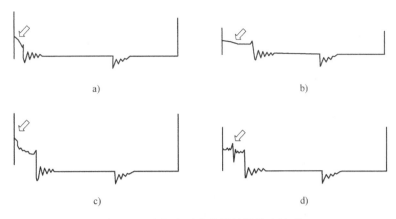

图 3-24　次级电压火花线异常故障波形

（分电器轴转角）；6 缸发动机≤3°；8 缸发动机≤2.25°。

在多缸点火电压波形中，重叠角过大，有分电器时，说明分电器轴磨损松旷、弯曲变形或点火控制器性能不良，应更换分电器总成或点火控制器；无分电器时，可能是点火控制器或点火控制单元有故障。

（7）闭合角失准　闭合角也称导通角，它是指点火控制器导通点火线圈初级绕组过程所对应的分电器凸轮轴转角（图 3-21）。电控点火系闭合角的大小是可控制和调节的，一般随发动机转速而变，低速时闭合角减小，防止初级电流过大；高速时闭合角增大，保证一定的初级电流，确保高速可靠点火。各缸闭合角应相同。由于电控点火系的次级点火电压高，需要点火线圈的初级电流大，为防止通电时间过长而导致线圈产生高温烧坏，闭合角不能过大。

在多缸点火电压波形中，闭合角大小超标，各缸闭合角差异过大，说明点火控制器或计算机点火控制系统有故障；检测点火波形，若发动机转速变化而波形中的闭合角不变或变化失准，则说明点火控制器或计算机点火控制系统有故障。

二、点火正时的检测

点火正时是指正确的点火时间，一般用点火提前角表示。点火提前角是指从点火开始至活塞到达上止点为止曲轴转过的角度。若点火正时，则点火提前角就处于最佳状态。点火提前角大小对发动机动力性、经济性和排放性能影响很大，因此应重视发动机点火提前角的检测及调整，使之处于最佳点火提前角。点火提前角的定量检测，可通过点火正时仪或发动机综合检测仪进行，方法有频闪法和缸压法；点火提前角的定性检测可用经验法进行。

1. 频闪法

（1）检测仪器　频闪法点火正时检测仪主要由闪光灯、传感器、整形装置、延时触发装置和显示装置构成，它既可以制成单一功能便携式，又可以和其他仪表组合成多功能综合式。频闪法常用的点火正时检测仪如图 3-25 所示。

（2）检测原理　若照射旋转轴的光束频率与旋转轴的转动频率相等，则由于人具有视觉暂留的生理现象，会觉得旋转轴似乎不转动。频闪法就是利用这一原理来检测点火提前角的。

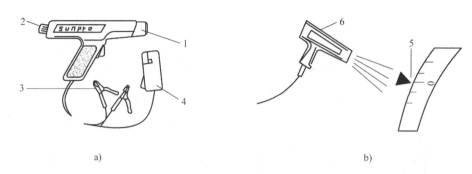

图 3-25 点火正时检测示意图

a) 点火正时检测仪 b) 点火正时检测

1—闪光灯 2—电位器旋钮 3—电源夹 4—点火感应传感器 5—正时标记 6—检测仪

在发动机飞轮或曲轴带轮上，一般都刻有正时标记，在与之相邻的固定机壳上也刻有相应标记。曲轴旋转至活动标记与固定标记对齐时，第 1 缸活塞刚好到达上止点。通常用点火感应传感器获取的第 1 缸点火信号来触发闪光灯，闪光灯每闪光一次表示第 1 缸的火花塞点火一次，其闪光与第 1 缸点火同步。检测时，闪光灯照射刻有活动标记的飞轮或曲轴带轮，若发动机转速稳定，则活动标记与闪光灯的闪光在光学上是相对静止的，活动标记似乎不动。当闪光灯在第 1 缸点火信号发生的同时闪光时，若第 1 缸活塞尚未到达压缩上止点，也即活动标记与固定标记尚未对齐，则此时两标记之间所对应的发动机曲轴转角即为点火提前角。为了将这一角度从仪器上测出，检测仪设有电位器延时电路。检测时，调整电位器旋钮，使活动标记与固定标记对齐，此时延时电路中可变电位器电阻的变化量（或电流的变化量）即表示点火提前角，延时越多，点火提前角就越大。

（3）检测方法

1）擦拭飞轮或曲轴带轮上的正时标记，使之清晰可见。

2）运转发动机至正常工作温度后待检。

3）检测仪连机。将检测仪的红色、黑色两外电源夹分别夹到蓄电池的正极和负极上，将感应传感器夹持在第 1 缸高压线上。

4）调整检测仪电位器旋钮，使之处于初始零位。

5）置发动机于怠速工况下运转，打开闪光灯并使之对准正时标记，如图 3-25b 所示。

6）检测点火提前角。调整检测仪电位器旋钮，使活动标记与固定标记对齐，此时显示装置显示的读数即为怠速工况下的点火提前角。

7）用同样的方法，分别测出发动机不同工况时的点火提前角。必要时，可以在汽车底盘测功机上模拟发动机的不同工况。

微机控制点火系统，其实际点火提前角包含初始点火提前角、基本点火提前角和修正点火提前角。初始点火提前角由曲轴位置传感器信号与曲轴转角的对应关系确定，基本点火提前角由 ECU 根据发动机的转速、负荷信号通过查找和计算确定，修正点火提前角由 ECU 根据转速、负荷信号以外的有关传感器信号进行修正确定。因此，对于微机控制点火系统的初始点火提前角、基本点火提前角和修正点火提前角的检测应按制造厂规定的步骤进行。

当点火提前角不符合标准即过大或过小时，则说明发动机点火控制系统存在故障，可能是其电控单元损坏或相关传感器失效。

2. 缸压法

（1）检测仪器　缸压法点火正时检测仪主要由缸压传感器、点火感应传感器、处理电路和指示装置等构成。若检测仪还带有油压传感器，则说明该仪器还可检测柴油机的供油提前角。缸压法点火正时检测仪往往与其他仪表组合成多功能综合检测仪。

（2）检测原理　发动机气缸内活塞到达压缩行程上止点时，气缸内压缩压力最高。用缸压传感器检测某缸压缩压力最高的上止点时刻，同时用点火传感器检测同一缸的点火时刻，二者之间所对应的曲轴转角 θ（图3-26）即为被测缸的点火提前角。通常，多缸发动机中各缸点火提前角基本一致，因此被测缸的点火提前角可以认为是被测发动机的点火提前角。

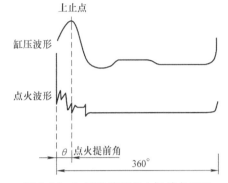

图3-26　缸压法检测点火提前角原理

（3）检测方法　发动机点火提前角的检测步骤如下。

1）运转发动机，使其达到正常工作温度后停机。

2）拆下某一缸火花塞，把缸压传感器装在火花塞孔内，接上缸压传感器连接线。

3）将拆下的火花塞固定在机体上使旁电极搭铁，将该缸高压线连接在火花塞上，把点火感应传感器夹在该缸高压线上。

4）运转发动机，被测缸缸外点火，缸内不燃烧，因而缸压传感器输出的信号反映了气缸压缩压力的大小，其最大值产生于活塞压缩行程上止点。

5）按仪器说明书的要求操作，可测得被测缸点火波形信号和缸压波形信号（图3-26），并从指示装置上获得该缸从点火信号开始至最高缸压信号出现所对应的点火提前角。

6）根据需要变换发动机转速，可测得怠速、规定转速或任一转速下的点火提前角，并打印检测结果。

3. 经验法

经验法主要是依据加速时发动机的声响及加速的快慢程度来检查点火正时，它需要通过发动机运转和汽车路试来确定，其方法如下。

（1）根据发动机运转情况判断　起动发动机，使冷却液温度上升到 $80 \sim 90 \text{℃}$，在发动机由怠速运转突然将加速踏板踩到底时，若能听到轻微的敲击声并很快消失，而且发动机转速迅速上升，则说明发动机点火正时正确；若敲击声很大，则说明点火时刻过早，即点火提前角过大；若完全听不到敲击声，发动机加速感到发闷，其转速不能随加速踏板行程的加大而迅速增加，排气管发出"突突"声，则表明点火过迟，即点火提前角过小。

（2）根据汽车路试情况判断　使汽车满载，发动机冷却液温度为 $80 \sim 90 \text{℃}$，在平坦路面以直接档 30km/h 的车速行驶，突然将加速踏板踩到底，此时若有短促轻微的爆燃敲击声，瞬时声响又消失，车速迅速提高，则说明点火正时正确；若在加速中有强烈的爆燃声如金属敲击声，且不消失，则说明点火过早；若在加速中听不到突爆声，且车速提高不快、加速发闷，则说明点火过迟。

经验法检查点火正时对操作者的经验依赖性强，往往是粗略的，而点火正时的精确检测

和调整则必须借助点火正时仪。

三、点火系统常见故障的诊断

1. 发动机不能发动

（1）故障现象 起动发动机时，起动转速正常，供油系统正常，而发动机无着火迹象，确定是点火系统故障。

（2）故障原因 点火系统不点火、火花太弱、点火正时不正确均可能造成发动机不能发动，具体的故障原因可参照图 3-27 所示的点火电路分析如下。

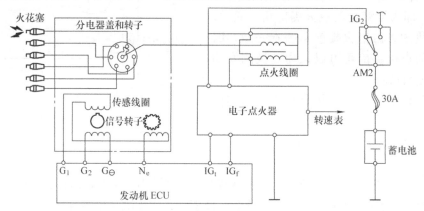

图 3-27　电控点火系统电路图

1）发动机转速与曲轴位置传感器故障，导致 G 信号、Ne 信号异常或无信号输出，使发动机 ECU 不能触发电子点火器工作。

2）电子点火器存在故障或性能不良，不能及时通断点火线圈初级电流，导致点火线圈次级不能适时地产生高压。

3）点火线圈存在故障，如初级或次级绕组断路、短路、搭铁或性能不良，导致不能产生点火高压，或点火电压太低，点火能量不够。

4）分电器盖和分火头故障。分电器盖脏污、破损、绝缘不良漏电，会造成火花减弱而不点火或错火等；分电器盖导电处接触不良，会造成点火能量损失，使点火可靠性下降。分火头绝缘部分有裂纹、积污而漏电，会造成点火线圈点火能量损失，火花减弱，严重时会导致点火线圈高压完全不送入各缸高压分线，使发动机不点火。

5）火花塞故障，如火花塞积炭、积油；火花塞绝缘体起皱、破裂，电极烧蚀；火花塞间隙不当等，都会导致点火性能下降或根本不能点火。

6）点火系统低、高压线路和控制线路故障。低压线路短路、断路、搭铁，不能产生高压电；高压线脱落或漏电，不能传递高压电；控制线路短路或断路，则控制信号异常，导致点火系统失常。这些故障以及线路插头、插接器接触不良等都会导致发动机不点火或火花弱。

7）发动机 ECU 故障，导致点火系统异常甚至不点火。

8）点火不正时，会导致发动机不能发动。

（3）故障诊断 发动机不能发动的电控点火系统故障诊断可参照图 3-27 所示的点火电

路进行说明。但对于不同的点火系统，其故障诊断的方法和基本流程也会略有差异。

1）故障诊断的常用方法。

① 试火检查，以快速确认故障范围。方法是：拔出分电器上的中央高压线，使高压线端距发动机机体 5~10mm，再接通点火开关，起动发动机，看高压线端与机体间是否跳火。若有强烈的火花，说明故障在高压电路部分（分电器至各气缸的分火装置、高压线及火花塞），此时可分别对各缸进行试火检查确认具体故障所在。若无火花或火花很弱，则说明故障在点火线圈和点火控制系统（信号发生器、点火 ECU、点火器及有关传感器），应分别检查确认。

② 脉冲信号检查，以快速确认具体故障。若点火线圈的次级不能产生高压，则在发动机起动旋转时，用示波器或万用表检查相应的脉冲信号：检查传感器 G、Ne 有无标准的输出电压信号，如无，则表明点火信号发生器（G、Ne 传感器）有故障；如有，则正常。检查点火器输入端有无正常的点火触发信号，如无，则表明 ECU 或其连接线路有故障；如有，则为点火器或点火线圈故障。检查点火器输出端（接点火线圈初级绕组端）是否有标准的脉冲电压，如无，则表明点火器故障，如有，则故障在点火线圈。

③ 点火正时检查，以确保正常点火。若点火火花能量大，但发动机仍然不能发动，则需检查点火正时。点火错乱和点火提前角失准都属于点火不正时，都会导致发动机难以发动。

a. 检查点火是否错乱。对于有分电器的点火系统，检查各缸分压线排列是否符合点火顺序的要求，看是否插错，若插错，则点火错乱不正时，需修复。对于多缸独立点火系统，则不会存在点火错乱不正时，不需检查。

b. 检查点火提前角是否失准。用检测仪检查点火提前角，若点火提前角过大或过小，则故障可能是发动机转速与曲轴位置传感器安装不当、ECU 故障或与电控点火系统有关的传感器（节气门位置传感器、冷却液温度传感器、爆燃传感器、空气流量传感器、氧传感器等）失效，因为它们分别影响着初始点火提前角、基本点火提前角和修正点火提前角的大小。应找出具体故障部位，予以修复。

2）故障诊断的基本流程。发动机不能发动的点火系统故障诊断，可按图 3-28 所示的流程进行。

提示：对于不同的点火系统，其故障诊断的方法和基本流程也略有差异。

2. 发动机动力不足

（1）故障现象　发动机运转无力，加速不良，经检查其他系统工作正常，确定是点火系统故障。

（2）故障原因

1）点火过迟，导致动力不足，加速不良。

2）个别缸不工作，导致动力不足。

3）电子点火器性能不良，导致高压火花过弱，动力不足。

4）分电器盖脏污、破损、绝缘不良漏电，分电器盖导电处接触不良，分火头漏电，点火能量损失，导致点火可靠性下降，动力不足。

5）火花塞绝缘体破裂漏电，电极油污严重或积炭过多，电极间隙过大或过小，导致点火可靠性下降，动力不足。

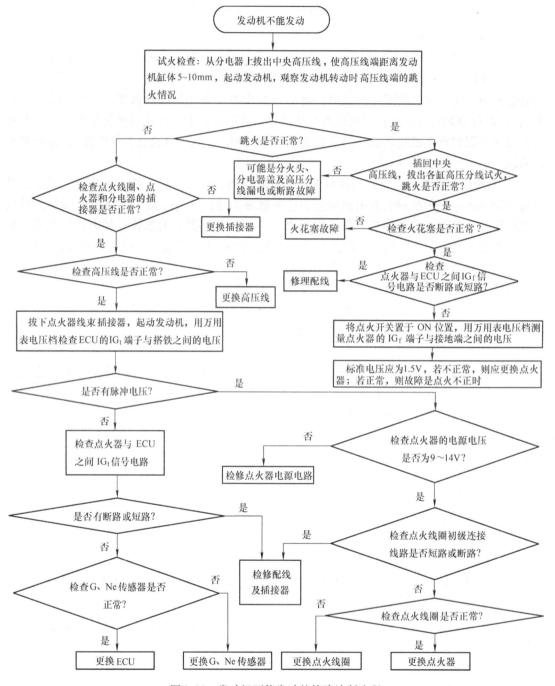

图 3-28 发动机不能发动的故障诊断流程

（3）故障诊断

1）检查点火正时。将汽车在平坦路面以最高档低速运行，当发动机冷却液温度达 80 ~ 90℃时，突然将加速踏板踩到底，若发动机瞬间不能发出"嘎、嘎、嘎"的突爆声，且车速提高不快、加速发闷，则说明点火过迟；加速时，发动机若有短促轻微的爆燃敲击声，瞬时声响又消失，则说明点火正时准确，可进行下步检查。

2）检查不工作气缸。在发动机怠速运转情况下，逐缸短路高压分线使其断火，观察发动机的反应。若断火时发动机转速没什么变化，则说明断火缸不工作，故障可能是该缸火花塞工作不良，或该缸高压线路存在漏电现象，此时可将不工作缸的高压分线从火花塞上拆下，距发动机机体 5～10mm 做跳火试验，若无火花，则说明故障在分电器或高压分线上，若有火花，则说明故障在火花塞。若各缸断火时发动机转速均有相当程度的下降，则进行下步检查。

3）检查高压点火能量。在分电器上拔出中央高压线，接通点火开关，起动发动机，对机体进行跳火试验，若火花弱，火花线细而暗，则说明点火能量不足，故障原因可能是点火线圈点火性能不佳，或者是电子点火器性能不良；若火花强，火花线粗，能听到较清晰的"叭、叭"声，则进行下步检查。

4）检查分压点火情况。插回中央高压线，使发动机运转，从火花塞端拔出高压分线做跳火试验，看火花强弱。若火花弱，则故障原因可能是分电器盖绝缘不良、分电器盖导电处接触不良、分火头及分压线漏电；若火花强，则故障在火花塞。

5）检查火花塞。拆下火花塞，查看火花塞技术状况，清除火花塞积炭、污物，更换漏电的火花塞。

第五节 燃油供给系统的检测与故障诊断

一、电喷汽油机燃油供给系统的检测

电喷汽油机的燃油压力和喷油控制信号可以反映燃油供给系统的技术状况。若燃油供给系统不能提供满足工况要求的供油量，则需对燃油供给系统的燃油压力和喷油控制信号进行检测。

1. 燃油压力的检测

在一定喷射条件下，混合气的浓度对来自供油压力的影响最为敏感，而供油压力的大小主要取决于燃油供给系统的压力，因此对燃油供给系统压力的检测是维修中必不可少的项目。同时通过检测发动机运转时燃油管路内的油压，可以判断电动燃油泵、燃油压力调节器有无故障，燃油滤清器是否堵塞等。燃油供给系统压力的检测方法如下。

（1）检测前的准备

1）松开燃油箱上的加油盖，释放燃油箱中的蒸气压力，并检查燃油箱内燃油量，确保燃油量正常。

2）释放燃油供给系统压力。方法是起动发动机，在发动机运转情况下拔下燃油泵继电器或其线束插接器，使发动机自行熄火，再起动发动机两三次，直到不能起动着火为止，然后关闭点火开关，接上燃油泵继电器或其线束插接器。

3）检查蓄电池电压，蓄电池电压应正常，然后拆下蓄电池负极搭铁线。

4）连接专用压力表（量程为 1MPa 左右）。有油压检测孔的可直接将油压表接在油压检测孔上，无油压检测孔时，可断开进油管，将三通管接头及油压表安装在系统管路中，如图 3-29 所示。

5）重新装上蓄电池负极搭铁线。

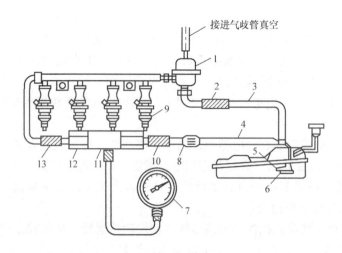

图 3-29　多点喷射系统燃油压力检测示意图

1—燃油压力调节器　2、10、13—软管　3—回油管　4—进油管　5—燃油泵　6—燃油泵滤网

7—油压表　8—燃油滤清器　9—喷油器　11—三通管接头　12—管接头

（2）燃油系统静态压力的检测

1）用导线在检测插座上短接电动燃油泵端子和电源端子。

2）打开点火开关而不起动发动机，使电动燃油泵运转。

3）检测油压，压力表读数即为系统的静态燃油压力。

4）关闭点火开关，拔掉电动燃油泵检测插座的跨接线。

燃油供给系统正常的静态油压约为 300kPa，若油压过低，应检查电动燃油泵工作是否正常、燃油滤清器是否堵塞、燃油压力调节器是否调整不当或损坏，并查看油路有无渗漏；若油压过高，应检查燃油压力调节器是否调整不当或损坏。

（3）发动机运转时燃油压力的检测

1）起动发动机，使发动机怠速运转。

2）检测油压，压力表读数即为发动机怠速运转的燃油压力。

3）缓慢踩下加速踏板，在节气门全开时检测油压，压力表读数即为节气门全开时的燃油压力。

4）发动机怠速运转，拔下燃油压力调节器上的真空软管，并用手堵住，再检测燃油压力。该压力应和节气门全开时的燃油压力基本相等，通常多点喷射系统压力约为 250～350kPa。

发动机运转时检测的燃油压力应符合标准。若测得的燃油压力过低，则应检查燃油供给系统有无泄漏，燃油泵滤网、燃油滤清器和燃油管路是否堵塞，若无泄漏和堵塞故障，应检查燃油泵及燃油压力调节器；若测得的燃油压力过高，应检查回油管路是否堵塞，真空软管是否破裂，若回油管路、真空软管正常，则应检查燃油压力调节器是否调整不当或损坏。

提示：由于不同车型燃油供给系统的燃油压力不尽相同，因此检测诊断时，其燃油压力标准应参阅各车型的维修手册。

（4）燃油供给系统保持压力的检测　发动机怠速运转的燃油压力检测结束后，使发动

机熄火，5min后再观察油压表指示的油压。此时的压力称为燃油供给系统的保持压力。若保持压力很低或等于零，则发动机难以发动或不能发动。

燃油供给系统保持压力一般应大于等于147kPa。若油压过低，则应检查燃油供给系统油路有无泄漏；若油路无泄漏，则说明燃油泵出油阀、燃油压力调节器回油阀或喷油器密封不良。

（5）燃油压力调节器保持压力的检测　当燃油供给系统保持压力低于标准值而怀疑是燃油压力调节器故障引起时，需检测燃油压力调节器保持压力。其检测方法如下。

1）用导线在检测插座上短接燃油泵端子和电源端子。

2）打开点火开关而不起动发动机，使燃油泵运转10s左右时间。

3）关闭点火开关，拔去燃油泵检测插座上的短接导线。

4）夹紧油压调节器回油管上的软管2（图3-29），堵住回油通道。

5）5min后观察油压表的压力，该压力即为燃油压力调节器的保持压力。

若燃油供给系统保持压力低于标准而燃油压力调节器保持压力又高于燃油供给系统保持压力，则说明燃油压力调节器回油阀有泄漏，应更换燃油压力调节器；若燃油压力调节器保持压力仍然与燃油供给系统保持压力相同，则说明燃油供给系统保持压力过低的原因可能是燃油泵、喷油器、油管有泄漏，应予以检查。

（6）燃油泵最大压力和保持压力的检测　当燃油供给系统的保持压力及运转压力低于标准值，而且怀疑是燃油泵故障引起时，需检测燃油泵的最大压力和保持压力。其检测方法如下。

1）夹紧通往喷油器的软管13（图3-29），堵死燃油的输出通道。

2）用导线在检测插座上短接电动燃油泵端子和电源端子。

3）打开点火开关而不起动发动机，使燃油泵运转10s左右时间，此时油压表指示的压力即为燃油泵的最大压力。

4）关闭点火开关，拔掉燃油泵检测插座上的短接线。

5）5min后再观察油压表的压力，此时油压表指示的压力即为电动燃油泵的保持压力。

车型不同，燃油泵的最大压力和保持压力标准也不一样。通常燃油泵的最大压力标准约为490~640kPa，保持压力应大于340kPa。若实测压力不符合标准，则应更换燃油泵。

（7）检测后的燃油供给系统装复　燃油供给系统压力检测完毕后，应按要求装复燃油供给系统，以保证发动机能正常工作，其步骤如下。

1）释放燃油供给系统的油压。

2）拆下蓄电池负极搭铁线。

3）拆下油压表。

4）重新装好油管接头。

5）接好蓄电池负极搭铁线。

6）进行燃油系统油压的预置。在检测插座上用导线短接燃油泵端子和电源端子，打开点火开关而不起动发动机，使油泵工作约10s，然后关闭点火开关，拆下跨接线。

7）检查油管各处有无泄漏。

2. 喷油控制信号波形的检测

在电控燃油喷射系统中，由于燃油压力调节器能够保持喷油压力恒定，因此从喷油器喷

出的燃油量取决于喷油器开启时间的长短，而开启时间的长短是由微机发出的喷油控制信号决定的。为了正确判断喷射系统基本喷油控制是否正常，各种传感器喷油量的修正控制（加浓补偿）是否良好，以及诊断 ECU 和喷油器的故障，有必要对喷油控制信号波形进行检测与诊断。

（1）喷油信号波形的检测　喷油器工作时的喷油信号波形，通常用发动机综合检测仪或汽车专用示波器来检测，其检测方法如下。

1）按照波形检测仪器操作使用说明书的要求，连接好波形检测仪器（图 3-30）。通常仪器带有专用插头与喷油器插接器相连。

2）起动发动机，使发动机稳定运转预热至正常温度。

3）打开检测仪器，按规定工况运转发动机，示波器则显示喷油器工作时的喷油信号波形和喷油脉宽，如图 3-31 所示。

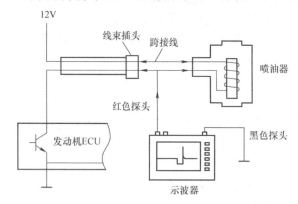

图 3-30　示波器与电控燃油喷射系统的连接　　图 3-31　电流驱动式喷油器喷油信号波形

（2）标准喷油信号波形　标准喷油信号波形是指电控燃油喷射系统工作正常时，喷油控制信号电压随时间变化的波形，它是不解体动态检测电控燃油喷射系统的诊断标准。喷油信号波形与喷油器的驱动方式有关，喷油器的驱动方式有电压驱动和电流驱动两种。

电压驱动式喷油器，其电控系统 ECU 对驱动喷油器的喷油脉冲电压进行恒定控制。在喷油器控制电路中，ECU 控制功率晶体管导通或者截止，导通时蓄电池电压加到喷油器电磁线圈上，喷油器喷油，截止时停止喷油，喷油器标准喷油信号波形如图 3-32a 所示。

电流驱动式喷油器，其电控系统 ECU 对驱动喷油器的电磁线圈电流进行调节控制。在电流驱动式控制电路中，功率晶体管除基本的开、关功能外，还具有限流功能。在基本喷油时间内，功率晶体管导通，驱动电流不受限制；在加浓补偿喷油时间内，控制其电流迅速下降到能维持喷油器处于全开状态的较小值，以免喷油器电磁线圈过热损坏。喷油器标准喷油信号波形如图 3-32b 所示。

图 3-32 标准喷油信号波形的有关描述如下。

A 线：喷油器关闭时的系统电压信号，通常为 12V。

B 线：喷油信号到达时刻，此时功率晶体管完全导通，电压迅速下降接近 0V，喷油器开始喷油。B 线应光滑、平顺、无毛刺，否则说明功率晶体管性能不良。

C 线：喷油器喷油，此时喷油器驱动电路处于饱和导通阶段，波形电压接近 0V，喷油器电磁线圈电流由零迅速上升至最大，喷油器针阀迅速全开喷油。该段波形对应的时间，对

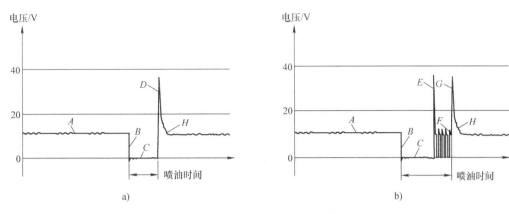

图 3-32　喷油器标准喷油信号波形

a）电压驱动式喷油器喷油信号波形　b）电流驱动式喷油器喷油信号波形

于图 3-32a 为喷油时间，对于图 3-32b 为基本喷油时间。在实际波形中，由于电流增加时喷油器电磁线圈产生感应电压的影响，C 线向右逐渐向上弯曲也属正常。若 C 线波形异常，则多是喷油器驱动电路搭铁不良引起。

D 线：喷油信号截止时刻，此时喷油器驱动电路断开，喷油结束，喷油器线圈因电流突变而产生感应脉冲电压。其电压尖峰高度与喷油器线圈匝数、喷油器电流有关，线圈匝数越多，电流变化越大，则尖峰电压越高，反之则尖峰电压较小。通常 D 处的峰值电压不应低于 35V。装有齐纳二极管保护线路的喷油器，尖峰的顶部应以方形截止，否则说明其峰值电压未达到齐纳二极管的击穿电压，可能是喷油器的电磁线圈不良。图 3-32a 中，从喷油开始信号 B 至喷油截止信号 D 所对应的时间就是电压驱动式喷油器的总喷油时间。

E 线：基本喷油时间结束线，同时也是电流限制起始线。由于在 E 时刻，喷油器针阀已达到最大开度，故只需小电流维持喷油器针阀开启，以便转入加浓补偿喷油期。此时，ECU 起动电流限制，减小驱动电路电流。由于电流的骤减，导致喷油器电磁线圈感应出较高的电压脉冲，其电压脉冲峰值通常与喷油器的阻抗成正比，约为 35V。

F 线：加浓补偿喷油期，此时喷油器处于电流限制模式状态，其功率晶体管在不停地截止与导通，使通过喷油器电磁线圈的电流约为 1A，喷油器针阀处于开启状态，喷油器进行加浓补偿喷油，所对应的时间为加浓补偿喷油时间。曲线中的电压与电源电压接近，若波形发生畸变，则表明喷油器功率晶体管不良。

G 线：喷油信号截止时刻，此时喷油器驱动电路断开，喷油器线圈因电流突变而产生感应脉冲电压，幅值约为 30V。图 3-32b 中，从喷油开始信号 B 至喷油截止信号 G 所对应的时间就是电流驱动式喷油器的总喷油时间。

H 线：喷油器针阀关闭，电压从峰值逐渐衰减到电源电压。

（3）喷油信号波形诊断　汽车示波器在显示喷油信号波形的同时，可以将喷油脉宽用数字显示，喷油脉宽是指喷油信号开始至喷油信号截止所经历的时间，该时间由 ECU 根据各种传感器输送的有关发动机的空气流量、进气歧管压力、转速、节气门开度、进气温度、冷却液温度等信号计算确定。喷油脉宽越宽，喷油量则越大。当检测的喷油脉宽与标准不同时，则表明喷射系统存在故障。人们往往通过改变发动机的工作状况、工作条件来观测喷油

信号波形的变化来诊断电控燃油喷射系统的故障，下面举例说明。

检测时，先将示波器的检测线通过专用插头与喷油器的插接器相连，让变速杆置于空档，再起动发动机，使发动机运转至正常工作温度，然后根据下列条件检查喷油信号波形。

1）在怠速、高速及加速时观察喷油信号波形。正常时喷油脉宽应随转速的提高、节气门的开大而相应增加，否则可能是喷油器、燃油喷射控制系统及氧传感器存在故障。

2）在高速稳定运转时，通过改变混合气浓度来观察喷油信号波形。当从进气管中加入丙烷使混合气变浓时，若喷油脉宽变小，以试图对浓混合气进行修正，则系统正常；当拔下发动机某一真空软管使混合气变稀时，若喷油脉宽延长，以试图对稀混合气进行补偿，则系统正常。若混合气浓度变化时，喷油脉宽没有变化，则可能是喷油器、燃油喷射控制系统及氧传感器存在故障。

3）让发动机在2500r/min下稳定运转，仔细观察喷油信号波形。若喷油脉宽在稍宽与稍窄之间来回变换，则说明喷油器工作正常，同时也说明燃油控制系统能使混合气在正常的浓、稀之间转换。若喷油脉宽毫无变化，则可能是喷油器、燃油喷射控制系统及氧传感器存在故障。

发动机在怠速工况检测喷油信号时，其总喷油脉宽变化甚微，这对准确判断ECU的加浓补偿功能具有难度。因此，较好的检测方法是按需要确定发动机的运行工况，或在底盘测功机上模拟运行工况来检测喷油信号，这样可以有效地对ECU的喷油补偿功能进行全面检测，有利于对电子控制喷油系统的控制作用做出正确判断。

二、电喷汽油机燃油供给系统的故障诊断

1. 喷油器故障诊断

（1）故障现象　喷油器工作不良或不工作，导致发动机运转不良甚至熄火。

（2）故障原因　根据喷油器的结构（图3-33a）和驱动电路（图3-33b）分析，其故障的可能原因如下。

1）喷油器线路插接器或连接线路接触不良，导致喷油器不喷油。

2）喷油器电磁线圈断路或短路，导致喷油器不喷油。

3）喷油器针阀胶结、喷油器针阀密封不严，导致喷油器滴油，工作不正常。

4）喷油器针阀口积污，使喷油量减少或喷射角度过小，导致发动机动力性下降。

5）发动机ECU及燃油控制系统故障，使喷油信号失准，导致发动机工作异常。

（3）故障诊断　当发动机运转不良而怀疑是个别气缸喷油器不工作或喷油器性能变差引起时，可进行下述检测诊断。

1）检查喷油器的工作状态。发动机怠速运行时，用手触摸（图3-34a）或用听诊器检查喷油器工作时的振动或声响，以判断喷油器电磁阀是否动作。若感觉有振动或能听到电磁阀动作的声响，则可初步判断喷油器可以工作，但不能确定其性能是否良好；若喷油器无振动或声响，则说明该喷油器不工作。

2）检查喷油器电路。若发动机运转时某缸喷油器无振动或声响，则检查该缸喷油器的线路有无断路或短路故障。若线路正常而喷油器不能工作，则说明该喷油器有故障。

3）检查喷油器电阻。断开点火开关，拔下喷油器的插头，用万用表电阻档测量喷油器线圈的电阻值（图3-34b）。低阻型喷油器的电阻值一般为2~3Ω，高阻型喷油器的电阻值

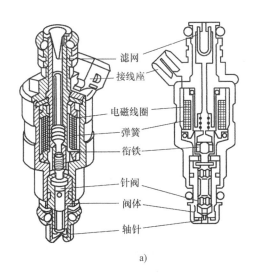

a)

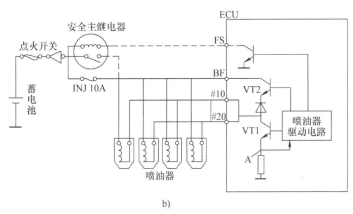

b)

图 3-33　喷油器及其驱动电路

a）喷油器结构　b）喷油器驱动电路

一般为 13～18Ω。检测时，应对照相关标准诊断。若测得的电阻值为无穷大，则说明喷油器电磁线圈有断路故障；若测得的电阻值过大或过小，则说明喷油器电磁线圈或内部线路连接有故障。喷油器电磁线圈存在故障时，应更换喷油器。

4）检查喷油器性能。主要是检查喷油器的喷油量、喷油状况和密封性能，这些检查可通过专用的喷油器检测仪进行，当无喷油器检测仪时，可用下述方法进行检查。

① 将需检查的喷油器拆下，装上检查专用的软管及其连接头，把喷油器、压力调节器和油管用连接头和连接卡夹连接好，将喷油器喷口置入量筒中（图 3-34c）。

② 用跨接线将蓄电池正极与燃油泵继电器的燃油泵接线端子连接，使电动燃油泵工作。

③ 给喷油器电磁线圈施加蓄电池电压，高阻型喷油器可以直接将 12V 电压施加到喷油器上（图 3-34c），而低电阻型喷油器需用专用的接线器或串入一个 5～8Ω 的电阻。

④ 检测喷油器的喷油量。记录在规定时间内喷入量筒的燃油量，若喷油量小于规定值，说明喷油器堵塞。清洗喷油器之后重复测试，若仍不能达到标准，则应更换喷油器。用同样的方法，测量其余各缸喷油器，若各喷油器之间的喷油量差值超过标准，则需清洗或更换喷

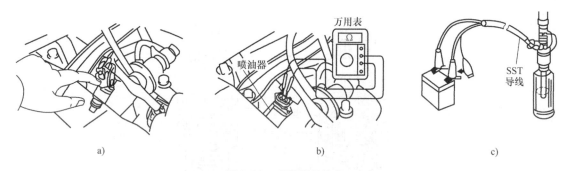

图 3-34 喷油器的检查

a) 检查喷油器状态　b) 检查喷油器电阻　c) 检查喷油器性能

油器。

⑤ 检测喷油器的喷油状况。察看喷油器喷入量杯的油束形状，若喷油器油束均匀，并呈圆锥形，其锥角在 10°~40° 范围，则说明喷油器的喷油性能良好。否则，应更换喷油器。

⑥ 检测喷油器的密封性能。将喷油器的电源断开，使喷油器停止喷油，观察喷油器的喷嘴，若在 1min 内滴油少于一滴，则说明喷油器的密封性能良好。否则，应更换喷油器。

5）检查喷油器的信号波形。有条件时可用示波器对喷油器的工作波形作进一步检查，利用示波器的计算功能，测量不同转速和负荷下喷油器的喷油时间，并与标准值比较，以判断喷油器是否存在故障。同时，将实测的喷油器波形与标准波形比较，可以快速诊断喷油器、ECU 以及燃油控制系统的故障。

2. 电动燃油泵故障诊断

（1）故障现象　电动燃油泵工作不良或不工作，导致燃油供给失常，致使发动机运转不良或者发动机根本无法起动。

（2）故障原因　根据电动燃油泵的结构原理（图 3-35）分析，其故障的可能原因如下。

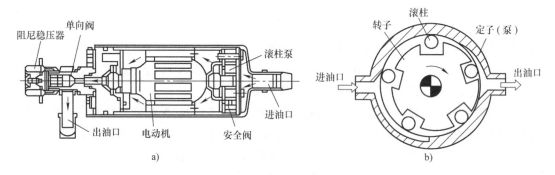

图 3-35 滚柱式电动燃油泵

a) 结构　b) 原理

1）燃油泵电动机烧坏、内部电路接触不良，电动机转子机械卡死，导致燃油泵不工作。

2）燃油泵磨损严重、安全阀泄漏或弹簧失效，导致燃油供给系统供油量不足，燃油供给系统压力下降。

3）燃油泵单向阀泄漏，导致燃油供给系统保持压力过低或为零，使发动机熄火后起动困难。

（3）故障诊断　电动燃油泵故障的诊断步骤如下。

1）检查电动燃油泵的工作状态。就车检查方法如下。

① 打开燃油箱盖。

② 打开点火开关（不起动发动机），在燃油箱口处倾听有无电动燃油泵运转的声音。如在打开点火开关后，能听到电动燃油泵运转 3~5s 后又停止，则说明电动燃油泵可以工作，此时可进入步骤 2）。若打开点火开关后听不到电动燃油泵运转的声音，则进行下步检测。

③ 用跨接线将蓄电池正极与燃油泵继电器的燃油泵接线端子 F_p 短接，如图 3-36 所示。此时，若在燃油箱盖处没听到任何声响，或用手触摸燃油管无油压脉动感，则说明电动燃油泵有故障，可进入步骤 3）；若能听到电动燃油泵运转的声响，或能感觉到油压脉动，则说明电动燃油泵可以工作，但不能确定其性能是否良好，需进入步骤 2）检查。

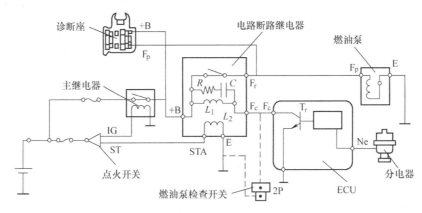

图 3-36　电动燃油泵控制电路

2）检查电动燃油泵的性能。按图 3-29 连接专用油压表，按前述检测燃油泵压力的方法检测电动燃油泵的最大压力和保持压力。若其最大压力和保持压力符合原车标准，则说明燃油泵工作正常，性能良好；若燃油泵最大压力低于原车标准，则说明燃油泵磨损严重、安全阀泄漏或弹簧失效，应更换燃油泵；若燃油泵保持压力低于原车标准，则说明燃油泵单向阀泄漏，应更换或修复燃油泵。

3）检查电动燃油泵电动机的电阻。拔下电动燃油泵插接器端子，用万用表测量电动燃油泵插接器两端子 F_p 与 E 之间的电阻，其电阻值一般在 $0.5~3\Omega$ 之间。若电阻值不符，则说明燃油泵电动机有线圈短路、断路或电刷接触不良的故障，应更换燃油泵；若电阻值符合标准，但通电又不工作，则说明燃油泵电动机转子机械卡死，应更换电动燃油泵。

3. 燃油压力调节器故障诊断

（1）故障现象　燃油压力调节器工作不良，使燃油供给系统油压过高或过低，混合气过浓或过稀，导致发动机性能下降。

（2）故障原因　根据燃油压力调节器的结构原理（图 3-37）分析，其故障的可能原因如下。

1）燃油压力调节器膜片破裂，导致燃油供给系统漏油，使喷油器无法工作。

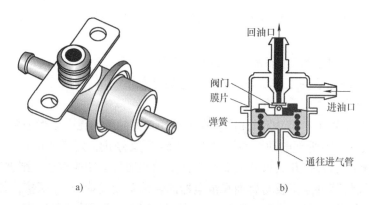

图 3-37　燃油压力调节器

a）结构　b）原理

2）燃油压力调节器回油阀密封不严，导致燃油供给系统泄漏，使燃油供给系统保持压力过低或为零，发动机起动困难。

3）燃油压力调节器弹簧失效或调节不当，使燃油供给系统压力失准，导致喷油器喷油量过多或过少，发动机不能正常工作。

（3）故障诊断

1）直观检查。检查燃油压力调节器有无外部漏油迹象，若有，应更换燃油压力调节器。检查连接燃油压力调节器的真空管有无破裂，若有，应更换其真空管。

2）检查燃油系统压力，并结合下列方法诊断燃油压力调节器是否良好。

① 当燃油供给系统压力过高时，先对系统卸压，然后拆下燃油压力调节器上的回油管，套上适当的容器，起动发动机（约3s），观察燃油压力调节器回油管。若回油少或无回油，则说明燃油压力调节器不良，可能是燃油压力调节器弹簧弹力过大或失效，应重新调整或更换燃油压力调节器。

② 当燃油供给系统压力过低时，先起动发动机使其怠速运行，然后夹住回油软管，若油压立即上升至400kPa以上，则说明燃油压力调节器不良，可能是燃油压力调节器弹簧弹力过小或失效，或回油阀密封不严，应重新调整或更换燃油压力调节器。

③ 起动发动机使其怠速运行，当拔去燃油压力调节器上的真空管后，油压应上升50kPa左右，否则说明燃油压力调节器不良，应予以检修或更换。

3）检查燃油供给系统保持压力，若压力过低或为零，而燃油泵、喷油器及系统管路无故障，则说明燃油压力调节器的回油阀密封不严，此时应更换燃油压力调节器。

第六节　润滑系统的检测与故障诊断

一、润滑系统的检测

汽车在使用过程中，若发动机润滑系统的机油压力变化异常、机油品质变坏过快、机油消耗量增加过多，则表明润滑系统工作不正常，存在故障。因此，通过机油压力、机油品质变化程度和机油消耗量的检测可以评价润滑系统的工作状况。

1. 机油压力的检测

机油压力值通常根据汽车仪表板上的机油压力表或油压信号指示灯显示而测得。常用的检测方法是，当打开点火开关时，机油压力表指针指示为"0"，如装有机油压力信号指示灯则灯亮；发动机起动后油压信号指示灯在数秒内熄灭，机油压力表则显示某一较高数值，并随发动机温度升高而逐渐指示正常。正常情况下，发动机在常用转速范围内，汽油机机油压力应为 196～392kPa，柴油机机油压力应为 294～588kPa。

机油压力是发动机润滑系统的重要诊断参数。机油压力的大小，取决于机油的温度、黏度，机油泵的供油能力，限压阀的调整，机油通道和机油滤清器的阻力以及曲轴主轴承、连杆轴承和凸轮轴轴承的间隙等。机油压力过高或过低，均属不正常状况，如发动机机油压力在中等转速下低于 147kPa，在怠速下低于 49kPa，则发动机应停止运转，进行检查。

2. 机油品质的检测

在机油使用过程中，由于杂质污染、燃油稀释、高温氧化、添加剂消耗或性能丧失等原因，其品质会逐渐变坏。这将导致发动机润滑性能变差、磨损加剧，甚至引发严重机械故障，因而应加强对发动机机油品质变化程度的定期检测，实行按质换油，以保证发动机良好润滑。更为重要的是，通过对机油品质的检测，可分析并监控发动机技术状况的变化。

（1）用机油不透光度分析仪检测

1）检测原理。机油在使用过程中，会逐渐变黑。机油污染程度越大，变黑的程度就越大，光线通过变黑油膜的能力就越差。机油不透光度分析仪就是通过测量机油膜的不透光度来间接检测机油污染程度的。

机油不透光度分析仪的结构原理如图 3-38 所示。稳压电源为光源和电桥电路提供稳定的电压，玻璃油池用来放置油样，光源发出的光通过油样传给光敏电阻，光敏电阻作为电桥的一个桥臂用来接收透光信号，电桥电路用来检测信号并输给直流放大器，直流放大器用来放大检测信号并传输给电流表即透光度表，透光度表用来指示检测结果。透光度表采用百分刻度，指针"0"用标准干净机油标定，指针80%用污染程度达到极限允许值的机油标定。有的透光度表用 3 种颜色大致表示污染范围：红色表示换油区，黄色表示可用区，绿色表示良好区。

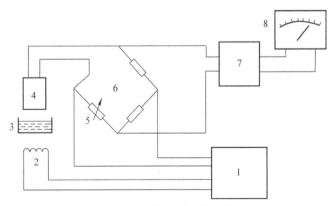

图 3-38　机油不透光度分析仪结构原理图

1—稳压电源　2—光源　3—试样油池　4—光敏电阻　5—可调电阻　6—电桥　7—直流放大器　8—透光度表

由于被试机油的透光度与标准干净机油不同，因此，检测被试机油时，其照在光敏电阻上的光线强度就会发生变化，因而光敏电阻的阻值也随之变化，从而使电桥失去平衡

产生输出信号，并通过直流放大器在透光度表上显示透光度值，该值即表示机油的污染程度。

2）检测方法。

① 开启检测仪并预热。

② 在试样油池中放入适量的标准油样（被测油的新油），调整可变电阻使电桥处于平衡，使透光度表指示为"0"。

③ 将新油擦掉，换入需要测试的适量机油。

④ 按下测试按钮，仪表即显示指示值。

⑤ 重复测量3次，以平均值作为检测结果。

3）检测分析。仪表指示值越大，说明机油污染越严重。当指针指向 0～80% 时，机油可继续使用；当超过80%时，机油必须更换。

机油不透光度分析仪检测的特点是方法简单，使用方便，但测量精度较差，使用范围较窄，而且不能测出机油添加剂的残留物，以及机油中杂质的成分。

（2）用机油介电常数分析仪检测

1）检测原理。机油介电常数分析仪是根据电容与介电常数的关系来间接检测机油污染程度的，其关系式为

$$C = \varepsilon S/d \tag{3-9}$$

式中　C——电容（F）；

S——板极间相互覆盖的面积（m^2）；

d——板极间的距离（m）；

ε——介电常数。

机油是电介质，有一定的介电常数，其值取决于机油中的添加剂和存在的污染物。清洁机油不含污染物，有较为稳定的介电常数；而当机油污染时，其介电常数则发生变化。当板极间面积和距离一定而电介质为机油时，则电容值随机油的介电常数而变。因此，通过测量其电容值的变化就可确定机油的污染程度。介电常数的大小还与机油中存在的一些污染物的相对浓度成比例，因此，还能根据机油污染物对介电常数的变化效应来分析机油变质的主要原因。

RZJ－2A 型机油质量微电脑检测仪是一种典型的机油介电常数分析仪，它的外形如图 3-39 所示，其传感器为安装在油槽底部的螺旋状电容。检测时，机油作为电介质。当机油污染后，其介电常数发生变化引起该电容值变化，传感器将这一变化通过专用数字电路变成数字信号，送入微机处理并与参考信号比较。当显示为零时，表明所测机油无污

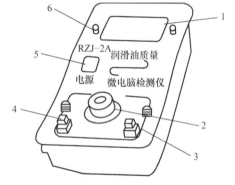

图 3-39　RZJ－2A 检测仪面板示意图

1—数字显示屏　2—机油传感器
3—清零按键　4—测量按键
5—电源开关　6—固定螺钉

染；当显示不为零时，表明所测机油有污染；显示值越偏离零值，表明机油污染程度越大。

2）检测方法。

① 开启检测仪并预热。

② 用脱脂棉清洁传感器油槽，再将 3～5 滴与被测机油同牌号的新机油置入传感器油槽中，使机油与油槽边沿平齐，2～5s 后机油扩散完毕，轻轻按一下"清零"按键，约 2s 后清零，显示"±00.00"。

③ 清零 4s 后擦掉新油，彻底清洁传感器油槽，保持清洁、干燥，并将 3～5 滴被测机油置入传感器油槽中。

④ 当被测机油均匀扩散完毕（约 2～5s）后，按一下"测量"按键，显示屏则显示综合测量值。

⑤ 重复测量 3 次，以平均值作为检测结果。

注意：

被测机油油样应在发动机达到正常工作温度后停机 5min 内，从发动机油底壳内提取；新机油油样也应加热到这一温度。

3）检测分析。机油稍有污染，可继续使用。当综合测量值较大，达到或超过换油标准时，说明机油污染严重，应更换发动机机油。综合测量值的换油标准：汽油机机油为 4.2～4.7，柴油机机油为 5.0～5.5。

（3）用滤纸油斑试验法检测　机油品质可用机油中污染物含量和清净分散能力来评价。机油中污染物含量越低、杂质越少，则机油的污染程度就越小；机油的清净分散能力越强，则机油能从发动机内零件表面分散、疏松、移走积炭和污物等有害物质，使其不致沉积的能力就越强，机油品质就越好。用专用滤纸油斑试验法能很好地评价机油的污染物程度和清净分散能力。

1）滤纸斑点分析法。滤纸斑点分析法是通过比较在用机油与新机油在滤纸上扩散的斑点图形，来判定在用机油的清净分散能力及污染程度的。

从发动机正常热工况下取出油样，用规定尺寸的滴棒把第 3 或第 4 滴机油滴在专用滤纸上，油滴将经纸内多孔性孔隙向外延伸，2～3h 后油滴就在滤纸上形成了斑痕。根据油膜层流理论，在机油向外扩散时，随着油膜厚度减薄，能够携带的杂质颗粒尺寸减小；根据机油清净分散剂性能的不同，油滴携带杂质向外扩散的程度也不一样。因此，油滴扩散的斑痕特征，可以代表机油中杂质颗粒的分布情况以及清净分散能力。

图 3-40 为在用机油通过油斑试验得到的滤纸斑点图形。它一般分成三个区域，即中心区、扩散区和油环区。中心区亦称沉积区，为深色的核心圆状，是沉积机油内粗颗粒杂质的区域；扩散区为浅色的环形区，是悬浮在机油内的细颗粒杂质向外扩散时留下的痕迹；油环区为半透明区，是机油最后扩散形成的痕迹。

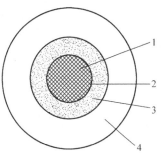

图 3-40　滤纸油斑示意图
1—中心区　2—圆带
3—扩散区　4—油环区

从上述油斑可以看出，若机油中杂质粒度小，清净分散剂性能良好，则杂质颗粒就会扩散较远，中心区与扩散区的杂质浓度及颜色深浅程度差别较小；若机油中杂质粒度大，清净分散剂性能丧失，则杂质就集中在中心区，中心区与扩散区的杂质浓度和颜色深浅程度差别较大。因此，油斑中心区的色度可粗略表示机油的污染程度，色度越深，则污染越重；油斑扩散区的宽度则反映机

油的清净分散能力，扩散区越宽，则机油清净分散能力越好，若无扩散区，则说明机油中清净分散剂已消耗殆尽；而油环区的颜色代表了机油的氧化程度，从明亮、浅黄到深褐，反映的是氧化加深的程度。

将被测油滴的滤纸斑点图与新机油标准斑点图谱进行对比分析，即可对在用机油的品质做出定性的判断。清洁机油具有色彩明亮、均匀一致的斑痕；可用机油具有油环区明亮、扩散区较宽的斑痕；污染严重的机油具有中心区深黑、扩散区狭窄的斑痕。

提示：滤纸斑点分析法简单、快速，适合现场作业，但它只能粗略分析机油品质，无法实现定量分析。

2）清净性分析法。清净性分析法是通过检测滤纸斑点图形的中心区和扩散区杂质浓度分布情况，来定量表示机油的清净分散能力及污染程度的。

机油的清净分散能力可用清净性质量系数 K 来反映。设中心区杂质平均浓度为 δ_1，扩散区杂质平均浓度为 δ_2，则机油的清净性质量系数可用下式表示

$$K = \frac{2\delta_2}{\delta_1 + \delta_2} \tag{3-10}$$

不同的 K 值表示机油清净分散性或污染度不同。当 $K = 0$ 时，$\delta_2 = 0$，说明油滴无扩散区，表示机油的清净分散性为零，机油的清净分散能力完全丧失；当 $K = 1$ 时，$\delta_1 = \delta_2$，说明油滴杂质能扩散到较远处，表示机油的清净分散性极好。K 越大，表明机油清净分散能力越强，机油污染、老化程度越轻，机油中杂质越少。

由于滤纸斑点中心区和扩散区的杂质浓度难以直接测量，实际中是利用机油清净性分析仪检测两区域的不透光度来间接测取清净性质量系数 K，其检测原理如图 3-41 所示。检测时，将油滴扩散终了并烘干后的滤纸放在检测仪测试平台上压紧，光电池制成的传感器正对油斑，光源发出的光线透过油斑滤纸照在光电池上，光电池产生的电压经放大处理后在显示器上显示检测结果。

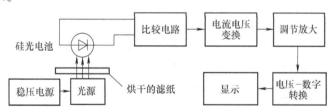

图 3-41　机油清净性分析仪测试原理框图

研究表明：滤纸油斑的杂质浓度与不透光度成正比，也即杂质浓度越高，其透光性越差。若测得油斑中心圆核的不透光度为 N_1，与圆核等面积的油斑扩散区的不透光度为 N_2，则按下式可测得机油清净性质量系数 K

$$K = \frac{2N_2}{N_1 + N_2} \tag{3-11}$$

由式（3-11）看出，当油斑中心区不透光度 N_1 远大于同面积扩散区的不透光度 N_2 时，K 值很小，说明机油中的杂质大部分集中在中心区，机油的清净分散性已变得很差，这种机油污染老化严重；当 $N_2 = 0$ 时，$K = 0$，说明机油已无清净分散能力；当中心区和扩散区的不透光度无差别时，$K = 1$，说明机油的清净分散性最好。

提示：利用机油清净性分析仪检测滤纸油斑时，油斑的不透光度越小，则表示机油污染程度越小；K 值越大，则表示机油的清净分散性越好。

（4）用经验法检查 将发动机预热停机后，等待几分钟。用擦净的油尺插入曲轴箱再取出，以油尺上的机油滴为研究对象，看机油是否变质、含水、变色、变稀或杂质过多。若油滴呈乳浊状并有泡沫或含黄白色乳化油膜，则说明机油中含水量极高；若油滴表面颜色暗淡，甚至完全失去光泽或颜色很深，说明机油内的抗氧化添加剂失效，机油已氧化变质；若油滴有汽油味，说明机油里已混入汽油，机油被稀释。

用手指捻机油，可简单检验机油的品质。用油尺滴一滴机油在食指、拇指间，两指头搓捏，若有细粒感，说明机油含杂质多；两指头分开，油丝长度若大于 3mm，表明黏度过大；两指头搓捏若无滑腻感，手指分开后油丝长度小于 2mm，说明机油被冲得过稀，黏度太小。

3. 机油消耗量的检测

机油消耗量过大，不仅表明润滑系统的工作环境恶劣，而且还可反映发动机的曲柄连杆机构、配气机构等部件磨损严重。因此，有必要对发动机的机油消耗量进行检测。目前常用的检测方法是油尺测定法和质量测定法。

（1）油尺测定法 测试前，汽车置于水平地面，预热后停机，将机油加至油底壳规定的液面高度，然后在油尺上清晰地划上刻线，以记住这一油面位置。其后汽车投入实际运行，当汽车行驶若干里程后，停止运行，仍置汽车于原地点，按原测试条件，向油池内加入已知量（质量或体积）的机油，使油面仍升至油尺上的原刻线，所加油量即为机油消耗量，此时再根据汽车行驶的里程即可算出每 1000km 所消耗的机油量。

（2）质量测定法 预热发动机至正常温度后停机，在水平路面上打开油底壳的放油螺塞，放出油底壳内机油，至机油由流变成滴时，拧上油底壳的放油螺塞，然后将已知质量的机油加入油底壳至规定的液面，使汽车投入实际运行。汽车行驶若干里程后，按同样的测试条件，放出油底壳内的在用机油，至机油由流变成滴时，拧上油底壳的放油螺塞，并称出其质量。加入和放出的机油质量之差即为机油消耗量，此时再根据汽车行驶的里程即可算出每 1000km 所消耗的机油量。

注意：

当机油消耗量过多时，说明发动机技术状况变差，应查明原因；当机油消耗量严重超标，如每 1000km 超过 1.5L 时，则应大修发动机。

二、润滑系统常见故障的诊断

1. 机油压力过低

（1）故障现象 发动机在正常温度和转速下工作时，机油压力表指示压力低于规定值，或油压警告蜂鸣器报警、油压警告灯点亮。

（2）故障原因

1）油底壳内机油不足。

2）机油黏度小，不符合要求。

3）限压阀技术状况不良或调整不当。

4）机油泵磨损严重，使供油压力过低。

5）机油集滤器滤网堵塞。

6）机油管接头松动或油管破裂。

7）机油粗滤器堵塞且旁通阀不能正常开启。

8）曲轴主轴承、连杆轴承、凸轮轴轴承间隙过大。

9）机油压力表及其传感器失效，或油压警告装置失效。

（3）故障诊断

1）检查机油量是否不足。拔出油尺检查油面高度，如过低应及时加机油。若正常，则进行下步检查。

2）检查机油黏度是否过小。用拇指和食指捻少许机油，两指拉开，两指间应有2～3mm的油丝，否则说明机油黏度过小或过大，使密封性变差，导致机油压力过低。若机油黏度正常，则进行下步检查。

3）检查油道的出油状况。拆下机油压力传感器，短时间起动发动机，若机油喷出量多而有力，则故障原因是油压传感器及机油压力表失效，或油压报警装置失效，可用新配件进行替换来确诊故障；若机油喷出量少而无力，则进行下步检查。

4）检查机油滤清器。查看粗滤器滤芯是否脏污堵塞严重，粗滤器旁通阀是否堵塞不能开启，如有故障，则更换滤芯或机油滤清器，再进行试车检查，此时若机油压力正常，则说明原滤清器堵塞了油路；若机油压力仍低，则进行下步检查。

5）检查机油限压阀。如机油限压阀安装在发动机外表，则直接拆检限压阀，必要时更换限压阀元件，并重新调整限压阀后进行试车，若机油压力正常，则说明限压阀技术状况不良或调整不当；若机油压力仍低，则故障原因可能是机油泵磨损严重，集滤器滤网堵塞，机油管路泄漏，曲轴主轴承、连杆轴承、凸轮轴轴承的间隙过大，这些可在拆除油底壳后进行确诊。如机油限压阀在发动机内部，则限压阀的检查调整也需拆除发动机油底壳。

2. 机油压力过高

（1）故障现象　发动机在正常温度和转速下工作时，机油压力表指示压力超过规定值。

（2）故障原因

1）机油黏度过大，不符合要求。

2）限压阀技术状况不良或调整不当。

3）气缸体内通往各摩擦表面的分油道堵塞。

4）发动机曲轴主轴承、连杆轴承、凸轮轴轴承间隙过小。

5）机油压力表或机油压力传感器不良或失效。

（3）故障诊断

1）检查机油的黏度。拔出机油尺用手捻试机油，凭经验判断机油黏度的大小，若黏度过大，则更换机油。若黏度正常，则进行下步检查。

2）检查机油压力表及其传感器。外表查看是否正常，必要时换用新机油压力表及传感器，然后，再运转发动机看机油压力是否正常。若机油压力正常，则说明原机油压力表或机油压力传感器失效；若机油压力仍高，则进行下步检查。

3）检查机油限压阀。如机油限压阀安装在发动机外表，则直接拆检限压阀，必要时更换限压阀元件，并重新调整限压阀后进行试车，若机油压力正常，则说明限压阀技术状况不良或调整不当；若机油压力仍高，则故障原因可能是缸体内通往各摩擦表面的分油道堵塞，

对于新车或刚大修的发动机，可能是主轴承、连杆轴承和凸轮轴轴承的间隙过小。如机油限压阀在发动机内部，则限压阀的检查调整需要拆除发动机油底壳。

3. 机油消耗过多

（1）故障现象　机油消耗率超过正常值，达 1.5L/1000km 以上。

（2）故障原因

1）活塞与缸壁磨损严重，间隙过大。

2）活塞环装配不当，如锥面环、扭曲环上下方向装反，活塞环安装时有对口现象。

3）活塞环的端隙、背隙及边隙过大，活塞环弹力不足。

4）气门导管磨损过甚，气门杆油封损坏。

5）曲轴箱通风不良。

6）油底壳、气门室盖漏油，润滑系统有关部件向外部渗漏。

7）气压制动汽车的空气压缩机活塞与其缸壁间隙过大。

（3）故障诊断

1）检查发动机外部是否漏油。查看发动机外部有无漏油痕迹，重点检查主要漏油部位，如发动机前后油封、发动机气缸盖罩、气门室盖、油底壳衬垫等多处是否有机油渗漏，如漏油，则故障为密封不良或油封和衬垫损坏。若无外漏，则进行下步检查。

2）检查曲轴箱通风装置。若曲轴箱通风系统技术状况不佳、曲轴箱通风不良，则曲轴箱内气体压力和机油温度会升高，容易造成机油渗漏、蒸发，甚至进入气缸燃烧，使机油消耗过多。若正常，则进行下步检查。

3）检查发动机排烟。发动机工作时，若排气管明显地冒蓝烟，则说明机油进入燃烧室参与了燃烧。当发动机高速运转或急加速时，排气管大量冒蓝烟，同时机油加注口也向外冒蓝烟，则说明活塞、活塞环与气缸壁磨损甚，或者活塞环的端隙、边隙、背隙过大，弹力不足，或者活塞环卡死、开口转到一起有对口现象，或者锥面环、扭曲环方向装反易产生泵油作用，使得机油容易窜入燃烧室。当发动机大负荷运转时，排气管冒蓝烟而机油加注口不冒烟，则表明气门导管磨损过甚，气门杆油封损坏，易使机油被吸入燃烧室。

4）对于采用气压制动的汽车，当松开湿储气筒放水排污开关后，若发现伴有大量油污排出，则表明空气压缩机的活塞、活塞环与气缸壁磨损过甚，导致大量机油在此泵出。

第七节　冷却系统的检测与故障诊断

一、冷却系统的检测

1. 冷却系统密封性能的检测

现代汽车发动机普遍采用压力循环水冷系统，这种系统长期使用后，其密封性变差，会导致冷却液渗漏。密封性检测就是针对冷却系统渗漏的。冷却液渗漏分为外部渗漏和内部渗漏：外部渗漏是指冷却液在密封不严处直接渗漏到发动机外部，常见的渗漏部位有冷却系统各软管接头、散热器及其盖阀、冷却液泵及其密封垫等；内部渗漏是指冷却液通过冷却液道的裂纹或密封不严处直接渗漏到发动机内部油底壳或燃烧室，常见的渗漏部位有缸体、缸盖裂纹处，气缸垫密封处等。当发动机冷却液过少而导致过热时，应检查冷却系统的密封性。

（1）直观检查

1）检查外漏。大多数冷却液着成黄色或绿色，若有泄漏，则容易观察外漏痕迹。

① 停机时直观检查冷却系统各部件有无冷却液渗漏的痕迹，主要查找冷却系统各软管接头、散热器及其盖阀、冷却液泵及其密封垫等。

② 在发动机中等转速运转时，观察有无冷却液滴漏现象，此时冷却液带有一定压力，更易泄漏。

提示：应特别注意散热器盖及其密封垫的检查，若其密封性差，则发动机工作时易使冷却液蒸发逸出或汽车摇晃造成冷却液洒出损失。

2）检查内漏。

① 停机拔出油尺观察，若发动机机油成白色或有水泡，则说明冷却液内部渗漏严重。

② 运转发动机，用手掌心迎向排气管的排气，若手掌心附着有水雾，则说明冷却液有内部渗漏。

③ 拆下散热器盖，使发动机运转，查看加液口处是否有高温气体涌出或有大量气泡，若有，则说明冷却液内部渗漏。

（2）压力试验　在发动机不工作时，按图 3-42 所示的方法，将发动机冷却系统压力试验仪装到散热器加液口上，并保持密封状态。然后用试验仪的手动泵向散热器内加压至 100kPa。此时观察压力表：若压力表指针保持不动，表明冷却系统密封良好，无冷却液渗漏；若压力表指针缓慢回落，表明冷却系统密封不良，冷却液有轻微渗漏；若压力表指针迅速回落，表明冷却液严重渗漏。

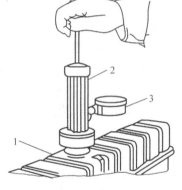

图 3-42　冷却系统压力试验
1—散热器　2—冷却系统压力试验仪
3—压力表

注意：

给系统加压时，压力不要超过 100kPa，以免损坏冷却系部件。

当压力下降时，没有发现任何外部渗漏，可以将发动机运转至正常工作温度后，再装上压力试验仪加压至 48kPa，并使发动机怠速运转，观察压力表，若压力上升，则表示冷却系统有内部渗漏。

压力试验时，还可用冷却系统压力试验仪对散热器盖的蒸汽阀、空气阀开启压力进行检查，若散热器盖阀的开启压力不符合标准，则应更换散热器盖。

2. 电动风扇及温控开关的检测

采用电动风扇的发动机冷却系统，冷却风扇驱动电动机很多是受温控开关控制的。这种风扇一般有两档转速：冷却液温度高时，风扇转速快；冷却液温度低时，风扇转速慢，甚至停转。

（1）电动风扇高温不转的检查

1）停机后用手转动风扇，若运转正常，说明无机械故障。

2）若冷却液温度很高（100℃）但风扇不转，应检查熔断器。若熔断器完好，则应停机检查温控开关和电动机的功能。

3）直接连接温控开关接插件内的 12V 电源线和电动机接线，可判断出温控开关及电动

机的好坏。若这两接线连接后风扇开始运转，说明电动机功能正常；若在高温时接上温控开关接插件后风扇仍不转，则说明温控开关损坏，应换用新件。

（2）温控开关功能的检测 温控开关检测的主要内容为电动风扇低、高速时的导通及断开温度是否符合要求。下面以桑塔纳轿车为例说明其检测方法。

将电动风扇的温控（热敏）开关放入加热的水中，改变水温，用万用表测量温控（热敏）开关的导通及切断，用温度计测量开关导通及切断时的水温。第 1 档，当水温达到 93 ~ 98℃ 时导通，当水温达到 88 ~ 93℃ 时断开为正常；第 2 档，当水温达到 105℃ 时导通，当水温达到 93 ~ 98℃ 时断开为正常。否则，说明电动风扇的温控（热敏）开关有故障，应予以更换。

3. 节温器性能的检测

节温器能随冷却液温度的高低，自动调节流经散热器的冷却液流量，从而使冷却液温度保持平衡。若节温器性能不佳或存在故障，则发动机冷却液温度可能过高或过低。节温器的常见故障：主阀门不能开启或开启和全开的温度过高；主阀门关闭不严。前者将造成冷却液不能有效地进行大循环，致使发动机过热；后者将造成发动机升温缓慢，出现发动机温度过低现象。此外，随着节温器性能逐渐衰退，主阀门的开度将逐渐减小，造成进入大循环的冷却液流量减少，发动机将逐渐过热。节温器性能的检测方法如下。

（1）就车检测法

1）在冷却液温度升高过程中检查。冷车时，运转发动机，观察冷却液温度表的指示情况。若发动机工作时，冷却液温度很快升高，而当升至 80 ~ 90℃ 后，即达到主阀门开启时刻的温度后，升温明显减慢，则说明节温器性能正常；若发动机工作时，温度上升很慢，长时间达不到正常工作温度，则说明节温器主阀门卡住没关闭，无小循环；若发动机工作时，温度一直飙升，直至温度表指针长时间指在红区，则说明节温器主阀门卡住不开启，无大循环。

2）在发动机高温时检查。若冷却系统冷却液足量、冷却液泵及散热器工作正常，则运转发动机。当发动机过热时，用手触摸缸盖的冷却液出口处和散热器进液口处，若两者的温差很大，则表明冷却液不能进入大循环，说明节温器失效。

（2）拆下检测法 将节温器拆下，浸入可调温的热水容器中，测量节温器主阀门开启温度、全开温度及全开升程，来检验节温器的性能，不同车辆装用的节温器可能有不同的要求。如富康轿车发动机蜡式节温器，当冷却液温度低于 89℃ 时，主阀门关闭，侧阀门打开；当冷却液温度为 89℃ 时，主阀门开启，随着冷却液温度的提高，主阀门渐开，侧阀门渐关；当冷却液温度升到 101℃ 时，主阀门全开，侧阀门全关；节温器主阀门全开时最大升程为 8mm。

注意：

节温器的性能检验若不符合要求，则必须更换，而不要去修复。

二、冷却系统常见故障的诊断

1. 发动机温度过高

（1）故障现象 汽车在行驶过程中，冷却液温度表指针长时间指在红区或冷却液温度

警告灯闪烁，发动机过热，冷却液沸腾出现蒸气。

（2）故障原因

1）冷却液量不足，冷却效率降低，导致冷却液温度过高。

2）散热器风扇电动机或电动机温控开关出现故障，或冷却液温度传感器故障致使发动机 ECU 控制失调，使风扇不转或转速过低，导致冷却液温度过高。

3）节温器失效、卡死，使冷却液大循环受阻，散热能力下降，导致冷却液温度过高。

4）冷却液泵堵塞、损坏，或吸水能力低、压力不足，使冷却液完全不循环或循环量过小，导致冷却液温度过高。

5）散热器内芯管结垢过多，或散热片倾倒过多，使散热器散热效率下降，导致冷却液温度过高。

6）缸体内水套结垢过多，使缸体传热效率低，冷却液带走的热量少，导致发动机温度过高。

7）气缸垫烧穿，或缸盖出现裂缝，使高温气体进入冷却系统，导致冷却液温度过高。

8）发动机负荷过大，如夏天高温时开着空调满载长时间爬坡行驶等，导致冷却液温度过高。

（3）故障诊断

1）首先确定发动机负荷是否过大。将空调关掉，打开暖气，让发动机部分的热量经由暖气管道吹散，发动机的冷却液温度因而得以降低。接下来是换到空档，稍加油把转速加到中速，以增加发动机冷却液流通速度，使散热器散热效率提高。若在几分钟内红灯熄灭，则说明发动机只有轻微过热，是由发动机负荷过大所致。但如果发动机冷却液温度还是降不下来，则进行下步检查。

2）检查散热器风扇的转动状况。停车后打开发动机舱盖，观察散热器风扇转动是否正常，现代汽车多为电动双速风扇，其高低速取决于冷却液温度，如桑塔纳轿车在冷却液升温过程中，当冷却液温度在 93 ~ 105℃时，风扇以低速运转，当温度高于 105℃时，风扇以高速运转，如果发动机温度过高，则风扇应高速运转为正常。若发动机确实过热，但风扇不转，或转速太低无高速，则检查风扇电动机及其温控开关的好坏，若损坏则应更换新件；若电动风扇是直接由发动机 ECU 控制的，电动风扇出现高温低速运转或不运转，则可能是冷却液温度传感器故障，或 ECU 控制失调故障；若风扇转动正常，则进行下步检查。

3）检查冷却液量。查看冷却液膨胀罐和散热器的冷却液液面，若液面高度低于标准值较多，说明冷却液量不足，导致冷却系统散热差，使发动机温度过高。冷却液量严重不足时，多是冷却系统存在渗漏故障，应查明并排除故障后添加冷却液至标准液面高度。若液面高度正常，说明冷却液量足够，则进行下步检查。

4）检查冷却液流动状况。使发动机运转，当冷却液温度表指示 90℃ 左右时，用手分别触摸缸盖和散热器进液口处，若两者的温差不大，则在发动机加速时，用手触摸散热器进液管，如感觉冷却液的流动随发动机转速的增加而加快，则说明冷却液循环良好，否则说明冷却液泵性能不佳或吸水能力低、压力不足。若缸盖与散热器进液口处两者温差很大，则说明冷却液循环不良，故障可能在节温器，可拆下节温器检查，若节温器正常，则说明冷却液泵有故障。当冷却液流动正常时，进行下步检查。

5）检查散热器表面。查看散热器散热片是否倾倒过多，是否脏污，若是则进行维护或

更换；若散热器表面正常，则进行下步检查。

6）检查冷却系统内水垢。对于长期未清洗水垢的发动机，应检查水套内、散热器内是否积垢太多，若积垢严重，说明故障原因在此，应采用化学溶剂法清洗水垢。若水垢少或无，则进行下一步检查。

7）检查非冷却系统故障。在冷却系统正常情况下，发动机仍然过热，则应检查冷却系统以外系统引起的故障。例如，检查点火时间是否过晚、混合气成分是否过稀、燃烧室内积炭是否过多以及油底壳内机油量是否充足等，这些因素也会引起发动机过热。

2. 发动机温度过低

（1）故障现象　冬季运行的汽车，发动机工作时冷却液温度长时间或全部时间低于正常工作温度；发动机动力不足，油耗增加。

（2）故障原因

1）节温器失效，主阀门卡在全开位置，使冷却系统无小循环。

2）散热器风扇电动机的温控开关故障，使风扇在低温时就进入运转，或风扇总是高速运转。

3）冷却液温度传感器故障，或 ECU 故障致使发动机 ECU 控制失调。

4）环境温度太低且逆风行驶。

（3）故障诊断

1）检查散热器风扇的转动状况。冷车时运转发动机，在冷却液升温过程中观察风扇，若冷却液温度表指示很低时，风扇就运转，或在低温时风扇以高速运转，则故障在散热器风扇温控开关，需要更换；若电动风扇是直接由发动机 ECU 控制的，电动风扇低温运转则可能是冷却液温度传感器故障，或 ECU 控制失调故障；若电动风扇正常，则进行下步检查。

2）检查节温器工作状况。运转发动机，在冷却液温度低于节温器主阀门开启温度下，用手触摸缸盖出液口处与散热器进液口处，若两者无温差或温差很小，则故障在节温器，可能是主阀门卡住常开，使冷却系统在低温就直接进入大循环，可拆检节温器确认故障。

第八节　发动机电子控制系统的检测与故障诊断

发动机电子控制系统主要由电子控制单元（ECU）、各类传感器和执行器组成。其中 ECU 由微型计算机和各种辅助电路组成，它是电子控制系统的核心，用来接收传感器的信息，并进行运算、处理、判断，然后输出指令以控制执行器；传感器是一种转换器，用来感知发动机外部条件与自身性能的变化，并及时将这些信息传送给 ECU；执行器则根据 ECU 发出的指令完成某项操作，对发动机进行控制，使发动机在各种工况都处于优化的状态下工作。现代发动机电子控制系统大多具有故障自诊断功能，当传感器、执行器、ECU 存在故障时，电控系统会自诊断故障，显示故障信息。维修人员可根据故障信息或故障征兆，依靠适当的检测工具如专用检测仪、示波器、万用表等，对电控系统的各故障部件进行深入的检测诊断。

一、故障自诊断

发动机电子控制系统的故障自诊断功能，就是利用 ECU 不间断地监测发动机电子控制系统各组成部分的工作状况参数，并和存储的标准参数比较，及时判断系统中的故障，并将其以故障码形式存于计算机的存储器中，同时进行故障报警，以提示驾驶人电控系统出了故障。维修人员可按特定方式，将故障码从计算机内读取，得到具体的故障信息，以便于诊断和排除故障。

1. 故障自诊断原理

在发动机电子控制系统的 ECU 中，预先设置了判别各输入信号的监控程序和有关诊断参数标准。工作时，自诊断系统不断地监测发动机各传感器输入的电信号、执行器的反馈信号和微机的工作状态。当电子控制系统工作异常时，自诊断系统就会做出有故障的判断，ECU 把这一故障以故障码的形式存入内部随机存储器（RAM），同时点亮故障指示灯，并启用备用参数运行或启用安全保障措施。ECU 故障自诊断是针对系统中传感器、执行器和微机而进行的。

（1）传感器故障自诊断　ECU 内存有各个传感器工作正常时输入的电信号范围，当传感器或电路出现异常输入信号或不能识别的信号时，自诊断系统就判断该传感器或连接线路出现了故障。为使发动机不因一些传感器发生故障而停止工作，自诊断系统自动启用备用参数来代替故障传感器的信号参数工作，以维持发动机基本的运行，以便能将汽车就近送入维修厂或开回驻地。例如：冷却液温度传感器正常工作时，其输出信号电压会随发动机冷却液温度变化而在标准范围内波动。因此，当 ECU 检测到的电压信号超出标准范围，如果是偶尔一次，ECU 的诊断程序不认为是故障，但若不正常信号持续一段时间，则诊断程序即判定冷却液温度传感器或其线路存在故障；若冷却液温度传感器没有信号电压输出，则表明是线路断路或传感器损坏故障。确认冷却液温度传感器存在故障后，ECU 在存储故障信息及报警的同时，立即启用以起动时 20℃、运行时 80℃ 的冷却液温度备用参数对发动机进行控制，维持运行。

（2）执行器故障自诊断　发动机运转时，ECU 按照发动机工况不断向各执行器发出各种指令，而故障监控回路随时向 ECU 反馈其执行情况，若执行器不能正常工作，则 ECU 能及时得到故障信息，并启用安全保障措施，确保发动机停止运转或维持运转。例如，当电子点火器出现故障时，ECU 发出点火控制命令后，得不到电子点火器的反馈信号，ECU 便认为电子点火器已经不能正常工作，就会判断为故障。此时，ECU 在存储故障信息及报警的同时，立即启用安全保障措施，向喷油器发出停止喷油的指令，以防未燃混合气过多进入三元催化转化器，造成转化器过量的氧化反应而被烧坏。

（3）微机故障自诊断　对 ECU 微机故障的诊断是通过 ECU 内部的监视电路来实现的。监视电路中安装有独立于微机系统之外的计数器。当微机正常运行时，由微机的运行程序对计数器定时进行清零处理，这样，监视计数器的数值是永远不会溢出的。当微机出现故障时，微机就不能对这个计数器进行定时清零，致使监视计数器不能复位而造成溢出。自诊断系统则根据监视计数器的溢出信号即可判断微机出了故障。微机系统若发生故障，控制程序就不可能正常运行，这样便会使汽车因发动机控制系统故障而无法行驶。为了保证汽车在微机出现故障时仍能继续运行，在 ECU 内设置了应急的后备电路。当 ECU 中微机发生故障

时，ECU 则根据监视计数器的溢出信号自动调用后备电路完成控制任务，启用固定的控制信号，进入简易控制运行状态，使车辆继续行驶。采用备用电路工作时，故障指示灯亮。

2. 故障自诊断信息的检测

对于电子控制发动机的汽车，接通点火开关后，若发动机电子控制系统故障指示灯亮起后不熄灭，或者汽车行驶中其故障指示灯亮起，则说明自诊断系统已检测到电子控制系统有故障。其存储在 ECU 存储器中的故障码信息，可利用汽车电控系统故障诊断仪或人工方法检测。

（1）利用故障诊断仪检测故障信息　利用汽车电控系统故障诊断仪，按照一定的操作方式进入电子控制系统的自诊断模式，即可方便地读取所有储存在 ECU 中的故障码和相应的故障信息。必要时还可对发动机 ECU 及其控制电路、传感器、执行器等做更进一步的检测，如系统参数检测、控制性能检测等，以便获得更多的故障信息。不同的汽车故障诊断仪，其故障信息检测的操作方法也有所差异。因此，检测时应根据故障诊断仪说明书的要求和被测车型来操作，以获取故障信息。

（2）利用人工法检测故障信息　人工法检测故障信息，不需要检测仪器，但必须进行适当的操作。首先，应使发动机 ECU 进入自诊断测试状态，再根据故障码的显示方法读取故障码，然后通过查阅相应的维修手册获取故障码信息。

1）进入自诊断测试状态。进入故障自诊断测试状态的方法因车系而异，大致有下列几种。

① 跨接线短接法。用跨接线或专用短接插头将专用诊断插座有关的两个端子短接，将点火开关处于 ON 位，则可就车读取故障码。日本丰田车系、本田车系属此类。

② 按压诊断按钮法。将点火开关处于 ON 位，按压专用诊断按钮，则可就车读取故障码。沃尔沃车系属此类。

③ 转动诊断开关法。将点火开关处于 ON 位，转动 ECU 控制盒上的专用诊断开关，则可就车读取故障码。日本日产车系属此类。

④ 空调控制面板按键操作法。将巡航开关和点火开关处于 ON 位，同时按下空调控制面板上的"OFF"和"WARMER"键，则可就车读取故障码。通用公司凯迪拉克高级轿车属此类。

⑤ 循环通断点火开关法。将点火开关在 5s 内由"ON"→"OFF"→"ON"→"OFF"→"ON"循环操作一次，则可就车读取故障码。美国克莱斯勒车系、北京切诺基汽车属于此类。

⑥ 加速踏板操作法。将点火开关处于 ON 位，在规定时间内将加速踏板连续踩下 5 次，则可就车读取故障码。德国宝马 3 系、5 系、7 系、8 系轿车属此类。

2）故障码显示。自诊断故障码的显示方式因车系而异，主要有以下几种方式。

① 用故障指示灯闪烁显示。当故障自诊断系统进入测试状态后，仪表板上的发动机故障指示灯以一定的闪烁规律即闪烁次数和亮、灭时间的长短来显示故障码。大部分发动机电子控制系统的故障码采用这种显示方式，但不同型号的发动机，其故障指示灯的闪烁规律也不尽相同。

② 用发光二极管闪烁显示。当故障自诊断系统进入测试状态后，装在发动机 ECU 上或装在故障检测插座上的发光二极管（LED）以特有的方式显示故障码：采用单个发光二极管

时，其闪烁故障码的方式与仪表板上发动机故障指示灯的闪烁方式相同；采用两个发光二极管时，一般使用两种不同颜色的发光二极管，闪烁故障码时，红色发光二极管闪烁的次数表示故障码的十位数，绿色发光二极管闪烁的次数表示故障码的个位数；采用四个发光二极管时，用发光二极管的亮、灭显示故障码，通常采用二进制编码方式，并排安装的四个发光二极管的亮灭显示四位二进制数，二极管点亮时从左到右依次代表十进制数字 8、4、2、1，熄灭时均代表数字 0，读取故障码时，将亮的发光二极管所代表的数字相加，即得所显示的故障码。

③ 用显示屏直接显示。当故障自诊断系统进入测试状态后，仪表板上的显示屏直接以数字形式显示故障码。这种故障码的显示方式直接、简单，且不易误读，目前在许多高级轿车如凯迪拉克、林肯大陆上得到了应用。

3）故障码检测实例。下面以丰田系列轿车发动机电子控制系统故障码检测为例，说明人工操作获取故障码的方法。

发动机起动后，观察仪表板上发动机故障指示"CHECK"灯，若点亮不熄，则说明发动机电子控制系统有故障，人工读取故障码的步骤如下。

① 将点火开关处于 ON 位，用跨接线将诊断插座的 TE_1、E_1 端子短接，诊断插座如图 3-43 所示。

② 观察仪表板上"CHECK"灯的闪烁情况，读取故障码。丰田车系故障码为两位数字，闪示方式如图 3-44 所示。第一次连续闪烁的次数表示故障码的十位数，相隔 1.5s 后，第二次连续闪烁的次数表示故障码的个位数。若有两个以上的故障码，则"CHECK"灯熄灭 2.5s 后再闪示下一个故障码，然后按数字从小到大的顺序逐个闪示。待全部故障码闪示完毕，指示灯熄灭 4.5s 后，又重复上述闪示过程。

③ 拔下跨接线，"CHECK"灯便停止故障码的闪示。

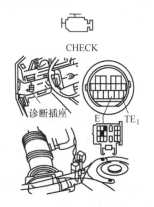

图 3-43　丰田轿车故障诊断插座

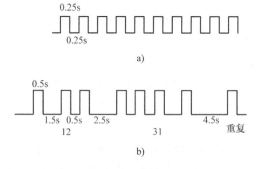

图 3-44　故障码的闪示方式
a）正常　b）故障码

故障码读取后，可根据相应汽车的维修手册查出故障码信息。然后，按故障码信息确定大致的故障部位，并采用适当的故障诊断流程，深入诊断并排除故障。

3. 故障码的清除

发动机电子控制系统故障排除后，原故障码仍然会储存在 ECU 的存储器（RAM）中，其显示装置还会显示故障信号。因此，电子控制系统故障排除后，应清除 RAM 存储器中的

故障码。

（1）利用故障诊断仪清除故障码　现代汽车电控系统故障诊断仪均有清除故障码的功能，只要将仪器与发动机故障检测通信接口相连，按照屏幕上的提示，选择清除故障码功能操作，即可方便地清除故障码。

（2）利用人工法清除故障码　原则上只要将储存故障码的 RAM 存储器断电就可清除其储存的故障码，但实际上不同车型的故障码清除方法也不尽相同。丰田系列轿车发动机电子控制系统故障码的清除方法是：将点火开关置于关闭位置，然后将熔断器盒内的 EFI 熔丝拿下 10s 以上，故障码便清除完毕；而有些发动机则需要经过若干个操作步骤才能清除故障码。然而，无论是哪一种发动机电子控制系统，只要将蓄电池搭铁线拆下 30s 以上，则可清除其储存的故障码，但同时也清除了 RAM 储存的自适应修正参数，以及时钟和音响等装置的内存信息。因此，清除故障码最好是按相关车型维修手册所推荐的方法进行，不要随意断开蓄电池的连接。

二、传感器故障的检测诊断

1. 发动机转速与曲轴位置传感器

发动机转速与曲轴位置传感器用于向 ECU 提供发动机转速与曲轴转角电信号，以便 ECU 确定点火和喷油指令。发动机转速与曲轴位置传感器发生故障时，会导致发动机突然熄火、发动机功率下降、油耗上升、发动机怠速不稳以及发动机无法起动等。

发动机转速与曲轴位置传感器有多种形式，下面仅以磁感应式转速与曲轴位置传感器为例，介绍其常见故障的检测诊断方法。该传感器安装于分电器内，如图 3-45a 所示，其电路如图 3-45b 所示。该传感器的常见故障是感应线圈短路或断路、感应线圈与转子间隙不正常、传感器转子损坏。其故障的检测诊断方法如下。

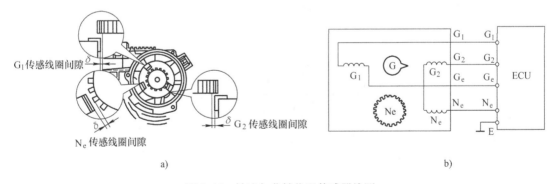

图 3-45　转速与曲轴位置传感器检测

a）传感器安装位置　b）传感器电路

1）传感器的直观检查。拆下分电器盖、分火头，检查传感器与信号转子的安装情况，转子齿圈不应有缺齿、裂纹现象；传感器与转子的安装位置应正确，安装应牢靠，无松旷感。

2）传感器线圈与信号转子的气隙检查。拆下分电器盖、分火头，用塞尺测量信号转子与传感线圈凸出部分的空气间隙，如图 3-45a 所示，该空气间隙应为 0.2 ~ 0.4mm。否则，应调整或更换总成。

3）传感器线圈的电阻检测。拔下传感器的导线插接器，用万用表电阻档在分电器的接线插座上，测量传感器各感应线圈的电阻，测量值应符合该车规定的标准。若电阻值太小，说明传感器线圈有短路故障，若电阻值为∞，则说明传感器线圈有断路故障。传感器线圈短路或断路时，应予以更换。

4）传感器的输出信号检测。拔下传感器的导线插接器，将示波器分别与导线插接器上的 $G_1 - G_e$、$G_2 - G_e$、$N_e - G_e$ 端子连接，用起动机带动发动机旋转，若示波器都有信号波形输出，且波形的频率和幅值随转速的升高而增加，则说明传感器工作正常，否则，需更换传感器总成。

2. 空气流量传感器

空气流量传感器用于向 ECU 提供发动机进气量的电信号，以便 ECU 确定点火和喷油指令。空气流量传感器存在故障时，会使发动机起动困难、怠速不稳、容易熄火、加速不良、油耗上升。

（1）叶片式空气流量传感器 叶片式空气流量传感器的常见故障是电位计滑片与碳膜电阻接触不良、传感器电阻值不当、测量板回位弹簧失效、传感器轴卡滞。其故障的检测诊断方法以丰田 2JZ - FE 发动机的叶片式空气流量传感器为例说明如下。

1）传感器的直观检查。检查传感器壳体有无损坏、叶片及轴转动有无卡滞、松旷等。若有，则更换传感器。

2）传感器的电阻检测。将点火开关置于"OFF"位置，拔下空气流量传感器的导线插接器，拆下空气流量传感器，用万用表电阻档按图 3-46 所示部位检测下列端子间的电阻。

① 检测 $V_S - E_2$ 端子间电阻。检测时，慢慢转动测量板，观察测量板在全关、全开时的电阻值以及在开关过程中电阻的变化情况。正常时，电阻值应随测量板的转动而平缓变化，且在测量板全关、全开位置应符合标准。若电阻值超出标准范围，或者测量板转动时其电阻值忽大忽小、时有间断，则说明空气流量传感器不良，需更换。

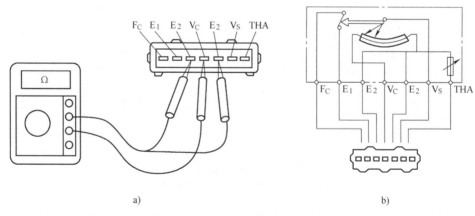

a)　　　　　　　　　　　　　　　b)

图 3-46　叶片式空气流量传感器的检测

a）电阻检测　b）内部电路

② 检测 $V_C - E_2$ 端子间电阻。若电阻值不符合标准，则说明传感器内部电位计电阻异常或电路连接不良，需更换传感器。

③ 检测 $THA - E_2$ 端子间电阻。正常时，$THA - E_2$ 之间的电阻随温度而变。若在各种温

度下其电阻值与标准值有较大偏差，则说明空气流量传感器中的进气温度传感器不良，应更换传感器。

④ 检测 $F_C - E_1$ 端子间电阻。若测量板处于全关位置时，其电阻为∞；测量板稍有开启时，其电阻为0，则说明正常。否则，说明燃油泵开关信号不良，应更换传感器。

3）传感器的信号电压检测。将喷油器的线束拔下，用起动机带动发动机转动，用万用表电压档测量 $V_S - E_2$ 间的电压，其电压值应随传感器叶片开度的增大而变小，如叶片全关时应为 3.7 ~ 4.8V，叶片全开时应为 0.2 ~ 0.5V。若传感器电源电压正常，其检测结果不符合标准，则说明传感器有故障，应更换传感器。

（2）卡门涡旋式空气流量传感器　反光镜卡门涡旋式空气流量传感器的常见故障有发光元件与光电元件损坏、反光镜及板簧等有脏污或机械损伤、内部集成电路损坏等。其故障的检测诊断方法以丰田雷克萨斯 1UZ - FE 发动机的反光镜卡门涡旋式空气流量传感器为例说明如下。

1）传感器的直观检查。检查传感器壳体有无开裂，进气入口端蜂窝状空气整流栅有无损坏，若有，则应更换传感器。

2）传感器的电阻检测。将点火开关置于"OFF"位置，拔下空气流量传感器的导线插接器，用万用表电阻档测量传感器 $THA - E_2$ 端子之间的电阻，如图 3-47 所示。$THA - E_2$ 之间的电阻值应随着检测温度的变化而变化，并符合原车标准。若各种温度下的电阻检测值与标准值有较大偏差，则说明空气流量传感器中的进气温度传感器不良，应更换传感器。

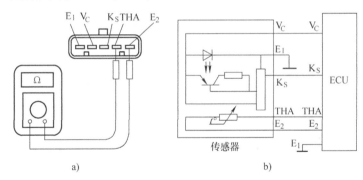

图 3-47　反光镜卡门涡旋式空气流量传感器的检测
a）电阻检测　b）内部电路

3）传感器的电压检测

① 检测电源电压。连接传感器，将点火开关转至"ON"位置，用万用表电压档测量 $V_C - E_1$ 端子间和 $K_S - E_1$ 端子间的电压，它们的标准电压应为 4.5 ~ 5.5V。

② 检测信号电压。使发动机怠速运转，用万用表电压档测量 $K_S - E_1$ 端子间的信号脉冲电压，其电压标准值为 2 ~ 4V。

③ 检测进气温度传感器电压。使发动机怠速运转，用万用表电压档测量 $THA - E_2$ 端子间的电压，其标准电压值应随进气温度而变，当进气温度为 20℃ 时，电压值应为 0.5 ~ 3.4V。

若检测结果不符合标准，则断开传感器插接器，在接通点火开关时，检测插接器（与 ECU 连接侧）相应端子的对搭铁电压。若其电压正常，则说明传感器有故障，应予以更换。

（3）热丝式空气流量传感器　热丝式空气流量传感器的常见故障有热丝脏污或断路、热敏电阻或电路不良。其故障检测方法以日产ECCS所用的热丝式空气流量传感器为例说明如下。

1）传感器的直观检查。检查传感器壳体有无开裂，防护网有无损坏。若有，则应更换传感器。

2）传感器的信号电压检测。按图3-48a所示的连接线路，就车检测发动机下列工况时传感器B、D端子间的输出信号电压。

① 接通点火开关，用万用表电压档测量B－D端子的电压，正常值应小于0.5V。

② 发动机在热机状态怠速运转，用万用表电压档测量B－D端子的电压，正常值应为1.0～1.3V。

③ 发动机在热机状态高速运转（3000r/min），用万用表电压档测量B－D端子的电压，正常值应为1.8～2.0V。

若检测的信号电压均正常，则传感器工作状况良好；若信号电压不正常，则进行下步检查。

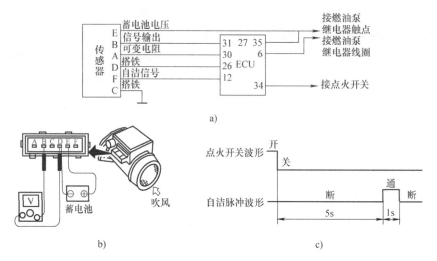

图3-48　热丝式空气流量传感器的检测

a）传感器连接线路　b）传感器拆下检测　c）热丝自洁脉冲信号

3）拆下传感器检测。传感器拆下后，将传感器电源端子输入蓄电池电压，然后检测传感器信号电压，如图3-48b所示。正常时，不吹风的信号电压在1.5V左右，向传感器进气口吹风时的信号电压应会随风量的增大而上升，且变化灵敏。若电压低或无、风量变化时电压不变或变化很小，或电压变化明显滞后风量变化，均说明空气流量传感器存在故障，应予以更换。

4）传感器的自洁功能检测。热丝式空气流量传感器在发动机上安装好后，拆下传感器的防尘网，起动发动机，然后再使发动机熄火。在关闭点火开关5s左右时，看热丝是否被烧红约1s时间。若热丝不红，则需检测F端子的自洁信号（图3-48c）是否正常，若无自洁控制信号，则应检查其线路和ECU。若线路良好，且ECU有正常的自洁信号输出，则说明空气流量传感器存在故障，应予以更换。

3. 进气压力传感器

进气压力传感器是一种间接检测空气流量的传感器。它安装在发动机的进气歧管内，感知进气流量所形成的压力，并转换成电信号输入 ECU，以便进行燃油喷射和点火控制。进气压力传感器存在故障时，会使发动机起动困难、怠速不稳、容易熄火、加速不良、油耗上升。

目前汽车上多使用半导体压敏电阻式进气压力传感器，其常见故障是内部硅膜片损坏、集成电路烧坏、真空导入管接头处漏气或内部漏气等。其故障的检测方法以丰田 2JZ – GE 发动机用的进气压力传感器为例说明如下。

1）传感器的直观检查。检查传感器所连接的真空管有无破裂和松动、线路插接器有无松动等。

2）传感器电源电压的检测。断开传感器插接器后，将点火开关置于"ON"位置，用万用表电压档测量插接器 V_{CC} – E_2 端子的电压，如图 3-49 所示，其正常电压为 4.5 ~ 5.5V。若电压不正常，则应检查发动机 ECU 及其连接线路。

3）传感器信号电压的检测。在电源电压正常的情况下，接入传感器，将点火开关置于"ON"位置，拔下传感器真空软管，然后用真空泵向传感器内施加不同的真空度，分别测量传感器 PIM – E_2 端子的信号电压。正常时，传感器的信号电压应随真空度的增大而减小，其信号电压标准见表 3-4。若实测电压不符合标准，则说明进气压力传感器存在故障，应予以更换。

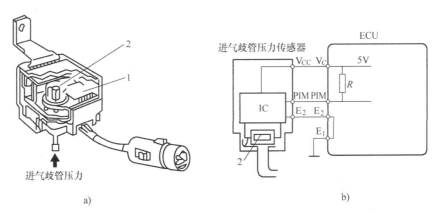

图 3-49 进气压力传感器的检测

a）进气压力传感器 b）传感器连接电路

1—混合集成电路 2—硅片

表 3-4 2JZ – GE 发动机进气压力传感器 PIM – E_2 端子输出电压标准

输入压力/kPa	13.3	26.7	40.0	53.5	66.7	大气压
PIM – E_2 端子间电压/V	0.3 ~ 0.5	0.7 ~ 0.9	1.1 ~ 1.3	1.5 ~ 1.7	1.9 ~ 2.1	3.3 ~ 3.9

4. 节气门位置传感器

节气门位置传感器用来感知发动机负荷大小和加减速工况，将发动机节气门的开度及开度变化转换成电信号，输送到 ECU，用于点火时间、燃油喷射、怠速、排气再循环、炭罐通气量等的控制。节气门位置传感器存在故障时，会使发动机起动困难、怠速不稳、容易熄

火、加速不良、油耗上升。

（1）线性可变电阻型节气门位置传感器 线性可变电阻型节气门位置传感器的常见故障有传感器电位计滑动触头接触不良、怠速触点接触不良等。其故障的检测诊断方法以丰田雷克萨斯 1UZ – FE 发动机用的线性可变电阻型节气门位置传感器（图 3-50）为例说明如下。

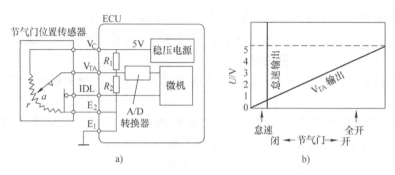

图 3-50 线性可变电阻型节气门位置传感器的检测
a）传感器电路 b）特性曲线

1）用检测电阻法诊断传感器。拆下节气门位置传感器的导线插接器，用万用表电阻档测量传感器下述端子间的电阻。

① 检测 $V_C – E_2$ 之间的电阻，其阻值应符合原车标准，否则应更换节气门位置传感器。

② 检测 $V_{TA} – E_2$ 之间的电阻，其阻值应随节气门开度的增大而线性增大，不应出现中断现象，在节气门全闭和全开时，所测的电阻值应符合原车标准，否则应更换节气门位置传感器。在检测 $V_{TA} – E_2$ 之间的电阻时，轻轻拍动传感器，若电阻值波动较大，则说明传感器内部接触不良，应更换传感器。

③ 检测 $IDL – E_2$ 之间的电阻，在节气门关闭时电阻值应为 0，在节气门稍有开启后其电阻值应为 ∞ ，否则应更换节气门位置传感器。

2）用检测电压法诊断传感器。将点火开关置于"ON"位置，用万用表电压档就车测量传感器下述端子间的电压。

① 检测 $V_C – E_2$ 端子、$IDL – E_2$ 端子之间的电压，其电压值应符合原车标准。

② 检测 $V_{TA} – E_2$ 之间的电压，在节气门全闭至全开过程中，其 $V_{TA} – E_2$ 端子间的电压应逐渐增大，如图 3-50b 所示。在节气门全开、全闭时所测的电压值应符合原车标准。

若所测端子间的电压值不符合标准，则应检查传感器线路和 ECU。若线路良好且 ECU 正常，则说明节气门位置传感器存在故障，应予以更换。

（2）开关型节气门位置传感器 开关型节气门位置传感器常见故障有滑动触点与怠速触点、全负荷触点接触不良。其故障的检测诊断方法如下。

拆下节气门位置传感器的导线插接器，在节气门处于一定位置时，用万用表电阻档检测传感器各端子之间的通断情况，如图 3-51 所示。

1）怠速触点的通断性检测。测量连接怠速触点的 TL – IDL 端子之间的电阻，正常状态：节气门关闭时电阻为 0，处于导通状态；节气门开启时电阻为 ∞ ，处于断开状态。若 TL – IDL 端子之间的通断性不正常，则说明节气门位置传感器存在故障，应予以更换。

2）全负荷触点的通断性检测。测量连接全负荷触点的 TL－PSW 端子之间的电阻，正常状态：节气门接近全开（大于 55°）时电阻为 0，处于导通状态；节气门小开度（小于 40°）时电阻为∞，处于断开状态。若 TL－PSW 端子之间的通断性不正常，则说明节气门位置传感器存在故障，应予以更换。

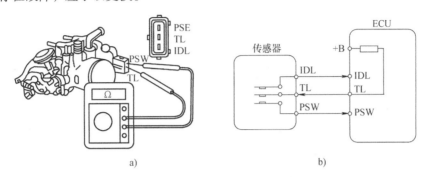

图 3-51 开关型节气门位置传感器的检测

a）传感器检测 b）传感器电路

5. 温度传感器

温度传感器主要包括进气温度传感器、发动机冷却液温度传感器。进气温度传感器随时给 ECU 提供发动机进气温度信号，冷却液温度传感器随时给 ECU 提供发动机冷却液温度信号，以便及时修正发动机的燃油喷射和点火正时控制。进气温度传感器、冷却液温度传感器存在故障时，会使发动机性能不良、怠速不稳、容易熄火、油耗上升。

进气温度传感器与冷却液温度传感器有相似的敏感元件、电阻值、电压降和温度特性，有相同的工作原理。传感器常见的故障有内部线路接触不良或断路、敏感元件性能不良等。温度传感器可通过检测不同温度下的电阻来检验其性能的好坏，下面以热敏电阻式冷却液温度传感器为例说明其故障的检测诊断方法。

（1）就车检测法 关闭点火开关，拔出冷却液温度传感器的线束插头，用万用表电阻档测量两端子间的电阻。若电阻值在温度低时大，温度高时小，且符合原车标准，则说明传感器性能良好。若电阻值趋于∞，说明传感器内部线路断路；若电阻值偏离标准，说明传感器敏感元件性能不良，这些表明传感器已损坏，应予以更换。

（2）拆下检测法 从发动机上拆下冷却液温度传感器，先按图 3-52a 所示方法置于加满水的烧杯中，然后将水加热，在不同温度下测量传感器两端子之间的电阻，并将测量的电阻值与标准值比较。通常，标准的电阻值随温度变化的范围如图 3-52b 所示。若测出的电阻值超出了图中的标准范围，则说明冷却液温度传感器有故障，应予以更换。

6. 氧传感器

氧传感器用来检测发动机废气中的氧含量，向 ECU 输送空燃比信号，以便修正发动机的燃油喷射控制。氧传感器存在故障时，会使发动机废气排放超标、怠速不稳、油耗上升。

目前汽车上多使用氧化锆型氧传感器，其常见故障是陶瓷体破损、陶瓷元件表面积炭或积铅（铅中毒）、加热器损坏、内部线路接触不良等。图 3-53a 为加热型氧传感器的连接电路图，其故障的检测诊断方法如下。

1）氧传感器加热器的电阻检测。关闭点火开关，拔下氧传感器插接器线束插头，用万

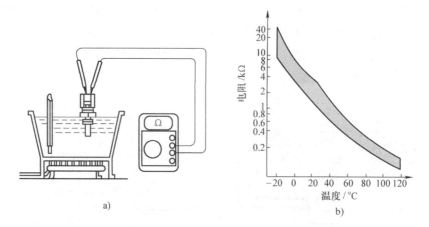

图 3-52 发动机冷却液温度传感器的检测

a）冷却液温度传感器检测方法 b）标准电阻随温度变化范围

用表电阻档测量传感器接线端中加热器1、2端子之间的电阻，其电阻值应符合原车标准。若电阻值不正常，则说明氧传感器存在故障，应予以更换。

2）氧传感器的信号电压检测。将发动机热车至正常工作温度后，关闭点火开关，拔下氧传感器插接器线束插头。高速运转发动机，用电压表测量氧传感器3、4端子之间的信号电压。正常时，其信号电压应随混合气浓度的变化而变化，如图 3-53b 所示。若信号电压为零，则说明氧传感器损坏。若信号电压为 0.5V 或以上，则设法使混合气变稀，如拆下接在进气歧管上的曲轴箱强制通风管或其真空软管。再观测信号电压：如电压迅速下降，则表示氧传感器正常；如电压不变仍然持续偏高，则说明氧传感器损坏。若信号电压为 0.5V 以下，则设法使混合气变浓，如在进气管中加入丙烷，或部分地堵住空气滤清器进口。再观测信号电压：如电压迅速上升，表示氧传感器正常，如电压不变仍然持续偏低，则说明氧传感器损坏。

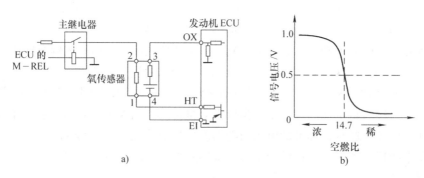

图 3-53 氧传感器的检测

a）氧传感器连接电路 b）氧化锆型氧传感器输出特性

7. 爆燃传感器

爆燃传感器用于发动机爆燃时向 ECU 提供相应的电信号，以便 ECU 进行推迟点火提前角的控制来消除发动机爆燃。爆燃传感器存在故障时，会使发动机爆燃、功率下降、油耗上升。

压电式爆燃传感器的常见故障有内部元件损坏、内部线路接触不良或搭铁等。其故障检测方法如下。

1）检测传感器输出端子是否搭铁。关闭点火开关，拔下爆燃传感器插接器，用万用表测量输出端与搭铁之间的电阻。一般电阻值很大，接近无穷大为正常；若电阻值很小或为0，则说明输出端子搭铁，需更换爆燃传感器。

2）检测传感器的输出信号。起动发动机并使其怠速运转，用示波器检测爆燃传感器信号端子的电压波形。正常情况下应有电压波形显示，当用小铁锤敲击爆燃传感器附近的缸体时，其输出的电压波形应有相应的变化，敲击愈重，波形的振幅应愈大。若无输出信号，或输出电压波形不随振动的加剧而变化，则说明爆燃传感器损坏，应予以更换。

三、执行器故障的检测诊断

1. 电子点火器

电子点火器的作用是通过 ECU 的控制，来通断点火线圈的初级电流，使点火线圈次级能适时地产生点火高压。电子点火器存在故障时，会使点火系统不能点火或点火性能不良、火花过弱。

电子点火器的常见故障有插接器松动或接触不良，以及内部电子元器件短路、断路、漏电。电子点火器故障的检测诊断方法如下。

1）高压跳火检测。将点火线圈高压线的输出端拔出，使其距离发动机缸体 5～10mm，起动发动机，查看是否跳火及火花的强弱。若跳火且火花强，则说明电子点火器良好；若无火花或火花弱，则进行下步检测。

2）线路连接检测。首先查看电子点火器插接器是否松动或接触不良，然后断开插接器，仔细检查各端子有无锈蚀和弯曲，并用万用表检测电子点火器的搭铁是否良好。若有异常，则应予以修复；若线路连接、搭铁正常，则连接好电子点火器插接器，进行下步检查。

3）输入与输出信号波形检测。起动发动机，用示波器分别检测电子点火器的输入触发信号波形、输出电压波形及反馈信号波形。若触发信号波形正常，而输出电压波形及反馈信号波形异常，则说明电子点火器存在故障，应予以更换。若无示波器，则进行下步检测。

4）替换法检测。即用性能良好的相同规格的电子点火器替换怀疑有故障的电子点火器，如替换后，发动机点火系统能正常工作，则说明原电子点火器损坏。该法是诊断电子点火器故障最简单、最有效的方法，但必须备有相同规格的新电子点火器。

2. 怠速控制阀

怠速控制阀的作用是通过 ECU 的控制，使发动机在所有怠速使用条件下，能以适当的怠速稳定运转。怠速控制阀存在故障时，会使发动机怠速不稳、容易熄火、油耗增加。

步进电动机式怠速控制阀的常见故障有内部电路短路、断路、接触不良，以及线路插接器松动、锈蚀等。故障的检测诊断方法以丰田汽车发动机使用的步进电动机式怠速控制阀为例说明如下。

1）怠速控制阀的初步检查。在发动机暖机后关闭点火开关时，仔细查听怠速控制阀是否有打开的"咔嗒"声。若无声响，则说明怠速控制阀没有工作。此时应检查发动机 ECU、怠速控制阀插接器及其线路，若这些均正常，则怠速控制阀存在故障。

2）怠速控制阀的电阻检测。关闭点火开关，拔下步进电动机的插接器，用万用表电阻

档检查其端子 B_1 或 B_2 与 S_1、S_2、S_3、S_4 端子（图 3-54）间的电阻，其电阻值应为 10 ~ 30Ω，且步进电动机各绕组电阻值应一致，否则说明怠速控制阀有故障，应予以更换。

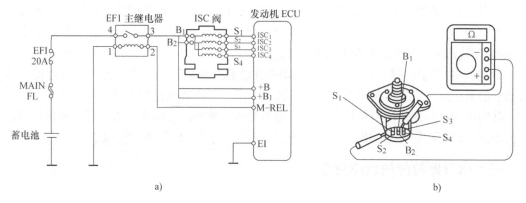

图 3-54　步进电动机式怠速控制阀的检测

a）怠速控制阀电路　b）怠速控制阀电阻检测

3）怠速控制阀的动作检测。将蓄电池的正极连接至怠速控制阀插接器的 B_1 或 B_2 端子，而蓄电池的负极则按 S_1、S_2、S_3、S_4 端子的次序逐个连接，阀应能逐步关闭；若蓄电池的负极按 S_4、S_3、S_2、S_1 的次序逐个连接，则阀应能逐步打开。若阀不能如此动作，则说明怠速控制阀有故障，应予以更换。

3. EGR 电磁阀

EGR 电磁阀的作用是通过 ECU 的控制，来调节 EGR 阀的开度处于最佳状态，从而使排气再循环流量控制在最佳范围。EGR 电磁阀产生故障时，会使发动机工作性能下降、NO_x 的排放增加。

EGR 电磁阀的常见故障有电磁阀线圈断路或短路、真空连接软管松动或破损、线路插接器松动或锈蚀或接触不良等。其故障的检测方法如下。

1）直观检查。检查与 EGR 电磁阀连接的真空管接头有无松动和破损，电磁阀插接器连接有无松旷、接触不良。若有，应予以修理或更换。

2）电磁阀线圈的电阻检测。关闭点火开关，拔下电磁阀插接器，用万用表电阻档测量电磁阀线圈电阻，其电阻值应符合标准，否则说明 EGR 电磁阀存在故障。

3）电磁阀的工作状况检测。按图 3-55a 所示的方法，将蓄电池电压施加于 EGR 电磁阀，EGR 电磁阀的软管接口 2 与通大气口 1 之间应相通，两软管接口 2、4 之间应不相通；而断开蓄电池电压时，EGR 电磁阀的软管接口 2 与通大气口 1 之间应不相通，两软管接口 2、4 之间应相通，如图 3-55b 所示。若检测结果不符，则说明 EGR 电磁阀存在故障。

四、发动机 ECU 故障的检测诊断

发动机 ECU 是电子控制系统的核心，ECU 产生故障时会使发动机不能工作或工作不良。ECU 常见的故障：元件老化、内部电路短路或断路；微机系统中的 CPU、存储器、接口电路等芯片或电路烧坏；微机裂损、搭铁不良等。ECU 故障的检测诊断方法如下。

（1）利用故障诊断仪诊断 ECU　通常，发动机电子控制系统的故障自诊断功能可以诊断 ECU 故障并存储其故障码。因此，利用汽车专用故障诊断仪，按照一定的操作方式进入

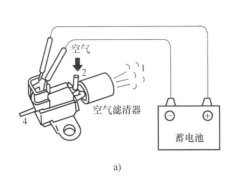

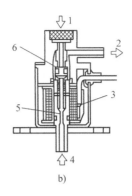

图 3-55　EGR 电磁阀的检测

a）EGR 电磁阀检测　b）EGR 电磁阀

1—通大气口　2—软管接口（去 EGR 阀）　3—电磁阀线圈　4—软管接口（通进气歧管）　5—通气道　6—阀体

系统的自诊断模式，即可方便地测出 ECU 故障。当无专用故障诊断仪时，也可利用人工读取故障码的方法，获取 ECU 本身的故障信息。

（2）利用万用表诊断 ECU　在规定的检测条件下，利用高输入阻抗的万用表测量发动机 ECU 插座各端子的电路参数，与标准值比较即可判断 ECU 及其控制线路有无故障。

检查 ECU 常用的方法是电压测量法。检测时，先将 ECU 连同线束一起从车上拆下，不要拆下线束插接器，在蓄电池充足电的情况下接通电路或在发动机运转时，用万用表在 ECU 线束侧插接器处测量 ECU 各端子的工作电压，然后与标准值比较诊断 ECU 故障。若各传感器、执行器及其线路均正常，而 ECU 电压参数不符合标准，则表明 ECU 存在故障，应予以更换。

利用万用表诊断 ECU 及其控制线路故障，必须以被测车型的详细维修技术资料为依据，否则无法检测而且不能比较诊断。这些资料应包括：该车型 ECU 线束插头中各端子与控制系统中的哪些传感器、执行器相连接；ECU 各端子参数的测量条件；各端子在发动机规定测量条件下的标准电压值及其他电路参数。

（3）利用替换法诊断 ECU　用性能良好的同型号的发动机 ECU 替换可疑的 ECU，若替换后，发动机电子控制系统电路的工作状态由异常变为正常，发动机能正常工作，则表示原 ECU 有故障。该法具有准确、高效的特点，是汽车特约维修店或汽车 4S 店诊断 ECU 的常用方法。

第九节　发动机常见故障的诊断

电控发动机出现故障时，其故障原因往往是多方面的，有电路、油路、气路和机械等方面的。在诊断发动机故障时，应充分利用发动机的故障现象进行故障分析，找出可能的多方面故障原因，然后采用适当的故障诊断方法，确诊并排除故障。

一、发动机不能起动

（1）故障现象　起动时，起动机带动发动机旋转轻快，转速正常，但发动机却不能起动。

（2）故障原因

1）发动机电子控制系统工作不正常，控制信号不良，导致发动机难以起动。电子控制系统不正常的可能原因如下。

① 空气流量传感器（进气压力传感器）不良或其线路有故障。

② 发动机冷却液温度传感器不良或其线路有故障。

③ 进气温度传感器不良或其线路有故障。

④ 发动机曲轴位置传感器线路断路、短路或传感器有故障。

⑤ 发动机 ECU 插接器连接不良或 ECU 本身故障。

2）点火系统不正常，导致火花塞的火花太弱或根本无火。点火系统产生故障的可能原因如下。

① 低压电路导线断路、插头松脱、接触不良或短路。

② 点火信号发生器线路断路、短路或信号发生器故障。

③ 电子点火器损坏或性能不良。

④ 点火线圈断路、短路、搭铁或性能不良。

⑤ 点火高压线漏电或断路。

⑥ 火花塞积炭严重，绝缘不良、漏电，电极间隙不合适。

3）燃油供给系统不正常，导致供油不畅或油路阻塞而根本不供油，使发动机不能起动。燃油供给系统产生故障的可能原因如下。

① 电动燃油泵电源及控制线路断路、短路或接触不良，或电动燃油泵故障。

② 燃油滤清器堵塞、输油管路堵塞或泄漏。

③ 燃油压力调节器膜片破裂，或回油阀密封不严以及燃油供油压力调节不当。

④ 喷油器电源及其控制线路断路、短路或接触不良，或喷油器故障。

4）进气系统不正常，漏气或堵塞，导致发动机不能起动。

① 空气软管破损、进气软管连接松脱、进气管衬垫密封不严等。

② 空气滤清器堵塞或不畅。

5）发动机部分零件磨损或损坏，导致气缸的密封不严，气缸压缩行程终了的压力过低，使发动机不能起动。造成气缸压缩行程终了压力过低的可能原因如下。

① 气缸磨损严重，气缸与活塞的配合间隙过大。

② 活塞环磨损严重，密封不良。

③ 气门烧蚀严重，密封不良。

④ 气缸垫烧蚀损坏，漏气。

（3）故障诊断

1）检测电子控制系统。利用故障诊断仪检测发动机电子控制系统有无故障码，若存在故障码，则按故障码显示的故障部位进行深入诊断排除；若无故障码但故障仍然存在，则说明电子控制系统无损坏故障，但性能不良故障往往无故障码，此时可读取发动机数据流进行诊断。如在数据流中发现发动机冷却液温度数据为40℃，但进气温度只有10℃，此时混合气必然过稀，若拔下冷却液温度传感器插头后，发动机可以正常起动，则说明冷却液温度传感器的性能不良是导致发动机不能起动的真正原因。如空气流量传感器（进气压力传感器）、进气温度传感器性能不良，也会导致起动时混合气过浓或过稀，使发动机不能起动。

若这些传感器及整个电子控制系统性能良好，则进行下步检查。

2）检查点火系统。用示波器或发动机综合诊断仪检查点火系点火波形。将点火开关打开，起动发动机，使发动机在起动机驱动下运转，查看点火电压、火花电压、火花持续时间，如正常则进入步骤3）检查；如不正常，则说明点火系统有故障，应深入检查点火系统。如检查点火线路插接器连接是否松旷，控制线路有无短路、断路或接触不良；检查高压线是否老化、受潮、断路；检查火花塞间隙是否正常，有无烧蚀、积炭及短路；检查信号发生器、电子点火器、点火线圈工作是否正常。

若无检测仪器，则可用人工经验法检测点火系统。将点火开关打开，逐次拔下火花塞上的高压线，使端头离缸体约5～10mm，将发动机运转进行跳火试验。若无火花跳过或火花很弱，说明点火系统有故障；若各缸火花正常（呈粗、蓝白色），则检查火花塞。若火花塞正常，说明高低压点火电路正常；若火花塞电极间隙不当、烧蚀有积炭，或绝缘体起皱、破裂，则故障在此。

3）检查燃油供给系统。

① 检查燃油压力。若压力过低，则应检查电动燃油泵工作是否正常，燃油滤清器是否堵塞，输油管路是否堵塞或泄漏，燃油压力调节器是否泄漏或供油压力是否调得过低。若这些部件工作不正常，且经维护还不能恢复正常，则应予以更换。若燃油压力正常，则进行下步检查。

② 检查喷油器工作情况。若喷油器不工作，则应检查喷油器控制电路及ECU。若喷油器控制电路及ECU正常，则说明喷油器存在故障，导致发动机不能起动。若喷油器工作正常，则进行下步检查。

4）检查进气系统。查看空气软管有无破裂，进气软管连接有无松脱，进气管衬垫是否密封不严；查看空气滤清器是否堵塞、进气是否畅通。进气系统若漏气或不畅，则发动机不能起动的故障在此，应予以检修；若正常，则进行下步检查。

5）检查发动机气缸压缩压力。用压力表测量气缸压缩压力，并与标准值比较，若气缸压力过低，则说明气缸密封不严，发动机不能起动的故障在此。

若进一步检查具体故障所在，可在火花塞处向缸内加入少量机油，再检查气缸压力。若气缸压力回升，则为气缸壁间隙过大或活塞环密封不严，需拆修发动机；若气缸压力不变，则可能是进、排气门密封不严，或气缸垫损坏，应做相应检查，排除故障。

二、发动机不易起动

（1）故障现象　起动发动机时有起动征兆，但难以起动。往往需要经过多次起动才能使发动机发动。

（2）故障原因

1）发动机电子控制系统工作不正常，控制信号不良，导致可燃混合气过浓或过稀，使发动机难以起动。电子控制系统不正常的可能原因如下。

① 空气流量传感器（进气压力传感器）不良或其线路有故障。

② 发动机冷却液温度传感器不良或其线路有故障。

③ 进气温度传感器不良或其线路有故障。

④ 怠速控制阀不良或怠速控制阀控制线路有故障。

⑤ 发动机 ECU 插接器连接不良或 ECU 本身故障。

2）起动系统工作不正常，导致发动机难以起动。起动系统工作不正常的可能原因如下。

① 蓄电池电压过低，电容量不足。

② 起动机转动无力，性能不佳。

③ 起动机、蓄电池或电源线路连接不良，使起动机起动时的起动功率下降，起动转速偏低。

3）点火系统工作不正常，导致火花塞点火能量小、火花弱，使发动机难以起动。点火系统工作不正常的可能原因如下。

① 点火电路导线插接器松脱、接触不良。

② 高压线漏电。

③ 点火信号发生器工作不良。

④ 电子点火器性能不良。

⑤ 点火线圈性能不良。

⑥ 火花塞积炭严重，绝缘不良、漏电，电极间隙不合适。

⑦ 蓄电池电压过低。

4）燃油供给系统不正常，导致可燃混合气过浓或过稀，使发动机难以起动。燃油供给系统不正常的可能原因如下。

① 电动燃油泵供油压力过低。

② 燃油滤清器堵塞、输油管路堵塞或泄漏。

③ 燃油压力调节器调节不当、工作不良。

④ 喷油器工作不良或其线路有故障。

5）进气系统工作不正常，导致发动机难以起动。进气系统不正常的可能原因如下。

① 严重漏气，如空气软管破损、进气软管连接松脱，进气管衬垫密封不严等。

② 空气滤清器堵塞。

6）发动机部分零件磨损或损坏，导致气缸密封不严，气缸压缩行程终了的压力过低，使发动机难以起动。造成气缸压缩行程终了压力过低的可能原因如下。

① 气缸磨损严重，气缸与活塞的配合间隙过大。

② 活塞环磨损严重，密封不良。

③ 气门烧蚀严重，密封不良。

④ 气缸垫烧蚀损坏，漏气。

（3）故障诊断

1）检测电子控制系统。利用故障诊断仪检测发动机电子控制系统有无故障码，若存在故障码，则按故障码显示的故障部位进行深入诊断排除；若无故障码，则读取发动机数据流进行分析。若电控元件性能不良，则应予以更换；若电控系统正常，则进行下步检查。

2）检查起动系统。利用故障诊断仪检测蓄电池电压、起动电流和起动转速，以诊断故障。

① 起动时，若蓄电池的端电压低于 8V，则需检查蓄电池极柱、起动机电源接线柱及搭铁处的电缆连接是否良好，蓄电池是否容量不足等，必要时维护或更换蓄电池。

② 起动时，若电流过大且转速低，则起动机可能存在机械故障或电气故障。应检查：起动机轴承是否过紧，电枢轴是否弯曲碰擦磁极，电枢绕组、励磁绕组是否有短路或搭铁现象。起动时，若电流不大而转速低，则说明起动电路有接触不良故障。应检查：起动开关触点是否烧蚀或接触不良，电刷与换向器是否接触不良，或电刷弹簧压力是否不足等。

若蓄电池电压正常，起动电流、起动转速符合要求，则说明起动系统正常，应进行下步检查。

3）检查点火系统。用示波器或发动机综合诊断仪检查点火系点火波形，查看各缸点火电压、火花电压、火花持续时间。若不正常，则说明点火系统有故障，应检查信号发生器、电子点火器、点火线圈的性能；检查火花塞是否积炭、绝缘不良、漏电、电极间隙不合适；检查高压线是否老化、受潮、断路等，必要时进行换件重试。若点火系统正常，应进行下步检查。

4）检查燃油供给系统。

① 检查燃油压力。若压力过低，则应检查电动燃油泵工作是否正常，燃油滤清器是否堵塞，输油管路是否堵塞或泄漏，燃油压力调节器是否泄漏或供油压力调节是否过低。若这些部位工作不正常，则应予以更换。若燃油压力正常，则进行下步检查。

② 检查喷油器控制线路。检查喷油器电源及控制线路、线路连接插接器等有无接触不良现象；检查喷油器电磁线圈有无短路现象。若有这些现象，则会使喷油器喷油量过少而导致发动机起动困难，应排除其故障。若检查正常，则进行下步检查。

③ 检查喷油器。查看喷油器是否堵塞、喷嘴积炭是否严重，检查喷油器是否密封不严、漏油是否严重；检查喷油器的喷射质量，看其是否符合标准。若喷油器存在故障，应予以更换；若喷油器正常，则进行下步检查。

5）检查进气系统。检查空气滤清器是否堵塞；检查空气软管有无破裂，进气软管连接有无松脱，进气管衬垫密封是否不严。若有堵塞和漏气故障，则会导致可燃混合气过浓或过稀，使发动机难以起动，应予以检修。若正常，则进行下步检查。

6）检查发动机气缸压缩压力。用压力表测量气缸压缩压力，如果气缸压力过低，则说明发动机难以起动的原因就在于此。此时，应查找气缸压力过低的原因，确诊是气缸壁间隙过大还是进、排气门密封不严，或气缸垫损坏，并排除故障。

三、发动机动力性下降

（1）故障现象　汽车在行驶过程中，急踩加速踏板时汽车不能迅速提高车速，加速迟缓，加速性能差。

（2）故障原因

1）发动机电子控制系统的某些部件产生故障时，系统会启用备用参数运行，这样就偏离了最佳控制，导致可燃混合气过稀，或点火能量不足等，使发动机动力性下降。引起电子控制系统不正常的可能原因如下。

① 空气流量传感器不良或其线路有故障。

② 节气门位置传感器不良或其线路有故障。

③ 发动机转速传感器不良或其线路有故障。

④ 发动机冷却液温度传感器不良或其线路有故障。

⑤ EGR 阀不良、EGR 电磁阀不良及其线路有故障。

⑥ 爆燃传感器不良及其线路有故障。

⑦ 氧传感器不良及其线路有故障。

⑧ 可变配气系统的控制失调,使实际配气相位值偏离最佳配气相位值,从而使发动机充气效率下降,进排气阻力增大,使发动机动力性下降。

⑨ 发动机 ECU 插接器连接不良或 ECU 内部有故障。

2)点火系统工作不正常,点火能量小、火花弱以及点火时刻不适当,都会影响发动机可燃混合气的燃烧质量,导致发动机动力性下降。引起点火系统工作不正常的可能原因如下。

① 低压电路导线插接器松脱、接触不良。

② 高压线漏电或端头接触不良。

③ 点火线圈性能不良。

④ 电子点火器性能不良。

⑤ 火花塞积炭严重,绝缘不良、漏电,电极间隙不合适。

⑥ 点火提前角过小或过大。

⑦ 蓄电池电压过低。

3)燃油供给系统不正常,使可燃混合气过稀,导致发动机燃烧速率降低,动力性下降。引起燃油供给系统不正常的可能原因如下。

① 电动燃油泵供油压力过低。

② 燃油滤清器堵塞、输油管路堵塞。

③ 燃油压力调节器调节不当。

④ 喷油器工作不良。

4)进气系统工作不正常,导致发动机动力性下降。进气系统不正常的可能原因如下。

① 空气滤清器堵塞,发动机充气效率下降,导致发动机动力性下降。

② 进气系统严重漏气,如空气软管破损、进气管衬垫密封失效或进气软管连接松脱等。

③ 排气再循环阀损坏而漏气。

5)气缸密封性变差,使发动机缸内工作压力过低,导致发动机动力性下降。引起气缸密封性变差的可能原因如下。

① 气缸与活塞的磨损严重,配合间隙过大。

② 活塞环磨损严重,密封不良。

③ 气门烧蚀严重,密封不良。

④ 气缸垫烧蚀损坏,漏气。

(3)故障诊断

1)检测电子控制系统。利用故障诊断仪检测发动机电子控制系统有无故障码,若存在故障码,则按故障码显示的故障部位进行深入诊断排除;若无故障码,则读取发动机数据流进行分析。若电控元件性能不良,则应予以更换;若电控系统正常,则进行下步检查。

2)检查各缸工作状态。若有个别缸不工作,或工作状态不佳,则发动机动力性就会变差。利用发动机综合检测仪的"动力平衡"检测,可测出发动机逐缸断火时的转速下降值,判断各缸的工作状况。

若某缸断火后，转速下降为零或较小，则说明该缸不工作或工作状况较差，此时可针对该缸寻找发动机动力性变差的原因，缩小诊断范围。可重点检查该缸火花塞、高压线、点火线圈（单独点火）、喷油器、气缸压缩压力等，容易发现故障所在。若各缸动力是平衡的，则进行下步检查。

3）检查点火系统。

① 检查点火波形。用示波器或发动机综合检测仪检查点火系点火波形，查看各缸点火电压、火花电压、火花持续时间。若不正常，则说明点火系统有故障，应检查信号发生器、电子点火器、点火线圈的性能；检查火花塞是否积炭、绝缘不良、漏电、电极间隙不合适；检查高压线是否老化、受潮；检查点火电路插接器是否接触不良等。若点火正常，应进行下步检查。

② 检查点火提前角。用点火正时仪或发动机综合检测仪检查发动机点火提前角。点火提前角偏离最佳值时，过小或过大都使动力性下降。若点火提前角不正常，则应予以检修。若点火提前角合适，则进行下步检查。

4）检查燃油供给系统。

① 检查燃油供给系统管路。检查燃油滤清器是否堵塞，输油管路是否堵塞或泄漏，若有堵塞或泄漏，应予以更换。若正常，则进行下步检查。

② 检查燃油压力。若压力过低，则应检查电动燃油泵工作是否正常，燃油压力调节器是否泄漏或供油压力调节是否过低。若这些部件工作不正常，则应予以更换。若燃油压力正常，则进行下步检查。

③ 检查喷油器性能。检查喷油器电磁线圈电阻，看是否符合标准；查看喷油器是否堵塞、喷嘴积炭是否严重；检查喷油器是否密封不严、漏油是否严重；检查喷油器的喷射质量，看其是否符合要求。若喷油器存在故障，应予以更换；若喷油器正常，则进行下步检查。

5）检查进气系统。检查空气滤清器是否严重堵塞；检查空气软管有无破裂，进气软管连接有无松脱，进气管衬垫是否密封失效；检查排气再循环阀有无损坏，是否密封不严。若进气系统存在故障，则应予以检修；若正常，则进行下步检查。

6）检查气缸压缩压力。用压力表检查气缸压缩压力，如果气缸压缩压力低于标准值过多，则说明气缸密封性过差，发动机动力性下降是由气缸与活塞的配合间隙过大，或气门与气门座烧蚀密封不良，或气缸垫烧蚀损坏漏气所致，应拆检发动机排除故障。

四、发动机怠速不稳

（1）故障现象 发动机在怠速时，转速时高时低，运转不平稳，甚至熄火。

（2）故障原因

1）发动机电子控制系统工作不正常，控制信号不良，导致发动机怠速不稳。引起电子控制系统不正常的可能原因如下。

① 开关型节气门位置传感器怠速触点不闭合。

② 空气流量传感器不良或其线路有故障。

③ 发动机冷却液温度传感器不良或其线路有故障。

④ 发动机转速传感器不良或其线路有故障。

⑤ 怠速控制阀不良或其线路有故障。

⑥ EGR 阀不良、EGR 电磁阀不良及其线路有故障。

⑦ 爆燃传感器不良及其线路有故障。

⑧ 氧传感器不良及其线路有故障。

⑨ 发动机 ECU 有故障。

2）点火系统工作不正常，导致发动机怠速不稳。引起点火系统不正常的可能原因如下。

① 个别高压分线有破损漏电、断裂或脱落现象。

② 个别火花塞工作不良。

③ 个别点火线圈（单独点火）性能不良。

3）燃油供给系统不正常，导致发动机怠速不稳。引起燃油供给系统不正常的可能原因如下。

① 燃油压力调节器调节不当，使燃油供给系统供油压力不正常。

② 喷油器工作不良。

4）进、排气系统工作不正常，导致发动机怠速不稳。引起进、排气系统不正常的可能原因如下。

① 进气系统严重漏气，如进气管破损、进气管衬垫密封失效或进气软管连接松脱等。

② 排气系统局部堵塞。

5）气缸密封性变差，使发动机缸内工作压力过低，导致发动机怠速不稳。引起气缸密封性变差的可能原因如下。

① 进、排气门烧蚀严重，密封不良。

② 气缸与活塞的磨损严重，配合间隙过大。

③ 活塞环失效，密封不良。

④ 气缸垫烧蚀损坏，漏气。

（3）故障诊断

1）检测电子控制系统。利用故障诊断仪检测发动机电子控制系统有无故障码，若存在故障码，则按故障码显示的故障部位进行深入诊断排除；若无故障码，则读取发动机数据流或根据故障症状进行分析诊断。在电子控制系统中，引起怠速不稳的常见案例分析如下。

① 开关型节气门位置传感器怠速触点不闭合，导致怠速不稳。怠速时，其触点不闭合，ECU 由于接收不到怠速开关闭合信号，所以 ECU 不会启动怠速稳定程序，从而造成怠速控制失误，导致发动机怠速不稳。

在怠速时，开启空调、前照灯，若发动机转速不上升反而下降，则说明节气门位置传感器怠速触点不闭合。因为怠速时开启空调、前照灯会增加发动机负荷，为了防止发动机因负荷增大而在怠速熄火，ECU 会增大喷油量来适当提升转速维持发动机平稳运转，但怠速触点断开时，ECU 认为发动机不是处于怠速工况，其增大的喷油量就少，因而转速不会提升，甚至下降。

还可通过万用表检测节气门位置传感器怠速触点是否闭合，确认其故障。更换节气门位置传感器，可排除发动机怠速不稳故障。

② 怠速控制阀不良或其线路有故障，导致怠速不稳。电喷发动机的正确怠速是通过电

控怠速控制阀来保证的。ECU 根据发动机转速、温度、节气门开度及空调等信号，通过运算对怠速控制阀进行调节。当怠速过低时，ECU 指令怠速控制阀，使进气量增加，以提高发动机怠速；当怠速过高时，ECU 指令怠速控制阀，使进气量减小，降低发动机转速。若油污、积炭造成怠速控制阀阻滞或卡死，或怠速控制阀线路有短路、断路故障，则 ECU 无法对发动机进行正确的怠速调节，会造成怠速转速不稳。

可通过怠速控制阀的动作检测和电路参数检测，确诊怠速控制阀的故障。更换怠速控制阀，可排除发动机怠速不稳故障。

③ 冷却液温度传感器不良或其线路有故障，导致怠速不稳。怠速时，发动机 ECU 根据冷却液温度传感器输入信号判断发动机热状态，对喷油量进行修正，低温时适当增大喷油量，加浓混合气。若冷却液温度传感器不良使输出信号失真，则 ECU 会获得错误信号，造成修正不当，易导致怠速不稳；若冷却液温度传感器线路短路或断路，则 ECU 启用备用参数运行，固定采用 80℃ 的冷却液温度控制怠速，这样往往使得怠速过低，导致怠速运转不稳。

利用万用表检测各种温度下的冷却液温度传感器电阻，可确认冷却液温度传感器是否性能良好。更换性能不良的冷却液温度传感器并检修其线路使其正常，可排除发动机怠速不稳故障。

④ 怠速工况 EGR 阀开启，导致怠速不稳。正常情况下，EGR 阀只在发动机较高转速或中负荷时才开启。但当 EGR 电磁阀控制失误，或 EGR 阀有故障时，在怠速工况下 EGR 阀就开启，则废气在低温、低速下参与循环进入燃烧室，使燃烧变得不稳定，导致怠速不稳甚至熄火。

诊断时，拆下 EGR 阀，把排气再循环通道堵死，然后在怠速下运转发动机，若怠速稳定，则说明 EGR 阀在怠速时开启。更换 EGR 阀，使 EGR 电磁阀控制正常，可排除发动机怠速不稳故障。

如空气流量传感器（进气压力传感器）、冷却液温度传感器、氧传感器、爆燃传感器和 ECU 等性能不良，也可能导致怠速时混合气过浓或过稀，使怠速不稳。若电控系统正常，则进行下步检查。

2）检查点火系统。用示波器或发动机综合检测仪检查点火系点火波形，查看各缸点火电压、火花电压、火花持续时间。若个别缸点火不正常，则可能会导致该缸不工作，使得发动机怠速不稳，此时应检查该缸：连接线路是否接触不良，高压线是否断路、漏电，点火线圈（单独点火）是否损坏，火花塞是否积炭、绝缘不良、漏电、电极间隙不合适。对故障件应进行检修或更换。若各缸点火正常，则进行下步检查。

3）检查燃油供给系统。

① 检查燃油压力。若喷油压力过高或过低，则会导致发动机怠速时混合气过浓或过稀，从而造成发动机怠速不稳。此时应检查燃油压力调节器是否调节不当，必要时予以检修。若燃油压力正常，则进行下步检查。

② 检查各缸喷油器。检查各缸喷油器堵塞状况、喷射质量、喷油量均衡性。若个别喷油器有滴漏或堵塞现象，则其无法按照 ECU 的指令进行喷油，从而造成混合气过浓或过稀，使个别气缸工作不良，导致发动机怠速不稳。若各缸喷油量均衡性不好，则会导致发动机运转时动力性不平衡，怠速不稳。对不正常的喷油器应进行检修或更换，即可排除故障。若喷

油器正常，则进行下步检查。

4）检查进、排气系统。

① 检查进气系统。发动机运转时，若进气管处有泄漏的"嗞嗞"声，则说明进气系统漏气。若进气系统漏气，则容易导致发动机怠速不稳。在正常情况下，怠速控制阀的开度与进气量严格遵循某种函数关系，即怠速控制阀开度增大，进气量相应增加。但进气管路漏气时，进气量与怠速控制阀的开度将不严格遵循原函数关系，即进气量随怠速控制阀的变化有突变现象，空气流量传感器则无法测出真实的进气量，造成 ECU 对进气量控制不准确，导致发动机怠速不稳。

若进气管破裂，进气管衬垫密封不严，进气软管连接松脱，则应予以检修；若进气系统正常，则进行下步检查。

② 检查排气系统是否堵塞。利用真空表检测进气管真空度，若真空度较低且加速时常常伴有发闷的现象，可确定为排气系统堵塞。排气系统堵塞时，易导致发动机怠速不稳。因为此时排气背压过大，进气管真空度过低，造成发动机排气不彻底、进气不充分，致使气缸工作性能变差，发动机怠速发抖。

排气系统堵塞多发生在装有三元催化转化器的排气管。因催化转化器内的陶瓷载体易受高温损坏，产生结胶、积炭等造成局部堵塞或随机堵塞。

对堵塞的排气管进行检修，如损坏应更换三元催化转化器。若排气系统正常，则进行下步检查。

5）检查气缸压缩压力。用压力表检查各缸压缩压力，若个别气缸压缩压力低于标准值过多，则说明该缸密封性过差，该缸做功能力较小或根本不做功，这样易导致发动机怠速不稳；若各缸压缩压力都偏低，则说明各缸密封性都差，这样各缸在怠速时燃烧性能不稳定，做功能力差，易导致怠速不稳。怠速不稳的具体原因，可能是气缸与活塞的配合间隙过大、气门与气门座烧蚀、活塞环失效、气缸垫烧蚀损坏中的一项或多项，可拆检发动机排除故障。

五、发动机异响

发动机异响是指发动机工作时产生的不正常响声，它主要是由零件磨损过甚或装配、调整不当引起。因此，异响是发动机某一机构技术状况发生变化的标志，是发动机故障的反映。可以说，异响仅是现象，故障才是本质。对发动机异响的诊断，就是透过现象看本质，找出引发异响的原因。发动机的异响故障有很多，在此仅诊断常见的发动机异响故障。

1. 活塞敲缸响

（1）故障现象　发动机在怠速或低速运转时，在气缸上部发出清晰而有节奏的"嗒、嗒、嗒"敲击声，在发动机低温时响声最为明显。

（2）故障原因

1）活塞与缸壁间隙过大。

2）活塞与缸壁间润滑不良。

（3）故障诊断　最佳听诊部位在机体上部两侧，可利用听诊器或简易听诊杆触及该区域察听异响，其诊断方法如下。

1）变速诊断。发动机起动后，在怠速或低速运转时异响较为明显，而缓慢加速至中速

以上运转时，异响减弱或消失，可初步诊断为活塞敲缸响。

2）改变工作温度诊断。若发动机冷机运行时异响严重，而发动机温度升高后异响消失或减弱，则诊断为活塞敲缸响，其故障原因是活塞裙部与缸壁间隙过大。

3）断火诊断。先将发动机控制在敲击声最明显的转速下运转，然后逐缸断火试验。若某缸断火后异响消失或减弱，则为该缸活塞敲缸响。

4）加机油确诊。为进一步确诊某缸异响，可将发动机熄火，卸下有响声气缸的火花塞或喷油器，向气缸内注入少量浓机油（20～25mL），慢慢转动发动机，使机油附于缸壁和活塞之间，立即装上火花塞或喷油器，再使发动机运转查听，若异响短时间内消失或减弱，但过不久异响又重新出现，则说明该缸活塞与缸壁间隙确实过大。

2. 活塞销响

（1）故障现象　发动机在怠速、低速和从怠速向低速抖动节气门拉索时，发出清脆而又连贯的"嘎、嘎、嘎"的金属敲击声，加速时响声更为明显。

（2）故障原因

1）全浮式活塞销，活塞销与销座孔、连杆衬套磨损严重，配合松旷。

2）半浮式活塞销，活塞销与销座孔磨损严重，配合松旷；活塞销与连杆小头销孔的配合松动。

3）活塞销配合处润滑不良。

（3）故障诊断　最佳听诊部位在发动机上侧部或气缸盖，可利用听诊器或简易听诊杆触及该区域察听异响，其诊断方法如下。

1）抖节气门拉索诊断。发动机怠速运转时，从怠速向低速急抖节气门拉索，若能听到清脆而又连贯的"嘎、嘎、嘎"响声，且响声周期随发动机转速而变，同样转速下响声比活塞敲缸响连续而尖锐，则可能是活塞销响。

2）改变工作温度诊断。若发动机冷机运行时响声较小，而发动机温度升高后响声更大，则诊断为活塞销响，其故障原因可能是活塞销与销座孔间隙过大。

3）断火诊断。先将发动机控制在响声最明显的转速范围内运转，然后逐缸断火试验。若某缸断火后响声明显减弱或消失，而在复火的瞬间响声立即恢复或连续出现两个响声，则可断定为该缸活塞销响。

3. 曲轴主轴承响

（1）故障现象　发动机急加速时，发出沉重而有力的"刚、刚、刚"的金属敲击声，严重时机体发生很大振动；发动机转速越高，响声越大；发动机负荷越大，响声越明显。

（2）故障原因

1）主轴承盖螺栓松动。

2）主轴承与主轴颈磨损严重，使配合间隙过大。

3）主轴承减摩合金烧损或脱落。

4）曲轴弯曲。

5）机油压力太低或机油黏度太小，使主轴承润滑不良。

（3）故障诊断　最佳听诊部位在发动机曲轴箱两侧与曲轴轴线齐平的位置，可利用听诊器或简易听诊杆触及该区域察听异响，其诊断方法如下。

1）抖动节气门拉索诊断。先使发动机低速运转，然后微微抖动节气门拉索，反复变更

发动机转速，若"刚、刚、刚"的金属敲击声随着发动机转速的升高而增大，且在急加速瞬间更为明显，则诊断为主轴承响。

2）变速诊断。改变发动机转速来比较响声诊断。若发动机在怠速或低速运转时响声较为明显，而高速时显得杂乱，则可能是曲轴弯曲所致；若发动机在高速运转时，机体有较大振动，机油压力过低，则说明主轴承间隙过大、减摩合金烧损或脱落。

3）断火诊断。对1缸进行单缸断火，若断火后响声明显减弱，则说明第一道主轴承响；对最末缸进行单缸断火，若断火后响声明显减弱，则说明最后一道主轴承响；对任意相邻两缸同时断火，若断火后响声明显减弱，则为两缸之间的主轴承响。

4. 连杆轴承响

（1）故障现象　当发动机突然加速时，发出"铛、铛、铛"连续明显、轻而短促的敲击声，随着转速、负荷的增加其响声更加明显。

（2）故障原因

1）连杆轴承盖螺栓松动。

2）连杆轴承与轴颈磨损严重，使配合间隙过大。

3）连杆轴承合金烧毁或脱落。

4）机油压力太低或机油黏度太小，使连杆轴承润滑不良。

（3）故障诊断　在加机油口处仔细察听，连杆轴承异响比较明显，也可利用听诊器或简易听诊杆触及曲轴箱中部连杆轴承附近区域察听异响，其诊断方法如下。

1）变速诊断。使发动机怠速运转，然后由怠速向低速，由低速向中速，再由中速向高速加油进行试验。若响声随着转速的升高而增大，在加油的瞬间更加突出，且比主轴承的响声清脆、缓和、短促，则诊断为连杆轴承响。

2）断火诊断。在怠速、中速和高速情况下，逐缸反复进行断火试验。若某缸断火后响声明显减弱或消失，而在复火的瞬间又能立即出现，则说明该缸连杆轴承响。

3）依据机油压力诊断。若响声严重，又伴随机油压力低，则可确诊为连杆轴承响。机油压力低的伴随现象往往是区别连杆轴承响与活塞销响、活塞敲缸响的重要依据。

5. 气门脚响

（1）故障现象　发动机怠速时，发出有节奏的"嗒、嗒、嗒"响声，转速越高，响声越明显。

（2）故障原因

1）气门脚间隙过大。

2）气门脚处润滑不良。

3）气门杆与气门导管配合间隙过大。

4）气门头部与座圈接触不良。

（3）故障诊断　发动机怠速下气门脚响声清脆而有节奏，在发动机周围就能听到较为清晰的响声，而在气门室或气门罩处听诊异响非常明显，其诊断方法如下。

1）变速、变温、断火诊断。若发动机怠速运转时响声明显，而转速增高时响声增大、节奏加快，但发动机温度变化、断火试验时响声不变，则可诊断为气门响。

2）用塞尺堵塞间隙诊断。将气门室盖或罩拆下，在怠速时用适当厚度的塞尺插入气门

脚间隙中，逐个试验。当插入某个气门脚间隙中时，响声减弱或消失，即可诊断是该气门响，且由气门脚间隙过大造成。

3）分析诊断。若气门脚间隙正常，插入塞尺后，异响声不变，则可能是气门脚处润滑不良、气门与其导管配合间隙过大、气门头部与座圈接触不良所致。

思 考 题

1. 简述发动机功率检测的基本原理。

2. 简述发动机无负荷测功原理及测功方法。

3. 发动机各缸功率均衡性如何检测？有哪几种方法？

4. 如何测量气缸压缩压力？如何分析其测量结果？

5. 如何检测气缸漏气量（率）？如何诊断气缸漏气故障？

6. 起动系统常见故障有哪些？如何诊断？

7. 点火示波器可以检测哪些点火波形？如何根据点火波形诊断故障？

8. 频闪法和缸压法检测点火提前角的原理是什么？如何检测？

9. 经验法如何检测发动机点火正时？

10. 点火系统的常见故障有哪些？如何利用经验法诊断？

11. 如何检测汽油机电控燃油喷射系统的油压？如何利用其检测结果诊断故障？

12. 试分析汽油机标准喷油信号波形，如何利用实测的喷油信号波形诊断故障？

13. 试分析汽油机喷油器、燃油压力调节器故障原因，如何诊断喷油器、燃油压力调节器故障？

14. 如何检测和评价发动机机油的品质？

15. 发动机机油压力过低、过高的原因有哪些？如何诊断机油压力过低、过高故障？

16. 试分析节温器性能，如何利用这一性能就车诊断冷却系统故障？

17. 如何检测冷却系统电动风扇及其温控开关故障？

18. 发动机温度过低、过高的原因有哪些？如何诊断其温度过低、过高故障？

19. 何谓故障自诊断？如何获取故障自诊断信息？

20. 发动机电子控制系统传感器有哪些种类？如何检测这些传感器，试举例说明。

21. 如何诊断发动机电子控制系统的执行器、ECU故障？

22. 发动机的常见故障有哪些？如何诊断？

第四章

汽车底盘的检测与故障诊断

【学习目标】

知识目标:

- 熟悉传动系统、转向系统、制动系统、行驶系统常见故障的诊断思路
- 熟悉汽车滑行性能、传动系统游动角度、转向性能、ABS 性能、自动变速器性能的检测原理和方法
- 了解四轮定位仪、车轮平衡机、悬架性能检测台等设备的检测原理和使用方法
- 掌握底盘电子控制系统故障的自诊断原理和检测方法

能力目标:

- 能正确操纵转向参数测量仪、四轮定位仪、车轮平衡机、悬架性能检测台等各种检测设备和仪器
- 能对汽车滑行性能、悬架性能、四轮定位、ABS 性能、转向性能等进行检测分析与评价
- 能对传动系统、转向系统、制动系统、行驶系统的常见故障进行分析、诊断
- 能对底盘电子控制系统的故障进行检测、分析、诊断

汽车底盘由传动系统、行驶系统、转向系统和制动系统组成。汽车底盘的技术状况不仅直接关系到汽车行驶的操纵稳定性、安全性,而且对汽车的动力性和经济性有着直接影响。因此,汽车底盘应作为汽车检测与故障诊断的重点内容。

第一节　传动系统的检测与故障诊断

传动系统包括离合器、变速器、万向传动装置、驱动桥(主减速器、差速器和半轴)等部件。在汽车运行过程中,传动系统技术状况会逐渐变差、出现故障,为确保发动机动力的高效传递,应对传动系统故障进行及时的检测诊断并排除。

一、传动系统的检测

在汽车技术状况等级评定中,或在汽车维修竣工检验时,需对传动系统传动效率或汽车滑行性能进行检测。在传动系统维护修理或故障诊断时,需对传动系统游动角度进行检测。

(一)传动系统传动效率检测

传动系统传动效率是反映汽车传动系总体技术状况的一个重要参数,传动效率越高,说明传动系统的损耗功率越小,传动系统的技术状况越好。传动效率可在底盘测功机上检测。

1. 检测原理

发动机发出的功率 P_e 经传动系统传至驱动轮的过程中,若传动系统损失的功率为 P_T,

则传动系统的传动效率为 η_T

$$\eta_T = \frac{P_e - P_T}{P_e} \tag{4-1}$$

由式（4-1）知，只要测取 P_e 和 P_T，即可求出传动效率 η_T。在具有反拖装置的底盘测功机上，可间接测得 P_e 和 P_T。若设底盘测功机传动系统消耗功率为 P_c，驱动轮滚动阻力消耗功率为 P_f，驱动轮输出功率为 P_k，反拖传动系的功率为 P_r，则可推得汽车传动系统传动效率的计算式

$$\eta_T = \frac{P_k + P_f + P_c}{P_k + P_r} \tag{4-2}$$

因此，利用底盘测功机在相同转速工况下，测取 P_k、P_r、P_f 和 P_c，即可求出传动系统传动效率 η_T。

2. 检测方法

在具有反拖装置的底盘测功机上，检测传动效率的方法如下。

1）测取驱动轮输出功率。将被测车辆驱动轮置于底盘测功机滚筒上，使汽车运转，在汽车和底盘测功机运转部件温度正常的情况下，重复三次测出规定档位选定车速下的驱动轮输出功率 P_k。

2）测取反拖传动系统的功率。驱动轮输出功率测完后，发动机熄火，将变速器置于原档位，踩下离合器，起动底盘测功机反拖装置，以与检测 P_k 时相同的速度带动滚筒、驱动轮以及汽车传动系转动，重复三次测出其反拖功率，该功率即为 P_r。

3）测取驱动轮滚动阻力和底盘测功机传动系统消耗的功率。测取 P_k、P_r 后，使底盘测功机滚筒停转，拆下两侧驱动轮半轴，起动底盘测功机反拖装置，以与检测 P_k 时相同的速度带动滚筒和驱动轮转动，重复三次测出其反拖功率，该功率即为 $P_f + P_c$。对于轿车来说，由于驱动轮载荷与从动轮载荷相差不多，因此检测 $P_f + P_c$ 时，可在底盘测功机上用反拖从动轮的功率来代替 $P_f + P_c$，这样不需拆下驱动轮半轴，使检测方便、快捷。

4）计算传动效率。将 P_k、P_r 和 $P_f + P_c$ 三次测取的均值代入式（4-2），求出传动效率 η_T。

3. 检测标准

传动系统传动效率的正常值见表4-1。若被检汽车传动系统传动效率低于正常值，则说明消耗于离合器、变速器、万向传动装置、驱动桥的功率过大，汽车传动系统技术状况较差。传动效率低可能是传动系统部件装配调整不当、润滑不良所致。

表4-1　汽车传动系统传动效率

汽车类型		传动效率 η_T
轿车		0.90 ~ 0.92
载货汽车和客车	单级主减速器	0.90
	双级主减速器	0.84
4×4越野汽车		0.85
6×4载货汽车		0.80

（二）汽车滑行性能检测

汽车滑行性能是指汽车在空档时的滑行能力。反映汽车滑行性能的参数有：滑行距离和

滑行阻力。滑行距离是指汽车加速至某一预定车速后挂入空档，利用汽车已具有的动能行驶的距离。滑行阻力是指汽车空档、制动解除时，汽车由静止至开始移动所需的推力或拉力。若汽车滑行性能越好，即滑行阻力越小，或滑行距离越长，则说明传动系统的损失功率越小，传动效率越高。因此，可利用汽车的滑行性能来评价汽车传动系统的总体技术状况。

1. 滑行距离的检测。

（1）检测方法　滑行距离可用路试法或底盘测功机检测。

1）路试检测。

① 使车辆空载，轮胎气压符合规定，并行驶汽车保证传动系统温度正常。

② 在纵向坡度不超过1%的平坦、干燥和清洁的硬路面上，风速不大于3m/s时，进行路试。

③ 当被测车辆行驶速度高于规定车速（30km/h）后，置变速器于空档，开始滑行，在规定车速（30km/h）时用速度计或GPS汽车多功能检测仪测量滑行距离。

④ 在试验路段往返各进行一次滑行距离检测，取两次检测的算术平均值作为检测结果。

2）用底盘测功机检测。

① 使车辆空载，轮胎气压符合规定。

② 根据被测车辆的基准质量选定底盘测功机相应的飞轮转动惯量。当底盘测功机所配备的飞轮装置的惯量级数不能准确满足被测车辆的当量惯量需要时，可选配与被测车辆整备质量最接近的转动惯量级，但应对检测结果进行必要的修正。

③ 将被测车辆驱动轮置于底盘测功机滚筒上，运转汽车，使汽车传动系统和底盘测功机运转部件温度正常。

④ 将被测车辆加速至高于规定车速（30km/h）后，置变速器于空档，利用储存在底盘测功机旋转质量中的动能、驱动轮及传动系统旋转部件的动能，使汽车驱动轮继续运转直至车轮停止转动。此时，测功机滚筒滚过的圈数与滚筒圆周长之乘积相当于汽车的滑行距离。利用底盘测功机的测距装置，记录汽车从规定车速（30km/h）开始的滑行距离。

（2）检测分析　滑行距离的长短，与汽车挂入空档滑行后的检测车速、汽车总质量、汽车驱动轴数、轮胎气压以及其他检测条件有关。

1）空档滑行后的检测车速越高，则汽车的惯性越大，滑行距离越长，为正确反映汽车的滑行性能，应严格控制检测车速。

2）汽车的总质量越大，则汽车的惯性越大，滑行距离越长，为正确反映汽车的滑行性能，应严格控制汽车的检测质量，并按汽车整备质量大小进行分级评定。

3）汽车驱动轴数越多，则汽车滑行的行驶阻力越大，滑行距离越短，因此检测评定时应注意被测车辆的驱动轴数目。

4）轮胎气压越低，则汽车滑行的行驶阻力越大，滑行距离越短，为正确反映汽车的滑行性能，应严格控制汽车的轮胎气压，使其符合标准。

5）其他检测条件。如各车轮的轮毂轴承预紧度调整过紧或不正常，会导致滑行距离缩短，从而不能正确评价传动系技术状况。因此检测评定时应检查各车轮的转动状况是否正常；如采用底盘测功机检测时，若其飞轮转动惯量与被测车辆不相适应，则滑行距离就不能正确评价传动系技术状况，因此检测时应注意汽车动能的模拟，对于不同车型，可以采用不同的飞轮或飞轮组合来适应检测的需要。

（3）检测标准　在汽车空载、轮胎气压符合规定值时，以初速30km/h的滑行距离，应满足表4-2的要求。若滑行距离过短，则说明汽车传动系统技术状况不良。

表4-2　车辆滑行距离要求

汽车整备质量 M/kg	单轴驱动车辆滑行距离/m	双轴驱动车辆滑行距离/m
$M < 1000$	≥130	≥104
$1000 \leq M \leq 4000$	≥160	≥120
$4000 < M \leq 5000$	≥180	≥144
$5000 < M \leq 8000$	≥230	≥184
$8000 < M \leq 11000$	≥250	≥200
$M > 11000$	≥270	≥214

2. 汽车滑行阻力的检测

（1）检测方法　检测时，车辆应空载，轮胎气压应符合规定。先将被测车辆停在平坦、干燥和清洁的硬路面上，解除制动，将变速器置于空档，然后通过力传感器拉或推被测车辆，当被测车辆从静止开始移动时，记下传感器的拉力（或压力）值，该值即为汽车的滑行阻力。

（2）检测分析　滑行阻力实际上反映了汽车的滚动阻力和传动系统阻力，它主要与汽车总质量、路面状况、传动系统效率及轮胎气压有关。

1）汽车总质量越大，则汽车的滚动阻力越大。因此，检测评定标准应反映汽车的质量。

2）路面质量越好，则滚动阻力系数越小，汽车的滚动阻力越小；路面越平，越能反映汽车的滑行性能。因此，检测滑行阻力时应选择路面平整的沥青或混凝土路面。

3）传动系统效率越高，则传动系统摩擦阻力越小，汽车越容易被推动或拉动。因此，滑行阻力可评价传动系统技术状况。

4）轮胎气压的高低，会影响轮胎的变形程度，从而改变汽车的滑行阻力。轮胎气压越低，轮胎变形越严重，则轮胎的滚动阻力系数越大，汽车的滚动阻力越大。因此，检测时应严格控制汽车的轮胎气压，使其符合标准。

（3）检测标准　设汽车整备质量为 M（kg），重力加速度为 g（9.8m/s^2），滑行阻力为 P_s（N）。在规定的检测条件下，若 $P_s \leq 1.5\% Mg$，则说明汽车滑行性能符合要求，若滑行阻力过大，则说明传动系技术状况不良。

（三）传动系统游动角度的检测

传动系统游动角度是离合器、变速器、万向传动装置和驱动桥的游动间隙之和。它能表明整个传动系统的磨损和调整情况，因而可用传动系统游动角度来诊断汽车传动系统的技术状况。由于游动角度可分段检测，因而还可用总成部件的游动角度对传动系统有关部件的技术状况进行诊断。游动角度可利用数字式或指针式检测仪检测。

1. 用数字式游动角度检测仪检测

（1）检测原理　数字式游动角度检测仪是在车辆停驶且不拆卸变速器、传动轴及后桥的情况下，对传动系统游动角度进行较准确测量的检测仪器。它由倾角传感器和测量仪两部分组成，二者以电缆相连。

倾角传感器的作用是将传感器感受到的倾角变化转换为线圈电感量的变化，从而改变检

测仪电路振荡频率。因此，倾角传感器实际上是一个倾角-频率转换器。传感器的外壳是一个长方形的壳体，上部开有"V"形缺口，并配有带卡扣的尼龙带，可方便地固定在传动轴上，检测时可与传动轴同步摆动；传感器的内部结构如图4-1所示，核心部件是弧形线圈、弧形磁棒和摆杆。弧形线圈固定在外壳上，其位置随外壳的摆动而变化，弧形磁棒通过摆杆和心轴支承在夹板的两轴承上，可绕心轴轴线转动。在重力作用下，摆杆始终偏离垂线某一固定角度 α_0。检测时，若传感器外壳随传动轴摆动，则弧形线圈也随之摆动，因而线圈与弧形磁棒的相互位置发生变化，从而改变了线圈的电感量及电路的振荡频率，其频率的变化量则反映了传动轴的游动角度。

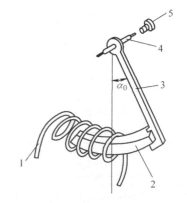

图 4-1 倾角传感器内部结构示意图
1—弧形线圈 2—弧形磁棒
3—摆杆 4—心轴 5—轴承

测量仪实际上是一台专用的数字式频率计，其作用是直接显示传感器测出的倾角。测量仪采用数字集成电路，由传感器送出的振荡信号，经计数门进入主计数器，在置成的补数基础上累计脉冲数。计数结束后，在锁存器接收脉冲作用下，将主计数器的结果送入寄存器，并由荧光数码管将结果显示出来。使用中，将游动范围内的两个极限位置的倾角读出，其差值即为游动角度。

（2）检测方法 传动系统游动角度的检测，常采用分段检测方法。下面以发动机前置后驱动载货汽车的传动系统为例进行说明。检测时，将传感器始终固定在传动轴上，然后进行分段检测。

1）在传动轴的适当位置安装好传感器，并连接仪器，接好电源。

2）合上电源开关，启动仪器，将转换开关置于"自校"位置，对仪器进行自校。

3）进行测量：将转换开关置于"测量"位置，然后进行分段检测。

① 变速器输出轴与传动轴游动角度的检测。将驱动桥支起，进行驻车制动以固定变速器输出轴，左、右转动传动轴至极限位置，测量仪显示的两角度之差即为变速器输出轴与传动轴之间的游动角度。

② 离合器从动盘与变速器输出轴游动角度的检测。将驱动桥支起，使变速器挂入选定档位，离合器处于接合状态，左、右转动传动轴至极限位置，测量仪显示的两角度之差再减去已测得的变速器输出轴与传动轴之间的游动角度，即为离合器从动盘与变速器输出轴在选定档位下的游动角度。

③ 传动轴与驱动轮游动角度的检测。变速器挂入空档，踩下制动踏板，左、右转动传动轴至极限位置，测量仪上显示的两角度之差即为传动轴与驱动轮之间的游动角度。

显然，上述三段游动角度之和即为所检测的传动系统游动角度。

提示：分段检测时，通常将传动轴某一极限位置时的仪器示值调整为零，而另一极限位置的示值即为游动角度。

2. 用指针式游动角度检测仪检测

指针式游动角度检测仪由指针、刻度盘和测量扳手组成，如图4-2所示。使用时，指针固定在被测轴上，可与轴同步转动；刻度盘则在适当部位固定不动，作为指针的刻度目标，

用来显示指针的转动角度；测量扳手用于转动被测轴，而扳手上的刻度和指针，则用于指示转动扳手所施加的力矩。

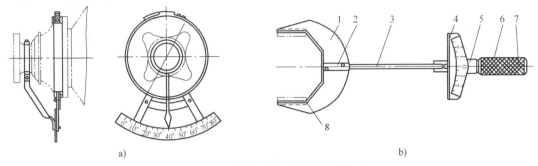

a)　　　　　　　　　　　　　　　　　　　　　b)

图 4-2　指针式游动角度检测仪

a）指针与刻度盘的固定　b）测量扳手

1—卡嘴　2—指针座　3—指针　4—刻度盘　5—手柄　6—手柄套筒　7—定位销　8—可换钳口

检测传动系统游动角度的方法是，先分段检测传动系统各个环节的游动角度，然后求和得出传动系统总的游动角度。检测各段游动角度时，先合理地固定指针及刻度盘，然后用测量扳手将被测轴从一个极限位置转至另一个极限位置，轴上指针在固定不动的刻度盘上所转过的角度即为被测轴的游动角度。图 4-2a 为驱动桥游动角度检测时指针与刻度盘的固定方式。

3. 检测结果分析

（1）游动角度产生原因　传动系统游动角度实际上是传动系统各传动副间隙的总体反映，这些间隙主要是变速器、主减速器、差速器中的齿轮啮合间隙，变速器输入轴、传动轴、半轴的花键连接间隙，万向节中十字轴颈与滚针轴承的间隙，以及滚针轴承与万向节间的间隙。这些间隙因长期的动力传递及传动副的相对滑移而逐渐增加。因此，传动系统游动角度过大，可能是下列一个或多个原因引起。

1）离合器从动盘与变速器第一轴配合松旷。

2）变速器中各对传动齿轮的啮合间隙过大或滑动齿轮与花键轴配合松旷。

3）万向传动装置的万向节松旷或伸缩节花键配合松旷。

4）驱动桥内各齿轮副啮合间隙过大、轴承松旷或半轴齿轮与半轴花键配合松旷。

提示：通过传动系统各分段游动角度的检测可以找到传动系统游动角度过大的具体原因。

（2）游动角度检测标准　传动系统各总成和机件的磨损与其游动角度有着密切关系，传动系统总的游动角度随汽车行驶里程的增加而呈线性增加。当传动系统游动角度过大时，传动系统的工作条件会恶化，将加速零件的磨损并增大传动的噪声，使传动系统传动效率降低。因此，应控制传动系统的游动角度，使其在规定的范围之内，通常中型载货汽车传动系统游动角度及各分段的游动角度应不大于表 4-3 所列数据。

表 4-3　游动角度诊断参考数据

传动系统部位	游动角度	传动系统部位	游动角度
离合器从动盘与变速器输出轴	≤5°~15°	传动轴与驱动轮游动角度	≤55°~65°
变速器输出轴与传动轴	≤5°~6°	整个传动系统	≤65°~86°

二、离合器的故障诊断

汽车在使用过程中，经常需要踏下和松开离合器踏板，使离合器分离与接合，因此离合器的技术状况会随汽车行驶里程的增加而逐渐变坏，严重时会造成离合器打滑、分离不彻底、抖动和异响等故障。

1. 离合器打滑

（1）故障现象　汽车起步困难；汽车在行驶中车速不能随发动机转速的提高而提高，感到行驶无力；上坡满载行驶时深感动力不足，可闻到离合器摩擦片的焦味。

（2）故障原因　离合器打滑的根本原因是压盘不能牢固地压在从动盘摩擦片上，或摩擦片的摩擦系数过小，使离合器摩擦力矩严重不足。其具体原因如下。

1）离合器操纵系统调整不当，导致离合器踏板无自由行程。

2）从动盘摩擦片磨损逾限或压盘、飞轮的工作面磨损过甚，导致分离轴承压在分离杠杆上，使离合器踏板无自由行程。

3）从动盘摩擦片烧损、硬化、铆钉外露或有油污，使离合器摩擦副的摩擦系数过小。

4）压紧弹簧变形、损坏，使弹力不足。

5）压盘、飞轮、从动盘变形，导致传递转矩下降。

6）分离轴承运动发卡而不能回位。

（3）故障诊断　汽车静止时，分离离合器，起动发动机，拉紧驻车制动器，把变速器换入一档，缓抬离合器踏板使离合器逐渐接合，同时加大节气门开度，若发动机无负荷感，汽车不能起步，发动机又不熄火，说明离合器打滑；汽车在行驶中，当加大节气门开度后，若发动机转速提高而车速不变，则表明离合器打滑。当离合器打滑时，可按下述方法诊断故障的具体原因。

1）检查离合器踏板自由行程。若无自由行程，则应检查离合器操纵系统是否调整不当、踏板回位弹簧是否疲劳或折断、踏板操纵杆系是否卡滞、分离轴承是否不能回位、分离杠杆内端是否调整过高、离合器盖与飞轮的连接是否松动。若自由行程正常，则进行下步检查。

2）检查从动盘摩擦片。拆下离合器壳底盖，挂空档并踩下离合器踏板，转动从动盘摩擦片查看是否有烧损、硬化、铆钉外露或油污等现象。若有，则应更换从动盘摩擦片；若从动盘摩擦片完好，则进行下步检查。

3）拆下离合器检查。检查压紧弹簧是否变形损坏或弹力不足，检查压盘、飞轮、从动盘是否变形，以确定故障部位。

2. 离合器分离不彻底

（1）故障现象　发动机怠速运转时，踩下离合器踏板换档困难；挂低速档时，离合器踏板尚未完全放松，汽车就起步或发动机就熄火。

（2）故障原因　离合器分离不彻底的根本原因是，离合器踏板踩到底时，其压盘远离从动盘的移动量过小，或离合器主从动件变形导致压盘与从动盘摩擦片有所接触不能分离。其具体原因如下。

1）离合器踏板自由行程过大。

2）离合器分离杠杆调整不当，使其内端的后端面不在同一平面，或其分离杠杆内端高

度过低。

3）从动盘翘曲、铆钉松脱、摩擦衬片松动。

4）压盘受热变形，翘曲超限。

5）双片离合器中间压盘支撑弹簧弹力不均或个别弹簧折断、中间压盘调整不当。

6）从动盘毂花键槽与变速器第一轴花键齿卡滞。

7）离合器操纵机构中传动部分紧固螺栓松动或紧固螺栓失效。

8）离合器操纵机构卡滞，其踏板踩不到底。

9）离合器液压操纵机构中油液不足，或管路中有空气。

（3）故障诊断　先将变速器处于空档，使发动机运转，再踩下离合器踏板，进行挂一档试验。若换档困难并伴有齿轮撞击声，强行挂入档位后汽车前冲，发动机熄火，则说明离合器分离不彻底。当离合器分离不彻底时，可按下述方法诊断故障的具体原因。

1）检查离合器操纵机构是否卡滞，传动是否失效，保证其工作正常。

2）检查离合器踏板自由行程是否符合标准。若自由行程过大，则调整离合器自由行程至正常值，然后起动发动机检验调整后的情况。此时，若离合器工作正常，则说明其故障原因是离合器踏板的自由行程太大。若自由行程正常，则进行下步检查。

3）检查分离杠杆内端的后端面是否在同一平面。用手扳动分离拨叉，使分离轴承前端轻轻靠在分离杠杆内端。转动离合器一周，察看它们的接触情况。若只有部分分离杠杆内端与分离轴承接触，则离合器分离时其压盘会失去对于飞轮的平行状态，从而造成离合器分离不彻底，此时，需重新调整分离杠杆。若各分离杠杆内端的后端面在同一平面，则进行下步检查。

4）检查分离杠杆内端高度是否过低。若过低，则故障可能由此引起，其原因是分离杠杆内端高度调整不当或磨损过甚，应重新调整分离杠杆。

5）对于双片式离合器，还应检查中间压盘的分离情况。若中间压盘及其从动盘在离合器分离过程中无轴向活动量，说明故障在此，可重新调整。调整后若还分离不彻底，可能是中间压盘支撑弹簧折断、过软或中间压盘本身轴向移动卡滞所造成。

6）经上述检查和调整后，若离合器仍分离不彻底，则可能是从动盘翘曲变形严重、从动盘铆钉松脱、摩擦片松动、从动盘摩擦片过厚、从动盘花键滑动卡滞所致。

7）对于离合器液压操纵机构，若在排除空气和添足油液后，离合器能分离彻底，则故障在原液压操纵机构内有空气或油液不足，导致踩离合器踏板无力，有效行程减小。

3. 离合器发抖

（1）故障现象　汽车起步出现振抖，起步伴有轻微冲撞，不能平顺起步，严重时车身明显抖动。

（2）故障原因　离合器发抖的根本原因是从动盘摩擦片表面与压盘表面、飞轮接触表面之间正压力分布不均，在同一平面内接触时间不同，使得主、从动盘接触不平顺引起发抖。其具体原因如下。

1）分离杠杆变形或调整不当，各分离杠杆内端的后端面不在同一平面。

2）压盘、从动盘翘曲变形严重，飞轮工作端面的轴向圆跳动超标。

3）压紧弹簧弹力不均匀，个别弹簧弹力减弱或折断。

4）从动盘摩擦片厚度不均、衬片破裂、表面不平、铆钉外露或松动。

5）从动盘毂花键槽与变速器第一轴花键齿磨损过甚、间隙过大。

6）从动盘摩擦片减振弹簧失效或折断，缓冲片破损。

7）发动机支架、变速器与飞轮壳、飞轮与离合器盖的紧固螺栓松动。

（3）故障诊断　让发动机怠速运转，挂入低速档，缓缓放松离合器踏板并轻踏加速踏板，使汽车起步，有振动感即为离合器发抖。当离合器发抖时，可按下述方法诊断故障的具体原因。

1）检查分离杠杆内端的后端面是否在同一平面。如不在同一平面，则会使主、从动盘接触不平顺引起离合器振动，应按规定进行调整。若正常，则进行下步检查。

2）检查发动机前后支架、变速器与飞轮壳、飞轮与离合器盖的紧固螺栓是否松动。如有松动，则离合器接合时的冲击载荷会引起松动部件的振动，应按规定力矩拧紧。若正常，则进行下步检查。

3）拆卸离合器检查。检查压盘及从动盘是否翘曲，摩擦片是否破裂、厚度不均、表面不平、铆钉松动，压紧弹簧或膜片弹簧是否断裂，减振弹簧是否失效，从动盘毂花键槽与变速器第一轴花键齿配合是否松旷等。

4. 离合器异响

（1）故障现象　离合器在分离或接合的变工况时出现连续或间断的比较清晰的响声。

（2）故障原因　离合器产生异响的根本原因在于离合器部分零件严重磨损及主、从动件传力部位松旷，而当离合器主、从动件接合或松开的瞬间，由于惯性冲击的作用，在松旷处造成金属零件之间不正常摩擦或撞击而产生异响。其具体原因如下。

1）分离轴承磨损严重、缺油或损坏。

2）离合器踏板回位弹簧与分离轴承回位弹簧过软、折断或脱落。

3）双片式离合器中间压盘的传动销与销孔磨损松旷。

4）从动盘毂花键槽与变速器第一轴花键齿磨损松旷。

5）从动盘铆钉头外露、钢片断裂、减振弹簧折断或失效。

（3）故障诊断

1）在变速器挂入空档、发动机怠速运转时，控制离合器踏板，利用离合器分离与接合时发出的响声诊断其故障所在。

① 踏下离合器踏板少许，使分离杠杆与分离轴承接触。若听到有"沙沙"的响声，则为分离轴承响；若润滑分离轴承后仍然发响，则说明轴承磨损松旷。若继续踏下离合器踏板少许，并略提高发动机转速，如金属摩擦的响声增大，则说明分离轴承损坏。

② 将离合器踏板踩到底时，若听到一种"咔啦、咔啦"的响声，当反复改变发动机转速时，响声会更明显，而松开离合器踏板后响声消失，则对于双片式离合器，其异响多为中间压盘销孔与传动销磨损松旷撞击所致，对于单片式离合器，其异响多为离合器压盘与盖配合传力处松旷撞击所致。

2）在汽车起步时，控制离合器踏板，根据离合器发出的响声诊断其故障所在。

① 逐渐放松离合器踏板，在离合器将要接合时听到尖锐啸叫声，随即踏下踏板，响声消失，放松踏板响声又出现，这是从动盘钢片破碎或铆钉头外露刮碰压盘或飞轮所致。

② 松开离合器踏板，在离合器接合、汽车起步时，若发出"咔、吭"的金属撞击声，且重车起步时更为明显，则为从动盘毂花键槽与变速器输入轴花键齿配合松旷，或从动盘减

振器弹簧折断所致。

三、手动变速器的故障诊断

变速器在工作负荷的作用下，随着汽车行驶里程的增加，内部各零件的磨损、变形也随之加大，引起各零件间的配合关系变坏，从而引起一系列的故障。其常见的故障有跳档、换档困难和异响等。

1. 变速器跳档

（1）故障现象　汽车在行驶过程中，特别是重载加速或爬坡时，变速杆自动跳回空档位置，换档啮合副自动脱离啮合状态。

（2）故障原因　变速器跳档的根本原因是换档啮合副在动力传递时，产生较大的轴向作用力，使其啮合副脱离啮合位置；或变速器挂档时，啮合副未能全齿长啮合，当汽车振动或变负荷行驶时，导致跳档。其具体原因如下。

1）自锁装置的凹槽和钢球磨损严重或自锁弹簧疲劳、折断。

2）换档拨叉及拨叉轴磨损严重，换档拨叉与拨叉槽配合间隙过大。

3）换档拨叉及拨叉轴弯曲变形严重。

4）换档齿轮、齿圈或齿套，在啮合部位沿齿长方向磨损形成锥形。

5）变速器轴与轴承磨损松旷，壳体变形，啮合齿轮的轴线不平行。

6）滑动齿轮与轴的花键磨损严重，配合间隙过大。

7）变速器轴轴向间隙过大。

（3）故障诊断　汽车在中、高速行驶时，采用突然加、减速的方法，使齿轮承受较大的交变负荷，检查是否跳档；或利用汽车上坡，使变速器传递较大的负荷，检查是否跳档。逐档进行路试，若变速杆在某档自动跳回空档，即诊断该档跳档。当变速器某档跳档时，可按下述方法诊断故障的具体原因。

1）检查该档的自锁能力。用手扳动变速杆进行挂档、退档的手感检查，若感觉阻力很小，则说明该档位的自锁能力差，故障在自锁装置，如拨叉轴凹槽和钢球磨损严重或自锁弹簧疲劳、折断等。若自锁能力正常，则进行下步检查。

2）检查换档齿轮的啮合情况。将变速杆重新挂入该档，然后拆下变速器盖察看换档齿轮的啮合情况。若换档齿轮或齿套未完全啮合，就用手推动跳档的齿轮或齿套，如能进入正确啮合，则故障为换档拨叉及拨叉轴弯曲或磨损过大、换档拨叉与拨叉槽配合间隙过大、换档拨叉固定螺栓松动所致。若换档齿轮啮合良好，则进行下步检查。

3）检查换档齿轮的磨损状况。用手将换档滑动齿轮或齿套退回空档位置，检查其啮合部位沿齿长方向是否磨成锥形，若为锥形，则容易跳档；若齿形良好，则进行下步检查。

4）检查换档齿轮的配合间隙。用手晃动换档齿轮，检查花键槽与花键的配合是否松旷，检查相啮合齿轮的轴向间隙或径向间隙是否过大，若配合松旷或间隙过大，则换档齿轮在传动中容易摆动而出现跳档。若间隙正常，则进行下步检查。

5）检查变速器轴与轴承的磨损情况。若轴与轴承磨损松旷，轴向间隙过大，则容易导致跳档。若轴与轴承间隙正常，则故障可能是变速器壳体变形、轴线不平行产生轴向力所致。

2. 变速器换档困难

（1）故障现象 汽车行驶时，变速器不能顺利地挂入档位，挂档时往往伴有齿轮撞击声。

（2）故障原因 变速器换档困难的根本原因是汽车换档时待啮合齿轮的圆周速度不相等，或换档拨叉轴移动时的阻力过大。其具体原因如下。

1）离合器分离不彻底，或离合器调整不当。

2）变速杆弯曲变形及操纵机构调整不当。

3）换档拨叉轴弯曲变形，拨叉轴与其导向孔配合过紧或缺油严重锈蚀。

4）换档拨叉弯扭变形与拨叉轴不垂直。

5）锁止装置弹簧的弹力过大，其锁止钢球或锁销损坏。

6）同步器损坏。

（3）故障诊断 首先判断离合器是否能分离或分离是否彻底，在确定离合器工作正常的情况下，起动发动机进行汽车起步和路试的换档试验，由低速档顺序换到高档位，再由高速档顺序换至低档位。若某档位不能挂入或勉强挂入后又难以退出，或挂档过程中有齿轮撞击声，则说明该档位换档困难。当变速器换档困难时，可按下述方法诊断故障的具体原因。

1）检查操纵机构。检查变速杆是否弯曲变形，对于长距离操纵式，还应检查变速杆行程是否足够，调整是否合适；拆下变速器盖，检查拨叉轴的运动情况，以确定拨叉轴是否弯曲变形，是否缺油锈蚀，是否与导向孔配合过紧；检查锁止弹簧的弹力是否过大，锁止钢球或锁销是否损坏；检查换档拨叉是否弯扭变形，拨叉轴与拨叉是否垂直。若变速器操纵机构正常，则进行下步检查。

2）检查同步器。对锁环式同步器检查的主要项目是，同步器是否散架，同步器锁环内锥面螺旋槽、锁环的环齿、锁环的缺口是否磨损过度，同步器滑块是否磨损超标，花键毂的轴向槽是否磨损严重，同步器弹簧弹力是否过弱。若同步器损坏出现故障，则会导致换档困难。

3. 变速器异响

（1）故障现象 变速器在工作过程中发出不正常的响声，如"呼隆、呼隆"声及尖锐、清脆的金属撞击声。

（2）故障原因 变速器异响的根本原因是轴承磨损松旷、齿轮啮合不良和润滑不足。其具体原因如下。

1）啮合齿轮的轮齿磨损严重，啮合间隙过大；齿轮内孔表面磨损严重，配合松旷；个别轮齿折断或齿面剥落、脱层及缺损；齿轮轴向圆跳动或径向圆跳动超标。

2）轴承磨损严重，轴承内（外）座圈与轴颈（孔）配合松动；轴承滚子碎裂、滚道损坏。

3）变速器轴产生弯曲变形或其轴承松旷引起齿轮啮合间隙或位置不当。

4）齿轮或轴上的配合花键过度磨损。

5）同步器磨损严重或损坏。

6）变速器自锁装置损坏。

7）变速器缺少润滑油或油质不符合要求。

（3）故障诊断 变速器内部运动机件较多，发出的声响比较复杂，因此在诊断变速器异响故障时，既要根据响声特征，又要根据异响出现的时机，来正确地判断、分析异响发出

的部位及产生异响的原因。其诊断方法如下。

1）检查变速器内的润滑油，当油量不足或油质不符合要求时，换油再试，若异响消除，则故障为润滑不良所致。

2）汽车行驶时，若挂入任何档位，变速器均发出一种无节奏的"呼隆、呼隆"的响声，且车速越快，响声越大，汽车空档，离合器接合时，响声不减，而踏下离合器踏板，响声消失，则可诊断为第一轴承响。

3）汽车行驶时，若将变速杆挂入任何档位都发出"呼隆、呼隆"的响声，而挂入空档时不响，则可诊断为第二轴或中间轴轴承响。

4）起动发动机，使其怠速运转，将变速器置于空档，若变速器发出尖锐、清脆的金属撞击声，则多为常啮合齿轮响。若空档不响，挂入某档位就发响，则为挂入档位的换档齿轮响。

5）汽车路试时，若齿轮的异响均匀且过大，则多为齿面磨损过甚、啮合间隙过大或花键配合间隙太大所致；若异响过大而不均匀，则多为齿面损伤、齿面变形、轮齿折断或齿轮轴变形所致。

6）汽车路试挂档时，若经常发出齿轮的碰击声，则多为同步器损坏而丧失无冲击的换档功能所致；或为变速器自锁装置中换档拨叉轴凹槽、钢球磨损严重及自锁弹簧疲劳、折断造成挂档时越位所致。

四、万向传动装置的故障诊断

1. 传动轴发抖

（1）故障现象　汽车在行驶过程中，感觉有明显的振动，严重时车身发抖，车门、转向盘等振感强烈。

（2）故障原因　传动轴发抖的根本原因在于传动轴平衡运转的条件被破坏。其具体原因如下。

1）传动轴弯曲变形。

2）传动轴上的平衡片脱落或轴管损伤有凹陷。

3）传动轴安装时，未按标记装配。

4）传动轴两端的万向节叉未装在同一平面。

5）传动轴万向节滑动叉花键配合松旷。

6）万向节配合处磨损松旷。

7）中间支承轴承磨损松旷。

（3）故障诊断

1）汽车在中高速行驶时，若呈周期性振动，且车速越高振动越大，则说明传动轴动不平衡，其故障可能是传动轴弯曲、装配标记未对正、平衡片脱落、传动轴管凹陷等，可停车后逐项检查确诊故障所在。

2）汽车在各种车速下行驶时，若呈连续性振动，则说明传动轴转动松旷或传动轴不匀速运转，其故障可能是万向节配合处、滑动叉花键配合处、中间支承轴承等磨损松旷，或滑动叉安装错位使传动轴两端的万向节叉不在同一平面，可停车后逐项检查确诊故障所在。

2. 万向传动装置异响

（1）故障现象　汽车在行驶过程中，异常声响不断，且响声特征与汽车行驶的工况具

有密切的变化关系。

（2）故障原因 万向传动装置异响的根本原因是万向传动装置的连接处磨损松旷、装配不当，以及传动轴弯曲和动平衡破坏，使其工作条件恶化，而当传递大转矩和剧烈的冲击载荷时，产生异响。其具体原因如下。

1）万向节处引起异响的原因。

① 万向节十字轴及其轴承磨损松旷。

② 万向节叉孔与其轴承套筒磨损松旷。

③ 凸缘盘连接螺栓松动。

④ 万向节轴承润滑不良。

2）传动轴处引起异响的原因。

① 传动轴弯曲或装配不当。

② 传动轴上的平衡片脱落或轴管损伤有凹陷。

③ 传动轴两端的万向节叉未装在同一平面。

④ 传动轴万向节滑动叉花键配合处磨损松旷。

3）中间支承处引起异响的原因。

① 中间支承轴承磨损过甚或润滑不良。

② 中间支承支架安装偏斜，使橡胶垫环损坏。

③ 中间支承支架固定螺栓松动。

（3）故障诊断 当万向传动装置异响时，可根据汽车不同的运行工况及异响特征诊断万向传动装置的异响故障。

1）汽车起步或突然改变车速时，如发出"咣当"的金属敲击声，而当车速稳定时，响声较轻微，多是个别凸缘盘连接螺栓松动、万向节滑动叉花键配合松旷、十字轴轴承磨损松旷所致。

2）汽车行驶时，如传动轴发出刺耳的噪声，其频率随车速的增加而增大，多是万向节轴承或中间轴承润滑不良或损坏所致。

3）汽车中高速行驶时，如发出周期性异响，且车速越高响声越大，达一定车速时车身振抖，此时脱档滑行，振抖更烈，多为传动轴弯曲、平衡片脱落、轴管损伤、装配不当使传动轴动不平衡引起惯性力冲击所致。

4）汽车在各种车速下行驶时，如发出连续性异响，且车速越高响声越大，多为中间轴承支架垫环径向间隙过大、中间轴承松旷、中间支架固定螺栓松动、传动轴两端的万向节叉未装在同一平面引起振动冲击所致。

五、驱动桥的故障诊断

1. 驱动桥异响

（1）故障现象 汽车行驶时，驱动桥内出现较大噪声，尤其在急剧改变车速时响声明显，且车速愈高，响声愈大。

（2）故障原因 驱动桥产生异响的根本原因是驱动桥的传动部件磨损松旷、调整不当或润滑不良。当驱动桥承受较大动载荷工作时，技术状况变坏的传动部件会发出不正常的响声。其具体原因如下。

1）齿轮或轴承由于磨损使配合间隙过大，产生松旷。

2）主、从动齿轮啮合不良。

3）主、从动齿轮间隙或轴承间隙调整不当。

4）差速器行星轮、半轴齿轮与垫片磨损严重，轮齿折断，半轴齿轮花键槽与半轴花键齿磨损松旷。

5）差速器壳连接螺栓松动。

6）主减速器润滑油量不足或油质不符合要求。

（3）故障诊断　当驱动桥异响时，可根据汽车路试的行驶工况、驱动桥声响的特征及其变化情况诊断故障部位。

1）汽车行驶，在车速急剧变化的瞬间或车速不稳定时，如驱动桥发出明显的金属撞击声，多为主减速器齿轮啮合间隙过大所致。

2）汽车挂档行驶时，如驱动桥发出连续的混浊噪声，而脱档滑行响声减弱或消失，多为主减速器锥齿轮正面磨损严重、齿面损伤、啮合印痕调整不当使齿轮啮合不良所致。

3）汽车挂档行驶时，如驱动桥发出一种杂乱的"哗啦、哗啦"噪声，且车速越高，响声越大，而汽车脱档滑行时声音减小或消失，多为主减速器轴承磨损松旷所致。如汽车加速、滑行都响，多为轴承预紧度调整不当或轴承缺油引起轴承烧蚀所致。

4）汽车转弯行驶时，如驱动桥发响，而直线行驶时响声减弱或消失，则是行星轮、半轴齿轮的齿面严重磨损、损伤、轮齿变形所致。

5）汽车挂档行驶时，如驱动桥突然发出连续、强烈的"铛、铛"金属碰击声，多为其齿轮的轮齿折断。

2. 驱动桥过热

（1）故障现象　汽车行驶一定里程后，用手触摸驱动桥，有无法忍受的烫手感觉。

（2）故障原因　驱动桥过热的根本原因是驱动桥工作时摩擦阻力过大。其具体原因如下。

1）轴承装配过紧，或轴承预紧度过大。

2）齿轮啮合间隙过小。

3）驱动桥润滑油量太少、油质太差，润滑油黏度过大或过小。

4）油封过紧。

（3）故障诊断　汽车行驶一定里程后（一般为 30 ~ 60km），用手触摸驱动桥壳各个部位，若轴承或油封处局部过热，则故障为轴承装配过紧或油封过紧所致；若驱动桥壳整体过热，则先检查润滑油的数量、质量及润滑油的黏度，当不符合要求时，换油再试。若故障消失，则说明驱动桥润滑不良；若故障依存，说明是齿轮啮合间隙过小。

第二节　转向系统的检测与故障诊断

一、转向系统的常规检测与故障诊断

（一）转向系统的常规检测

转向系统的技术状况常用转向盘自由转动量、转向盘转向力来诊断，因此转向系统的常规检测项目主要是转向盘自由转动量、转向盘转向力。

1. 转向盘转向力的检测

转向盘转向力是指在一定行驶条件下作用在转向盘外缘的最大切向力。它可由转向力－角测量仪或简易测力计检测。

（1）检测仪器 转向力－角测量仪如图4-3所示，它主要由操纵盘、主机箱、连接叉和定位杆四部分组成。操纵盘由螺栓固定在三爪底板上，底板经转矩传感器与三个连接叉相连，每个连接叉上都有一只可伸缩长度的活动卡爪，活动卡爪与被测转向盘连接。主机箱固定在底板中央，其内装有接口板、微机板、转角编码器、转矩传感器、光电装置、打印机和电池等。定位杆从底板下伸出，经磁力座吸附在驾驶室内的仪表板上，定位杆的内端连接光电装置。

当转向力－角测量仪在被测转向盘上安装调整好后，转动操纵盘，其转向力则通过底板、转矩传感器、连接叉传递到被测转向盘上，使转向盘转动以实现汽车转向。与此同时转矩传感器将转向转矩转变成电信号，而定位杆内端连接的光电装置则将转角的变化转变为电信号。这两种电信号由微机自动完成数据采集、转角编码、运算、分析、存储、显示和打印。该仪器

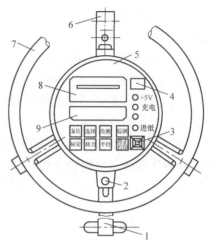

图4-3 转向力－角测量仪
1—定位杆 2—固定螺栓 3—电源开关
4—电压表 5—主机箱 6—连接叉
7—操纵盘 8—打印机 9—显示器

可进行转向盘转向力、转向盘转角及转向盘自由转动量的检测。

检测转向力时，将转向力－角测量仪安装在被测转向盘上。将转向力－角测量仪设为峰值保持并清零，输入转向盘半径，按下"转力"键，然后按规定条件缓慢地转动转向盘，则可测出转向盘的转向力。

当无转向力－角测量仪时，可通过弹簧秤沿切向拉动转向盘的边缘来测量转向力，如图4-4所示。

（2）检测方法 转向盘转向力的检测方法有多种，目前应用最多的有如下两种。

1）路试检测。将转向力－角测量仪安装在被测的转向盘上，让汽车在平坦、硬实、干燥和清洁的路面上，以10km/h的速度，在5s之内沿螺旋线从直线行驶过渡到直径为25m的圆周行驶，测出施加于转向盘外缘的最大圆周力，该力即为转向盘转向力。

2）原地检测。将转向力－角测量仪或测力弹簧安装在被测的转向盘上，将汽车转向轮置于转角盘上，通过测力装置转动转向盘，使转向轮达到原厂规定的最大转角，在转向全过程中测出最大操纵力，该力即为转向盘转向力。

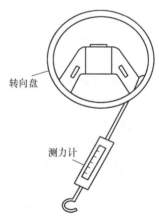

转向盘

测力计

图4-4 测量转向盘转向力

（3）检测分析 转向盘转向力受多种综合因素影响。若行驶系统技术状况良好，车轮定位、轮胎气压正常，而转向盘转向力过大，则说明转向系统存在故障。其故障可能是转向系统部件装配过紧、配合间隙过小、调整不当、润滑不良、传动杆件变形等。

　　为保证汽车转向轻便、操纵稳定性好、行车安全，转向系技术状况应正常，转向盘转向力应符合标准。对于道路运输车辆：路试检测的转向盘转向力应小于等于245N；原地检测的转向盘转向力应小于等于120N。

　　提示：当转向盘转向力过大时，应调整转向系统。若调整无效，则需维护或修理转向系统。

　　2. 转向盘自由转动量的检测

　　转向盘自由转动量是指汽车转向轮处于直线行驶位置静止不动时，转向盘可以自由转动的角度。它可由转向力 – 角测量仪或简易检测仪检测。

　　（1）检测方法

　　1）用转向力 – 角测量仪检测。检测步骤如下。

　　① 在平坦、硬实、干燥和清洁的路面上停放汽车，使前轮处于直线行驶位置。

　　② 将转向力 – 角测量仪安装在被测的转向盘上，并接好仪器电源，启动仪器。

　　③ 转动操纵盘至一侧有阻力且车轮将要转动时止，再将转向力 – 角测量仪设为峰值保持并清零，按下"角测"按钮，然后按相反方向缓慢转动操纵盘，直至另一侧有阻力且车轮将要转动时止，则仪器显示的角度即为转向盘自由转动量。

　　2）用简易检测仪检测。在没有转向参数测量仪的情况下，可用自制的简易转向盘自由转动量检测仪检测。这种测量仪由刻度盘和指针组成，如图4-5所示。其检测步骤如下。

　　① 在良好的水平路面停放汽车，使前轮位于直线行驶位置。

　　② 将刻度盘和指针分别固定在转向盘轴管和转向盘边缘上，如图4-5a所示。

　　③ 在转向盘转至自由转动的左侧有阻力位置时调整指针对零，再向右侧轻轻转动转向盘，当手感变重时指针所扫过的角度即为转向盘的自由转动量。

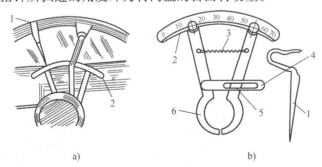

a)　　　　　　　　　　　　　b)

图4-5　简易转向盘自由转动量检测仪

a）检测仪的安装　b）检测仪

1—指针　2—刻度盘　3—弹簧　4—连接板　5—固定螺钉　6—夹臂

　　（2）检测分析　转向盘自由转动量是转向系统内部各传动连接部件间隙的总反映。若自由转动量过大，则说明从转向盘至转向轮的传动链中一处或多处的配合松旷，存在故障。其故障可能是：转向传动配合件磨损严重、连接松脱、装配不良、调整不当等。

　　为保证汽车转向灵敏、行车安全，转向系统技术状况应正常，其转向盘自由转动量应符合标准。各类机动车转向盘的最大自由转动量应小于等于：

　　1）最高设计车速大于等于100km/h的机动车为15°。

　　2）三轮汽车为35°。

3）其他机动车为25°。

提示：当转向盘自由转动量不符合要求时，应调整转向系统。若调整无效，则需维护或修理转向系统。

（二）转向系统的常见故障诊断

机械转向系统的常见故障主要有转向沉重和转向不灵敏，下面以轿车广泛采用的齿轮齿条式机械转向系为例说明其故障诊断方法。

1. 转向沉重

（1）故障现象　汽车转向时，转动转向盘感到沉重费力。

（2）故障原因　根据齿轮齿条式机械转向系的结构原理（图4-6）分析，其故障的可能原因如下。

1）转向器齿轮与齿条啮合间隙过小或齿轮、齿条损坏。

2）齿条压簧垫块调节过紧。

3）转向器齿条弯曲严重。

4）转向器齿轮轴轴承卡滞或损坏。

5）转向器壳体严重变形。

6）转向器、转向轴、万向节、转向拉杆球头润滑不良或调节过紧。

7）转向轴或转向柱管弯曲变形严重。

8）转向节推力轴承缺油或损坏。

9）主销内倾、后倾角变大或前束不符合要求。

10）车架、前梁或前悬架变形而导致前轮定位失准。

11）前轮胎气压不足，导致转向阻力过大。

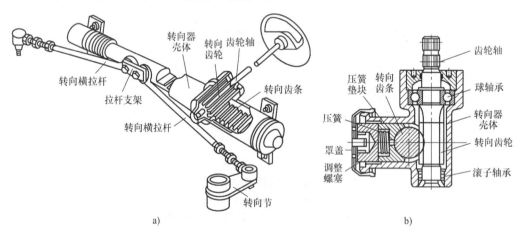

图4-6　齿轮齿条式转向器

a）转向系统的安装布置　b）转向器

（3）故障诊断

1）检查悬空转向。顶起汽车前部，使两前轮悬空，转动转向盘，若感到转向轻便，则故障可能在前轮、前桥或前悬架。因为顶起前桥后，车轮与路面不再接触而无转向阻力。此时应仔细检查前轮气压是否过低，前轴有无变形，前悬架杆件是否变形损坏，必要时还应检

查前轮定位中的主销后倾、主销内倾与前轮前束值。若悬空转向仍感沉重，说明故障在转向器和转向传动机构，则进行下步检查。

2）检查拆下横拉杆后转向。将转向横拉杆从转向节臂上拆下，再转动转向盘。若用手指将转向盘从一个极限位置转到另一个极限位置，感到轻便灵活，则故障在横拉杆至前轮的连接及支承部位，应检查各球头销是否装配过紧或推力轴承是否缺油损坏，通常检查时，可用手扳动两前轮做左右转向动作来感受其阻力的大小。拆下拉杆后，若转向仍然沉重，说明故障在转向器或转向器至转向盘的连接件，则进行下步检查。

3）检查转向轴与柱管。慢慢转动转向盘倾听转向轴与柱管有无碰擦声，以确定转向柱管是否弯曲；查看转向万向节是否装配过紧。若这些正常，说明故障在转向器，则进行下步检查。

4）检查转向器。首先查看转向器是否缺油，如正常，则重新调整转向器。调整转向器齿条的压簧垫块，使转向齿条与转向齿轮具有合适的间隙，再转动转向盘，若轻便灵活，则说明转向器调整不当；若转向仍然沉重，则应拆下转向器进行检查。此时重点察看转向器齿轮与齿条是否损坏，转向器齿条是否弯曲严重，转向器齿轮轴轴承是否卡滞或损坏，转向器壳体是否严重变形。

2. 转向不灵敏

（1）故障现象　汽车转向时感觉旷量很大，需用较大的幅度转动转向盘，方能控制汽车的行驶方向；而汽车直线行驶时又感到行驶不稳定。

（2）故障原因

1）转向盘与转向轴配合松动。

2）转向节、传动轴花键磨损松旷。

3）转向器内齿轮与齿条的啮合间隙过大。

4）转向机构各连接部件间隙过大或连接松动。

5）转向节主销与衬套磨损松旷。

6）前轮毂轴承间隙过大。

（3）故障诊断

1）检查转向盘自由转动量。左右转动转向盘，若转向盘自由转动量正常，则故障的原因可能是前轮毂轴承间隙过大、主销与转向节衬套间隙过大，此时应架起前桥用手扳动前轮检查前轮毂轴承间隙、转向节主销与衬套的配合间隙，以确诊故障部位；若转向盘自由转动量超标，则进行下步检查。

2）检查转向操纵机构。左右晃动转向盘，查看转向盘、转向轴、转向节、传动轴的传动是否松旷。若传动松旷，则故障在此；若传动正常，则进行下步检查。

3）检查转向器。检查时，一人抓紧转向横拉杆（即与转向齿条相连接的拉杆）固定不动，另一人左右转动转向盘，若自由转动量过大，则故障在转向器，说明转向器内部传动间隙过大。若转向盘自由转动量不大，说明故障在转向传动机构，则进行下步检查。

4）检查转向传动机构。检查时，一人左右转动转向盘，另一人观察各拉杆球头销的动作情况，以确定转向传动机构连接部件间隙过大或连接松动的具体故障所在。

二、液压动力转向系统的检测与故障诊断

普通的液压动力转向系统是在机械转向系统的基础上加了一套转向助力装置构成的。它主要由动力转向泵、动力缸、转向控制阀、转向储液罐和油管等组成。下面以齿轮齿条式液压动力转向系为例来说明普通液压动力转向系统的检测与故障诊断方法。

（一）液压动力转向系统的检测

1. 检查储液罐油液

合理的液面高度和良好的转向液品质是保证液压动力转向系统正常工作的前提，因此应检查储液罐油液，其检查步骤如下。

1）将汽车停放在平坦的地面上。

2）在发动机怠速时，转动转向盘至左右极限位置数次，使转向液温度达到80°C左右。

3）检查转向液是否起泡或乳化，若转向液起泡或乳化，则表示转向液内已渗入空气，此时应进行排气操作。

4）检查转向液品质，若转向液变质或使用期限已到，则应更换转向液。

5）检查储液罐液位高度，确保液位在储液罐的液位上限和下限之间。若油面高度低于液位下限，则系统有泄漏，应检查并修理泄漏部位。然后视情更换或添加推荐使用的转向液，使液位在上限附近。

2. 检查动力转向系统是否有空气

当汽车液压动力转向系统渗入空气后，由于空气的可压缩性，易引起转向系统内的油压波动，从而造成汽车转向操作不稳、忽轻忽重，影响汽车的转向安全性。因此，对转向液压系统是否渗入空气应仔细检查。检查步骤如下。

1）将变速器置于空档。

2）起动发动机，使发动机怠速运转。

3）将转向盘置于中间位置，检查转向储液罐内液面高度。

4）将转向盘向左或向右转到极限位置时，检查转向储液罐液位有无变化。若变化较大，则说明转向系统油液中有空气。

若液压动力转向系统内有空气，则转向盘转动时，系统内油压升高，空气被压缩，于是储液罐的液位将明显降低；若系统内无空气，由于液体不可压缩，则储液罐的液位变化很小。

另外，还可以在发动机怠速时，多次转动转向盘至左、右极限位置，在停机后查看储液罐内转向液的状况来判断系统内是否渗入空气。若转向液起泡或乳化严重，则表示转向液内已渗入空气。

提示：当液压动力转向系统内有空气时，应将空气予以排出。排出方法是，在发动机怠速运转状态下，来回多次转动转向盘至极限位置，让油液中的空气在压力作用下从转向储液罐中排出。

3. 检测动力转向泵传动带紧度

汽车动力转向泵工作的动力来自发动机，是通过传动带传递的。若传动带过松，则传动带易打滑，将会导致转向泵供油量降低，转向系统的油压过低，使转向沉重；若传动带过紧，则会导致转向泵轴及轴承受力增加，从而加快零件的磨损，降低机件及传动带的使用寿

命，同时发动机功率的消耗增加。因此，动力转向泵传动带的松紧度应适当。其紧度的检测方法常用的有如下三种。

（1）传动带张紧力检测法　先在动力转向油泵的传动带上安装传动带张紧力规，如图4-7所示，然后利用传动带张紧力规测量其张紧力。张紧力太大，说明传动带过紧；张紧力太小，说明传动带过松。其张紧力应符合各自车型的标准，例如本田雅阁轿车的标准：旧传动带为 $390 \sim 540N$；新传动带为 $740 \sim 880N$。

（2）传动带静挠度检测法　在动力转向泵传动带的中部施加100N的力，测量传动带的静挠度，如图4-8所示。其挠度值过大，说明传动带过松；挠度值过小，说明传动带过紧。其挠度值应符合各自车型的标准，例如本田雅阁轿车的标准：旧传动带为 $13.0 \sim 16.0mm$；新传动带为 $11.0 \sim 12.5mm$。

（3）传动带运转检测法　汽车停在干燥路面上，发动机运转使油液升到正常温度后，左右转动转向盘，当转向盘转到极限位置时，动力转向泵输出油压最大，此时传动带的负荷最大，如果打滑，说明传动带紧度不够或转向泵内有机械损伤。

提示：若转向泵传动带紧度不符合要求，则需进行调整，直至紧度合适。调整方法因车型而异，有的调张紧轮位置，有的调转向泵位置。

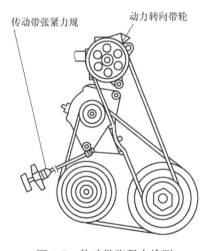

图4-7　传动带张紧力检测

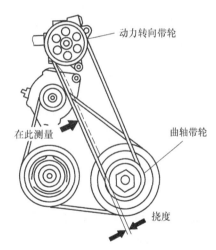

图4-8　传动带静挠度检测

4. 检测动力转向泵输出压力

检测动力转向泵的输出油压，主要是为了确定动力转向泵是否有故障。为准确地测出动力转向泵的输出油压，检测前应使储液罐液位正常且动力转向泵传动带的张紧力符合标准。由于各车型动力转向系统的结构形式不同，因而检测动力转向泵输出压力时应采用厂家推荐的检测步骤，并用规定压力对检测结果进行评价。动力转向泵输出压力的一般检测步骤如下。

1）测压前的准备。先将压力表连接在动力转向泵与转向控制阀的压力管道之间（图4-9），完全开启压力表阀门；然后起动发动机并使其怠速运转，将转向盘从左、右转动的极限位置之间连续转动三四次，以提高转向液温度并排出系统内的空气，确保转向液温度升至80℃以上。

2）检测发动机怠速时转向泵输出的最高压力。发动机怠速运转，关闭压力表阀门（注意关闭时间不要超时），观察压力表读数（图4-9a），其压力应不低于标准值。否则，意味着转向泵输出压力太低，不能有效助力转向，说明动力转向泵有故障。

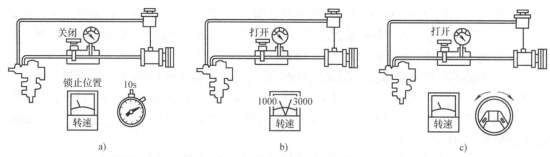

图4-9　动力转向泵输出压力检测

a）检测转向泵最高压力　b）检测发动机转速变化时的压力差　c）检测转向盘转至极限位置时的压力

3）检测发动机转速变化时的压力差。将压力表阀门全开，分别检测发动机在规定的低转速（如1000r/min）和某一高转速（如3000r/min）时动力转向泵的输出压力（图4-9b），两者的压力差应不超过规定值。否则，说明动力转向泵的流量控制阀有故障。

4）检测转向盘转至极限位置时转向泵的输出压力。使压力表阀门全开且发动机怠速运转，在转向盘转至左、右极限位置时，记下压力表的读数（图4-9c），其压力值应不低于规定值。若压力太低，则意味着转向器有内部泄漏故障。

5. 检测动力转向操纵力

在转向储液罐液位正常及转向泵传动带张紧力符合要求时，使发动机怠速运转，在转向液温度正常后，用测力计原地检测两个方向的转向盘转向力，该力最大值即为转向操纵力。

转向操纵力应不大于各车型的规定值。若转向操纵力过大，则说明动力转向工作不正常，应首先检查动力转向泵。若动力转向泵压力正常，则应检查转向控制阀、动力缸及转向器。

（二）液压动力转向系统的常见故障诊断

液压动力转向系统的常见故障主要是液压助力系统因油液泄漏、渗入空气、动力转向泵失效、转向控制阀损坏和机械转向系统损坏而引起的转向沉重、转向盘回正不良、车辆发飘和转向噪声等故障。故障诊断的重点为液压转向助力系统，而机械转向部分的诊断可参照前述内容。

1. 转向沉重

（1）故障现象　装有动力转向的汽车，本来转向应是很轻便的，但在汽车行驶中却感到转向困难、转向沉重。

（2）故障原因　根据液压动力转向系的结构原理（图4-10）分析，其故障的可能原因如下。

1）储液罐缺液或油液高度低于规定要求。

2）各油管接头处密封不良，有泄漏现象。

3）转向液压回路中渗入了空气。

4）油管变形、油路堵塞。

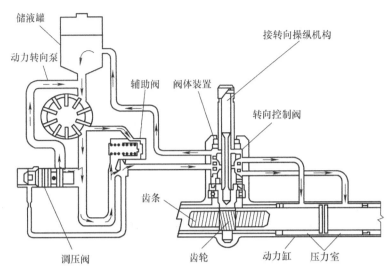

储液罐

动力转向泵

辅助阀

阀体装置

接转向操纵机构

转向控制阀

调压阀

齿条

齿轮

动力缸

压力室

图 4-10　液压动力转向系统

5）动力转向泵传动带张紧力不足，传动带打滑。

6）动力转向泵内部磨损、泄漏严重，使转向泵输出压力达不到标准。

7）动力转向泵内调压阀失效，使输出压力过低。

8）转向控制阀、动力缸内部泄漏。

9）机械转向系统损坏或调整不当。

（3）故障诊断

1）检查轮胎气压。确保轮胎气压符合规定。

2）检查动力转向系统管路。检查转向液压系统各油管接头是否泄漏，油管有无损坏、变形或裂纹。一旦发现油管有缺陷应予以更换；若油管接头泄漏，应予以拧紧，必要时更换油管重接。

3）检查储液罐油液。检查储液罐油液的质量和液面高度，若油液变质则应重新更换规定油液；若液面低于规定高度，则应找出油液液面过低的原因，重新加油使液面达到规定的液面高度。

4）检查油路中是否渗入空气。查看储油罐中的油液，若有气泡，说明油路中有空气渗入，此时应检查空气渗入系统内的原因，检查是否有油管接头松动、油管裂纹、密封件损坏、储液罐液面过低等情况并排除故障，然后对液压系统进行排气操作，最后加注转向液至规定的液面高度。

5）检查动力转向泵传动带。查看传动带有无损坏以及张紧程度，运转时看是否打滑。发现问题应按规定调整传动带紧度或更换新传动带。

6）就车重检。起动发动机，将转向盘向左、向右极限位置来回转动，若转向轻便，说明故障通过上述步骤已经排除；若左、右转向仍然沉重，则故障可能在动力转向泵、动力缸或转向传动机构；若左、右转向助力不同，则故障可能在转向控制阀。

7）检测动力转向泵输出油压。检测前将与规定油压相适应的压力表（带阀门）连接在动力转向泵压力输出口与转向控制阀压力输入油管之间（图 4-9a）。检测时，打开压力表阀门至全开，起动发动机使其在怠速运转，转动转向盘至左极限或右极限位置，测量转向泵的

输出油压。若油压达不到原厂规定的压力，且在逐步关闭压力表阀门时，油压也不能提高，则说明动力转向泵有故障，可能是动力转向泵内部磨损、泄漏严重或调压阀失效；若油压未达到原厂的规定值，但在逐步关闭压力表阀门时油压有所提高，油压可达到规定值，则说明动力转向泵良好，故障在转向控制阀或动力缸；若检测时油压正常，则故障在机械转向系统。

8）检查机械转向系统。转动转向盘，查看与转向柱轴相关的元件是否转动灵活，查看转向节、各传动杆件球头连接部位是否过紧，查看转向节推力轴承是否缺油或损坏，发现问题应予以调整或更换重装，若这些均正常，则故障在转向器。应检查齿轮齿条转向器，调整齿条压簧垫块的压紧力，使齿条与齿轮的侧向间隙合适，保证齿条移动自如，对于弯曲的齿条应予以更换。

2. 转向盘回正不良

（1）故障现象　汽车转向完毕而驾驶人松手时，转向盘不能自动回到中间行驶位置（直线行驶位置），或回正不顺畅。

（2）故障原因

1）液压回路中渗入空气。

2）回油管路变形阻塞。

3）转向控制阀或动力缸活塞发卡。

4）转向控制阀定中不良。

5）转向器齿条压簧垫块调整不当。

6）转向器齿条弯曲变形。

7）转向传动机构连接处过紧。

8）车轮定位不当。

（3）故障诊断

1）检查油路中是否渗入空气。若有，故障可能在此，应对液压系统进行排气操作，排气后按规定加足转向液；若无空气，则进行下步检测。

2）检查转向传动机构各连接处是否过紧。对各连接处球头销进行检查，若过紧，说明故障在此，应进行调节，保证其运动自如。若正常，则进行下步检测。

3）检查动力转向系统管路。查看动力缸管路及回油管路是否变形阻塞，若变形，说明故障在此，应更换管路。若正常，则进行下步检测。

4）检查转向齿轮齿条机构。在车轮回正位置及车轮其他位置转动转向齿轮齿条机构，若转动力矩过大，则故障在此，应检查齿条弯曲及齿条压簧垫块的调整情况，必要时调整齿条压簧垫块压紧力或更换转向齿轮齿条机构。若正常，则进行下步检测。

5）检查转向控制阀。在不起动发动机的情况下转动转向盘，凭手感判断转向控制阀是否发卡及回位定中不良，若有怀疑，一般应进行拆卸检查。若转向控制阀性能不良，转向后不能迅速回位，则说明转向盘回正不良，应更换转向控制阀。若正常，则进行下步检测。

6）检查动力缸。拆下动力缸检查，看动力缸活塞是否卡滞，对于损坏的零件予以更换。此时若转向盘回正不良故障仍未排除，则应检查和调整前轮定位。

3. 车辆发飘

（1）故障现象　车辆发飘是指转向盘居中时，汽车在向前行驶过程中从一侧飘向另一侧的现象。发飘的汽车直线行驶时，容易跑偏。

（2）故障原因

1）转向控制阀扭力杆弹簧损坏或太软，难以克服转向器逆传动阻力，使控制阀不能及时回位。

2）油液脏污使阀芯与阀套运动受到阻滞。

3）转向控制阀阀芯偏离中间位置，或虽然在中间位置但与阀套槽肩两边的缝隙大小不一致。

4）机械转向系统的传动间隙过大，或连接件松动，或磨损过甚。

5）车轮定位不当。

6）轮胎压力或尺寸不正确。

（3）故障诊断

1）检查车轴两侧的车轮。看其轮胎尺寸、轮胎气压是否一致；看其车轮转动是否阻滞。若两侧车轮尺寸不同，转动灵活程度不同，则故障在此，应予以排除。若正常，则进行下步检测。

2）检查转向传动机构各连接处是否过松。对各连接处球头销进行检查，若各部间隙过大，传动松旷，则故障在此，应予以排除。若正常，则进行下步检测。

3）检查转向液是否脏污。对于新车或大修后的车辆，由于不认真执行走合维护的换油规定，往往易使油液脏污。若转向液脏污，则可使阀芯与阀套运动受阻，导致车辆发飘，对于脏污的油液应进行更换。若转向液正常，则进行下步检测。

4）检查转向控制阀。凭手感判断转向控制阀是否能回位定中，运动自如。通常应拆卸检查，查看转向控制阀扭力杆弹簧是否损坏或太软，转向控制阀阀芯与阀套槽肩两边的缝隙大小是否不同。若是，则转向车轮难以回到居中位置，说明故障在此。若转向控制阀正常，则进行下步检测。

5）检查车轴两侧的悬架元件是否损坏，车轮定位是否正确，以确诊故障所在。

4. 转向噪声

（1）故障现象　汽车转向时出现过大的噪声。

（2）故障原因

1）机械转向系统传动部件松动导致转向噪声过大。

2）动力转向泵损坏或磨损严重。

3）动力转向泵带轮松动或打滑引起噪声过大。

4）转向控制阀性能不良。

5）油管接头松动或油管破裂，使液压系统渗入空气导致噪声过大。

6）滤油器滤网堵塞，或是液压回路中有过多的沉积物。

（3）故障诊断

1）转向时若发出"咔嗒"声，则可能是转向柱轴接头松动、横拉杆松动或球形接头松动、动力转向泵带轮松动，应检查这些部位，必要时进行紧固或更换损坏的部件。若转向柱轴摆动严重，则应更换转向柱总成；若转向器安装过松，则应进行紧固；对连接处的润滑部位应进行必要的润滑，以消除其噪声故障。

2）转向时若发出"嘎嘎"声，且转向盘从一侧极限位置转到另一侧极限位置时，噪声更大，则可能是动力转向泵传动带打滑所致。此时可检查传动带松紧程度及磨损情况，视需要张紧或更换传动带。

3）转向时若转向泵发出"咯咯"声，则可能是转向液中有气泡，以致油液流动时产生气动噪声。此时首先应检查液面高度，若液位过低，则应检查、排除泄漏故障，并向储液罐加油液到正确位置。然后检查软管是否破损或卡箍是否松开，致使空气进入系统，必要时更换损坏的软管或卡箍。确认动力转向系统内液体有空气渗入后，应将空气从动力转向系统中清除，以消除气动噪声。若转向泵发出"嘶嘶"声或尖叫声，而转向液压系统无漏气现象，且传动带紧度正常，则说明油路有堵塞处或转向泵严重磨损及损坏，应予以修复或更换。

4）当转向盘处于极限位置或原地慢慢转动转向盘时，若转向器发出严重的"嘶嘶"声异响，则可能为转向控制阀性能不良，应更换控制阀进行对比检查，以确诊故障。

第三节　制动系统的检测与故障诊断

汽车制动系统的常见故障有制动失效、制动不灵、制动跑偏和制动拖滞等。对于采用液压制动系统或气压制动系统的汽车，应根据其各自不同的特点及故障现象，分析故障原因，通过一定的步骤，进行故障诊断。

一、液压制动系统的常见故障诊断

1. 制动失效

（1）故障现象　汽车行驶时，踩下制动踏板，汽车无制动迹象，连踩数次制动踏板，也不能迅速减速和停车。

（2）故障原因　根据液压制动系的结构原理（图4-11）分析，其故障的可能原因如下。

1）制动踏板至主缸的连接部位脱落。

2）制动管路破裂或接头处严重泄漏。

3）制动主缸内无制动液或制动液严重不足。

4）制动主缸、轮缸皮碗破裂。

（3）故障诊断

1）迅速踩下制动踏板诊断。踩下制动踏板时，若无连接感，则说明制动踏板至主缸之间的连接脱开，应采取紧急措施迫使汽车靠路边停车，在车下检视即可发现脱开部位。若感觉制动踏板连接正常，则进行下步检查。

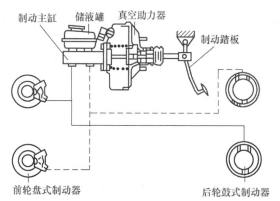

图 4-11　双管路真空助力式液压制动系

2）根据踩制动踏板的感觉诊断。连续踩几下制动踏板，若踏板不升高，同时又感到无阻力，则多为前、后制动管路破裂所致；踩下制动踏板，若稍有阻力感，则多为主缸无制动液或制动液严重不足所致；踩下制动踏板，若有阻力感，但踏板位置保持不住，有明显的下沉现象，则多为主缸、轮缸皮碗破裂或制动管路有严重泄漏所致。

2. 制动不灵

（1）故障现象　汽车行驶时，将制动踏板踩到底，汽车减速过慢，制动距离过长。

（2）故障原因

1）制动踏板自由行程过大。

2）制动管路和轮缸内有空气。

3）制动管路或管路接头漏油。

4）制动主缸、轮缸的皮碗、活塞、缸壁磨损过甚。

5）制动主缸、轮缸的皮碗老化、发黏、发胀，使制动时阻滞力大。

6）制动主缸阀门损坏或补偿孔、通气孔堵塞。

7）制动摩擦片与制动鼓（盘）的间隙过大，或接触不良。

8）制动摩擦片硬化、铆钉外露或有油污。

9）制动鼓（盘）磨损过甚或制动时变形严重。

10）制动增压器、助力器效能不佳或失效。

11）制动液量不足或制动管路不畅通。

（3）故障诊断

1）检查储液罐制动液，若液面过低，则说明制动液压系统有泄漏故障，同时空气也容易渗入系统，这些均可导致制动力不足。

2）连踩几脚制动踏板，若踏板逐渐升高，并有弹性感，则说明制动管路有空气。

3）一脚制动不灵，但连踩几脚制动踏板时，踏板位置逐渐升高且制动效能好转，说明制动踏板自由行程过大或制动摩擦片与制动鼓（盘）间隙过大。

4）连踩几脚制动踏板，若踏板位置能逐渐升高，但升高后不能保持，有下沉感觉，则说明制动系统有漏油处，可能是制动主缸、轮缸、管路、管路接头漏油，或制动主缸、轮缸磨损严重、皮碗破裂损坏或密封不良。

5）连踩几脚制动踏板，若踏板位置不能升高，则说明无制动液充入制动管路，多为主缸通气孔或补偿孔堵塞所致。

6）踏下制动踏板，若踏板高度正常，也深感有力且不下沉，但制动效果不好，则为车轮制动器故障，多为摩擦片硬化、铆钉头露出、摩擦片油污、制动鼓（盘）磨损及变形引起；若踏板高度合适，但踩踏板时感到很硬，则故障可能是制动液太稠、管路内壁积垢太厚、油管凹瘪、软管内孔不畅通或增压器、助力器效能不佳所致。

3. 制动跑偏

（1）故障现象　汽车在平路上制动时，在转向盘居中情况下，自动向左或向右偏驶，紧急制动时尤为严重。

（2）故障原因

1）左、右轮制动摩擦片与制动鼓（盘）间隙不同。

2）左、右轮制动摩擦片与制动鼓（盘）接触面积相差过大。

3）左、右轮制动鼓（盘）的尺寸、新旧程度、工作面的表面粗糙度有差异。

4）左、右轮制动摩擦片材质各异、新旧程度不同或安装修复质量不一。

5）左、右轮制动蹄回位弹簧拉力相差过大。

6）左、右轮胎的新旧程度、磨损程度以及气压不一致。

7）个别轮缸活塞运动不灵活、皮碗发胀、油管堵塞或有空气。

8）个别制动卡钳卡滞，运动不灵活。

9）个别车轮摩擦片油污、硬化或铆钉外露。

10）个别制动鼓失圆或制动盘产生严重翘曲变形。

11）车架或车身变形、两边钢板弹簧刚度不等以及前钢板弹簧刚度过低。

（3）故障诊断

1）路试检查。先进行减速制动，若汽车向左跑偏，则右边车轮可能制动迟缓或制动力不足；若汽车向右跑偏，则左边车轮可能有故障。再进行紧急制动，并观察车轮抱死后在地面上的拖印，若同一轴两边车轮的拖印不能同时发生，其中拖印短的车轮为制动迟缓，拖印轻或无拖印的车轮为制动力不足。

2）找出可能制动迟缓或制动力不足的车轮后，应仔细检查该轮制动管路是否漏油、有无碰瘪，轮胎气压是否正常，轮胎磨损是否严重。若有问题，则制动跑偏故障可能由此引起；若正常，则进行下步检查。

3）对该轮轮缸进行排气检查。排气时若发现有空气或排气后制动跑偏现象消除，则故障是该轮轮缸或管路有气阻。若无空气排出，则进行下步检查。

4）检查该轮制动摩擦片与制动鼓（盘）之间的间隙。若间隙过大，而调整正常后制动跑偏现象消除，则说明故障在该轮的制动器间隙调整不当。若间隙正常，则进行下步检查。

5）深入检查该轮制动器。分解制动器，检查制动器的技术状况，如制动盘或制动鼓是否变形严重，制动鼓（盘）尺寸及工作面的状况是否正常，摩擦片是否有硬化现象或有油污，轮缸活塞、制动卡钳运动是否卡滞、不灵活，活塞皮碗是否老化发胀，油管是否畅通等，以确诊故障部位。

6）若路试制动检查时，各车轮拖印符合要求，深入检查时左右车轮的状态、左右车轮制动器的技术状况、左右车轮的制动管路均正常，而制动仍跑偏，则说明跑偏故障不在制动系统本身，而故障可能是由车架或车身变形，或其他系统（如悬架、转向系统）的工作条件恶化所致。

4. 制动拖滞

（1）故障现象　在行车制动中，当抬起制动踏板时，全部或个别车轮的制动作用不能彻底解除或解除缓慢，致使汽车起步困难、行驶无力。

（2）故障原因

1）制动踏板无自由行程。

2）制动踏板回位弹簧脱落、拉断、过软或踏板轴锈蚀、卡住而回位困难。

3）制动主缸、轮缸皮碗发胀、发黏或活塞移动不灵活。

4）主缸活塞回位弹簧折断、预紧力太小。

5）制动鼓（盘）严重变形，制动摩擦片与制动鼓（盘）间隙过小。

6）制动蹄回位弹簧过软。

7）制动卡钳卡滞，运动不灵活。

8）制动油管碰瘪、堵塞或制动液太脏、太稠而使回油困难。

9）真空助力器的空气阀漏气。

（3）故障诊断

1）汽车行驶一段里程后，用手触摸各车轮制动鼓（盘）。若个别车轮制动鼓（盘）发热，则故障在该车轮制动器；若全部车轮的制动鼓（盘）都发热，则进行下步诊断。

2）全部制动鼓（盘）发热时，应首先检查制动踏板自由行程。若自由行程符合要求，

则检查制动主缸。可将主缸储液罐盖打开，并连续踩下和放松制动踏板，看其能否回液。若不能回液，说明回液孔堵塞；若回液缓慢，说明皮碗、皮圈发胀或回位弹簧无力，则故障在制动主缸。同时还应观察制动踏板的回位情况，若制动踏板不能迅速回位，说明回位弹簧过软或折断。若制动主缸回液正常，且制动踏板回位正常，则进行下步诊断。

3）做车轮转动试验。松开制动踏板，让各车轮悬空并用手转动车轮，若各轮的转动阻力很大，则说明故障在各轮制动摩擦片与制动鼓（盘）间隙过小或调整不当；若各轮的转动阻力较小处于正常，则对采用真空助力器的制动系统，可将汽车变速器置于空档，使发动机处于怠速运转，在松开制动踏板的情况下，再次用手转动车轮，若此时阻力增大，则说明汽车制动拖滞的故障是由真空助力器的空气阀漏气所致。

4）当故障在单个车轮制动器时，可顶起有故障的车轮，旋松制动轮缸排气螺钉，若制动液随之急速喷出，车轮也立即旋转自如，则说明油管堵塞致使轮缸不能回油。若车轮转动仍有拖滞，可检查制动间隙是否太小，若间隙正常，则进行下步诊断。

5）拆下制动器检查。检查轮缸活塞、皮碗、回位弹簧、制动鼓（盘）、制动摩擦片状况，检查制动蹄片支承销或制动卡钳的活动情况，以确诊故障部位。

二、气压制动系统的常见故障诊断

1. 制动失效

（1）故障现象　汽车行驶时，踩下制动踏板，汽车无制动迹象，不能迅速减速和停车。

（2）故障原因

1）储气筒内无压缩空气。

2）制动控制阀的进气阀门打不开或排气阀门关闭不严。

3）制动控制阀、制动气室膜片破裂或制动软管断裂。

4）制动踏板至制动控制阀的连接脱开。

5）制动管路堵塞。

（3）故障诊断

1）查看气压表有无气压。若气压正常，则检查制动踏板与制动控制阀之间的连接是否脱开，若脱开，则故障在此。若连接正常，则进行下步诊断。

2）踩下和抬起制动踏板诊断。踩下制动踏板，是否有严重的漏气声。若有，则故障为制动系统严重漏气所致，可能是制动气室膜片破裂、制动管断裂等。若无漏气声，则抬起制动踏板，察听制动控制阀是否有排气声。若有排气声，但整车仍无制动效能，则故障在制动控制阀至车轮的管路被严重堵塞；若无排气声，则为储气筒至进气阀的管路堵塞或进气阀打不开。此时可通过调整制动控制阀的最大气压调整螺钉，在确保进气阀打开的情况下，重新踩下并抬起制动踏板，若仍然听不到排气声，则说明故障是由储气筒至进气阀之间的管路严重堵塞所致；若能听到排气声，则说明故障是由制动控制阀调整不当使进气阀打不开所致。

3）无气压的诊断。若气压表指示压力为"0"，则起动发动机并运转几分钟。当气压表仍无压力指示时，可拆下空压机的出气管，起动发动机，察听有无泵气声。若泵气声正常，应查明空压机出气管经储气筒至气压表一段有无严重漏气；若无泵气声，且空压机传动带性能正常，则故障在空压机。

2. 制动不灵

（1）故障现象　汽车行驶时，将制动踏板踩到底，汽车减速过慢，制动距离过长。

（2）故障原因

1）空压机工作不正常，储气筒内空气压力不足。

2）制动管路及管接头漏气或不畅通。

3）制动控制阀或制动气室膜片破裂以及排气阀关闭不严。

4）制动踏板自由行程过大。

5）制动臂调整不当，使制动气室推杆行程不合适。

6）制动控制阀最大气压调整螺钉调整不当或平衡弹簧的预紧力过小。

7）制动摩擦片与制动鼓间隙过大或接触面积过小。

8）制动摩擦片质量不佳或使用中有表面硬化、油污、铆钉外露等现象。

9）制动鼓磨损过甚或变形严重。

10）制动蹄与支承销或制动凸轮轴与其支承套锈蚀或卡滞。

（3）故障诊断

1）运转发动机观察气压表诊断。让发动机中速运转数分钟，再观察驾驶室内气压表读数能否达到标准。若气压不足，则故障可能是空压机传动带太松、空压机排气阀关闭不严、空压机至储气筒之间的管道被堵塞或接头漏气。若气压正常，则进行下步诊断。

2）发动机熄火观察气压表诊断。当气压表指示压力正常后，让发动机熄火且不使用制动，3min后观察气压表，若气压自动下降过多，则故障可能是制动控制阀漏气、制动控制阀至储气筒或空压机之间的制动管路漏气。若气压下降小于等于10kPa为正常，则进行下步诊断。

3）踩制动踏板观察气压表诊断。当发动机熄火后，气压保持正常时，踩下制动踏板不动，慢慢观察气压表，若气压不断下降，则为控制阀至各制动气室之间有漏气之处，如制动控制阀排气阀关闭不严、管路接头漏气、制动气室膜片破裂漏气等，可根据漏气声判断故障所在。若气压下降后稳定，则进行下步诊断。

4）踩制动踏板看气压下降幅度诊断。当气压表指示压力正常时，将制动踏板踩到底，察看气压表气压瞬间下降值是否在50kPa左右，若气压下降值大大小于50kPa，则故障在制动控制阀的进气阀打开程度太小或平衡弹簧预紧力太小。检查并调整制动控制阀的最大气压调整螺钉，调整后若情况有所好转，则故障在该调整螺钉调整不当；若气压下降还是太少，则故障在平衡弹簧预紧力太小。

5）若上述检查调整均正常，但制动效果仍然不好，则应检查制动踏板自由行程是否过大，检查制动气室推杆动作是否良好，检查制动器摩擦片与制动鼓之间间隙是否过大。经过这些检查及调整后，若车辆制动不灵现象依然存在，则故障是由车轮制动器内部所致，可能是制动鼓磨损过甚或变形严重、制动摩擦片与制动鼓接触面积过小、制动摩擦片质量不佳或使用中表面硬化、有油污、铆钉外露等，必须解体后确诊故障。

第四节　行驶系统的检测与故障诊断

一、车轮定位检测

车轮定位是车桥技术状况的重要诊断项目，其正确与否对汽车的操纵稳定性、行驶安全性起着至关重要的作用。当汽车发生碰撞事故或操纵稳定性变差或维修时，需要进行车轮定

位检测。车轮定位的检测有动态检测和静态检测两种。车轮定位的动态检测前已所述，通过侧滑试验台检测。而车轮定位的静态检测是指汽车静止时，用车轮定位仪对车轮定位参数进行检测。

1. 四轮定位检测参数

车轮定位包括前轮定位、后轮定位，即四轮定位。前轮定位参数主要是指前轮前束、前轮外倾角、主销后倾角和主销内倾角，后轮定位参数主要是指后轮前束、后轮外倾角。据此，车轮定位的检测参数主要如下。

（1）车轮前束角　前束角是指俯视汽车，其轮胎中心线与汽车纵向轴线所成的角度（图4-12a），向内为正，向外为负。总前束等于两个车轮的前束角之和，即两个轮胎中心线的夹角。

（2）车轮外倾角　外倾角是指在汽车横向平面内，轮胎中心线与垂直线所成的角度 α（图4-12b），向外为正，向内为负。

（3）主销内倾角　主销内倾角是指在汽车横向平面内，主销轴线与垂直线所成的角度 β（图4-12b），向内为正，向外为负。

（4）主销后倾角　主销后倾角是指在汽车纵向平面内，主销轴线与垂直线所成的角度 γ（图4-12c），向后为正，向前为负。

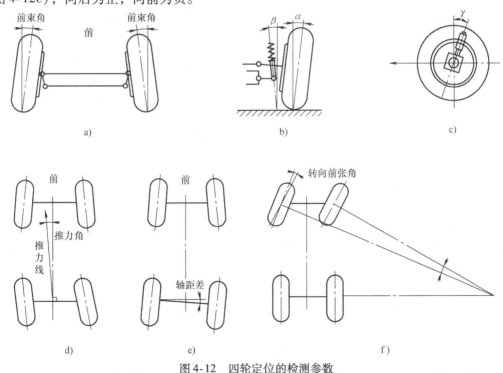

图4-12　四轮定位的检测参数

a）车轮前束角　b）车轮外倾角和主销内倾角　c）主销后倾角　d）推力角　e）轴距差　f）转向前张角

（5）推力角　汽车后轮行进方向线称为推力线或推进线，它是汽车后轮总前束的夹角平分线；汽车前桥、后桥中点的连线称为汽车几何中心线。推力角是指推力线与汽车几何中心线之间的角度（图4-12d），推力线朝左为正，朝右为负。

（6）轴距差　轴距差也称轴距偏差，是指两前轮中心的连线与两后轮中心的连线之间

的夹角（图4-12e）。一般规定：当右侧车轮的距离比左侧车轮的距离大时，轴距差为正，反之为负。

（7）转向前张角　转向前张角也称为转向前展角，它是指转弯时两前轮的转角之差（图4-12f）。通常将转向20°时的前张角作为检测参数。

2. 四轮定位仪

四轮定位仪是专门用来测量车轮定位参数的设备。它不仅可以检测前轮定位参数，还可以检测后轮定位参数，因此称为四轮定位仪。现代四轮定位仪集计算机、汽车、光学、无线传输、几何量检测等多学科技术于一体，是机光电一体化的精密测量仪器。四轮定位仪的形式多种多样，不同的四轮定位仪其组成、原理有所差异。下面介绍目前广泛使用的CCD四轮定位仪和3D四轮定位仪。

（1）CCD四轮定位仪　CCD四轮定位仪是一种采用高分辨率CCD、高精度倾角传感器及精密光学成像系统的车轮定位参数检测仪。其CCD（Charge – coupled Device）即电荷耦合元件，是一种大规模集成电路光电器件，能够把光学影像转化为数字信号，直接输入传感器的微机处理器进行处理，来准确检测车轮定位参数。

1）CCD四轮定位仪的组成。CCD四轮定位仪外形如图4-13所示，它主要由主机、测量装置、机械部分等组成。

① 主机。它主要包括机柜、计算机系统、电源系统及射频发射接收系统。主机是用户的操控平台，实现用户对四轮定位仪的指令操作，对传感

图4-13　CCD四轮定位仪外形

器数据进行采集、处理，并显示测量结果及原车标准参数，同时指导用户对汽车进行调整，最后打印相应报表。

② 测量装置。四轮定位仪的测量装置装于传感器机头内。测量装置内主要有控制板、信号光源、CCD传感器、倾角传感器、通信装置、电源等。四轮定位仪共有四个传感器机头（也称测量机头）：分别为左前机头、左后机头、右前机头、右后机头，各机头不能互换。传感器机头结构如图4-14所示，由一个操作箱和一根探杆组成。在每个传感器机头的端部

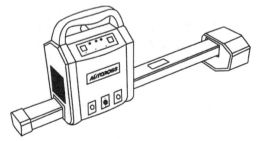

图4-14　传感器机头

和箱部各装一个CCD光学测量装置；在箱部内装有相互垂直的两个倾角传感器、单片机处理系统、射频发射接收；在操作箱上有操作面板，它分为LCD显示区域和按键操作区域。

各传感器机头检测时通过轮夹安装在各自车轮上。机头的倾角传感器用来测量车轮外倾角、主销内倾角和主销后倾角，CCD 传感器用来测量前束、推力角、轴距差；单片机处理系统用来接受控制指令并对各传感器检测的信息进行数据处理；射频发射接收器用来传送检测信息，接受控制指令，实现传感器机头与主机的无线传输；操作面板用来操控、调整机头，显示机头的工作状态其至车轮定位参数。

③ 机械部分。它包括定位平台、轮夹、转盘、转向盘固定架、制动踏板固定架等（图 4-15）。定位平台常用举升平台，其作用是支承被检测车辆，使车辆在四轮定位检测时，符合定位要求，便于检测和调整；轮夹有四个，其作用是将传感器机头快速夹装在车轮轮辋上；转盘也称转角盘，有两个，汽车两转向轮置于其上，其作用是适应检测时转向轮偏转的需要；转向盘固定架的作用是根据需要固定汽车转向盘，以保证测试过程中汽车方向不会发生改变；制动踏板固定架的作用是必要时固定汽车制动踏板，使车轮处于制动状态，以保证测试过程中车轮不发生滚动。

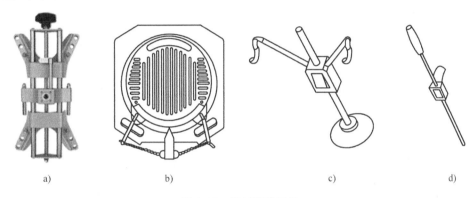

a) b) c) d)

图 4-15 机械部分附件

a）轮夹 b）转盘 c）转向盘固定架 d）制动踏板固定架

2）CCD 四轮定位仪电气系统的工作原理。四轮定位仪电气系统原理框图如图 4-16 所示。检测时，四个传感器机头中的线阵 CCD 传感器分别感应与其相对机头上的红外发射管的位移，机头中的倾角传感器感应自身机头在两个不同方向的角度位移，经机头中单片机处理通过射频发射接收器无线传输到机柜中的主射频发射接收器，再传输到计算机主机进行数据处理。机头通过四个夹具与汽车轮辋相连，因此，检测时，8 个线阵 CCD 传感器和 4 个双轴倾角传感器可以计算出四个轮辋的相互关系，确定车轮定位参数，实现车辆的四轮定位测量。

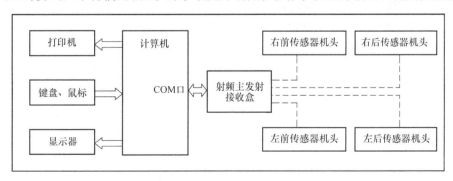

图 4-16 四轮定位仪电气系统原理框图

3）CCD 四轮定位仪的测量原理。

① 测量基准。四轮定位仪在出厂前，通过 4 个机头上的 8 个 CCD 传感器，检测相对应机头上的红外发射管的位置，在标定基准架上形成一封闭的矩形（图 4-17）；同时每个机头中的双轴倾角传感器记录此时相应轮轴的角度值。形成矩形后，在 8 个 CCD 感应芯片中，存在着相对应机头上发射管的 8 个坐标值，这 8 个坐标值和 4 个双轴倾角传感器记录值即为四轮定位仪的测量基准。通常把形成测量基准的过程称为传感器的标定。

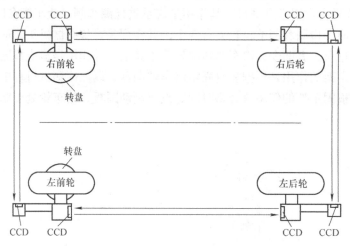

图 4-17　CCD 四轮定位仪的测量矩形

② 车轮前束测量原理。前束检测时，车体摆正且转向盘位于中间位置，各传感器机头通过轮夹与汽车轮辋相连，4 个机头的光学系统发出共 8 条光束形成一个测量场（即封闭矩形）。

当车轮前束角为零时，相对应机头上红外发射管的光点，会在测量机头的 CCD 零点位置成像。而当前轮存在前束角 θ（图 4-18）时，后轮机头红外发射管的光点，在前轮测量机头 CCD 的成像偏离了零点位置，其偏距为 x，成像点产生的光生电荷通过转化输出偏距数值，根据光线几何关系得

$$\theta = \arctan \frac{x}{f} \tag{4-3}$$

式中　x——CCD 零点到成像点的距离，即偏距；

　　　f——聚焦镜片的焦距，为常数。

由式（4-3）可知，只要测量机头 CCD 测出偏距 x，即可测得前束角 θ。

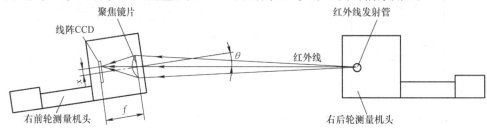

图 4-18　CCD 测量前束原理

244

当左右前轮存在前束时，左后轮机头红外发射管的光点在左前轮测量机头 CCD 上的成像会偏离零点位置，其偏距值反映了左前轮的前束，即测得前束角 θ_1；右后轮机头的光点在右前轮测量机头 CCD 上的成像位置，也形成一个偏距值，即测得前束角 θ_2（图 4-19）。同理，通过前轮机头发出的红外光束，照射在后轮测量机头 CCD 上，即可测出后轮前束角的大小和方向。

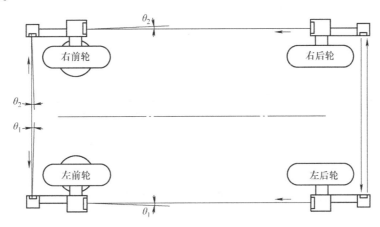

图 4-19　前束测量原理

③ 推力角测量原理。根据推力角与前束角定义可得，后轴推力角等于左右后轮前束角之差的 1/2。因此，当测出左右后轮前束角之后，即可测得后轴推力角的大小和方向。

④ 轴距差测量原理。对于同一测量机头来说，其端部 CCD（横角传感器）测量的角度与箱部 CCD（前束传感器）测得的前束角，若相等，说明同轴左右车轮无轴距差（图 4-19）；若不等，则说明同轴左右两车轮存在轴距差。利用机头中两 CCD 测量角度的差值即可确定同轴左右轮的轴距差。

⑤ 车轮外倾角测量原理。车轮偏转时车轮外倾角将发生变化，因此车轮外倾角检测时，必须保证车体摆正，车轮处于直行位置。将机头通过轮夹安装在被测车轮上，并确保机头侧面与车轮平面平行。机头内的外倾角传感器，以重力方向作为参考基准。当车轮相对车体向内或向外倾斜时，机头上的倾角传感器可测得自身倾斜的角度 α'。根据传感器机头与车轮的

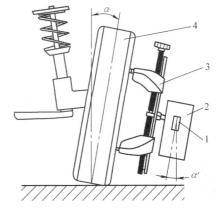

图 4-20　车轮外倾角测量
1—倾角传感器　2—机头　3—轮夹　4—车轮

安装关系可知，α' 与车轮外倾角 α 相等（图 4-20）。因此，通过测出倾角传感器倾斜的角度，即可直接测得车轮外倾角。

⑥ 主销后倾角和主销内倾角测量原理。主销后倾角和主销内倾角均不能直接测出，而只能利用转向轮转动时建立的几何关系，通过机头内的倾角传感器进行间接测量。

测量时，需将转向轮分别向内、向外转动一定角度，此时主销后倾角 γ、主销内倾角 β 与车轮外倾角 α 会发生相应变化。利用其变化关系，即可测得主销后倾角和主销内倾角。下面以主销后倾角检测为例进行说明。

根据转向轮向内、向外转动一定角度时的几何关系，可推得

$$\gamma = \arctan \frac{\sin\alpha_i - \sin\alpha_o}{\sin\delta_o - \sin\delta_i} \tag{4-4}$$

式中 δ_i、δ_o——分别为转向轮向内、向外转动的角度；

α_i、α_o——分别为转向轮向内转动 δ_i、向外转动 δ_o 角度时的车轮外倾角。

为减少主销内倾对主销后倾角测量的影响，提高测量精度，可采用相对测量法，使车轮向内、向外转动角度相同，即 $\delta_o = -\delta_i = \delta$，并代入式（4-4）得

$$\gamma = \arctan \frac{\sin\alpha_i - \sin\alpha_o}{2\sin\delta} \tag{4-5}$$

考虑到主销后倾角和车轮外倾角都很小，可以近似地取 $\sin\alpha \approx \alpha$，$\tan\gamma \approx \gamma$，则式（4-5）可简化为

$$\gamma = \frac{1}{2\sin\delta}(\alpha_i - \alpha_o) = C_o(\alpha_i - \alpha_o) \tag{4-6}$$

式中 C_o——比例系数。

$C_o = 1/(2\sin\delta)$，其值取决于转向轮的转动角度。较多车轮定位仪规定转向轮转动角度 δ 为 $20°$，此时 $C_o = 1.46$；也有四轮定位仪规定 δ 为 $10°$，此时 $C_o = 2.88$。不同的四轮定位仪其 C_o 的取值可能不一样。

式（4-6）表明：主销后倾角与车轮转动后车轮外倾角的变化量成正比。只要测出转向轮向内、外转动一定角度时车轮外倾角的变化量（$\alpha_i - \alpha_o$），再乘以比例系数 C_o，即可得到主销后倾角。四轮定位仪通常利用安装在转向轮机头内的倾角传感器，在转向轮向内、外转动一定角度时，检测转向轮平面倾角的变化量（$\alpha_i - \alpha_o$）来间接测出主销后倾角。

主销内倾角测量与主销后倾角测量在原理上相同，只是角度测量平面与主销后倾角测量时相比旋转了 $90°$。四轮定位仪通常利用安装在转向轮机头内的相应倾角传感器，在转向轮向内、外转动一定角度时，检测转向节枢轴绕其轴线转动的角度变化量来间接测出主销内倾角。为防止车轮转向时，转向轮绕枢轴转动引起测量误差，该项检测必须使转向轮制动。

⑦ 前张角测量原理。将被检汽车转向轮停在转盘中心，当转向轮转动一定角度时，两转盘转动的角度差即为转向轮前张角。转向 $20°$ 前张角检测，车轮处于直线行驶位置，转动转向盘使右转向轮向右转 $20°$，读取左转向轮下转盘上的刻度值 λ_1，则 $20° - \lambda_1$ 即向右转向 $20°$ 时的前张角；使左转向轮沿直线行驶方向向左转 $20°$，读取右转向轮下转盘上的刻度值 λ_2，则 $20° - \lambda_2$ 即向左转向 $20°$ 时的前张角。

⑧ 轮辋偏摆补偿原理。为减少轮辋变形及轮夹安装误差对检测精度的影响，四轮定位仪都设计了轮辋偏摆补偿功能。下面以检测车轮外倾角为例说明其轮辋偏摆补偿原理。

当传感器机头与夹具装在具有外倾角 α 的汽车转向轮上后，由于安装误差的影响，车轮中性面 AB 与传感器机头的侧平面 CD 不平行，向外倾斜了 ϕ 角（图 4-21a）。待倾角传感器的摆锤回位到垂直位置后，传感器输出值为 α_0，根据几何关系有

$$\alpha = \alpha_0 - \phi \tag{4-7}$$

ϕ 角是未知量，并随夹具在轮辋上的安装位置随机变化，因此无法测得外倾角 α。此时需要进行补偿测量。将传感器机头与夹具中心轴线的紧固螺栓松开，将夹具随车轮一起绕车轮轴线转动 $180°$，再将传感器机头与夹具旋紧（测量单元保持纵向水平），倾角传感器测量

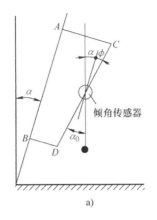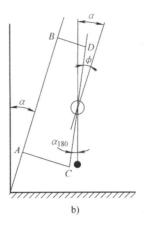

图 4-21　车轮外倾角测量补偿原理

a) 车轮 0° 位置测量　　b) 车轮在 180° 位置测量

值为 α_{180}，根据几何关系有

$$\alpha = \alpha_{180} + \phi \tag{4-8}$$

由式 (4-7)、式 (4-8) 可得车轮外倾角真实值 α

$$\alpha = \frac{\alpha_0 + \alpha_{180}}{2} \tag{4-9}$$

可见，α 只与车轮在 0° 和 180° 两位置时的测量值有关，而跟轮辋变形及轮夹安装误差无关，这说明对轮辋的偏摆进行了补偿。

同理，对车轮前束的测量也可进行补偿。设 θ_0、θ_{180} 分别为车轮在 0° 和 180° 两位置时的前束角测量值，则补偿后的车轮前束角真实值 θ 为

$$\theta = \frac{\theta_0 + \theta_{180}}{2} \tag{4-10}$$

轮辋偏摆补偿是通过将车轮举起，测量初始位置 0° 和旋转车轮 180° 位置的外倾角和前束角，从而计算出它们的真实值。这种补偿取点方式称为两点 180° 补偿方式。有的定位仪采用四点 90° 补偿方式，即选取 0°、90°、180° 和 270° 四个位置进行测量。

4）CCD 四轮定位仪的检测特点。

① 操作简单、使用方便。CCD 四轮定位仪的操作界面清晰，具有适时帮助系统，把复杂的四轮定位检测简化成了"看图操作"，屏幕中的菜单、图形或数字能指引操作人员快捷正确地检测或调整车轮定位。

② 测量参数全面、准确。CCD 四轮定位仪采用了先进的测量系统和科学的检测方法，因此它可以全面、准确地测量车轮前束、车轮外倾角、主销后倾角、主销内倾角、推力角、轴距差、轮距差、转向前张角等定位参数。

③ 适应车型多。CCD 四轮定位仪的车型数据齐全，一般都带有世界上 20000 多种汽车的车轮定位数据及调整方法，用户还可自己扩展、补充新的汽车定位数据资料。

④ 检测效率高。CCD 四轮定位仪的传感器机头在车轮上能快捷定位，其检测系统能实现快速校准，能快捷搜索数据查询系统，可快速查找所测车型数据，能自动提示测量进度，并保存或打印测量结果，这些都可以最大限度地提高工作效率。

(2) 3D 四轮定位仪 3D 四轮定位仪是一种三维成像四轮定位仪。它采用高分辨率 CCD 摄像机，当转动车轮或滚动车轮时，对安装在车辆四个轮辋上的目标反光板的几何图形进行连续拍摄，获取图像信息，再通过计算机对图像信息的分析运算处理，从而准确测量车轮定位参数。

1）3D 四轮定位仪的组成。3D 四轮定位仪外形如图 4-22 所示，它主要由主机、测量装置和机械部分等组成。它与 CCD 四轮定位仪的主要区别在于其测量装置。

3D 四轮定位仪的测量装置主要由安装在立柱两侧的高分辨率 CCD 摄像机和固定在四个轮辋夹具上的目标盘组成。CCD 摄像机主要由一个 CCD 图像传感器和一个红外线发射器组成，目标盘仅是一个反光板，其上有若干个规定大小的由反射材料制成的反光斑（圆点或圆圈）。不同的目标盘，其反光斑略有不同，以便于计算机成像后识别各个车轮的定位参数。为了使摄像机的视觉距离更远，在后目标盘上的圆点要比前目标

图 4-22 3D 四轮定位仪外形

盘上的圆点更大。目标盘各自不能互换，目标盘背面标有在车轮上的安装位置。

2）3D 四轮定位仪的测量原理。3D 四轮定位仪检测时，安装在定位仪立柱两侧的 CCD 摄像机，在视野范围内捕捉目标盘（图 4-23a）。CCD 摄像机内的红外线发射器发出的光线射向目标盘反光板（图 4-23b），而目标盘反光板则将光线反射给 CCD 摄像机拍摄成像。利用各目标盘圆点的拍摄图像，计算机经过图像分析和处理后，根据透视原理、透视缩短原理，计算出四轮定位参数。

目标盘反光板上一般选择圆作为观测物体，圆是轴对称图形，也是中心对称图形，是进

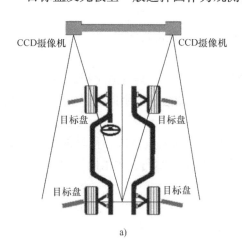

a)

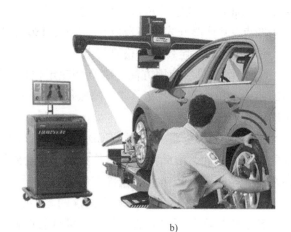

b)

图 4-23 3D 四轮定位仪的测量
a）扫描目标盘 b）四轮定位测量

行相关参数计算最理想的图形。反光板上有很多圆点或圆圈的反光光斑。

根据透视原理，相同物体所成图像有近大远小的特点，据此可测出到物体的距离。3D四轮定位仪依据照相镜头的焦距值、反光板圆点实际尺寸和圆点图像尺寸，可以测量出3D摄像机到目标盘任何一个圆点之间的距离。

根据透视缩短原理，当目标盘上的圆绕横轴旋转时，其纵向外观尺寸将变得越来越小，直到变成一条横向线段，当继续旋转时，又会由线段逐渐展开成椭圆，最终变回圆形，其纵向外观尺寸随转动角度的不同有规律地变化；而旋转过程中，视觉效果里的圆沿旋转轴方向的外观尺寸（直径）保持不变。因此，若已知圆纵向外观尺寸的大小，就可计算出圆沿横轴转过的角度。同理，圆沿纵轴旋转时，也可通过横向外观尺寸求出圆沿纵轴转过的角度。如果将圆沿横轴和沿纵轴的旋转效果进行合成，可以计算出圆在空间中任意方向上所转过的角度，并且可确定其旋转轴的空间位置。实际上的目标盘是多个圆形光斑（圆点或圆圈）的集合，其透视缩短效应如图4-24所示。

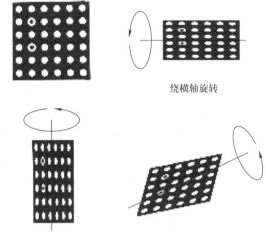

图4-24　目标盘圆形光斑绕轴线转动时的透视缩短效应

3D四轮定位仪的计算机在同一时间，以极其高的精确度和分辨率分析目标盘每一个圆点，测量每一个圆点的直径值，并且利用求得的长轴作为真实直径，利用光学透视原理确定圆点距离，然后利用透视缩短原理求得圆点转动时其他方位的短轴值和相对于正常位置的方位角，这样每个圆点的距离、成像尺寸及空间旋转角度均已确定，则整个目标盘的三维空间位置和方向就确定了。4个目标盘分别装在4个车轮上，因此通过CCD摄像机获取4个目标盘的位置、方向参数就可得知四轮定位参数。

3D四轮定位仪通过前后移动汽车，目标盘随车轮转动，然后用CCD摄像机拍摄目标盘上的圆形光斑随车轮滚动的空间运动图像，利用计算机三维图像处理技术对空间运动图像进行处理和坐标变换，计算出每个车轮转动的轴线位置。车轮轴线与车轮平面是垂直的，因此，前束角和车轮外倾角可通过确定车轮平面的位置而得到。

3D四轮定位仪测量主销倾角，需要在车辆静止时转向轮向左、向右转动操作。在转向操作过程中，3D四轮定位仪通过测量目标盘随车轮轴线的变化，直接计算出主销内倾角和主销后倾角。

3）3D四轮定位仪的检测特点。相比CCD四轮定位仪具有如下特点。

① 操作更简单。3D四轮定位仪具有友好、人性化界面，简便易用；目标盘在车轮上定位方便；仅需推动汽车及转动车轮，无需轮辋偏摆补偿，即可完成所有参数测量。

② 测量精度更高。3D四轮定位仪采用了更先进的测量技术——3D成像定位技术，其测量不受平台水平度影响，不受车身倾斜影响，其精度可以精准到0.1mm/0.01°。

③ 检测速度更快。汽车在3D四轮定位仪测量平台定位快，目标盘在车轮上安装快捷，

无需轮辋偏摆补偿测量，这些可以最大限度地提高工作效率，2min 内可读取基本的四轮定位数据。

④ 故障率更低。3D 四轮定位仪的目标盘上无电子元器件、无需电池、无需数据传输，仅起图像反光作用，不易出故障；主体支架为金属支架，横梁多为铸体，抗腐抗压性强，不易损坏；计算机多为品牌高端配置，能适应超大数据处理，性能更稳定。

3. 四轮定位的检测方法

（1）检测前的准备

1）对被测车辆进行预检查。检查：轮胎气压是否符合规定、轮胎尺寸是否一致，两前轮花纹是否相同，两后轮花纹深浅是否一样；轮辋变形是否严重；车轮轴承间隙是否正常；悬架系统、转向节及其拉杆的球头销有无过大间隙等。若不符合要求，则应先行修复，否则会导致检测的数据不准确。

2）定位平台检查。根据汽车轴距和轮距，对汽车检测时的定位平台进行检查或调整，使转盘和后滑板位置合适，用锁销将转盘锁紧，并确保检测时各车轮能处于同一水平面，避免测量时产生误差。

3）将汽车驶入举升机上的定位平台。使前轮正好位于转盘中心，当车轮处于直线行驶状态时，转盘的指针应与刻度盘上的"0"刻度对齐。对于 CCD 四轮定位仪，车辆停稳后，进行驻车制动，以确保车辆不移动和人员安全，然后松开锁销；对于 3D 四轮定位仪，车辆停稳后，用转向盘固定架锁紧转向盘，用三角垫块抵住后轮。

4）安装轮夹和传感器机头或目标盘。对于 CCD 四轮定位仪，先将轮夹安装在四个车轮上，并旋转手柄以锁紧轮夹，根据实际情况将卡爪固定在轮辋外圈或内圈，卡爪深浅应一致，并尽量避免卡在变形比较大的区域；然后将传感器机头按规定的前后左右位置分别安装在四个轮夹的定位销上，再调节各传感器机头，使水准仪气泡处于中间位置，以保证传感器机头处于水平状态，并拧紧紧固螺栓。对于 3D 四轮定位仪，将各轮夹及目标盘安装在对应的车轮轮辋上，并将各轮夹的水平气泡大致调在中央位置，将夹具锁紧，挂上安全钩。

（2）CCD 四轮定位仪检测的基本操作程序　以元征 X-631 四轮定位仪为例进行说明。

1）进入测量程序主界面。打开四轮定位仪电源，启动计算机，直接进入测量程序主界面（图 4-25）。主界面显示有常规检测、快速检测、附加检测、系统管理、报表打印、帮助系统、退出系统图标或功能。

2）进入车轮定位常规检测界面。在主界面下，单击"常规检测"图标进入常规测量界面。

3）车型选择。在定位检测、偏心补偿（即偏摆补偿）之前，必须先选择该车型的标准数据。单击"选择车型"，进入下一层菜单，选择车型数据。

4）进行检测步骤选择。汽车四轮定位检测有多个步骤，系统默认的检测步骤是车型选择→偏心补偿→主销测量→后轴测量→前轴测量→报表打印。但用户可根据实际需要，不按系统默认顺序进行操作，而直接进入要测试的项目。

5）偏心补偿。建议每次测量都应选择该步骤以确保测试精度。单击"偏心补偿"测量图标，按照屏幕提示，依次操作完成偏心补偿。操作步骤如下：

① 转动转向盘，使车轮平直，用转向盘固定架固定转向盘，取下制动踏板固定架，然

图 4-25　测量程序主界面

后用举升机举起车身，使车轮悬空并可以自由旋转。

②　分别调整各个机头的水平状态。

③　根据屏幕提示，开始左前轮的偏心补偿操作，调整左前机头水平，机头 LCD 会显示水平状态，并且机头操作面板上的偏心补偿指示灯会变成绿色。完成后单击［下一步］。

④　根据屏幕提示，将左前轮旋转 180°，调整左前机头水平，完成后单击［下一步］。

⑤　根据屏幕提示，将左前轮旋转 360°，调整左前探杆水平，完成后单击［下一步］。

⑥　根据屏幕提示，分别完成右前、右后、左后轮的偏心补偿。

⑦　放下车身，使四轮着地，晃动车身，使车轮紧贴地面，偏心补偿操作完毕。

6）主销测量。它包括主销内倾角及主销后倾角测量。单击"主销测量"图标，按照屏幕提示，依次操作完成主销测量。操作步骤如下：

①　安装制动踏板固定架，拉紧驻车制动，以确保车轮不会发生滚动，并去掉转向盘固定架。

②　调整转向盘至正前直行状态（图 4-26），操作界面上的圆形小球会移动到中间位置并且由红色变成绿色，此时调整所有机头处于水平状态。

③　左转转向盘约 20°，到达指定位置后，小球再次由红色变成绿色。

④　回正转向盘，并向右转动转向盘，直至向右偏转约 20°，到达指定位置后小球再次由红色变成绿色。

⑤　检测完毕，回正转向盘，系统自动弹出左、右转向主销的后倾角和内倾角测量结果。

在各测量界面中，测量值用不同颜色来表示。绿色：测量值在标准范围内；红色：测量值超出标准；蓝色：该测量参数没有标准范围。当测量值超出标准后，在可能调整的情况下，可进行边调整边测量。

7）后轴测量。测量后轴的车轮外倾角、车轮前束等。可提供有关后轴测量的实时结

图 4-26 主销测量时的转向调整状态

果，操作员可一边进行调整，一边将测量结果与参考数据进行对比，把汽车调整至最佳状态。

8）前轴测量。可提供有关前轴测量的实时结果，操作员可一边进行调整，一边将测量结果与参考数据进行对比，把汽车调整至最佳状态。鼠标双击左右前轮外倾和左右前轮前束的数据显示表格，相应的数据项将放大显示。

9）报表打印。可以打印并储存当前车辆的各种检测定位数据。

对于操作步骤熟练的用户，可以使用快速定位检测，高效完成测量。在主界面单击"快速检测"图标，则进入快速检测界面，它提供了一个快速检测的操作平台，按系统提示完成车型选择及操作，系统会快速测量前后轮参数，并同时显示前后轮的前束角和外倾角。

（3）3D 四轮定位仪检测的基本操作程序

1）开机及车型选择。启动计算机主机，运行四轮定位仪软件，调整举升机与立柱高度，使四个目标盘都清晰地出现在显示画面内。输入客户信息，选择车辆型号、年份款式。

2）推车检测。移去后轮的垫块，按显示器屏幕或语音提示，将汽车向后推动一定距离（约 15～20cm），直到屏幕及语音提示停止推车，再将汽车向前推回到转盘上原来位置，用三角垫块抵住后轮，系统测量出前束角和车轮外倾角。

3）主销倾角检测。拔掉转盘插销，拉起驻车制动，用制动踏板固定架抵住制动踏板。拿掉转向盘固定架，按显示器屏幕或语音提示，向左转动转向盘10°再回正，然后向右转动转向盘10°再回正，系统测出主销后倾角和主销内倾角。

4）打印检测结果。视需要打印并储存当前车辆的各种检测定位数据。

5）检测完毕，车辆退出，返回主界面，并关闭程序和计算机。

4. 车轮定位检测分析

（1）检测标准 汽车车轮定位值的大小是根据汽车的设计要求确定的，不同的车型其

值有所不同。因此，汽车车轮定位的检测标准应是该车技术条件规定的车轮定位参数值。

（2）检测分析

1）前轮定位分析

① 前轮前束应符合标准。若前轮前束超标，则容易导致车轮侧滑，轮胎磨损加剧，严重时，轮胎呈羽毛状的磨损。当前轮前束超标时，应对其进行调整，使之满足要求。

提示：前轮前束的调整通常是依赖左、右转向横拉杆中的调整螺母进行。调整时，左右车轮应对称调整，以保证汽车直线行驶时左、右前轮的前束角相等，否则汽车易出现跑偏、转向轮与车身干涉等现象。

② 前轮外倾角应符合标准。若前轮外倾角超标，易使车轮侧滑，导致轮胎的快速磨损及转向拉力增加，影响安全行车。若两前轮的外倾角相差较大，则车辆易向正外倾角较大的一侧偏驶，如图4-27所示；前轮负外倾值过大时，容易出现车轮"飞脱"的危险。

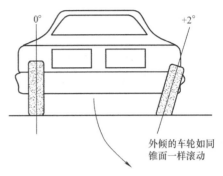

图4-27　两前轮外倾角相差过大引起车辆偏驶

前轮外倾角一般不可调整，因此，当前轮外倾角超标时，应检查悬架系统零部件是否弯曲变形或损坏，转向节、车桥是否变形或装配不良，待找出原因排除故障后，重新测量前轮外倾角，直至符合标准为止。

③ 主销后倾角和主销内倾角应符合标准。若主销后倾角、主销内倾角过大，则易导致汽车转向沉重、转向轮回正过猛；而主销后倾角、主销内倾角过小，则不利于转向轮的自动回正。

主销内倾角一般不可调整，而主销后倾角是否可调整因车型而异。因此，当主销后倾角和主销内倾角超标时，应检查悬架系统零部件、转向节、车桥或车身是否弯曲变形或者装配不良，待找出原因并排除故障后，重新测量主销定位参数，直至符合标准为止。

2）后轮定位分析。许多高级轿车都设置有后轮定位，对于前驱动和独立后悬架的汽车，若后轮定位不当，即使前轮定位良好，仍然会有不良的操纵性和轮胎早期磨损。

① 后轮前束应符合标准。若后轮前束值过小，则对于前轮驱动、后轮从动的车辆，后轮容易出现前张现象；若后轮前束值过大，则汽车在正常行驶时，特别是在满载行驶时，难以与后轮运动外倾角相匹配，后轮侧滑严重。这些均会导致后轮行驶阻力过大，轮胎磨损加剧，行驶操纵性变差。

当后轮前束超标时，应查明原因排除故障，根据标准予以调整，直至符合标准为止。

② 后轮外倾角应符合标准。若后轮外倾角过大，则对于前轮驱动、后轮从动的车辆，难以抵消汽车高速行驶且驱动力较大时后轮出现的负前束；若后轮外倾角过小，则对于采用独立后悬架的车辆，其后轮运动的负外倾角将会很大。这些均会导致后轮外倾与后轮前束不匹配，造成轮胎磨损严重，汽车行驶性能和操纵性能不良。

当后轮外倾角超标时，应检查后悬架系统零部件是否装配不良、是否弯曲变形或损坏，

待找出原因排除故障后，重新测量后轮外倾角，直至符合标准为止。

3）其他定位参数分析

① 推力角。推力角是一种故障状态参数，理想的推力角应为零。汽车行驶时，推力角会使后轮沿推力线给汽车一个纵向的偏转力矩，易造成轮胎的异常磨损、车辆跑偏，严重时将发生后轴侧滑甩尾等危险情况。当推力角过大时，说明左右后轮的前束角不等，应检查后悬架系统和后轴零部件是否装配不良、是否弯曲变形或损坏。

② 轴距差。轴距差是一种故障状态参数，理想的轴距差应为零，即无轴距差。轴距差一般是由于车身撞击而形成。轴距差过大时，汽车行驶时前后轴车轮不能纯滚动，轮胎磨损严重，汽车动力性、经济性会下降，同时车辆容易出现跑偏，跑偏方向朝向轴距较小的一侧。

③ 转向20°时的前张角。其前张角应符合标准，且左右转向时的前张角应一致，否则会造成汽车在转向行驶过程中，前后轮难以纯滚动运行，导致轮胎异常磨损，同时汽车的操纵性变差，并影响汽车的动力性和燃油经济性。若转向前张角超标，则说明该车的转向梯形机构因汽车长期使用时的碰撞和冲击发生了变形，需要对其进行校正、调整，或更换梯形臂和各连杆。

二、车轮不平衡检测

高速行驶的汽车，若车轮不平衡，则会引起车轮的跳动和摆振，这不仅影响汽车的行驶平顺性和操纵稳定性，而且车辆还难以控制，也影响汽车行驶的安全性，同时还加剧轮胎及有关机件的磨损和冲击，使汽车的有关机件容易受到损坏，缩短汽车的使用寿命。因此，必须对车轮的不平衡进行检测，并进行平衡作业。

1. 车轮不平衡的概念

（1）车轮静不平衡　若车轮的质心与旋转轴线不重合，则该车轮为静不平衡。静不平衡的车轮在旋转时，由于存在着不平衡质量，因而产生离心力，如图4-28所示。设不平衡质量为 m（kg），其质心距车轮旋转中心为 r（m），则车轮旋转时的离心力 F（N）大小为

$$F = m\omega^2 r \qquad (4-11)$$

式中　ω——车轮旋转的角速度（1/s），$\omega = \pi n/30$，n 为车轮转速（r/min）。

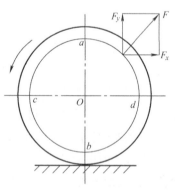

图4-28　车轮静不平衡

可见，转速越高，不平衡质量越大，质心越远离车轮旋转中心，则离心力就越大。该离心力 F 可分解为一个水平分力 F_x 和一个垂直分力 F_y。车轮每转动一周，垂直分力 F_y 在通过车轮旋转中心垂直线的 a、b 两点时达到最大值且方向相反，易使车轮上下跳动。对于转向轮，由于陀螺效应可导致转向轮摆振。而水平分力 F_x 在通过车轮旋转中心水平线的 c、d 两点时达到最大值且方向相反，易引起车轮前后窜动。对于转向轮，它将产生绕主销来回摆动的力矩，造成转向轮摆振。当左、右转向轮的不平衡质量相互处于180°位置时，转向轮摆振将最为严重，从而影响汽车行驶的操纵稳定性。

　　为消除车轮的静不平衡，应对车轮进行静平衡作业。在轮辋外侧平面适当位置，加平衡块，使平衡块质量和不平衡质量所产生的离心力大小相等，方向相反。这样车轮旋转时，二者的合力等于零，车轮就达到了静平衡。

　　（2）车轮动不平衡　若车轮的质心偏离其旋转轴线或车轮的惯性主轴与其旋转轴线不重合，则该车轮为动不平衡。当此车轮高速转动时，其产生较大的离心力和力矩，造成车轮上下振动和左右摆动，出现不平衡现象。

　　即使是静平衡的车轮，若其质量分布相对于车轮纵向中心面不对称，也会导致车轮动不平衡。假定在不同平面内径向位置相反的 a 点和 b 点上（图4-29a），分别具有作用半径相同、质量相等的质点 m_1 和 m_2，则说明车轮质心与车轮旋转轴线重合，车轮处于静平衡状态。当该车轮旋转时，m_1 和 m_2 将分别产生离心力，虽然其离心力合力为零，但离心力构成的合力矩却不为零。因而，在车轮转动时，由离心力作用而产生的方向反复变动的力偶 M，使车轮处于动不平衡中。若转向轮动不平衡，则车轮转动时，由于力偶 M 的作用，将会造成转向轮绕主销摆振（图4-29b）。

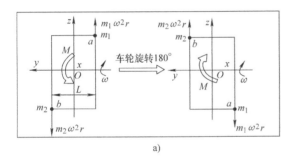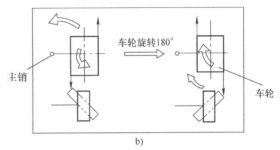

图4-29　车轮动不平衡

a）车轮动不平衡受力　b）动不平衡引起转向轮摆振

　　为消除车轮的动不平衡，应对车轮进行动平衡作业。在轮辋内、外侧两平面适当位置，加装适当质量的平衡块，当车轮旋转时，其平衡块产生的离心力及力偶，正好来抵消车轮动不平衡力及力偶的作用，使车轮处于动平衡。

　　2. 车轮不平衡的检测原理

　　（1）车轮静不平衡检测原理　车轮静不平衡检测时，不考虑不平衡质量在车轮宽度上的分布，只将车轮视为无厚度的旋转圆盘。装在平衡机转轴上的车轮，若不平衡，则在自由转动状态下，车轮只会在不平衡点处于最低位置时停住，而给车轮不平衡点相反方向配重平衡后，车轮则可停于任一位置。利用这一基本原理，可测得车轮静不平衡点的质量和相位。

　　图4-30为就车式车轮平衡机检测车轮静不平衡的原理图。检测前，将被测车轮支离地面，使其车桥压在传感磁头上，并在车轮侧面任意位置用白色粉笔做上反光标记。检测时，电动机通过摩擦轮驱动被测车轮高速旋转，频闪灯照射车轮侧面。若被测车轮存在静不平衡 m，则车轮高速旋转会产生离心力 $F = m\omega^2 r$，而离心力所引起的上、下振动，将通过车轴或车桥作用于检测装置的传感磁头、可调支杆和底座内的传感器，传感器将感受到的脉冲压力信号转换为脉冲电信号。电信号的强弱反映了车轮的不平衡度，并由数字显示屏显示，不平衡点的质量越大，传感器受力就越大，其不平衡度就越大。同时，电信号控制频闪灯的闪光时刻，每当车轮的不平衡点旋转至正下方，传感磁头承受最大冲击力时，频闪灯就发亮，此

时车轮最下部的点即为不平衡点。利用频闪灯照射车轮侧面的反光标记，可确定不平衡点相位和加装平衡块的位置。

检测中，需观察并记住频闪灯照射时车轮反光标记的位置，检测完毕待车轮停转后，用手转动车轮使其上的反光标记仍处在上述观察位置，此时车轮轮辋最下部的点即为不平衡点，其反方向位置即轮辋的最上部即为加装平衡块的位置。

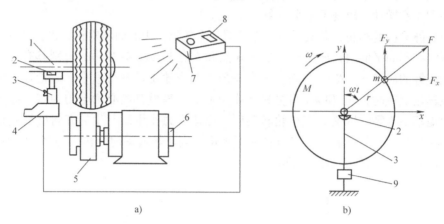

a)   b)

图4-30 车轮静不平衡检测原理

1—车桥 2—传感磁头 3—可调支杆 4—底座 5—摩擦轮 6—电动机
7—频闪灯 8—数字显示屏 9—传感器

（2）车轮动不平衡检测原理 图4-31为某离车式车轮平衡机的检测原理图。当动不平衡的车轮在平衡机转轴上高速旋转时，所产生的离心力会在支撑装置上产生动反力，测出支撑装置所受的动反力即可测得车轮的动不平衡量。设车轮不平衡质量为 m_1 和 m_2，并集中在轮辋的边缘处。车轮高速转动时，m_1、m_2 引起的离心力分别为 F_1 和 F_2，它们在支撑装置上产生的动反力为 F_L 和 F_R。该平衡机的测试、校正原理是通过安装在支撑装置上的传感器测取其动反力 F_L 和 F_R，来求得两校正面（轮辋两边缘）上的离心力 F_1、F_2，而后再根据 F_1、F_2 确定两校正面所需的平衡块质量和安装方位。由力和力矩的平衡条件可推得

$$F_1 = \frac{a+b+c}{b}F_L + \frac{a+b}{b}F_R \tag{4-12}$$

$$F_2 = \frac{a+c}{b}F_L - \frac{a}{b}F_R \tag{4-13}$$

式中 a——被测车轮在平衡机上的安装尺寸，由平衡机生产厂提供的专用工具测得；

b——被测车轮的宽度，可用专用卡规测量；

c——平衡机结构参数，为已知常数；

F_L、F_R——支承处传感器动反力，由相应传感器转换成电信号测出。

将 F_1、F_2 代入离心力公式 $F = m\omega^2 r$，即可求得不平衡质量 m_1 和 m_2 的大小

$$m_1 = \frac{F_1}{\omega^2 r} = \frac{2F_1}{\omega^2 d} \tag{4-14}$$

$$m_2 = \frac{F_2}{\omega^2 r} = \frac{2F_2}{\omega^2 d} \tag{4-15}$$

a)

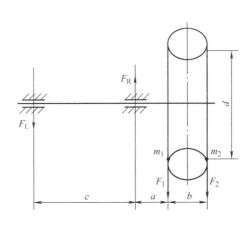
b)

图 4-31　车轮动不平衡检测原理
a）离车式车轮平衡机　b）检测原理

m_1 和 m_2 就是车轮平衡时所需的平衡块质量。一般平衡块安装在轮辋边缘，故式（4-14）、式（4-15）中的 r 是被测车轮的轮辋半径，d 是轮辋直径。d 可以根据轮胎代号读取。

车轮不平衡检测完毕后，平衡机会显示其不平衡质量 m_1、m_2 和不平衡相位，检测人员可据此平衡车轮。

3. 车轮不平衡的检测

动平衡的车轮肯定是静平衡的，而静平衡的车轮却不一定是动平衡，因此对车轮一般是进行动不平衡检测，只有当车轮外径和轮宽之比大于等于 5 时，才采用静不平衡检测。车轮不平衡的检测方法可分为就车式检测和离车式检测两种。就车式检测是指在不拆卸车轮的状况下，直接在车上对车轮进行不平衡检测；离车式检测是指将车轮从车上拆下后装在车轮平衡机上进行的检测。

（1）车轮不平衡的就车检测

1）就车式车轮平衡机。就车式车轮平衡机用于车轮不平衡的就车检测，图 4-32 为就车式车轮平衡机的检测示意图。它主要由驱动装置、传感器支架、电测系统、光电相位检测装置、指示装置等组成。

驱动装置由电动机和摩擦轮组成，检测从动车轮时，将摩擦轮直接贴靠于车轮的胎面，电动机通过摩擦轮驱动车轮旋转，而检测驱动轮时，可直接由发动机经传动系统驱动被测车轮。

传感器支架由可调支架、底座、传感器等组成。检测时，传感器支架在车桥下支承就位，承受车桥重力和不平衡振动力，并将振动信号传给支架内的力传感器。该传感器于是将不平衡力信号转变成电信号输送给电测系统。

电测系统用来计算和处理各传感器输出信号，以便得到车轮不平衡质量值和相位值。由

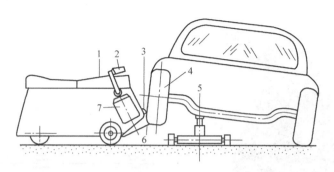

图 4-32 就车式车轮平衡机

1—仪表板 2—手柄 3—光电传感器 4—被测车轮 5—传感器支架 6—摩擦轮 7—驱动电动机

于传感器支架的安装位置随被测车型和操作人员的习惯及现场条件而定，完全是随机的，因此其电测系统必须具有自标定功能。所谓自标定功能，是指能根据已知不平衡质量所引起的不平衡力大小和相位，反算出实测的不平衡力对应的不平衡质量大小和相位。

光电相位检测装置包括一个强光源和两个光敏管，它装在平衡机驱动小车前下部靠近被测轮胎处，强光源用以照射轮胎上的反光标志，为光敏管提供相位信号以供计算机识别，计算机同时根据两个光敏管接收反光信号的前后来判断车轮的旋转方向。

指示装置由不平衡度表和相位显示表组成。不平衡度表用来指示车轮的不平衡质量，相位显示表用来指示车轮的不平衡位置。

2）就车式检测车轮不平衡。其检测车轮不平衡作业的一般步骤和方法如下。

① 被测车轮的准备。去掉车轮轮辋上已有平衡块，清除轮胎表面的泥土和花纹中的石子，检查轮胎气压，视必要充至规定值，在轮胎侧面任意处贴上白色反光标志。

② 安装传感器支架。用举升器顶起车桥，将车桥落座于传感器支架上，调节支架使被测车轮升离地面。

③ 检查车轮转动情况。用手转动车轮，查看车轮是否转动自如，车轮轴承有无松旷，如不正常，应视情况作适当调整或处理。

④ 把摩擦轮紧压在被测车轮上，按下第一次试验按钮，起动电动机带动摩擦轮和被测车轮高速旋转，注意使车轮旋转方向与汽车前进时一致。待转速上升到适当转速时，分离摩擦轮同时释放按钮，测量系统记录与不平衡力及其相位有关的原始数据并存入计算机，指示仪表将闪烁显示这组未标定的不平衡数值和相位。

⑤ 在反光标志处加装计算机预设的标定质量，将摩擦轮紧压在被测车轮上，按下第二次试验按钮，电动机带动摩擦轮和被测车轮高速旋转，当转速达到设定值时指示灯亮，再分离摩擦轮同时释放按钮，于是测量系统把第一次试验测得的数据转换成为应加装的平衡块质量和相位，并显示在仪表板上，这就是平衡机的自标定功能。

⑥ 根据显示的质量，在指定相位上加装平衡块，同时去掉标定质量块。再起动平衡机检测剩余不平衡量，看是否满足法规要求。若达不到要求，则进行第二次复试；若仍然达不到要求，则可拆下车轮进行离车平衡作业。

当就车式检测车轮不平衡值异常且难以平衡时，应考虑检查随同车轮旋转部件如制动盘或制动鼓的变形及动平衡状况等。

提示：所有的车轮平衡机都有最大不平衡量限值，严重失衡的车轮是不能上机平衡的。

3）就车式检测特点。

① 检测效率高。直接在车上对车轮进行不平衡检测作业，不需拆装车轮，检测速度快，效率高，适用于检测线。

② 检测效果好。就车式检测实际上是对车轮以及与其相连的旋转元件进行的综合平衡性检测，包括对制动鼓或制动盘的平衡检测，它解决的是车轮实际使用状态的系统平衡问题，其效果较好。

③ 平衡难度相对较大。当车轮旋转系统调整不当、系统各部件严重变形及不平衡时，就车式检测平衡车轮的难度较大。

目前，车轮不平衡的就车式检测方法在汽车检测站、4S 店得到了广泛应用。

（2）车轮不平衡的离车检测

1）离车式车轮平衡机。离车式车轮平衡机用于车轮不平衡的离车检测。离车式车轮平衡机目前应用最多的是硬式支承的动平衡机，它主要由驱动装置、转轴与支承装置、显示与控制装置、制动装置、机箱和车轮防护罩等组成。

驱动装置一般由电动机、传动机构等组成，可驱动转轴旋转；转轴由支承装置支承，支承装置的传感器能将动反力转变为电信号输出，转轴的外端通过锥体和快速螺母等固装被测车轮；显示与控制装置多为微机式，能将传感器送来的电信号通过微机运算、分析、判断后，在屏幕上显示出不平衡量及相位，其操作也有屏幕显示提示；制动装置可使车轮快速停转；车轮防护罩可防止车轮旋转时其上的平衡块或花纹内夹杂物飞出伤人。

车轮平衡机开机后，微处理器在确认设备各单元状态正常的前提下，提示正常信息，经过一些必要的操作步骤就可以进行车轮的平衡操作。检测时，微处理器通过驱动接口控制平衡机转轴运转，平衡传感器检测到的不平衡信号经过处理后传送到微处理器端口，处理器对不平衡信号与主轴的角度信号进行综合分析，计算出不平衡值及相位并通过 LED 单元显示出来。检测时，通过键盘和 LED 单元可实现人机对话。

2）离车式检测车轮不平衡。下面以 KWB – 503 车轮平衡机为例说明检测车轮动不平衡作业的一般步骤和方法。

① 车轮检测准备。去掉车轮轮辋上已有的平衡块，清除轮胎表面的杂物，检查轮胎气压并视必要充至规定值。

② 装夹车轮。根据被测车轮轮辋中心孔的大小选择合适的锥体压盘，再用乙醇或汽油把转轴及锥套接触面擦拭干净，然后把车轮对中安装到平衡机转轴上，并用快速螺母装夹牢固。

③ 打开电源开关，检查指示与控制装置的面板是否指示正确，并确保其正常。设备初始安装或使用过程中，怀疑测量不准时应运行自校准程序，以确保平衡机测量准确。

④ 选择检测功能。开机后平衡机的功能状态为默认状态（即标准动平衡状态），因为一般情况下都选择此项功能状态。当被平衡车轮的轮辋两边缘均可用挂钩式平衡块时，可选用标准动平衡状态，这样可在车轮内侧和外侧同时加平衡块平衡。

⑤ 输入车轮参数。测量轮辋直径、轮辋宽度和轮机距离参数，并将其输入微机。KWB – 503 平衡机具有自动测量轮机距（a）、轮辋直径（d）及轮辋宽度（b）的功能。分别拉动轮机距与轮径自动测量尺、宽度测量尺，系统可自动进入参数测量模式并读入参数。

🔊 **注意**:

经过标定无误的自动测量尺测量的 d、b 值可能与轮辋或轮胎上标识的尺寸不一致，此时应以自动测量尺测得的数据为准，因为自动测量尺测量的位置是贴平衡块的位置。

⑥ 放下车轮防护罩。起动平衡机前，一定要先放下车轮防护罩，以保证使用者的安全。

🔊 **注意**:

车轮旋转期间不要抬起轮罩，如出现异常，应先关闭电源停机，待车轮停转后再开启轮罩。

⑦ 测量车轮不平衡量。按起动按钮，车轮旋转，平衡机则自动进入车轮平衡检测程序。当测量完成时，平衡机显示板会自动显示内/外侧的不平衡量，车轮自动制动直至停止。

⑧ 确定车轮不平衡点。打开车轮防护罩，将车轮绕转轴旋转，当外侧不平衡位置指示灯红灯亮 3 个时，表示车轮外侧的最高点（12 点钟位置）为不平衡点位置；当内侧不平衡位置指示灯红灯亮 3 个时，表示车轮内侧的最高点为不平衡点位置。

⑨ 加装平衡块。分别在轮辋两侧边缘不平衡点加上相应质量的平衡块，若不平衡量超过平衡块的最大质量，可用两个以上平衡块并列使用，但这时应注意因多个平衡块占用较大的扇面会使其有效质量低于实际质量的影响。

⑩ 平衡后测量。放下车轮防护罩，重新起动平衡机进行再次检测，观察剩余不平衡量是否满足法规要求。安装平衡块后有可能产生新的不平衡，应重新进行平衡作业，直至不平衡量符合要求。一般认为车轮不平衡量小于 5g 即为合格。

⑪ 检测结束，关闭主机电源。

提示：若车轮经离车式车轮动平衡机平衡后再装车行驶仍出现不平衡现象，则最好再用就车式车轮动平衡机进行校对或平衡，以使整个车轮旋转系统平衡。

3）离车式检测特点。

① 检测精度高。将车轮从车上拆下后，装在平衡机上进行检测，影响车轮不平衡的因素少，因此能对车轮的不平衡进行高精度测量。

② 平衡作业简单。离车式检测出不平衡时，不需考虑其他因素，可直接对车轮进行平衡作业，且作业简单。

③ 检测效率低。检测时，需在车上拆、装车轮，需在离车式平衡机上装、拆车轮，拆装车轮麻烦，使检测效率低，难以适应检测线的快速检测。

4. 检测结果分析

车轮不平衡检测时，若其不平衡量小于该车型的规定值，则对该车轮不必进行平衡；若其不平衡量超标，则应进行平衡作业。实际上往往通过平衡作业可使车轮平衡性满足要求，但当不平衡值过大时，或通过平衡作业难以达到要求时，应对车轮进行进一步的检查，以找出故障原因。车轮不平衡的主要原因如下。

1）轮辋、制动鼓严重变形。

2）轮毂与轮辋加工质量不佳，如中心不准、轮胎螺栓孔分布不均、螺栓质量不佳等。

3）轮胎存在异常磨损、局部损坏或轮胎修补方法不当。

4）轮胎本身质量分布不均匀，如轮胎产品质量欠佳。

5）安装位置不正确，如内胎充气嘴位置不符合要求。

6）车轮平衡块脱落。

三、汽车悬架性能检测

随着汽车行驶速度的提高，汽车悬架对车辆的操纵稳定性、行驶平顺性和安全性均具有重要的影响。为保证悬架系统具有良好的工作状态，充分发挥汽车在高速行驶下的使用性能，对在用汽车悬架性能进行经常性的检测是非常必要的。

1. 汽车悬架性能的评价指标

台架检测在用汽车悬架性能时，主要是利用车轮接地力和车轮接地性指数评价。

（1）车轮接地力　车轮接地力是指汽车行驶时，车轮与道路接触的法向力。研究表明，悬架系统中最易发生故障的元件是减振器。当汽车悬架系统减振器阻尼下降较多时，行驶中车轮离地概率剧增，轮胎与道路的接触状态变坏，接地力减少，汽车操纵稳定性恶化。据此，可用车轮作用在地面上的接地力来表征车轮和道路的接触状态，进而评价汽车悬架的性能。

（2）车轮接地性指数　车轮接地性指数是指汽车行驶时，车轮与路面间最小法向作用力与其法向静载荷的比值，即车轮与路面间的最小相对动载，也称吸收率，用 $A\%$ 表示，其数值在 $0 \sim 100\%$ 变化。车轮接地性指数用来表征悬架系统在汽车行驶中确保车轮与道路接触的最小能力。

谐振式悬架系统检测台，就是利用检测车轮和路面接地力的原理来评价悬架特性的，它考虑了汽车在工作条件最差的情况下，即悬架共振时车轮与地面的接触状态，用车轮接地性指数作为评价指标。显然，车轮接地性指数越大，表明悬架系统的性能越好。性能良好的汽车悬架，应能够在各种行驶条件下，使车轮与道路之间保持有足够大的接地力，也即车轮接地性指数较大。

用车轮接地力或车轮接地性指数评价在用汽车悬架性能，其本质是一致的，但目前我国常用的评价指标是车轮接地性指数。

2. 汽车悬架性能的检测

现代汽车悬架性能的检测是一种快速检测，通常在悬架性能检测台上进行。

（1）悬架性能检测台　下面以目前广泛使用的谐振式悬架系统检测台为例进行说明。

1）检测台的基本组成。悬架性能检测台主要由机械部分、检测控制系统与显示装置组成。

机械部分由箱体和左右两套相同的振动系统构成，如图4-33所示。其中台面用来支承车轮、传递振动；电动机、凸轮、储能飞轮、弹簧等组成激振器，用来迫使汽车悬架起振。

检测控制系统与显示装置主要由计算机、传感器、信号转换器、电磁继电器、显示器、打印机以及控制软件等组成，如图4-34所示。检测时，传感器 A_1、A_2 测量车轮振动参数，经信号转换器输入计算机，计算机则对被测信号进行分析处理，通过打印机或显示器输出检测结果，同时计算机可根据检测要求去控制激振源。

2）检测台的工作原理。检测悬架性能时，应将被测悬架车轮系统置于检测台面上，然后启动测试程序，检测台则自动控制电动机带动偏心机构进行激振，使整个"台面－汽车"系统振动。激振数秒钟达到角频率为 ω_0 的稳定强迫振动后，自动断开电动机电源，接着由储能飞轮以起始频率为 ω_0 的角频率进行扫频激振。由于停在台面上车轮的固有频率处于 ω_0 和 0 之间，因此储能飞轮的扫频激振总能使"台面－汽车"系统产生共振，模拟出最恶劣

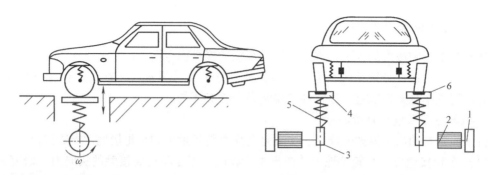

图 4-33 谐振式悬架检测台

1—储能飞轮 2—电动机 3—凸轮 4—台面 5—激振弹簧 6—测量传感器

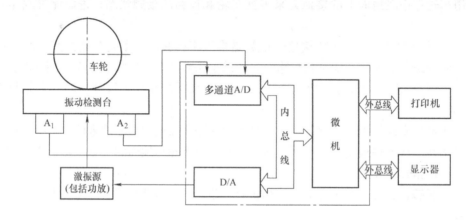

图 4-34 汽车悬架性能检测台控制系统示意图

的悬架工作环境,来展示悬架的工作特性。检测控制系统在自动断开电动机电源的同时,也启动采样测试装置,通过传感器、测量电路、计算机进行数据采集、处理、分析,测量车轮垂直振动时的受力状况、振动频率、振幅以及振动波形曲线,并经检测系统处理获得汽车悬架性能的评价结果。

(2)汽车悬架性能的检测方法

1)汽车轮胎规格、气压应符合规定值,车辆空载,不乘人。

2)将车辆每轴车轮驶上悬架检测台,使轮胎位于台面的中央位置,驾驶人离车。

3)起动检测台,使激振器迫使汽车悬架产生振动,使振动频率增加至超过振荡的共振频率,通常在达到23Hz的稳定强迫振动后,自动断开激振电源。

4)检测系统的储能飞轮开始产生减速扫描激振,其振动频率逐渐减少,并将通过共振点。

5)检测系统测量共振时的动态轮荷,记录衰减振动曲线,其纵坐标为动态轮荷,横坐标为时间。计算并显示动态轮荷与静态轮荷的百分比及其同轴左右轮百分比的差值。

3. 汽车悬架性能的检测标准

GB 18565—2016《道路运输车辆综合性能要求和检验方法》中规定:对于最大设计车速不小于100km/h、轴载质量不大于1500kg的乘用车,用悬架检测台按规定的方法检测悬架特性时,受检车辆的车轮在受外界激励振动下测得的吸收率(即车轮接地性指数),应不

小于40%，同轴左右轮悬架吸收率之差不得大于15%。

在欧美一些国家，汽车悬架检测台已被广泛应用于在用车悬架性能的检测，也有相应的检测标准，如欧洲减振器制造协会（EUSAMA）推荐的参考标准，在检测台面振幅为6mm时的参考标准见表4-4。

表4-4　车轮接地性指数参考标准

车轮接地性指数	车轮接地状态	车轮接地性指数	车轮接地状态
60～100	优	20～30	差
45～60	良	1～20	很差
30～45	一般	0	车轮与路面脱离

四、汽车行驶系统的常见故障诊断

汽车行驶系统的常见故障有汽车行驶跑偏、乘坐舒适性不良、前轮摆振和前轮胎磨损不正常等。

1. 汽车行驶跑偏

（1）故障现象　汽车行驶时，不能保持直线方向，而自动偏向一边。

（2）故障原因

1）两前轮轮胎气压不等、轮胎直径不等。

2）前轮左右轮毂轴承松紧程度不一致。

3）前后桥两侧的车轮有单边制动或单边拖滞现象。

4）两前轮外倾角、主销后倾角、主销内倾角、前束角不等。

5）前梁、后桥轴管及车架变形。

6）左右悬架弹簧挠度不等或弹力不一。

7）左右轴距相差过大，推力角过大。

8）转向节弯曲变形。

（3）故障诊断

1）检查两前轮状况。查看两前轮的轮胎磨损程度是否一致，再检查两侧轮胎气压是否相等，若左右轮的检查结果不同，则说明两前轮直径不等而导致汽车自动跑偏。若左右轮直径相等，则进行下步诊断。

2）用手触摸诊断。对汽车进行路试，待汽车行驶一段时间后停车检查，用手触摸跑偏一侧的制动鼓（或制动盘）和轮毂轴承处，若感到温度过高，则说明故障由该轮制动拖滞或车轮轴承过紧引起。若温度正常，则进行下步诊断。

3）测量轴距差、推力角诊断。检查车身两边车轮的轴距是否相等，推力角是否为零。若轴距不等，推力角过大，则故障可能是前、后桥或车架在水平平面内有弯曲变形或悬架杆件、转向节有变形或装配质量太差引起。若轴距相等，推力角正常，则进行下步诊断。

4）测量车身高度诊断。在规定条件下检查车身两侧对称参考点的高度值，若高度值不同，则故障在两侧悬架弹簧的弹性不一致或有一侧的悬架杆件有变形，或承载式车身有变形。若高度值相同，则进行下步诊断。

5）检查车轮定位。两前轮的外倾角、主销后倾角、主销内倾角、前束角不等也会引起

汽车跑偏。通常，汽车向前轮外倾角较大、前束角较小的一侧自动跑偏。这可通过检测转向轮定位参数进行确诊。

2. 乘坐舒适性不良

（1）故障现象 汽车在凸凹不平的路面行车时，车身产生的振动不能迅速衰减，或汽车在高速行车时振动严重，使乘坐的舒适性能受到破坏。

（2）故障原因

1）减振器不良或损坏。

2）悬架系统弹性元件损坏。

3）轮胎气压不正常。

4）车轮动不平衡现象严重。

5）轮胎磨损过甚或磨损不均。

6）传动轴动不平衡。

（3）故障诊断

1）检查轮胎。察看轮胎的磨损及充气情况，若轮胎磨损不均，则可导致轮胎高速时失去动平衡而引起振动；若轮胎严重磨损且气压过高或过低，则轮胎会失去其应有的缓冲和减振功能而导致汽车的乘坐舒适性破坏。

2）检查车轮。先目检车轮是否有明显的变形，然后利用百分表对轮辋进行径向圆跳动和轴向圆跳动量检查，以确诊轮辋变形是否超标。若车轮变形严重，则车轮会动不平衡，会破坏汽车的乘坐舒适性。

3）检查减振器。悬架的减振器多为不可拆卸式，系一次性部件，目检时，若减振器存在弯曲或严重的凹陷或刺孔，说明减振器损坏。正常情况下，只有在减振器泄漏严重，并在外套能看到减振器油滴，车辆遇到路面冲击而车轮回跳过度时，才可确诊减振器损坏。

减振器的工作效能检查，可不拆下减振器而实行就车检查。检查方法：一是停车时使减振器处于工作状态检查，用手把车辆压下，然后迅速地松手，此时若车辆的反弹次数超过两次，则说明减振器工作效能差，应更换减振器，该法适用于小车。二是在汽车运行后的触摸检查，让汽车运行一段时间停车后，迅速用手触摸减振器筒体，如果感到筒体发热、烫手，说明减振器工作正常，不缺油。若感觉筒体不发热或温度变化不大，则说明减振器失效或缺油。

减振器缺油时，往往导致减振器发响并使减振器失去减振功能。此时汽车在不平路面行驶，就会发出"咯噔、咯噔……"的撞击声，并使振动加剧。因此，一旦减振器有异常响声，并伴有车身振动严重现象，则应停车检查，用手触摸减振器筒体，并查看减振器筒体是否有漏油的痕迹，以此确诊减振器是否缺油或失效。

4）检查悬架弹簧。目检弹簧是否有折断或损伤缺陷，对于弹簧的弹力可用仪器来检查。

5）检查悬架杆件连接处橡胶衬套是否老化或损坏，其连接部位间隙是否过大。

6）检查传动轴是否弯曲变形、平衡块有无脱落，传动轴管是否凹陷，必要时进行动平衡检验。

3. 前轮摆振

（1）故障现象 汽车在某一车速范围内行驶时，汽车出现两前轮各自围绕主销轴线摆振（俗称前轮摆头），感到转向盘发抖、行驶不稳定。

（2）故障原因

1）车轮变形，前轮的径向圆跳动和轴向圆跳动量过大。

2）前轮动不平衡量严重超标。

3）前轮外倾角、前束值不符合标准或不匹配。

4）主销后倾角、主销内倾角超标。

5）前轮轮毂轴承松旷。

6）转向节球销及纵、横拉杆球销等连接处松旷。

7）转向器主、从动部分啮合间隙过大。

8）前梁或车架有弯、扭变形。

9）前悬架杆件及转向节变形。

（3）故障诊断

1）检查转向传动机构各连接部位是否松旷。连接部位松旷后会减少对前轮摆振的阻尼作用，因而加大了前轮的摆头。在进行检查时，先左右转动转向盘，检查转向盘的自由转动量是否过大。若过大，则应逐一检查各球头销等连接部位是否松旷，以确诊故障部位并排除故障。

2）检查轮毂轴承、转向节球销间隙是否过大。转向轮毂轴承、转向节球销间隙过大，会减少对前轮摆振的约束，易导致前轮摆头。检查时，先支起汽车前部，使前轮处于卸载状态，然后在车轮的侧面用手上下左右摇动车轮（图4-35）。若有松旷感，则说明间隙过大，故障可能由此引起。

3）检查前轮胎是否正常。目检前轮胎花纹磨损状况，并察看前轮是否装用了翻新胎。磨损严重不均的轮胎及翻新质量差的轮胎其动不平衡量会过大，易引起前轮摆头。

4）检查前轮辋是否变形。可通过检测车轮轮辋的径向圆跳动量和轴向圆跳动量来反映其变形情况。检查时，将汽车前部支起，转动车轮，用百分表测量轮辋的径向圆跳动量和轴向圆跳动量（图4-36）。通常轿车钢制轮辋轴向圆跳动量标准值为 $0 \sim 1.0$ mm，维修极限为 2.0 mm；径向圆跳动量标准值为 $0 \sim 1.0$ mm，维修极限为 1.5 mm。变形量超标的车轮易发生摆头现象。

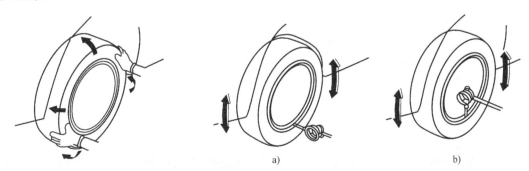

	a)	b)

图4-35　轮毂轴承、球销间隙检查　　　　　图4-36　车轮跳动量测量

a）轮辋轴向圆跳动量测量　b）轮辋径向圆跳动量测量

5）检查前车轮是否平衡。检查方法：支起汽车前部，用就车式车轮平衡机进行就车检测。前轮过大的动不平衡量，易造成车轮在高速范围内的强迫振动，是高速摆头的主要原

因。若前轮动不平衡量过大，则应对前轮进行配重平衡，对难以动平衡的车轮应予以更换。

6）检查前轮定位是否合格。前轮定位中：前束值过小或过大，易造成前轮摆头并使轮胎磨损异常；前轮外倾角过小或过大，均不能与前束良好匹配，易造成前轮摆头并使轮胎磨损异常；主销后倾、主销内倾角过大，则稳定力矩大，前轮回正过猛导致摆头；主销后倾、主销内倾角过小，则稳定力矩小，前轮不稳定易摆头。导致前轮定位参数超标的原因可能是悬架杆件变形、转向节变形、车身或车架某些部件变形等。检测前轮定位，当定位参数超标时，应查找原因，予以修复或调整，使其正常。

4. 前轮胎磨损不正常

（1）故障现象　前轮胎磨损速度过快，胎面磨损异常，如图4-37所示。

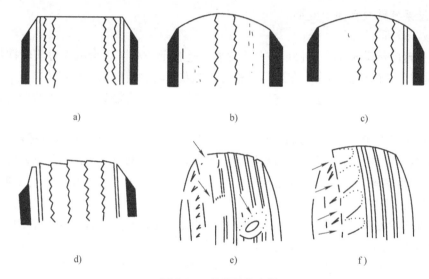

图4-37　轮胎异常磨损

a）中部磨损　b）胎肩磨损　c）一侧磨损　d）羽片状磨损　e）秃点磨损　f）扇形磨损

（2）故障原因

1）前轮胎气压过高或过低。

2）前轮定位不正确，尤其是车轮外倾和前束不正确。

3）前轮径向圆跳动和轴向圆跳动量过大以及车轮动不平衡。

4）前轮毂轴承松旷。

5）转向节球销及纵横拉杆球销等连接处松旷。

6）前轮胎长期未换位。

7）前轴弯、扭变形或悬架杆件变形。

（3）故障诊断

1）察看前轮胎的胎面，如发现胎冠中部快速磨损（图4-37a），则为轮胎气压过高所致。轮胎气压过高将增加单位接地面积的负荷，加速胎冠中部的磨耗。此外由于帘布层帘线承受过大的拉伸应力，易导致轮胎的早期损坏。

2）察看前轮胎的胎面，如发现胎冠两肩磨损过快（图4-37b），则为轮胎气压不足所致。轮胎气压不足会使胎冠接地印迹增宽，并且由于轮胎中部弯曲略向外拱起，而导致胎冠两肩着地，引起两肩磨损加快，同时当高速行车时，还会引起胎面开裂。

3）察看前轮胎的胎面，如发现轮胎外侧或内侧磨损过快（图4-37c），则说明该前轮的外倾角不正常。若胎冠外侧偏磨损，说明前轮外倾角过大；若胎冠内侧偏磨损，说明前轮外倾角过小。此时应使用车轮定位仪重点检查前轮外倾角的大小，以便确诊。

4）察看前轮胎的胎面，如发现胎冠出现羽片状磨损（图4-37d），则说明前轮前束不正常。若左右轮胎冠上羽片的尖部指向汽车纵向中心线，则说明前束过大；若羽片的尖部背离汽车纵向中心线，则说明前轮存在负前束。此时应重点检查前轮的前束值，必要时予以调整。

5）察看前轮胎的胎面，如发现轮胎胎面局部出现磨光的斑点即秃点（图4-37e），则说明前轮不平衡。当前轮不平衡时，前轮的振动会引起轮胎的定向磨损，最终导致斑点磨损。此时应用车轮平衡机重点检测前轮的不平衡情况。

6）察看前轮胎的胎面，如发现轮胎胎冠上一侧产生扇形磨损（图4-37f），则由轮胎长期处于某一位置行驶而不换位或悬架位置不当所致。

7）察看左右轮两前轮的胎面，如发现一侧轮胎磨损较小且正常，而另一侧轮胎磨损异常严重，则说明磨损异常车轮的悬架系统及转向节部件不正常，支承件变形，造成单个车轮定位失常及车轮负荷过大，导致车轮磨损异常。此时应重点检查磨损异常轮胎的悬架、车轮定位、轮毂轴承间隙、车轮的平衡及轮辋的变形情况，以找出单个车轮严重磨损的原因。若单个轮胎胎冠一侧的磨损过大，则说明该车轮外倾角不符合标准。若车轮外倾角过大，则轮胎胎冠外侧早期磨损，若车轮存在负外倾，则胎冠内侧磨损过大。

8）检查转向球销、轮毂轴承是否松旷。支起车桥，面对轮胎侧面，用手沿汽车横向反复推、拉轮胎顶部，并用撬杠上下撬动前轮。若这些部位松旷严重，则会改变车轮前束和外倾角的大小，从而使轮胎磨损异常。

9）检查前轮是否变形。支起车桥，转动车轮，用车轮跳动量测量仪检查轮辋与轮胎的径向圆跳动和轴向圆跳动量。若其跳动量值超标，则会造成车轮严重振动，从而导致车轮不正常磨损。

10）检查前轴、悬架杆件是否变形。因为这些部位的变形会引起前轮定位参数发生变化，从而导致前轮磨损异常。

第五节　底盘电子控制系统的检测与故障诊断

一、电子控制自动变速器的检测与故障诊断

（一）电子控制自动变速器的检测

电子控制自动变速器的检测可为其故障诊断与排除提供依据，是判断自动变速器故障类型和确定故障部位的基础。电子控制自动变速器检测的主要内容是基础检查、手动换档试验和机械试验三大项目。

1. 基础检查

自动变速器的油位不当、油质不佳、操纵机构调节不当及发动机怠速不正常，是引起自动变速器故障的最常见原因。通常把这些部件的检查与重新调整，称为自动变速器的基础检查。

基础检查的目的是检验自动变速器是否在正常前提条件下进行工作。通过基础检查，常常可以解决许多故障，并避免误判自动变速器故障。因此，当自动变速器出现故障时，应首先进行基础检查。其基础检查的主要项目如下。

（1）发动机怠速检查　将自动变速器变速杆置于 N 位或 P 位，关闭空调，使发动机在正常工作温度下怠速运转，检查发动机怠速。发动机的正常怠速因车型不同而有差异，一般为 750r/min 左右。

发动机怠速过高或过低，均可导致自动变速器工作不正常。当怠速过低时，档位转换易引起车身振动，严重时可导致发动机熄火；而怠速过高时，则会产生过度的换档冲击。若怠速不符合标准，过高或过低均应予以调整。

（2）节气门全开检查　将加速踏板踩到底，节气门应全开；松开加速踏板，节气门应回到怠速位置。否则应予以调整。

节气门能否全开直接关系到发动机输入功率是否正常，若加速踏板踩到底而节气门不能全开，则会引起发动机加速不良、全负荷时发动机输出功率不足及汽车的最高车速下降。

（3）变速杆位置检查　将变速杆从 N 位换至其他各个档位，检查其档位是否正确、档位开关指示灯显示是否正确。若不正确，则应对其传动机构进行调整。

（4）空档起动开关检查　将变速杆依次置于各档位，起动发动机，检查在 P 位和 N 位时发动机能否起动，R 位时倒车灯是否亮起。正常时，变速杆只有在 P 位和 N 位，发动机才可以起动，而在其他任何位置都不能起动；变速杆置于 R 位时，倒车灯应亮起。检查时若有异常，则应调整。

（5）自动变速器油面高度检查　检查时，将汽车置于平路上驻车制动，让发动机怠速运转，使自动变速器油温正常。踩住制动踏板，在发动机怠速工况下，将变速杆置于 P、R、N、D 等所有位置都停留几秒，使液力变矩器和所有换档执行元件中都充满自动变速器油，再回到 P 位，然后拔出并擦干油尺后，将其放回且全推到底，再拉起油尺查看液面高度。ATF 油面应位于油尺所示的液面最大值和最小值之间。

如油面过低，将会使液压控制系统供油不足，变速器油泵容易吸入空气，使空气混入自动变速器油内，从而降低液压控制系统的液压，导致自动变速器中的离合器和制动器容易打滑，磨损加剧，并使加速性能变坏。如油面过高，将使旋转零件剧烈搅油，容易造成变速器油异常发热，使油质变差，导致润滑不良，从而加快变速器齿轮的磨损；过多的变速器油容易引起控制阀体上的排油孔阻塞而造成排油不畅，影响离合器、制动器的平顺分离，使换档不稳定；另外油面过高，在车速很高时自动变速器内部压力将会过高，使变速器油容易泄漏。因此，应合理控制 ATF 油面的高度。当油面过高时应将多余的油液放掉，油面过低时应检查变速器是否有泄漏，确认正常后，添加 ATF 直至达到油尺上的指定液面。

（6）自动变速器油品质检查　在检查自动变速器油面高度的同时可检查其油品质，先观察油尺中变速器油滴的颜色，再嗅一下油液的气味，然后用手指捻一下油液，则可根据油的颜色及其污染程度判断自动变速器油的品质。当油液透明、呈粉红色且不含杂质或颗粒时，油质正常。

变速器油品质变差将会使自动变速器不能正常工作和导致变速器损坏。自动变速器油的状况是自动变速器工作状态的集中反映，因而可根据变速器油品质的变化情况，判断变速器是否有故障。具体判断如下。

1）当自动变速器油有金属屑或黑色颗粒时，说明变速器齿轮、离合器或制动器存在严重磨损。

2）当自动变速器油有烧焦味时，说明自动变速器油工作时，油液的温度太高，应检查油面是否过高或过低，油液冷却器、滤清器或管路是否堵塞，自动变速器的离合器及制动器是否打滑。

3）当自动变速器油变成深褐色、棕色时，说明自动变速器部件高负荷运转，或某些部件打滑、损坏而引起变速器过热；说明变速器油使用时间过长。

上述三种情况，均表明自动变速器油的品质恶化，应及时更换。此时应查找和消除污染变质的来源，清除变速器和变矩器上的所有污染物，添加新的ATF，并且检查油位。

提示：自动变速器油底壳内若有少量金属颗粒或摩擦材料属正常现象，但自动变速器油中若金属颗粒多、油液烧焦较为严重，则说明自动变速器技术状况恶化，应更换或修复自动变速器总成。

2. 手动换档试验

手动换档试验是指人为地使自动变速器脱离车上自动变速器电子控制单元（ECU）的控制，由测试人员手动进行的各档位试验。

（1）试验目的　区别故障存在于电子控制系统还是机械系统（包括液力变矩器、行星齿轮变速器和换档执行器）或液压控制系统，以缩小故障的检测范围。

（2）试验方法

1）脱开自动变速器的所有换档电磁阀线束插头，使ECU不能通过换档电磁阀来控制换档。

2）确定自动变速器变速杆位置与档位的关系，不同车型的电子控制自动变速器，在脱开换档电磁阀线束插头后，档位和变速杆位置的关系不完全相同，应参照本车维修资料确定其对应关系。表4-5为赛欧轿车AF13型自动变速器手动换档时变速杆与各档位的对应关系。

表4-5　手动换档时变速杆位置与各档位对应关系

变速杆位置	R	D	3	2	1
实际档位	倒档	4档	4档	3档	1档

3）起动发动机进行路试或台架试验，将变速杆置于不同档位，观察变速杆位置与各档位车速的变化情况。

（3）性能分析　试验时，若每一档动作都正常，变速杆位置与各档位车速具有正确的对应关系，则说明故障在电子控制系统；若某档位动作异常或前进各档很难区分，则说明故障在自动变速器机械系统和液压控制系统部分。

3. 机械试验

自动变速器的机械试验是在进行基础检查、手动换档试验后，确认是机械系统和液压系统故障后进行的试验，目的是区分故障是机械系统引起的，还是液压控制系统引起的，并同时诊断出故障的具体部位。机械试验的主要内容有失速试验、时滞试验、液压试验和道路试验。

（1）失速试验　失速试验测试的是发动机处于失速工况下所能达到的最高转速，即失

速转速。失速工况是指变速杆处于前进档或倒档位置的条件下，踩住制动踏板并完全踩下加速踏板时，发动机运转所处的工况。很显然，在失速工况下，自动变速器的输出轴转速为零，而变矩器壳体及泵轮随发动机一起转动，因此，发动机就处于最大转矩工况。

1）试验目的。根据失速转速来诊断发动机的整体性能和自动变速器的综合性能。主要是检查发动机的输出功率、变矩器性能、自动变速器的离合器及制动器是否打滑。

2）试验方法。自动变速器失速试验方法可参照图4-38进行，步骤如下。

① 试验准备。应确保自动变速器油面高度正常，汽车驻车制动、行车制动良好，应有发动机转速测量仪表，必要时可安装发动机转速表。

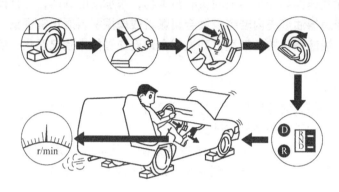

图4-38 失速试验

② 汽车运行，使发动机及自动变速器热机至正常工作温度。

③ 用三角木抵紧车轮，同时采取可靠的驻车制动。

④ 起动发动机，使发动机正常运转。

⑤ 将变速杆置于D位，并将制动踏板和加速踏板同时踩到底，迅速记下发动机的最高转速，该转速即为失速转速。

⑥ D位失速转速测出后，立即松开加速踏板。

🔊 注意：

从加速踏板踩下到松开整个过程的时间不得超过5s，否则自动变速器油会因温度过高而变质，自动变速器的密封件等零件会因油压过高而损坏。

⑦ 将变速杆置于P位或N位，使发动机怠速运转1~2min。

⑧ 将变速杆置于R位，重复上述测试，并记下其失速转速。

🔊 注意：

若有必要进行重复试验，则要等到自动变速器温度恢复到正常后才能开始。

3）性能分析。不同车型的自动变速器都有其失速转速标准值，如赛欧轿车AF13自动变速器失速转速的标准值为（2400±150）r/min。若失速转速与标准值相符，说明自动变速器的油泵、主油路油压及各个换档执行元件工作基本正常；若失速转速高于标准值，则说明主油路油压过低或换档执行元件打滑；若失速转速低于标准值，则可能是发动机动力不足或液力变矩器有故障。表4-6为赛欧轿车自动变速器失速转速失常故障诊断的可能原因。

表4-6　失速现象及原因分析表

失速现象	故障可能原因
在 D 位和 R 位失速转速过高	① 液位低或油泵输出功率不足 ② 滤网堵塞 ③ L 油路压力过低 ④ 多片式离合器 C3 打滑
在 D 位失速转速过高	① 油路压力过低 ② 多片式前进离合器 C1 打滑 ③ 多片式离合器 C3 打滑 ④ 单向离合器 F1 存在故障
在 R 位失速转速过高	① 油路压力过低 ② 多片式倒档离合器 C2 打滑 ③ 多片式离合器 C3 打滑 ④ 制动器 B2 打滑
在 D 位和 R 位失速转速过低	① 发动机输出功率不足 ② 液力变矩器单向离合器故障

（2）时滞试验　自动变速器换档滞后时间是指在发动机怠速运转时，将变速杆从 N 位换到 D 位或 R 位开始，至感觉到轻微振动时为止的一段时间。时滞试验就是测量自动变速器换档的滞后时间。

1）试验目的。根据滞后时间的长短来判断自动变速器离合器、制动器磨损情况和控制油压是否正常。

2）试验方法。自动变速器时滞试验方法可参照图4-39进行，步骤如下。

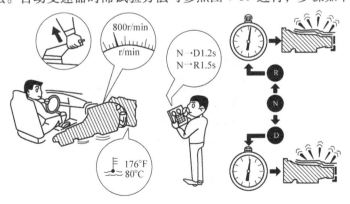

图 4-39　时滞试验

① 汽车运行，使发动机及自动变速器热机至正常工作温度。

② 拉紧驻车制动，将变速杆置于 N 位，使发动机怠速运转。

③ 将变速杆从 N 位换到 D 位，同时用秒表测量从移动变速杆至有振动感时止的时间，该时间称为 N→D 滞后时间。

④ 将变速杆从 N 位换到 R 位，用秒表测出滞后时间，该时间称为 N→R 滞后时间。

为提高检测的准确性，试验时，N→D 滞后时间和 N→R 滞后时间各测 3 次取平均值，且每次检测间隔时间至少 1min，以使离合器、制动器恢复至原始状态。

3）性能分析。滞后时间的大小取决于自动变速器油路油压、油路密封情况，以及离合器和制动器的磨损情况，因此可根据滞后时间的长短来判断主油路油压及换档执行元件的工作是否正常。下面以赛欧 AF13 自动变速器为例进行说明。

① 换档滞后时间的标准：N→D 滞后时间小于 0.7s；N→R 滞后时间小于 1.2s。

② 若 N→R 的滞后时间过长，则有可能：管路油压过低；多片式倒档离合器 C2、多片式离合器 C3 或制动器 B2 工作不良。

③ 若 N→D 滞后时间过长，则有可能：管路油压过低；多片式前进离合器 C1、多片式离合器 C3 或单向离合器 F1 工作不良。

（3）液压试验 液压试验是在自动变速器运转时，对液压控制系统油路中的油压进行测量，来判断液压控制系统工作状况是否正常的一种方法，它为分析自动变速器的故障提供依据，以便于有针对性地进行修复，还可以进一步验证失速试验、时滞试验、道路试验的判断结果。

1）试验目的。利用测量的压力判断自动变速器各种泵、阀的技术状况、密封性能和节气门阀拉索的调整状况。

2）试验方法。液压试验的方法因试验内容及自动变速器型号的不同而略有差异，试验内容多为主油路油压、速控阀油压、节气门阀油压、R 位制动器油压及各档离合器油压的测量。按其测量要求，多在壳体上设计有各自的测压孔，多少因机型而异。下面以轿车自动变速器的主油路油压测量为例进行说明，其试验方法可参照图 4-40 进行，步骤如下。

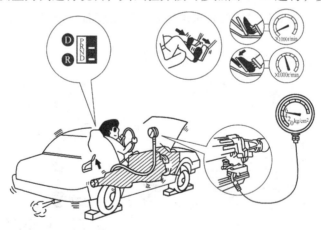

图 4-40 液压试验

① 让汽车运行，使发动机及自动变速器达到正常工作温度。

② 将车辆停放在水平地面上，检查发动机怠速，检查自动变速器油的液位高度，如不正常，应予以调整。

③ 施加制动，牢牢地挡住车轮。

④ 将专用自动变速器油压表组件与管路压力检查孔相连接。

⑤ 起动发动机，使发动机正常运转。

⑥ 将变速杆置于 D 位，分别检测发动机在怠速、失速转速处运转时的管路压力，持续

时间不能超过 5s。

⑦ 将变速杆置于 N 位或 P 位，使发动机怠速运转 1～2min，以冷却自动变速器。

⑧ 将变速杆置于 R 位，分别检测发动机在怠速、失速转速处运转时的管路压力，持续时间不能超过 5s。

3）性能分析。正确的油路压力是自动变速器正常工作的先决条件，油压过高，会使自动变速器出现严重的换档冲击，甚至损坏控制系统；油压过低，会造成换档执行元件打滑，加剧其摩擦片的磨损，甚至使换档执行元件烧毁。对于因油压过低而造成换档执行元件烧毁的自动变速器，如果仅仅更换烧毁的摩擦片而没有找出故障的真正原因并加以修复，更换后的摩擦片经过一段时间的使用后往往会再次烧毁。因此，对油压试验的结果进行分析及故障诊断非常重要。

不同车型不同自动变速器的规定油压不完全相同，应以厂家提供的数据为标准。赛欧 AF13 自动变速器管路油压标准：D 位，怠速时 0.37～0.43MPa，失速转速时 1.10～1.28MPa；R 位，怠速时 0.54～0.63MPa，失速转速时 1.47～1.69MPa。若测得的压力与标准值不符，则说明油泵或液压控制系统有故障。表 4-7 是赛欧 AF13 自动变速器油压不正常的故障诊断表。

表 4-7　油压不正常故障表

序号	故障现象	故障可能部位
1	无管路压力或管路压力过低，比 D 位和 R 位的标准压力都低	① 压力控制电磁阀故障 ② 油泵故障 ③ 初级调节阀功能故障
2	管路压力过高，比 D 位和 R 位的标准压力都高	① 压力控制电磁阀故障 ② 初级调节阀功能故障
3	仅比 D 位的标准压力低	D 位液压油回路故障
4	仅比 R 位的标准压力低	R 位液压油回路故障

（4）道路试验　自动变速器的道路试验是诊断、分析自动变速器故障的最有效手段之一。它是通过测试自动变速器变速杆位于不同位置时的汽车行驶状况，来检查自动变速器总体工作情况的。

1）试验目的。检查自动变速器的换档点、换档冲击、振动、噪声和打滑等方面的情况，为诊断自动变速器的故障提供依据。另外，道路试验还可用于检验修复后的自动变速器的工作性能和修理质量。

2）试验方法。路试前自动变速器的基础检查必须合格，发动机和底盘应无故障，并让汽车适当运行，使发动机和自动变速器达到正常的工作温度。道路试验时，通常应将超速档开关置于 "ON" 位置，并将模式开关置于普通模式或经济模式位置。试验时应使自动变速器在每个选档位置都使用，以便检查各档的使用性能。道路试验应在平直的路面上进行，其试验方法如下。

① 升档检查。将变速杆置于 D 位，踩下加速踏板，使节气门保持在 1/2 开度左右，让汽车起步加速，检查自动变速器的升档情况。自动变速器在升档时发动机会有瞬时的转速下降，同时车身有轻微的冲击。检测人员则可根据车身冲击及车速变化的感觉来进行升档检

查。自动变速器工作正常时，汽车起步后随着车速的升高，检测人员能感觉自动变速器顺利地依次由最低档升至最高档。若自动变速器不能升至高档（3档或超速档），则说明自动变速器电子控制系统或换档执行元件有故障。

② 换档点检查。换档点是指自动变速器升档或降档的时刻，通常用换档时的车速来表征。因此，检查换档点实际是检查换档时的车速。由于换档点与节气门的开度有一定关系，因此，换档点检查也就是查看及感觉在不同节气门开度和不同车速时，有无换档动作。由于降档时刻在汽车行驶中不易察觉，因此在道路试验中一般很少检查自动变速器的降档车速，通常只通过升档车速来判断自动变速器有无故障。其升档点车速检查方法如下。

将变速杆置于D位，踩下加速踏板，并使节气门保持在某一固定开度，让汽车起步加速。当察觉到自动变速器升档时，记下升档车速。通常各种自动变速器维修手册给出了多种节气门开度的各档换档点车速，作为升档点车速的标准值，表4-8为本田雅阁BAXA型自动变速器各升档点车速的标准值。也可根据各种自动变速器的换档图，求出不同节气门开度下自动变速器的升档车速作为标准。但由于不同车型自动变速器各档位的传动比大小都不尽相同，因而其升档车速的标准值也不完全一样。路试时应将换档点车速检测值与原车提供的标准值比较来判断换档点是否正确。当升档车速保持在标准范围内，而且汽车行驶中加速良好，无明显的换档冲击，则说明其换档点正确。若汽车行驶中加速无力，升档车速明显低于标准范围，说明升档车速过低（即过早升档），其控制系统存在故障；若汽车行驶中有明显的换档冲击，升档车速明显高于标准范围，则说明升档车速过高（即太迟升档），其控制系统及换档执行元件可能存在故障。

表4-8　BAXA型自动变速器升档点车速标准值

节气门开度	1档升2档 /(km/h)	2档升3档 /(km/h)	3档升4档 /(km/h)	锁止离合器接合 /(km/h)
节气门位置传感器电压0.8V	15~17	33~37	42~48	75~79
节气门位置传感器电压2.25V，相当于节气门1/2开度	33~37	63~69	94~100	110~116
节气门位置传感器电压4.5V，相当于节气门全开	55~61	99~105	155~161	156~162

③ 换档质量检查。在进行换档点检查的同时还应进行换档质量的检查，主要检查换档时有无换档冲击。正常时，电子控制自动变速器的换档冲击应十分微弱。若换档冲击太大，说明自动变速器的控制系统或换档执行元件有故障，其原因可能是油路油压过高或换档执行元件打滑，应作进一步检查。当发动机转速在非换档时有突然升速现象，则说明换档执行元件打滑。

④ 锁止离合器工作状况检查。液力变矩器中的锁止离合器，其锁止时的车速与发动机节气门开度有关，当车速过低时，锁止离合器将处于分离状态。因此，路试检查时，让汽车加速至超速档，以高于80km/h的车速行驶，并让节气门开度保持在低于1/2开度的位置，使液力变矩器进入锁止状态。此时，快速将加速踏板踩下至2/3开度，同时检查发动机转速的变化情况。若发动机转速没有太大的变化（图4-41），说明锁止离合器处于锁止状态，工作正常；若发动机转速猛增，则表明锁止离合器没有锁止，工作不良，其原因通常是锁止离

合器控制系统存在故障，或锁止离合器摩擦片磨损过甚导致打滑。

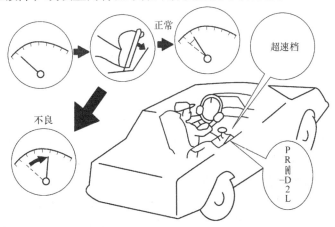

图 4-41　检查锁止离合器工作状况

⑤ 发动机制动作用检查。将变速杆置于前进低档（S、L 或 2、1）位置，在汽车以 2 档或 1 档行驶时，突然松开加速踏板，检查是否有发动机制动作用。若松开加速踏板后车速即随之快速下降，则说明发动机有制动作用；否则，说明自动变速器电子控制系统或前进档离合器及强制制动器有故障。

⑥ 强制降档功能检查。将变速杆置于 D 位，保持节气门开度为 1/3 左右，在以 2 档、3 档或超速档行驶时突然将加速踏板完全踩到底，检查自动变速器是否被强制降低一个档位。在强制降档时，发动机转速会突然上升至 4000r/min 左右，并随着加速升档，转速逐渐下降。若踩下加速踏板后没有出现强制降档，则说明强制降档功能失效；若在强制降档时发动机转速升高反常，达 5000～6000r/min，并在升档时出现换档冲击，则说明换档执行元件打滑。

⑦ 其他档位检查。1 档检查：将变速杆置于 1 位或 L 位，将加速踏板踏到底，汽车从静止开始加速，正常时，自动变速器应无异响，离合器不打滑，自动变速器不应有升档现象。

R 位检查：停车后，将变速杆置于 R 位，将加速踏板踏到底，汽车从静止开始加速，正常时，倒车灯点亮，汽车倒车，自动变速器离合器无打滑现象，且无换档冲击和换档噪声。

P 位检查：先将车辆停放在规定坡度值的坡道上，施加驻车制动，并将变速杆置于 P 位，然后松开驻车制动，此时汽车不滑动为正常。

（二）电子控制自动变速器的故障诊断

1. 电子控制系统故障诊断的基本方法

（1）利用汽车专用诊断仪诊断　现代汽车专用诊断仪的诊断功能强大，利用其诊断自动变速器电子控制系统的故障十分方便。诊断时，将汽车专用诊断仪和汽车上的专用故障检测插座连接，按检测人员的要求，汽车专用诊断仪可进行如下工作。

1）故障码（DTC）的读取。按照一定的操作方式进入系统的自诊断模式，调出自动变速器的故障码。通过故障码的读取，可对自动变速器电控系统中大部分传感器及开关线路的短路、断路、损坏所导致的无输出信号故障和执行器、电控单元的故障，进行诊断。

2）故障码的清除。当需要清除自动变速器电控系统故障码时，操作汽车专用诊断仪，

可快速方便地清除电控单元存储器中的故障码，能免除人工清除故障码造成的众多麻烦。

3）电子控制系统工作过程的检测。诊断仪可对自动变速器 ECU 及其控制电路、传感器、执行器及开关等进行检测，并可将 ECU 的运行情况和各输入、输出电信号瞬时值，如各传感器的信号、ECU 的计算结果、控制模式，以及向各执行器发出的控制信号等电路诊断参数在屏幕上显示出来，使自动变速器整个电子控制系统的工作情况一目了然。检测人员可将检测数据与标准值进行比较，从而准确地判断出故障发生的部位。

4）对汽车进行模拟试验。通过诊断仪向自动变速器 ECU 发出指令，对汽车进行模拟试验，例如：模拟汽车加速、换档等各种行驶状态，检测电子控制自动变速器 ECU 发出的换档控制、锁止控制、油压控制等各种控制信号是否正常；或模拟某个电磁阀工作，检查其性能是否正常等。这种功能特别适合于诊断自动变速器电控系统执行器及其控制电路的故障。

5）路试诊断。在汽车行驶过程中，利用专用汽车诊断仪诊断故障效果较好。行驶时，利用诊断仪检查 ECU 发出换档控制信号的时刻，可以准确地判断 ECU 的换档控制是否正常。若换档控制不正常，发出换档信号的时刻太早、太迟或没有发出换档信号，则说明控制系统的 ECU、传感器或控制电路有故障；若换档控制信号正常，但 ECU 发出信号后自动变速器没有响应，则说明换档电磁阀或控制电路有故障；若 ECU 发出换档信号后自动变速器有响应，但出现打滑现象，则可以准确地判断出打滑的是哪一个档位或哪一个换档执行元件，从而有针对性地进行拆修。

（2）利用人工法读取故障码诊断　当无汽车专用诊断仪时，可以利用人工方法进入电控系统的自诊断模式进行故障码的读取，然后根据故障码的含义进行故障诊断。不过，不同公司电子控制自动变速器故障码的人工读取与清除方法不同，其故障码的含义也各不相同。下面以本田雅阁 BAXA 型自动变速器为例说明其故障码的读取和清除方法。

1）故障码的读取。在读取故障码之前，应确保汽车蓄电池电压正常。其故障码的读取步骤如下。

① 用 SCS 短路插头与位于驾驶席侧仪表板下的维修检测插头连接，如图 4-42 所示。

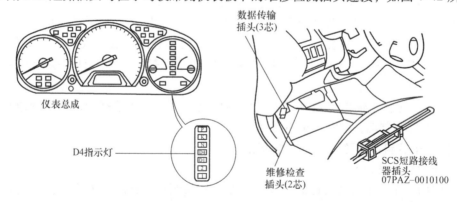

图 4-42　D4 指示灯及短路插头连接位置

② 接通点火开关，观察 D4 指示灯。D4 指示灯将以闪烁频率来显示故障码。故障码的显示规律是故障码的个位码以短闪的形式显示，而十位码则以长闪的形式显示，一个长闪等于 10 个短闪。图 4-43 所示的故障码分别为故障码 1、故障码 2、故障码 14。若电子控制系统出现多个故障，则 D4 指示灯在显示第一个故障码后，按一定顺序显示下一个故障码，检

查时可依次记下这些故障码。

③ 关闭点火开关，拆去短路插头。

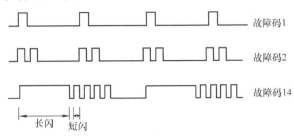

图4-43 故障码读取示例

2）利用故障码表诊断故障。故障码表反映故障码的含义，指出故障所在的电路。读取故障码后，即可根据故障码表，找出故障的症状及可能的原因，并进行故障诊断与排除。

目前，在每种车型原车的维修手册中，对于电子控制自动变速器故障码都给出了故障的可能原因、部位和详细的故障诊断流程及诊断方法。因此，对于有这种资料的检测人员来说，利用其提供的方法进行故障诊断，显然是最好的选择。这种方法就是利用随车自诊断系统读取的故障码，根据车型在其维修手册中查找故障码对应的故障、故障部位和检查方法，然后进行故障诊断，主要是对电路进行诊断。诊断时，要严格按照维修手册中的方法、步骤进行。一般说来，目前自动变速器故障码表上的故障原因是一个范围，其故障到底是什么具体原因引起，其电子控制系统的自诊断无法确定。因此，每种故障码的真正故障诊断，还是得依靠检测人员通过一些常用工具和电路的标准诊断参数，根据故障诊断流程及诊断方法来进行诊断。

3）故障码的清除。自动变速器电子控制系统故障排除后，应清除故障码，其步骤如下。

① 关闭点火开关。

② 从发动机盖下的熔断器/继电器盒中取下备用熔断器（7.5A），等候10s，即可清除故障码，然后重新安装备用熔断器（7.5A）。

③ 应重新设置收音机的预置频率和时钟。因为在拆下备用熔断器时，原收音机的预置频率和时钟的设置会自动取消。

（3）根据故障现象诊断 目前，电子控制自动变速器的自诊断系统还不能检测出电控系统中所有类型的故障，特别是部分执行器的故障，以及传感器精度误差引起的故障。因此，在无故障码或不能取得故障码的情况下，对自动变速器电子控制系统的故障，则要根据故障现象进行故障分析，并通过检测工具和一定的检测手段，以及被测车型的详细维修技术资料进行故障诊断。例如，在电子控制自动变速器控制电路中，其ECU插头的端子都有规定的测量条件及相应端子参数标准，当电子控制系统发生故障时，其测量参数将会发生变化，此时利用常用检测工具测出其电压条件的变化，可以诊断故障；利用检测工具检测控制电路的短路、断路情况以及控制元件的性能参数，可以确诊故障部位。

2. 电子控制系统的故障诊断

（1）传感器的故障诊断

1）变速器输入、输出转速传感器。自动变速器的转速传感器多为电磁式传感器，其常

见的故障是传感器感应线圈短路或断路、传感器信号线短路或断路。自动变速器输入、输出转速传感器检测信号的原理相同，其结构及参数因车型不同而略有差异，但对其故障的诊断方法却基本相同，下面以输出转速传感器为例说明其常规诊断步骤。

① 检查传感器的动态信号。将汽车驱动桥用举升装置举起，在自动变速器 ECU 相应传感器信号端子之间接上电压表，使发动机运转，将变速杆置于 D 位，若电压表指针摆动，其电压在 0.5V 以上（电压随车速上升而增大），说明传感器有输出脉冲，其工作正常；若无电压或信号太弱，则进行下步诊断。

② 检查转速传感器的电阻。关闭点火开关，拔出转速传感器的 2 芯插头，然后使用万用表电阻档测量传感器两端子之间的电阻。传感器电阻的标准通常是几百欧到几千欧不等，因车型而异，其标准可通过维修手册获得。

若测出的阻值为零，说明传感器有短路故障；若阻值为∞，说明存在断路故障，只要阻值不符合标准，均应更换传感器。若测量值符合标准，则说明传感器本身电路无故障，但此时无动态信号，可能是传感器安装不当或传感器转子与磁极的间隙为零所致，也可能是传感器与自动变速器 ECU 端子之间线路的短路或断路故障引起，这可通过使用万用表对转速传感器信号电路进行检查而确诊。

2）档位开关。档位开关存在故障时，可导致档位开关信号不正确，造成自动变速器工作失常。档位开关常见的故障有档位开关安装位置不当、档位开关内部触点接触不良等。档位开关一般故障的诊断方法，以丰田雷克萨斯 LS400 轿车自动变速器档位开关为例说明如下。

用举升机举起汽车后，拔下档位开关线束插接器，检测各档位下各端子之间的通断情况。将变速杆置于各档位时，所测得的通断情况应与图 4-44 所示的相符。若有多个档位端子间的通断情况与标准不符，则应检查并调整操纵机构和档位开关的安装位置，再进行检测，若不能恢复正常，则应更换档位开关；若有个别档位端子间不导通，说明档位开关内部触点接触不良，则应更换档位开关。

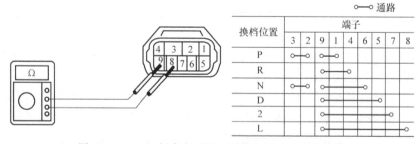

图 4-44　LS400 轿车自动变速器档位开关的故障诊断

自动变速器电子控制系统与发动机电子控制系统共享的节气门位置传感器、冷却液温度传感器等的故障诊断请参见第三章有关内容。

（2）控制电磁阀的故障诊断　自动变速器 ECU 是通过对各种控制电磁阀的通、断电，使其产生动作从而改变液压系统中的控制油路或控制压力的。因而控制电磁阀发生故障时，自动变速器不能正常工作。控制电磁阀常见的故障有电磁阀线圈短路或断路、电磁阀阀芯阻滞、电磁阀电源或控制信号异常。自动变速器控制电磁阀的类型有脉冲式（如压力调节电磁阀）和开关式（如换档电磁阀）两种，尽管它们的工作方式有所不同，但其故障的诊断

方法却基本相似，下面以开关式电磁阀为例说明其常规诊断步骤。

1）检查电磁阀的电阻。关闭点火开关，拔开电磁阀插头，测量电磁阀电阻，其标准电阻因车型而异，范围一般为 10～40Ω，通常在维修手册中可查到。

若电阻值不正常，说明电磁阀存在短路或断路故障；若电阻值符合标准，则进行下步诊断。

2）检查电磁阀的动作。将蓄电池电源串联一个 20A 的熔丝，并按照规定的极性将电磁阀的两端子与蓄电池电源的正、负极作通电与断电的测试，注意是否听到"咔嗒"声。

若无声音，则表示电磁阀不能动作，原因是电磁阀阻滞或损坏，存在机械故障；若有"咔嗒"声，动作灵敏，则表示电磁阀的机械性能正常，电磁阀本身无机、电故障，可进行下步诊断。

注意：

> 脉冲式电磁阀由于其线圈电阻较小（为 1～6Ω），因而在进行电磁阀的动作检查时，应将蓄电池电源串联一个 8～10W 的灯泡，不可直接与蓄电池电源相连，否则会烧毁电磁线圈。

3）进行路试检查。若自动变速器在小节气门开度时换档优良，而在重载或节气门全开时换档粗暴，则电磁阀可能存在渗漏故障。有的电磁阀在小节气门开度时工作很好，但当压力增加后会渗漏。

（3）自动变速器 ECU 的故障诊断

1）利用 ECU 的故障自诊断功能诊断。自动变速器 ECU 存在故障时，电控自动变速器的自诊断系统会将其故障信息以故障码的形式存入计算机存储器中。通过汽车专用诊断仪或人工读取 ECU 的故障码，可以诊断 ECU 是否存在故障。

2）利用 ECU 端子标准参数进行诊断。ECU 端子标准参数，是指自动变速器处于正常工作状态时，在规定的测量条件下，其 ECU 各端子具有的电路参数如电压等。通常，ECU 端子的标准参数由原厂提供，各种车型的标准参数也不尽相同。利用 ECU 端子的标准参数进行诊断，就是通过测量 ECU 各端子的电路参数来诊断 ECU 工作是否正常的一种方法。其诊断方法如下。

接通点火开关，按照规定的测量条件操作自动变速器，用万用表测试笔测试 ECU 各端子的电路参数。将测试值与各自相应的标准值进行比较从而诊断故障，若在检测中发现某一端子的实际工作参数与标准值不符，则表明 ECU 或控制电路存在故障。通过检测，若输入传感器、开关部分、执行器及控制线路正常，则表明 ECU 存在故障。

在测试 ECU 端子的电路参数时应注意：检测前应将各插头、ECU 电源确切可靠地连接，并确保蓄电池电压正常；必须使用高阻抗的万用表，低阻抗的万用表可能会损坏 ECU。

3）利用代替法诊断。将性能良好的同型号的自动变速器 ECU 替换可疑的 ECU 进行检查。若替换后，控制电路的工作状态由异常变为正常，自动变速器工作正常，则表示原 ECU 有故障。

3. 机械及液压控制系统的故障诊断

在确认自动变速器电控系统无故障后，自动变速器仍然不能正常工作，则表明机械或液压控制系统存在故障。机械及液压控制系统故障多集中在液压控制机构的堵、漏、卡和执行

元件的磨损、失调等方面。通常，其故障可通过机械试验，即失速试验、液压试验、时滞试验及道路试验加以区分和诊断。

尽管每种车型的电子控制自动变速器的具体结构有所差异，但它们的工作原理及控制方法是基本相同的，造成每种故障的原因，特别是一些常见故障的原因，都具有一定的范围。因此可通过参考常见故障的诊断方法来进行各种故障诊断。通常将自动变速器机械及液压控制系统常见故障的诊断方法制成诊断表，表中列出每种故障产生的各种可能原因和故障诊断步骤，人们可参考诊断表进行故障诊断。各种车型自动变速器的诊断表可由原车维修手册提供。

提示：只要根据不同车型、不同故障来灵活运用故障诊断表，就可以缩小故障的诊断范围，减少故障的诊断时间，提高故障的诊断效率。

二、电子控制动力转向系统的检测与故障诊断

电子控制动力转向系统是在普通动力转向系统基础上，以车载微机的应用为条件发展起来的，有电动式和液压式两种。目前，液压式电子控制动力转向系统在汽车上得到了广泛应用，下面以这种系统为例说明其故障的检测与诊断。

（一）电子控制动力转向系统的检测

电子控制动力转向系统是通过控制系统的油压来控制转向助力的，因此可通过对转向时的油压和转向盘转向力的检测，来反映系统电控组件的工作性能和技术状况。不同形式的电子控制动力转向系统，其检测方法和标准不尽相同，下面以皇冠轿车电子控制动力转向系统为例说明其检测方法。

1. 检测转向盘转至极限位置时的油压

1）测压前的准备。先将压力表连接在动力转向泵与转向控制阀的压力管道中（图4-45），完全开启压力表阀门；然后起动发动机并使其怠速运转，将转向盘从左、右转动的极限位置之间连续转动三四次，以提高转向液温度并排出系统内的空气，使转向液温度升至80℃以上，并确保液面高度正常。

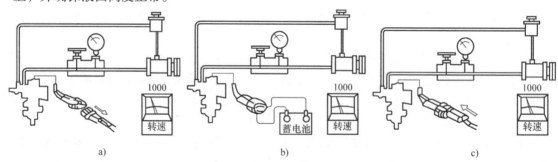

图4-45　电子控制动力转向系统的油压检测

a）拔下电磁阀插接器测量油压　b）给电磁阀通电测量油压　c）装上电磁阀插接器测量油压

2）检测怠速时动力转向泵输出的最高压力。发动机怠速运转，关闭压力表阀门，观察压力表读数。若压力过低，则说明动力转向泵有故障；若压力正常，则进行下步检测。

3）检测拔下电磁阀插接器时的转向泵输出油压。将转向盘转至极限位置，拔下电磁阀插接器（图4-45a），然后起动发动机，使其转速稳定在1000r/min，测量动力转向泵的输出

油压，其最低压力应为 7355kPa。否则，转向器存在内部泄漏或电磁阀有故障。

4）检测给电磁阀通电时的转向泵输出油压。按图 4-45b 所示方法给电磁阀加蓄电池电压，再测量动力转向泵的输出油压，其最大油压应为 3924kPa。若压力过高，则电磁阀有故障。

注意：

给电磁阀线圈加蓄电池电压的时间不要超过 30s，以防烧毁电磁阀线圈；若要重测该项，则应等到电磁阀线圈不烫手时方可进行。

5）检测电磁阀插接器接上时的转向泵输出油压。按图 4-45c 所示方法接上电磁阀插接器，重新测量动力转向泵的输出油压，其最低压力应为 7355kPa。若压力过低，则说明电子控制动力转向系统有故障。

2. 检测转向盘的转向力

1）使转向盘处于汽车直线行驶位置，并使发动机怠速运转。

2）给电磁阀线圈断电，用测力计测量转向盘沿两个方向转动时的转向阻力，最大转向阻力不应大于 39N。

3）给电磁阀线圈加蓄电池电压，再用测力计重测两个方向的转向阻力，其最大的转向阻力约为 118N（参考值）。

正常情况下，电磁阀线圈通电后，电磁阀动作会使阀的节流面积增大，使转向助力减少，因而导致转向盘转向力增大。若通电后转向阻力没有增大，则说明电磁阀存在故障。

（二）电子控制动力转向系统的故障诊断

1. 电控系统的故障自诊断

电子控制动力转向系统一般具有故障自诊断功能，以监测、诊断系统的工作情况，诊断系统故障。当电子控制系统出现故障时，普通转向系统仍能正常工作，但电子控制系统将停止转向助力的控制，同时，其电控单元则将故障信息以故障码的形式储存于存储器内，以便备查。检修时，可利用其故障自诊断功能快速、准确地确定故障类型和故障部位。通常是通过专用解码器或人工方法读取故障码，然后根据故障码的相应内容快速诊断故障。不同的车型，其故障码的含义也各不相同。表 4-9 为三菱轿车电子控制动力转向系统（EPS）的故障码及其含义。

表 4-9　三菱轿车电子控制动力转向系统故障码

故障码	故障可能部位	故障码	故障可能部位
11	EPS 主电脑电源不良	13	EPS 电磁阀工作不良
12	车速传感器（VSS）信号不良	14	EPS 主电脑故障

2. 电控系统的故障诊断

电子控制动力转向系机械及油路的故障诊断，可参考普通动力转向部分进行。其电控部分的故障诊断以皇冠轿车电子控制动力转向系统为例进行说明，图 4-46 为该车动力转向系统的控制电路和 ECU 插接器示意图。

（1）故障现象　怠速或低速行车时转向沉重；高速行驶时转向太灵敏。

（2）故障原因

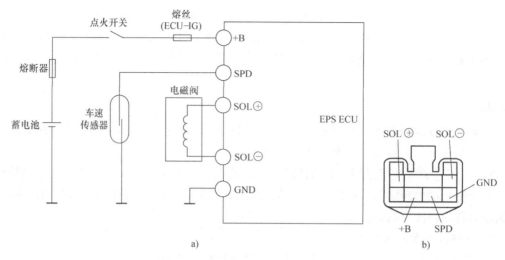

图 4-46　电子控制动力转向系统控制电路及 ECU 插接器

a) 控制电路　b) ECU 插接器

1) 动力转向系统机械及油路故障。

2) 动力转向的 ECU - IG 熔丝烧毁。

3) EPS ECU 插接器接触不良。

4) 车速传感器线束有断路或短路故障。

5) 动力转向电磁阀线圈有断路或短路故障。

6) EPS ECU 故障。

(3) 故障诊断

1) 检查转向系统机械及油路故障。检查轮胎气压、前轮定位、悬架与转向连接件之间的连接情况，以及动力转向泵的输出油压等，检查正常或排除以上故障后仍不能消除故障现象，则进行下步检查。

2) 检查电路熔丝。打开点火开关（ON），检查 ECU - IG 熔丝是否完好。若熔丝烧毁，应更换熔丝重新检查，若熔丝又烧毁，则表明此熔丝与动力转向 ECU 的 +B 端子之间的电路有搭铁故障；若熔丝完好，则进行下步检查。

3) 检查动力转向 ECU 电源电压。拔下动力转向 ECU 插接器，按图 4-47a 所示方法，检查动力转向 ECU 插接器的 +B 端子与车身搭铁处之间的电压是否为正常值（10 ~ 14V）。若无电压，则表明 ECU - IG 熔丝与 ECU 的 +B 端子之间的线束有断路故障；若电压正常，则进行下步检查。

4) 检查动力转向 ECU 搭铁端。按图 4-47b 所示方法，检查动力转向 ECU 插接器的 GND 端子与车身搭铁处之间的电阻是否为零。若电阻不为零，则表明 ECU 插接器的 GND 端子与车身搭铁处之间线束断路或接触不良；若电阻为零，则进行下步检查。

5) 检查车速传感器。顶起汽车一侧前轮并使之转动，用万用表电阻档测量 ECU 插接器的 SPD 端子和 GND 端子之间的电阻（图 4-47c）。在车轮转动时，其正常的电阻值应在 0 ~ ∞ 之间交替变化，否则说明 ECU 的 SPD 端子与车速传感器之间的线束有断路或短路故障，或车速传感器有故障。若其电阻变化正常，则进行下步检查。

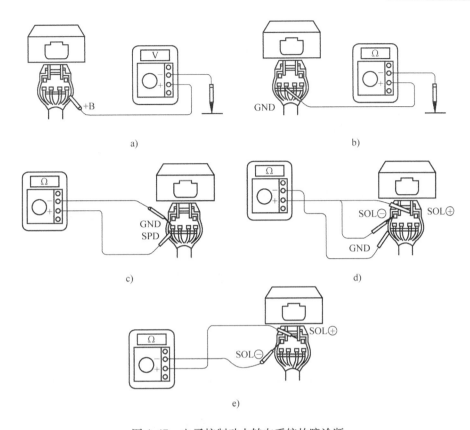

图 4-47 电子控制动力转向系统故障诊断

a) 检查 +B 端子与车身搭铁处之间电压　b) 检查 GND 端子与车身搭铁处之间电阻

c) 检查 SPD 端子与 GND 端子之间电阻　d) 检查 SOL⊕端子或 SOL⊖端子与 GND 端子之间电阻

e) 检查 SOL⊕端子与 SOL⊖端子之间电阻

6）检查电磁阀线路。按图 4-47d 所示方法，检查动力转向 ECU 插接器的 SOL⊕端子或 SOL⊖端子与 GND 端子之间是否导通。若相通，则表明 SOL⊕端子或 SOL⊖端子与 GND 端子之间的线路发生短路，或电磁阀有故障；若不导通，则进行下步检查。

7）检查电磁阀电阻。按图 4-47e 所示方法，用万用表电阻档检查 SOL⊕端子与 SOL⊖端子之间的电阻，其正常值应为 6 ~ 11Ω。若阻值不正常，则表明 SOL⊕端子与 SOL⊖端子之间的线路有断路或电磁阀有故障；若阻值正常，则可能是动力转向 ECU 故障，必要时可对 ECU 进行替换检查。

三、电子控制防抱死制动系统的检测与故障诊断

汽车防抱死制动系统（Anti – Lock Braking System，简称 ABS）是指汽车在制动过程中防止车轮制动抱死拖滑的控制系统。它是在汽车普通制动系统的基础上增加的一种主动安全装置，可以提高汽车的制动性能。汽车行驶时，若 ABS 故障指示灯持续点亮，说明 ABS 存在故障，此时应及时对 ABS 进行检测与故障诊断。

（一）电子控制 ABS 检测与故障诊断的基本方法

1. ABS 故障的初步检查

初步检查是在 ABS 出现明显故障，或感觉 ABS 工作不正常时首先采用的检测方法。初

步检查的主要内容是直观检查和试车检查。

（1）直观检查　ABS 故障的直观检查就是检查容易触及的与 ABS 故障内容有关的部件，以保证 ABS 有正常的工作条件。

1）检查驻车制动是否完全释放。

2）检查制动液储液罐液面是否符合规定。

3）检查所有的制动管路有无损坏变形和泄漏迹象。

4）检查 ABS 的所有熔断器是否完好，导线是否破损，插座是否牢固。

5）检查蓄电池容量和电压是否符合规定，正负极导线的连接是否可靠。

6）检查 ABS ECU 插接器连接是否牢靠。

7）检查电路连接处是否腐蚀、损坏、松脱或接触不良，ABS 的各搭铁线搭铁是否可靠。

8）检查轮胎磨损是否严重。

9）检查车轮转动有无阻滞，轮毂轴承间隙是否正常。

通过直观检查，常常可以发现 ABS 故障的原因，并可以及时排除，从而提高 ABS 故障诊断排除的效率。

（2）试车检查　ABS 故障的试车检查就是路试时，观察汽车行驶及制动过程中发生的现象，以进一步确认 ABS 故障。通常用下面几种方法判断 ABS 故障。

1）根据 ABS 故障指示灯判断故障。正常情况下，在点火开关接通或起动发动机时，ABS 故障指示灯应闪亮 4s 左右时间（因车型而异）熄灭。在试车期间及停车过程中，ABS 故障指示灯应保持熄灭。若 ABS 故障指示灯点亮，则表明 ABS 有故障。

2）根据制动轮胎的印迹判断故障。试车，在 40km/h 以上速度紧急制动时，若在路面上留下较长的拖印痕迹，则说明车轮制动抱死，ABS 存在故障。若制动效果好但只留下很短的拖印痕迹，则说明 ABS 工作正常，因为汽车在经历低速制动停车时，车轮会出现短暂的抱死状态。

提示：用制动拖印痕迹判断 ABS 故障是一种最本质的方法，实用、准确，因而被广泛使用。

3）根据制动时汽车的方向稳定性判断。试车时若以较小的制动强度制动，汽车方向稳定性较好，转向正常，但以较高的车速（如 60km/h）在弯道紧急制动时，汽车有严重的侧滑、甩尾现象，或转向失灵，则说明 ABS 存在故障或性能不良。因为 ABS 正常时，紧急制动车轮不会抱死，汽车不易出现侧滑、甩尾和丧失转向能力。

提示：踩下制动踏板紧急制动时，若脚感到有轻微振动，则属于正常现象而不是故障，其振动是 ABS 工作时制动系统的油压不断地调整，而对制动踏板产生反作用引起的。

2. ABS 故障码的读取

在电子控制 ABS 中，一般都具有故障自诊断功能。当 ABS 出现故障时，应利用其自诊断功能，采用一定的方法进入系统中的自诊断模式，读取故障码。进入自诊断模式读取故障码的方法大致可归纳为下述三种。

（1）借助专用诊断测试仪读取故障码　将专用诊断测试仪与 ABS 故障诊断通信接口相连，按照一定的操作规程，通过与 ABS ECU 双向通信，从测试仪的显示器或指示灯上显示故障码或故障信息。图 4-48 所示的 ELIT 检测仪是雪铁龙公司的专用诊断测试仪，它可同时

用于电子控制 ABS、发动机电子控制系统、自动变速器电子控制系统的检测与故障诊断。检测时，ELIT 的通信插头应与驾驶室内仪表台左下方的 16 路诊断接口连接，它对 ABS 的检测具有系统识别、读取故障码、删除故障码、参数测量、激活检测、ABS 的第二级排气等功能。

（2）连接自诊断起动电路读取故障码　汽车电子控制 ABS 中设有自诊断插座，检测人员可按规定的操作，跨接诊断插座中的相应端子或采用其他方法，根据故障指示灯的闪烁规律，读取故障码。下面以雷克萨斯 LS400 型轿车的 ABS 为例说明故障码的读取方法。

1）将点火开关接通，脱开维修插接器接头。

2）用跨接线连接 TDCL 或检查用插接器的端子 T_C 和 E_1（图 4-49），使系统进入自诊断模式。

图 4-48　ELIT 检测仪

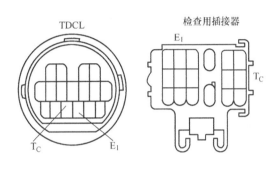

图 4-49　TDCL 和检查用插接器

3）ABS 故障指示灯则以闪烁的频率显示故障码。其正常码及故障码的闪烁规律如图 4-50 所示，若有两个或更多故障码，则数字最小的故障码首先显示。检测人员据此读得 ABS 故障码，故障码的含义可通过本车维修手册查获。

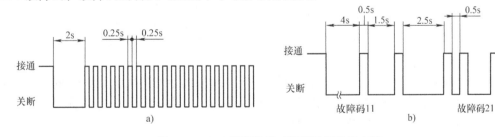

图 4-50　ABS 故障码及正常码闪烁显示实例

a）正常码　b）故障码 11 与 21

4）故障码读取完毕后，在端子 T_C 和 E_1 上取下跨接线，关闭点火开关。

提示：车型不同时，获取故障码的操作方法可能会有所差异，故障码的含义也可能会不同。但这些差异和不同，一般能在相应车型的维修手册中查询得到。

（3）利用汽车仪表板上的信息显示系统读取故障码　有的汽车仪表板上具有驾驶人信息系统，检测人员可按照一定的自诊断操作程序，从信息显示屏上显示 ABS 的故障码或故障信息。

3. ABS 故障诊断

根据 ABS 故障码，多数情况下只能了解故障大致范围和基本情况。但为了确诊故障的性质、具体原因和部位，必须利用合适的检测工具采用一定的方法对电路或电控元件进行深入的检测诊断。

（1）ABS 故障诊断工具　对 ABS 故障进行深入诊断的常用工具有专用诊断仪、万用表和故障检测盒。

1）专用诊断仪。一般汽车生产厂家都为维修站推荐或配有相应的诊断测试仪。这种测试仪不仅能读出故障码，它还能与万用表配合，对 ABS 的电路参数、传感器和执行器等有关参数进行测量，通过与标准参数比较，从而确诊故障部位。采用专用诊断仪还可以进行激活检测，更快速方便地诊断故障，如 ELIT 检测仪可以对 BOSCH ABS 5.3 中的 ABS 泵电动机进行激活检测，激活后，若能听到 ABS 泵的运转声，则说明 ABS 泵电动机正常。

2）万用表。万用表是最基本的诊断仪器，在没有专用检测仪时，可直接对 ABS 电控系统插接器端子或线路进行测试，并将测得的端子电位参数及传感器、执行器的电阻参数与相应的维修说明书上提供的标准参数进行比较，从而确诊故障。利用万用表检测速度较慢，而且要求测试人员对 ABS 电控系统插接器各端子的位置及名称都比较熟悉。

3）故障检测盒。为了提高测试效率，现在不少维修站采用专用的故障检测盒与万用表配套测量。使用时，断开 ABS ECU 插接器，将故障检测盒分别与 ABS ECU 插接器插座（ECU 侧）和插接器线束侧插头相连。这样故障检测盒的检测插孔就与 ABS ECU 各个端子相连接，其插孔号与 ABS ECU 端子号一一对应，通过万用表对故障检测盒相应插孔的检测，就可得到 ABS ECU 端子及其连接部件的电路参数，无须直接测量有关端子，使检测变得方便、快捷。图 4-51 为雪铁龙轿车专用的故障检测盒。

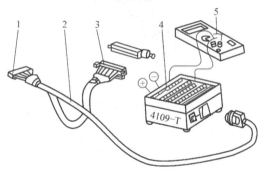

图 4-51　接线盒及其连接方法

1—插接器（接控制单元）　2—线束
3—插接器（接信号）　4—接线盒　5—万用表

（2）ABS 故障诊断方法　各种车型甚至同一车型不同的生产年代，其 ABS 的结构、电路参数、故障码及其含义不尽相同。因而对 ABS 故障深入诊断时，首先应熟悉被诊断车型的 ABS 结构及控制电路，掌握被诊断车型的 ABS 技术资料及诊断标准，然后利用必要的检测诊断工具如专用诊断仪、万用表、故障检测盒等采用下列适当的方法来确诊故障的部位和故障原因。

1）根据故障码进行故障诊断。当读取故障码后，先根据车型在维修手册中查出故障码所代表的故障现象和故障部位，然后根据各故障码对应故障的诊断工艺流程、检查方法进行诊断，主要是对电路及其电控元件进行检查。诊断排除故障时，要严格按照维修手册中的规定方法和步骤进行。

提示：ABS 故障排除后，应对 ABS ECU 内的故障码进行清除。否则，ABS ECU 的存储器仍然记忆着原故障信息，行车时其故障指示灯会点亮。

2）根据故障征兆表进行故障诊断。当 ABS 无故障码显示，但故障依然存在时，则说明

故障出现在 ABS 自诊断系统检测的范围之外。此时，可按被诊断车型的 ABS 故障征兆表提供的线索及故障诊断流程，通过检测工具对 ABS 电路及电控元件进行故障诊断并排除故障。表 4-10 为丰田雷克萨斯 LS 400 ABS 的故障征兆表。

表 4-10　ABS 故障征兆表

故障征兆	诊 断 步 骤
ABS 不工作	① 检查故障码，再次确认输出的是正常码 ② 检查 IG 电源电路 ③ 检查车速传感器电路 ④ 用检测仪检查 ABS 执行器，若不正常，则检查液压系统是否漏油 ⑤ 若以上都正常而故障依然存在，则更换 ABS ECU
ABS 功能减弱	① 检查故障码，再次确认输出的是正常码 ② 检查车速传感器电路 ③ 检查停车灯开关电路 ④ 用检测仪检查 ABS 执行器，如果不正常，则检查液压系统是否漏油 ⑤ 若以上都正常而故障依然存在，则更换 ABS ECU

3）根据 ABS ECU 端子及电路参数进行故障诊断。ABS ECU 端子及电路都有规定的测量条件及相应的端子参数标准。当 ABS 出现故障时，其测量参数将会发生变化。此时，可通过检测工具测量其端子及相应的电路参数，与维修手册中的标准值比较进行故障诊断。诊断时，一般可通过插接器，检查 ABS 电控系统各有关电路的电压、电阻或导通情况，然后根据资料提供的故障诊断表诊断其故障部位。

例如：在 ABS ECU 插接器连接状态下，按照规定的检测条件，用万用表测量 ABS ECU 各端子对搭铁的电压（图 4-52a），所测的电压值应在标准范围内，否则说明 ABS ECU、电控元件或电路有故障；在 ABS ECU 插接器断开状态下，在线束侧插头检测有关端子之间的电阻值或导通情况（图 4-52b），所测的电阻值或导通情况应符合标准，否则说明某电路或电控元件存在故障。

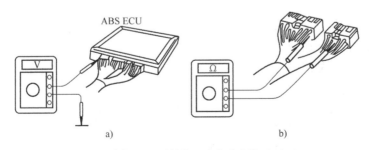

图 4-52　检测 ABS 电路参数
a）测量 ABS ECU 各端子对搭铁的电压　b）测量有关端子之间的电阻或导通性

（二）电子控制 ABS 常见故障的诊断

对于不同车型的 ABS，尽管其结构、控制方式不同，ABS 故障的检测诊断过程略有差异，但其常见故障的诊断原理及方法是相似的，具有借鉴意义。图 4-53 为 BOSCH ABS 5.3 的控制电路，下面以 BOSCH ABS 5.3 为例介绍电子控制 ABS 常见故障的诊断方法。

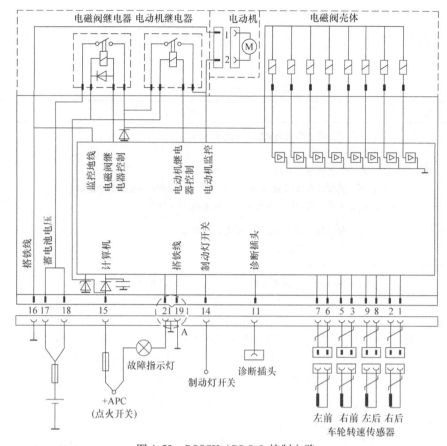

图 4-53　BOSCH ABS 5.3 控制电路

1. ABS 泵电动机故障

（1）故障现象　接通点火开关，ABS 故障指示灯点亮；利用 ELIT 检测仪读出的故障信息为 ABS 泵电动机故障。

（2）故障原因

1）ABS 泵电动机内部线路断路或短路。

2）ABS 泵插接器松脱或接触不良。

3）传递电路发生故障。

（3）故障诊断。

1）接通点火开关，ABS 指示灯常亮，用 ELIT 检测仪确认是 ABS 泵电动机故障信息。

2）用 ELIT 检测仪清除故障信息，确定无故障码。

3）症状模拟试验：水平或垂直地轻微摇动与 ABS 有关的插接器和线束；用手指轻轻振动液压单元及 ABS ECU 总成。

4）用 ELIT 检测仪重新检查故障码，看故障信息是否再现。若无故障码，则说明与 ABS 有关的插接器可能接触不良，引起间歇性故障。若故障信息再现，则进行下步诊断。

5）使用 ELIT 检测仪对 ABS 泵电动机进行激活检测。将 ELIT 检测仪与车上的 16 路诊断插头连接（图 4-53），启动 ELIT 检测仪，在系统测试中进入 ABS 检测的多功能菜单，选择激活检测，然后移动光标，选择 ABS 泵电动机，并按键确认即进行激活检测。检测时，

若能听到 ABS 泵的运行声，说明 ABS 泵电动机正常，则故障可能在 ABS ECU，可更换 ABS ECU 后重试来确诊故障。

6）如果激活检测时，ABS 泵电动机不运行，则关闭点火开关，拔掉 ABS 泵电动机的插接器，接通点火开关，用万用表的电压档检测 ABS 泵电动机的输入电压，其电压值应为蓄电池电压。若电压值异常，则进行步骤8）；若电压值正常，则进行下步诊断。

7）拔掉 ABS 泵电动机的插接器，用万用表的电阻档直接测量 ABS 泵电动机的电阻，其正常阻值 $R = 2\Omega$。当 $R = 0$ 时，表示 ABS 泵电动机内部导线短路；当 $R = \infty$ 时，表示 ABS 泵电动机内部导线断路。若 ABS 泵电动机损坏，则应予以更换。

8）检查蓄电池电压及 ABS 熔断器，如正常，则故障可能在 ABS ECU，可更换 ABS ECU 后重试来确诊故障。

2. 车轮转速传感器故障

（1）故障现象 接通点火开关，ABS 故障指示灯点亮；利用 ELIT 检测仪读出的故障为左后、右前、右后、左前车轮转速传感器故障。

（2）故障原因 根据车轮转速传感器的结构原理（图4-54）分析，转速传感器故障的可能原因如下。

1）车轮转速传感器线圈断路或短路。

2）插接器连接处接触不良。

3）车轮转速传感器与 ABS ECU 不匹配。

4）车轮转速传感器及其转子安装不当，间隙不符合要求。

（3）故障诊断

1）接通点火开关，ABS 指示灯常亮，用 ELIT 检测仪确认是车轮转速传感器故障。

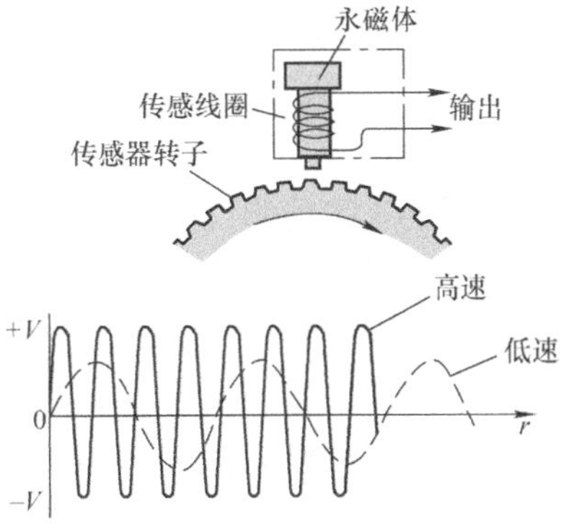

图4-54 车轮转速传感器结构原理

2）用 ELIT 检测仪清除故障信息，确定无故障码。

3）症状模拟试验：水平或垂直地轻微摇动与 ABS 有关的插接器和线束；用手指轻轻振动液压单元及 ABS ECU 总成。

4）用 ELIT 检测仪重新检查故障码，看故障信息是否再现。若无故障码，则说明与 ABS 有关的插接器可能会引起间歇性故障。若故障信息再现，则进行下步诊断。

5）检查车轮转速传感器及其转子齿圈的状况和固定情况，确保车轮转速传感器安装正确，齿圈齿数符合要求。传感器与转子齿圈齿顶的间隙应为 0.3～1.2mm。

6）关闭点火开关，拔下 ABS ECU 插接器插头。

7）用万用表电阻档在 ABS ECU 插接器线束侧相应车轮转速传感器端子（图4-53中：左后轮转速传感器为 9－8；右前轮转速传感器为 5－3；右后轮转速传感器为 2－1；左前轮转速传感器为 7－6）处测量各车轮转速传感器线圈电阻。转速传感器在 20℃时的标准电阻值应为（1600±320）Ω。

若电阻值正常，则进行步骤9）；若电阻值太小，说明车轮转速传感器或线路有短路故障；若电阻值太大，则插接器及线路可能接触不良；如果电阻 $R \to \infty$，则说明车轮转速传感器或线路有断路故障。当电阻值异常时，进行下步诊断。

8）拔下异常的车轮转速传感器的2通道插接器（图4-53），直接测量车轮转速传感器

电阻，若电阻值为 0 或 ∞ ，则说明有短路或断路故障，应更换有故障的车轮转速传感器；若电阻值正常，则说明原来检测的异常是由连接线路造成的，应检查线路连接和插接器的状况，排除其接触不良或短路、断路故障。恢复正常后，进行下步诊断。

9）清除故障信息，进行路试。若 ABS 故障指示灯点亮且显示同样的故障信息，则故障可能在 ABS ECU，可更换 ABS ECU 后重试来确诊故障。

3. 车轮转速传感器无信息故障

（1）故障现象　车速大于 40km/h 时，没有速度信息，ABS 故障指示灯点亮；利用 ELIT 检测仪读出的故障为左后、右前、右后、左前车轮转速传感器无信息故障。

（2）故障原因

1）车轮转速传感器线圈断路或短路。

2）车轮转速传感器线路与搭铁线短路。

3）插接器连接处接触不良。

4）车轮转速传感器及其转子安装不当，间隙不符合要求。

（3）故障诊断

1）接通点火开关，ABS 故障指示灯常亮，用 ELIT 检测仪确认是车轮转速传感器无信息故障。

2）用 ELIT 检测仪清除故障信息，确定无故障码。

3）症状模拟试验：水平或垂直地轻微摇动与 ABS 有关的插接器和线束；用手指轻轻振动液压单元及 ABS ECU 总成。

4）用 ELIT 检测仪重新检查故障码，看故障信息是否再现。若无故障码，则说明 ABS 有关的插接器可能会引起间歇性故障。若故障信息再现，则进行下步诊断。

5）检查车轮转速传感器及其转子齿圈的状况和固定情况，确保车轮转速传感器安装正确，使传感器电极与转子齿圈齿顶的间隙为 0.3 ~ 1.2mm。

6）关闭点火开关，拔下 ABS ECU 插接器插头。

7）测量车轮转速传感器的输出电压。方法是将车桥顶起，转动相应车轮，用万用表电压档在 ABS ECU 插接器线束侧相应车轮转速传感器端子（图 4-53）处测量车轮转速传感器的输出电压，最小车速测量值为 2.75km/h，对应电压 120mV。

若测得的电压值大于 0.1V，且随车轮转速的增加而升高，说明车轮转速传感器及线路正常，则进入步骤 11）；若测得的电压值过小或为 0，则为不正常，应进行下步诊断。

8）用万用表电阻档在 ABS ECU 插接器线束侧测量不正常车轮转速传感器端子之间的线圈电阻。标准电阻值应为（1600 ± 320）Ω。

若电阻值正常，则进行步骤 10）；若电阻值异常，则进行下步诊断。

9）拔下异常的车轮转速传感器的 2 通道插接器（图 4-53），直接测量车轮转速传感器电阻，若电阻值为 0 或 ∞ ，则说明有短路或断路故障，应更换有故障的车轮转速传感器；若电阻值正常，则说明原来检测的异常是由连接线路造成的，应检查线路连接和插接器的状况，排除其接触不良或短路、断路故障。恢复正常后，进行下步诊断。

10）检查车轮转速传感器导线与搭铁线的绝缘电阻，其阻值应大于 20MΩ，否则为不正常，应更换车轮转速传感器，进行下步诊断。

11）清除故障信息，在车速大于 40km/h 时路试。若 ABS 故障指示灯点亮且显示同样的

故障信息，则故障可能在 ABS ECU，可更换 ABS ECU 后重试来确诊故障。

4. ABS 电磁阀故障

（1）故障现象　接通点火开关，ABS 故障指示灯点亮；利用 ELIT 检测仪读出的故障为 ABS 电磁阀故障。

（2）故障原因

1）电磁阀电磁线圈短路或断路。

2）电磁阀正极与搭铁线短路。

3）ABS ECU 的信息与电磁阀实际控制不符。

（3）故障诊断

1）接通点火开关，ABS 故障指示灯常亮，用 ELIT 检测仪确认是 ABS 电磁阀故障。

2）用 ELIT 检测仪清除故障信息，确定无故障码。

3）症状模拟试验：水平或垂直地轻微摇动与 ABS 有关的插接器和线束；用手指轻轻振动液压单元及 ABS ECU 总成。

4）用 ELIT 检测仪重新检查故障码，看故障信息是否再现。若无故障码，则说明 ABS 有关的插接器可能会引起间歇性故障。若故障信息再现，则进行下步诊断。

5）检查电磁阀电阻。用万用表电阻档检查各电磁阀线圈的电阻，若电阻为∞，则说明线圈有断路故障；若电阻值过小或为 0，则说明线圈有短路现象。若电磁阀存在故障，则应予以更换。如正常，则进行下步诊断。

6）检查电磁阀正极与搭铁线有无短路。用万用表电阻档检查电磁阀正极与搭铁线之间的电阻，若电阻值过小或为 0，则说明电磁阀正极短路。若电磁阀存在故障，则应予以更换。如正常，则进行下步诊断。

7）清除故障信息，进行路试。若 ABS 故障指示灯点亮且显示同样的故障信息，则故障可能在 ABS ECU，可更换 ABS ECU 后重试来确诊故障。

5. ABS ECU 故障

（1）故障现象　接通点火开关，ABS 故障指示灯点亮；利用 ELIT 检测仪读出的故障为 ABS ECU 故障。

（2）故障原因

1）元件老化、内部电路短路或断路。

2）微机系统中的 CPU、存储器、接口电路等芯片或电路烧坏。

3）微机裂损、搭铁不良。

（3）故障诊断。

1）接通点火开关，ABS 故障指示灯常亮，用 ELIT 检测仪确认是 ABS ECU 故障。

2）用 ELIT 检测仪清除故障信息，确定无故障码。

3）症状模拟试验。用手指轻轻振动液压单元及 ABS ECU 总成。

4）用 ELIT 检测仪重新检查故障码，看故障信息是否再现。若无故障码，则说明 ABS ECU 存在间歇性故障。若故障信息再现，则进行下步诊断。

5）拆下原 ABS ECU，换上工作正常的同型号的 ABS ECU 进行路试，此时若 ABS 工作恢复正常，则表明原 ABS ECU 有故障。ABS ECU 存在故障时，应更换 ABS ECU。

四、电子控制防滑转系统的检测与故障诊断

驱动防滑转系统（Anti Slip Regulation，简称 ASR）是指汽车在驱动过程中防止驱动车

轮发生滑转的控制系统。驱动防滑转系统有时也称为驱动力控制系统，相应的英文缩写为TRC。采用驱动防滑转系统的汽车，在起步、加速、驱动行驶时，其 ASR 通过对驱动轮驱动力矩的控制，能防止驱动轮滑转，特别是防止汽车在不对称路面或在转弯时驱动轮的滑转，能充分利用轮胎和地面的附着系数，从而使汽车具有良好的加速性、方向稳定性和操纵性。现代高档汽车广泛采用驱动防滑转系统。下面以雷克萨斯 LS400 轿车的防滑控制系统为例说明其故障的检测与诊断方法。

1. TRC 故障检测诊断的一般步骤

对于 TRC 故障的诊断，往往需要通过对 TRC 电路图的分析，采用一定的步骤，利用TRC 的自诊断、专用检测仪器诊断及人工的深入诊断来综合进行。TRC 故障诊断及排除的一般步骤如下。

1）对 TRC 系统进行初步检查。

2）确认故障情况和故障症状。

3）利用专用检测仪器或人工法读取 TRC 自诊断的故障情况，初步确定故障部位。

4）根据读解的故障信息，利用必要的工具如专用诊断仪、检测盒、万用表等对故障部位进行深入的快速检查，确诊故障的部位和故障原因。

5）排除故障。

6）删除故障信息。

7）检查 TRC 故障指示灯是否仍然持续点亮。若指示灯仍然持续点亮，则说明 TRC 中仍有故障存在，或故障已经排除，而故障信息未被删除，应继续排除故障或重新删除故障信息。

8）当 TRC 故障指示灯不再点亮后，进行路试，确认 TRC 恢复正常。

2. TRC 故障的自诊断

在电子控制驱动防滑转系统中，均设有故障自诊断功能。当 TRC 出现故障时，自诊断系统对故障进行记忆储存，并点亮仪表板上的 TRC 故障指示灯。利用专用检测仪或通过连接跨接线，可进入故障自诊断模式读取与清除故障码。

（1）TRC 故障码的读取　当无专用检测仪时，可通过连接跨接线的方法人工读取故障码。

1）接通点火开关。

2）用跨接线连接 TDCL 或检查用插接器的端子 T_C 和 E_1（图 4-49）。

3）按 TRC 故障指示灯的闪烁规律读取故障码。故障码的闪烁规律如图 4-50 所示。若有两个或更多故障出现，则数字最小的故障码首先显示。TRC 故障码的含义见表 4-11。

表 4-11　TRC 故障码

故障码	TRC 故障指示灯	故　障　诊　断
11	闪烁	TRC 制动主继电器电路断路
12	闪烁	TRC 制动主继电器电路短路
13	闪烁	TRC 节气门继电器电路断路
14	闪烁	TRC 节气门继电器电路短路
15	闪烁	长时间向 TRC 泵电动机供电（制动液渗漏）
16	闪烁	压力开关电路断路（LHD）、压力传感器电路短路（RHD）

（续）

故障码	TRC 故障指示灯	故 障 诊 断
17	闪烁	压力开关（传感器）保持关断状态
19	闪烁	TRC 泵电动机 ON（开）和 OFF（关）操作比预定次数多（蓄能器制动液泄漏）
21	闪烁	主制动缸关断电磁阀电路断路或短路
22	闪烁	蓄能器关断电磁阀电路断路或短路
23	闪烁	储油罐关断电磁阀电路断路或短路
24	闪烁	辅助节气门执行器电路断路或短路
25	闪烁	步进电动机运行时达不到 ECU 指示的位置
26	闪烁	ECU 控制辅助节气门至全开位置，但辅助节气门不转动
27	闪烁	当停止向步进电动机供电时，辅助节气门未达到它的全开位置
44	闪烁	TRC 控制时，NE 信号未送至 ECU
45	闪烁	当急速开关接通时，主节气门位置传感器信号为 1.5V 或更高
46	闪烁	当急速开关断时，主节气门位置传感器信号为 4.3V 或更高，或为 0.2V 或更低
47	闪烁	当急速开关接通时，辅助节气门位置传感器信号为 1.45V 或更高
48	闪烁	当急速开关断时，辅助节气门位置传感器信号为 4.3V 或更高，或为 0.2V 或更低
49	闪烁	发动机信息交换电路断路或短路
51	闪烁	发动机控制系统出现故障
52	闪烁	制动液位警告灯开关电路故障
54	闪烁	TRC 泵电动机继电器电路断路
55	闪烁	TRC 泵电动机继电器电路短路
56	闪烁	TRC 泵电动机锁死

4）故障码读取完毕后，在端子 T_C 和 E_1 上取下跨接线，关闭点火开关。

（2）故障码的清除　当 TRC 故障排除后，或确诊故障时，均应清除故障码。当无专用检测仪时，可通过连接跨接线的方法人工清除故障码。

1）用跨接线连接 TDCL 或检查用插接器的端子 T_C 和 E_1（图 4-49）。

2）在 3s 内踩下制动踏板 8 次或 8 次以上，储存在 ECU 中的故障码即被清除。

3）检查 TRC 故障指示灯是否显示正常码，若仍然显示故障码，则表明该故障码所代表的故障是目前存在的故障。

4）在 TDCL 或检查用插接器端子上拆下跨接线。

3．TRC 故障的诊断方法

（1）根据故障码表诊断故障　当读取故障码后，先根据车型在维修手册中查出故障码所代表的故障现象和故障部位，然后根据各故障码对应故障的诊断工艺流程、检查方法，对电路及其电控元件进行检查，诊断排除故障。

提示：诊断排除故障时，要严格按照维修手册中的规定方法和步骤进行。

（2）根据故障征兆表诊断故障　当读取故障码时，显示正常码，而 TRC 仍然工作不正常，则说明故障超出 TRC 自诊断的范围，此时先应根据维修手册中提供的故障征兆表进行初步诊断，然后根据其故障诊断流程进行故障的确诊并排除故障。雷克萨斯 LS400 轿车 TRC

故障征兆表见表4-12。

表 4-12　TRC 故障征兆表

故障征兆	故障诊断
TRC 工作不正常	① 检查故障码，再次确认输出的是正常码 ② 检查 IG 电源电路 ③ 检查液压系统是否漏电 ④ 检查车速传感器电路 ⑤ 检查空档起动开关电路 ⑥ 如以上检查均正常，而问题仍然存在，则应更换 ABS/TRC ECU
TRC 故障指示灯故障	① 检查 TRC 故障指示灯电路 ② 检查 ABS/TRC ECU
TRC OFF 指示灯故障	① 检查 TRC OFF 指示灯电路 ② 检查 ABS/TRC ECU
不能进行故障码检查	① 检查 TRC 故障指示灯电路 ② 检查诊断电路 ③ 检查 ABS/TRC ECU
即使在 N 位或 P 位，TRC 泵电动机仍在工作	① 检查空档起动开关电路 ② 检查 ABS/TRC ECU

（3）根据 TRC 故障指示灯诊断故障　在实际应用中，可根据 TRC 故障指示灯及 TRC OFF 指示灯的点亮情况进行故障诊断与排除。雷克萨斯 LS400 轿车 TRC 的故障指示灯故障诊断表见表4-13。

表 4-13　TRC 的指示灯故障诊断表

故障现象	可能原因	
	故障部位	故障类型
点火开关置于 ON 位置后，TRC 故障指示灯点亮不到 3s	TRC 故障指示灯或电路	断路或短路
TRC OFF 指示灯一直亮着	TRC OFF 开关或电路	断路或短路
点火开关置于 ON 位置后，TRC OFF 指示灯点亮不到 3s	TRC OFF 指示灯或电路	断路或短路

（4）根据 TRC ECU 端子及电路参数诊断故障　TRC ECU 端子及电路都有规定的测量条件及相应端子参数标准。当 TRC 出现故障时，其测量参数将会发生变化。此时，可通过检测工具测量其端子及相应的电路参数，与维修手册中的标准值比较进行故障诊断。诊断故障时，一般可通过插接器检查 TRC 电控系统中各有关电路的电压、电阻或导通情况，然后根据资料提供的故障诊断表诊断其故障部位。

五、电子控制悬架系统的检测与故障诊断

（一）电子控制悬架系统概述

电子控制的悬架系统既能使汽车的乘坐舒适性达到令人满意的程度，又能使汽车的操纵

稳定性达到最佳状态。因此，电子控制悬架系统已在轿车上得到了广泛的应用。

图 4-55 为雷克萨斯轿车电子控制空气悬架系统电路图。该控制系统主要由空气弹簧、阻尼力可调减振器、悬架电子控制单元（ECU）、高度传感器、转向盘转角传感器、节气门位置传感器、悬架控制执行器、高度控制阀、排气电磁阀、高度控制开关、悬架控制开关、空气压缩机等组成。

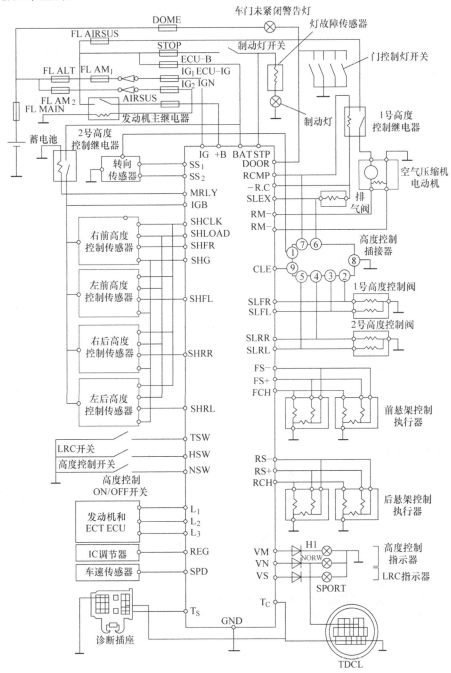

图 4-55　雷克萨斯轿车电子控制空气悬架系统电路图

　　该悬架设有弹簧刚度和减振器阻尼力控制系统与高度控制系统。弹簧刚度和减振器阻尼力控制系统能根据轿车行驶状况，自动调整弹簧刚度和减振器的阻尼力，从而选择最佳的空气弹簧刚度和减振器阻尼特性的组合，以获得良好的舒适性和操纵稳定性。其 LRC 开关用于选择空气弹簧和减振器的工作模式：当 LRC 开关处于"SPORT"位置时，系统进入"高速行驶自动控制"；当 LRC 开关处于"NORM"位置时，系统对悬架的刚度、阻尼力进行"常规值自动控制"。汽车高度控制系统能根据轿车内乘员人数和装载质量多少以及车速的高低，自动调节车身高度，其高度控制开关和高度 ON／OFF 控制开关用于选择车身高度控制的工作模式。当高度 ON／OFF 控制开关处于 OFF 位置时，系统不执行车身高度控制；当高度 ON/OFF 控制开关处于 ON 位置，高度控制开关处于"HIGH"位置时，系统对车身高度进行"高值自动控制"，而高度控制开关处于"NORM"位置时，车身高度则进入"常规值自动控制"状态。电子控制悬架系统一般都具有故障自诊断功能，以监测、诊断系统的工作情况，诊断系统故障。

（二）电子控制悬架系统的检测诊断

　　对于不同车型的电控悬架系统，由于其结构、控制方式的不同，其故障的检测与诊断方法也略有差异。下面以雷克萨斯 LS400 轿车电子控制空气悬架系统为例介绍其故障的检测与诊断方法。

　　1. 故障的初步诊断

　　（1）利用指示灯诊断故障　指示灯的状态（亮、熄、闪烁及其闪烁频率）与电控悬架系统所处的工况有关。电控悬架系统正常时：接通点火开关，将 LRC 开关置于"SPORT"侧，LRC 指示灯应点亮，将 LRC 开关置于"NORM"侧，LRC 指示灯应亮 2s，然后熄灭；将高度控制开关置于"NORM"侧，仪表板上高度控制指示灯中的"NORM"应亮，"HI"应灭；将高度控制开关置于"HI"侧，仪表板上高度控制指示灯中的"HI"应亮，"NORM"应灭。若指示灯不按上述要求变化，则说明系统有故障，利用指示灯的状态具体诊断故障如下。

　　1）当点火开关置于 ON 位置时，若高度控制"NORM"指示灯以 1s 的间隔闪烁，则表明悬架控制系统有故障。

　　2）当点火开关置于 ON 位置时，若"SPORT""NORM""HI"指示灯均不亮，则故障可能在汽车高度控制供电电路或指示灯电路。

　　3）当点火开关置于 ON 位置时，若"SPORT""NORM""HI"指示灯亮 2s，然后全部熄灭，则故障可能在悬架控制执行器供电电路。

　　4）当接通点火开关、LRC 开关拨到"NORM"侧时，若"SPORT"指示灯仍然亮着，则故障可能在 LRC 开关电路。

　　5）当发动机运转时，若高度控制指示灯点亮的状态（"NORM"或"HI"）与高度控制开关所处位置不一致，则故障可能在高度控制开关电路。

　　（2）利用输入信号诊断故障　利用转向传感器、制动灯开关和门控灯开关等器件向电控悬架系统 ECU 输入信号是否正常来诊断故障。输入信号检查时，需要将点火开关转至 ON 位置，用跨接线连接 TDCL 或检查用插接器端子 T_S 和 E_1，按表 4-14 中的检测项目和对应的操作方法，分别在发动机停转和运转状态下给电控悬架系统输入规定的信号，观察高度控制"NORM"指示灯的状态，若观察结果与表中相同，则说明系统正常；若某项观察结果与表

中不同，则该项目的控制电路可能存在故障。

表 4-14　高度控制"NORM"指示灯检测表

检查项目	操作方法 1	"NORM"指示灯		操作方法 2	"NORM"指示灯	
		停机	运转		停机	运转
转向传感器	转向盘居中	闪烁	常亮	转向盘转角 45°以上	常亮	闪烁
制动灯开关	松开制动踏板	闪烁	常亮	踩下制动踏板	常亮	闪烁
门控灯开关	所有车门关闭	闪烁	常亮	所有车门打开	常亮	闪烁
节气门位置传感器	松开加速踏板	闪烁	常亮	加速踏板踩到底	常亮	闪烁
高度控制开关	置于"NORM"位	闪烁	常亮	置于"HIGH"位	常亮	闪烁
LRC 开关	置于"NORM"位	闪烁	常亮	置于"SPORT"位	常亮	闪烁
高度控制 ON/OFF 开关	置于"ON"位	闪烁	常亮	置于"OFF"位	常亮	闪烁

注：表中"NORM"指示灯的闪烁是指以 0.25s 的间隔方式闪烁。

2. 故障的自诊断

利用解码器或利用人工方法使系统进入自诊断状态，然后读取故障码。待故障排除后，还应将其存储器内的故障码进行清除。

（1）读取故障码　其人工读取故障码的方法如下。

1）将点火开关转到"ON"位置。

2）用跨接线短接 TDCL 插座或检查用插接器的 T_C 端子和 E_1 端子。

3）将高度控制 ON/OFF 开关置于"ON"位置。

4）根据仪表板上高度控制"NORM"指示灯的闪烁情况读取故障码。

5）故障码读取完毕后，脱开 T_C 端子和 E_1 端子之间的跨接线。

（2）根据故障码诊断故障　读取故障码后，可根据表 4-15 所列的故障码含义诊断电子控制悬架系统的故障。

（3）清除故障码　人工清除故障码的方法有下列两种。

1）在关闭点火开关的情况下，用跨接线将高度控制插接器端子 9 与 8（图 4-55）短接，同时使检查用插接器端子 T_S 与端子 E_1 短接。保持这一状态达 10s 以上，然后接通点火开关并脱开以上各端子。

2）在关闭点火开关的情况下，拆下 1 号接线盒中的 ECU – B 熔丝（图 4-55）10s 以上。

3. 故障的深入诊断

对于初步诊断及故障码确定的故障，还应进行详细的深入检测诊断，以便查出故障的确切原因。诊断时，应使用推荐的检测工具按汽车制造商维修手册提供的方法和步骤进行。有时一个故障是由多个原因引起的，检测诊断时可根据维修手册中提供的故障征兆一览表的顺序进行。对系统进行检查修理并清除故障码后，应对系统进行路试，然后再通过观察指示灯看是否还有故障存在，若系统还存在故障，应重新检修。

4. 汽车高度调整功能的检测

先将汽车停在水平地面上，使轮胎气压正常，然后进行检测，其步骤如下。

1）将汽车处于"NORM"高度调整的状态下。

2）用专用工具检查汽车高度。

3）起动发动机，将高度控制开关从"NORM"位置切换到"HIGH"位置。

4）检测完成高度调整所需的时间和汽车高度变化量。其正常调整时间：从操作高度控制开关至压缩机起动需 2s；从压缩机起动至高度调整完毕约需 20～40s。汽车高度值调整的正常变化量为 10～30mm。

5）起动发动机，将高度控制开关从"HIGH"位置切换到"NORM"位置，并检测完成此次高度调整所需的时间和汽车高度变化量。车身高度下降调整的正常时间及汽车高度调整的正常变化量与车身高度上升调整的情况大约相同。

表 4-15　雷克萨斯 LS400 轿车电子控制空气悬架系统故障码表

故障码	诊断系统	故障诊断	故障可能部位
11	右前高度控制传感器电路	车身高度控制传感器电路断路或短路	ECU 与高度控制传感器之间的配线或接线器故障 高度控制传感器故障 ECU 故障
12	左前高度控制传感器电路		
13	右后高度控制传感器电路		
14	左后高度控制传感器电路		
21	前悬架控制执行器电路	悬架控制执行器电路断路或短路	ECU 与悬架控制执行器之间的配线或接线器故障 悬架控制执行器故障 ECU 故障
22	后悬架控制执行器电路		
31	1 号高度控制阀电路	高度控制阀电路断路或短路	ECU 与高度控制阀之间的配线或接线器故障 高度控制阀故障 ECU 故障
33	2 号高度控制阀电路（用于右悬架）		
34	2 号高度控制阀电路（用于左悬架）		
35	排气阀电路	排气阀电路断路或短路	ECU 与排气阀之间的配线或接线器故障 排气阀故障 ECU 故障
41	1 号高度控制继电器电路	1 号高度控制继电器电路断路或短路	ECU 与 1 号高度控制继电器之间的配线或接线器故障 1 号高度控制继电器故障 ECU 故障
42	压缩机电动机电路	压缩机电动机电路短路；压缩机电动机被锁住	ECU 与压缩机电动机之间的配线或接线器故障 压缩机电动机故障 ECU 故障
51[①]	至 1 号高度控制继电器（控制压缩机电动机用）的持续电流	向 1 号高度控制继电器供电持续时间超过 8.5min	压缩机电动机故障 压缩机故障 空气管故障 1 号、2 号高度控制阀故障 排气阀故障 高度控制传感器故障 高度控制传感器连接杆故障 溢流阀故障 ECU 故障

（续）

故障码	诊断系统	故障诊断	故障可能部位
52②	至排气阀的持续电流	向排气阀供电持续时间超过6min	高度控制阀故障 排气阀故障 空气管故障 高度控制传感器故障 高度控制传感器连接杆故障 ECU 故障
61	悬架控制信号	ECU 故障	ECU 故障
71③	高度控制 ON/OFF 开关电路	高度控制 ON/OFF 开关位于"OFF"位置或高度控制 ON/OFF 开关电路故障	ECU 与高度控制 ON/OFF 开关之间的配线或接线器故障 高度控制 ON/OFF 开关故障 ECU 故障
72	悬架控制执行器电源电路	悬架控制执行器电源电路断路或 AIR SUS 熔丝烧断	悬架 AIR SUS 熔丝故障 ECU 与发动机主继电器之间的配线或接线器故障 ECU 故障

① 有时故障码"51"并非不正常，由于压缩空气的溢流压力是 980 kPa，若在坡道上或汽车超负荷情况下进行高度控制，压缩机电动机就会连续运转以使汽车高度上升，因而会使通过 1 号高度控制继电器的电流保持 8.5min 以上，故会输出故障码"51"，并且会停止执行汽车高度控制以及减振器阻尼力和弹簧刚度的控制。此时，只要关闭点火开关约 70min 后再接通点火开关，系统即恢复正常。
② 若在拆下车轮或在顶起汽车时进行汽车高度控制，可能会输出代码"52"，同时汽车高度控制以及减振器阻尼力和弹簧刚度的控制将会中止，但这并非异常。此时，只要关闭点火开关后再接通，系统即恢复正常。
③ 当高度控制 ON/OFF 开关在"OFF"位置时，输出故障码"71"。

思　考　题

1. 为什么要检测汽车的滑行距离？如何检测汽车滑行距离？
2. 什么是传动系统游动角度？如何检查传动系统游动角度？
3. 离合器打滑、分离不彻底的原因是什么？如何诊断？
4. 变速器跳档、换档困难的原因是什么？如何诊断？
5. 驱动桥异响的原因是什么？如何诊断？
6. 何谓转向盘自由转动量？怎样检测？其检测标准是多少？
7. 汽车转向沉重、转向不灵敏的原因是什么？如何诊断？
8. 液压制动系统制动失效、制动不灵的原因是什么？如何诊断？
9. 气压制动系统制动失效、制动不灵的原因是什么？如何诊断？
10. 为何要检测车轮定位？如何利用四轮定位仪检测车轮定位？
11. 什么是车轮的静不平衡和动不平衡？如何检测和平衡？
12. 为何要检测悬架性能？怎样检测和评价悬架性能？
13. 汽车行驶系统的常见故障有哪些？如何诊断？

14. 何谓自动变速器的基础检查？其检查的目的是什么？

15. 何谓自动变速器的手动换档试验？如何试验？试验目的是什么？

16. 什么是失速试验、液压试验、时滞试验和道路试验？怎样利用这些试验来诊断故障？

17. 如何对电子控制自动变速器电控系统的故障进行诊断？

18. 如何检测电子控制动力转向系统的性能和故障？

19. 如何路试检测 ABS 性能？如何诊断 ABS 的常见故障？

20. 什么是驱动防滑转系统？怎样检测驱动防滑转系统故障？

21. 电子控制悬架系统的性能怎样？如何检测电子控制悬架系统故障？

第五章

车身及附件的检测与故障诊断

【学习目标】

知识目标：

- 了解车身损伤的检测诊断方法
- 熟悉车身测量系统的检测原理和使用方法
- 熟悉汽车安全气囊系统故障的诊断方法
- 熟悉汽车电子组合仪表系统故障的检测方法
- 熟悉汽车 CAN 总线系统故障诊断方法

能力目标：

- 能利用车身的检测基准诊断车身故障
- 能利用车身测量系统诊断车身故障
- 能利用检测仪或人工法读取及清除 SRS 故障码
- 能利用检测仪诊断汽车电子组合仪表系统故障
- 能利用检测仪诊断 CAN 总线故障

第一节　车身的检测与故障诊断

随着汽车车速的提高和汽车保有量的增加，汽车碰撞的严重性和危害性将日益加剧。而在汽车碰撞事故中，损坏最严重的部件就是车身。现代轿车广泛采用承载式车身，轿车行驶时各种载荷均由车身承受，因此汽车发生碰撞、翻车等意外事故时，车身容易产生变形及损坏等故障。对其故障进行检测诊断是彻底修复车身的前提，同时还是制定车身修理工艺规程及车身修复方法的重要依据，是提高维修效率的重要手段。

一、车身损伤故障分析

对车身损伤故障进行分析，找出其损伤的主要原因，确定损伤的主要类型，分析损伤倾向及其所产生的影响、波及范围等，都是车身检测诊断所要完成的任务。

1. 车身常见损伤及原因

轿车车身在长期的使用过程中很容易受到碰撞以至损伤。车身钣金件常见的损伤有磨损、裂纹、断裂、腐蚀、脱焊、金属板面凸凹、折皱、弯曲和歪扭等。车身损伤主要有以下几个方面的原因。

（1）工作条件恶劣引起损伤　汽车车身长期处在严酷条件下工作，易引起损伤。如汽车在凹凸不平路面行驶时，车身总是在不断振动，使车身表面承受着交变载荷，在这些载荷作用下，车身钣金表面在应力集中和结构薄弱的部位，将产生裂断；车身长期处于风吹雨

301

打、日晒夜露场合，其化学作用能造成钣金件腐蚀；车身在风沙冲击下，其摩擦作用可造成车身表面划伤、保护层破坏；在不平路面高速行车、经常性的突然加速、紧急制动、急转弯等可造成车身裂纹、变形等损伤。

（2）意外损伤　汽车发生重大的意外事故，如撞车、坠崖等引起损伤，主要表现在车身表面的凹陷与凸起、钣金件的撕裂与折皱、车身的弯曲与歪扭、车身焊接部位的脱开与断裂等。

（3）车身结构设计缺陷引起损伤　车身结构设计不合理或存在缺陷导致损伤，如部件间连接不牢固造成断裂或松脱；部件结构强度不够，引起裂纹、撕裂、板面凸凹；构件结构不合理，引起车身断裂、磨损和腐蚀。

（4）车身制造工艺不良引起损伤　车身制造工艺不良导致损伤，如车身装配质量不好可引起车身断裂和腐蚀；车身加工质量不好，可引起车身变形和断裂等损伤。

车身钣金件受到损伤的情况及原因往往不是单纯的一种，而是多种组合。因此，在检测诊断时应认真观察和分析，找出车身损伤的各种不同原因。

轿车车身产生断裂损伤的部位多在侧围立柱与门槛和顶边梁的连接处、车身开口框架的转弯连接处、前立柱与前围挡板、前围横梁的连接处、底板加强梁结构的连接处、前后纵梁等处。产生腐蚀损伤的部位多为车身底部外露构件、挡泥板、车身上设计的流水槽等部位。车身几何尺寸易受到破坏的部位多为前、后风窗玻璃安装口、车门开口、发动机舱盖开口、前后纵梁等处。因此，在车身检测诊断中，应重点检查上述有关部位，及时发现车身的损伤并加以修复。

2. 车身碰撞的损伤形式

汽车车身的碰撞，实际上是物体间的相互机械作用，这种作用的结果使车身发生变形和破坏，即车身损伤。车身损伤的形式多种多样，按其损伤的原因可分为下列几种形式。

（1）直接损伤　直接损伤是指车身与其他物体直接接触而导致的损伤。直接损伤的特征是，车身以外的物体直接触及车身，并于着力点处形成以擦伤、撞痕、撕裂为主要形态的损坏，其损坏是显著的。

（2）波及损伤　波及损伤是指碰撞力作用于车身并分解后，其分力通过车身构件过程中，在薄弱环节上形成的损伤。根据力的可传性，碰撞力在分解、传播、转移的过程中，比较容易通过强度或刚度高的构件，但对于强度、刚度较弱的构件，就十分容易形成不同程度的损伤。波及损伤的特征是，在某些薄弱环节形成以弯曲、扭曲、剪切、折叠为主要形态的损坏。

（3）诱发损伤　诱发损伤是指部分车身构件发生变形后，同时引起相邻或装配在一起的其他构件的变形。它与波及损伤的不同点在于，它在碰撞过程中并不承载或很少承载，而主要是关联件的压迫、拉伸导致的诱发性损坏。诱发损伤的特征是间接损伤，多以弯曲、折断、扭曲形态出现。

（4）惯性损伤　惯性损伤是指汽车运动状态发生急剧变化，因强大的惯性力作用而导致的损伤。汽车碰撞时，其车身产生强大的惯性力阻碍车身的运动而引起车身变形。惯性损伤的主要特征是，在车身装配的结合部位或强度、刚度的薄弱环节产生局部弯曲变形、拉断、撕裂和撞伤等形态。

二、车身损伤的检测诊断方法

车身整体变形的认定，主要依赖于对车身关键要素的检测。为了准确地诊断车身故障，必须有合适的检测基准和正确的诊断方法。

1. 车身损伤的检测基准

在车身损伤检测中，其检测基准就是车身的尺寸参照基准，它们是基准面、中心线和参照点。

（1）基准面　基准面是一个假想的与汽车底面平行且与底面有一定距离的平面。它被用来作为所有车身垂直轮廓测量的参照基准，车身参照点的高度尺寸都是以它为基准获得的。

（2）中心线　中心线是指将汽车分成左右相等两半的中心平面在俯视图上的投影。中心线位置通常写在整车俯视图的尺寸表中，在有些汽车上能看到中心标记，即车顶和车底板上做的一系列标记点，这些点都在中心面上。中心线是车身横向尺寸的参照基准，利用它，可以方便、迅速地测量横向尺寸。

（3）参照点　参照点是指车身维修时用来测量、检验车身是否恢复至原来尺寸的一些特殊点。参照点具有标准的位置参数，是车身维修的检测基准。这些参照点通常是车身上便于测量的特殊点，如孔、特殊螺栓、螺母、板件边缘或车身上的其他部位。为便于车身的检测和维修，现代轿车车身尺寸图中都注明了参照点及其标准位置参数，图5-1为车身矫正机测量系统配套使用的某轿车车身检测参照点布置及标准尺寸参数图，图中第一行数字1～12为检测参照点序号；第二行字母H～F为检测触头的型号；第三行符号为检测触头的形状；第四行数字为检测参照点的相对高度尺寸，即专用检测触头在规定条件下所显示的标准高度尺寸。

2. 车身检测的基本方法

（1）直观检查　直观检查也称目检。对于任何车身损伤故障首先进行的都是目检。车身的局部变形或损伤，一般通过目检可以进行诊断。对于没有车身测量系统的修理厂，目检是主要方法。

（2）仪器测量　它是利用车身测量系统或仪器检测车身尺寸或变形。对于现代轿车车身的检测，光凭目检是远远不够的，还得依赖车身测量系统对车身进行检测。在现代车身维修技术中，检测占据着极其重要的地位，因为检测所得到的数据是车身故障诊断的可靠依据。可以想象，没有仪器测量的车身检测，是难以诊断车身位置偏差的，这样修复的车身会破坏车身本身的定位作用，而装配在车身上的总成（如转向机构、悬架系统等），将会改变其理想位置，从而破坏汽车的操纵稳定性。因此，对变形损伤车身的检测必须采用车身测量系统或仪器。

3. 车身诊断的基本方法

根据检测基准的不同，车身故障诊断的基本方法可分为参数法和对比法。

（1）参数法　参数法是指根据测量工具实际测得的变形车身参照点的数据，与同参照点的标准参数比较，从而诊断车身变形故障的一种方法。这种方法以车身图样或技术文件中的规定来体现基准目标，通过对车身的定位尺寸进行测量，可以准确地诊断车身的变形范围及其损伤程度，是一种比较可靠也较为流行的方法。但这种方法要求修理者有车身技术文件

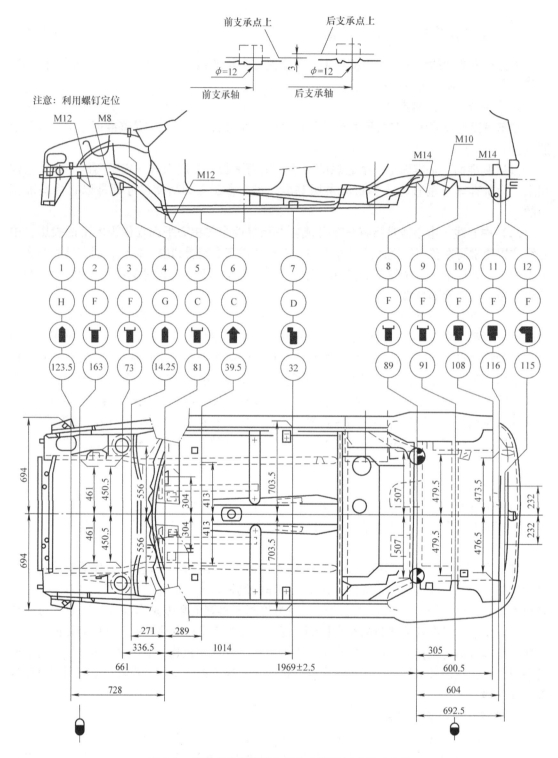

图5-1 某轿车车身检测参照点布置及标准尺寸参数

和参照点的标准数据。

（2）对比法 对比法是指依赖测量工具实际测得的变形车身参数，与相同车身定位参

数对比，从而诊断车身变形故障的一种方法。这种方法以相同汽车车身同部位的实测参数来体现基准目标，其诊断的精确程度主要取决于目标车身以及测量点的选取。

为提高诊断的精确程度，所选择的目标车身应完全符合技术文件规定的状况，车身应无损伤，且要求与被测车辆同一厂家、同一车型、同一年份。有条件时，还可通过增选车辆数目来提高目标基准的精确性。若没有可供选择的车身作为对比条件，可利用车身构件的对称性原则进行诊断，如当车身只有一侧损坏时，可测量另一侧的尺寸作为标准值，与受损一侧对比，确定损伤情况。对于测量点的选取，应以基础零件和主要总成在车身上的正确装配位置为依据，尽量利用车身壳体已有的无损伤参照点。很显然，当修理者手中无车身检测尺寸资料时，用该法较好。

三、车身测量系统

在现代车身维修技术中，检测和诊断车身变形常用车身测量系统。这种测量系统往往集先进的测量技术、多种测量器具和测量方法于一身，可同时检测车身上多个检测点的三维坐标值，且测量简易、迅速、准确。常见的测量系统有机械式测量系统、激光测量系统和计算机辅助测量系统三类。

1. 机械式测量系统

（1）桥式测量架　桥式测量架是一种典型的机械式测量系统（图5-2），它主要由测量桥、导轨、移动式测量柱、测量杆和测量针等组成。测量时，可视需要调整测量架与车身的相对位置，其测量针应根据车身尺寸参数及检测点的状况调整适当，使测量针在接触到车身表面的同时，能够直接从测量架上读出所对应的测量值。使用该测量系统，可对车身的各参照点进行快速检测。

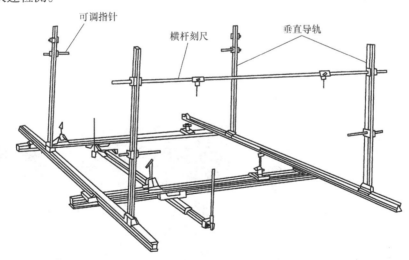

图5-2　桥式测量架

（2）台式测量系统　典型的台式测量系统如图5-3所示。

1）系统组成。台式测量系统主要由测量纵桥、滑动横臂、垂直套管、检测触头和测量架等组成。

测量纵桥：置于矫正机的工作台上，从车头通到车尾，能体现车身检测的基准面和中

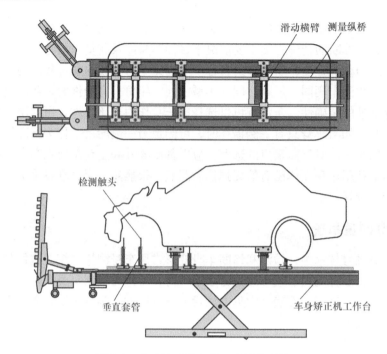

滑动横臂　测量纵桥

检测触头

垂直套管

车身矫正机工作台

图 5-3　车身矫正机上的台式测量系统

心线。

　　滑动横臂：安装在纵桥上，相当于测量横桥，可前后移动，测量纵向尺寸；也可左右移动，测量横向尺寸。

　　垂直套管：安装在滑动横臂上（图 5-4），垂直套管上部接检测触头，触头可上下移动，以测量高度尺寸；垂直套管在滑动横臂上左右移动，可测量横向尺寸。

　　检测触头：安装在垂直套管上（图 5-4），它配有多种型号，可用于不同车型、不同位置的参照点检测。

　　测量架：通过横桥安装在纵桥上，用于支柱、车窗等车身上部的测量，如图 5-5 所示。

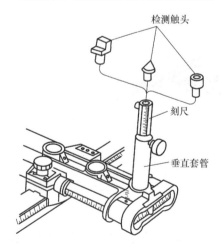

检测触头

刻尺

垂直套管

图 5-4　垂直套管及检测触头的安装

图 5-5　用测量架检测车身

2）检测方法。检测前，先将车身按规定的定位点夹装在矫正机上，再将测量纵桥在矫正机的工作台进行定位，并初步安装其他测量装置。检测时，先根据车身参照点的位置，选择规定的检测触头，调节测量装置，使检测触头与当作参照点的螺栓或孔洞相配合，再对车身的规定参照点进行检测。最后将参照点的实测值与标准值比较，从而诊断车身各部变形损伤情况。若某参照点的两种数据相同，则说明该处位置正常；若两种数据有差异，则说明该处变形。其差异越大，说明变形就越严重。

每种车型都有其测量系统用的尺寸图表，它是车身检测诊断的标准。机械式测量系统则根据各车身的尺寸图表来检测诊断各种车身。

机械式测量系统具有工作可靠、检测范围广、价格低廉等优点，因而在我国汽车维修行业得到了广泛的应用。

2. 激光测量系统

激光测量系统是指利用激光对车身参照点进行检测的系统，如图5-6所示。它包含光学机构和机械构件两大部分。

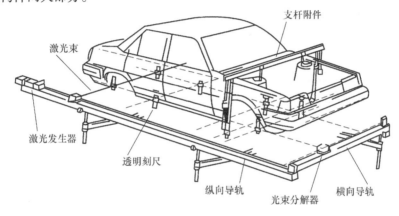

图5-6　车身激光测量系统

（1）测量系统组成　测量系统主要由激光发生器、光束分解器、激光导向器和标板或刻尺组成。

激光发生器用来提供安全、低强度激光束；光束分解器能将光束按某个角度精确投射；激光导向器能使光束按90°角反射；标板或刻尺是参照点位置的体现，是激光束照射的目标。

（2）测量原理　检测时，测量系统发出一束激光，通过光束分解器使光束照射到标板或刻尺上。如果光束正好照射到标板或刻尺的规定位置，则说明参照点的位置正确，否则，说明车身变形。采用三维激光测量系统，可以测量车身任意部位长、宽、高三维坐标。激光测量系统既可用于车身下部测量，还可用于支柱、车窗等车身上部的测量。

由于激光测量系统不是以机械连接形式来实现测量的，所以在整个车身矫正过程中，激光测量系统能始终工作，不断给出直观、准确的读数，使修理者随时都能了解各参照点的位置偏差，为矫正车身工作带来了极大的方便。这是机械测量系统无法可比的。

3. 计算机辅助测量系统

车身矫正机上采用的计算机辅助测量系统主要由传感器、主机及显示器组成。传感器就

是检测触头，它用来反映检测点的空间位置；主机用来接收并处理传感器送入的信号；显示器则用来显示测量结果。

计算机辅助测量系统可以利用测量得到的数据迅速算出各种尺寸偏差，实现测量过程电子化，结果显示数字化。由于它采用了自动跟踪车身检查点矫正移动的测量系统，所以它可在车身矫正过程中，做到边矫正边测量，同时计算机屏上显示测量检查的瞬时位置，便于工作人员矫正。

现代车身矫正机上采用的计算机辅助测量系统具有检测快、效率高、自动化程度高的特点。

提示：在车身矫正过程中，利用车身测量系统进行检测诊断可控制其拉伸过程，提高矫正质量；在车身整形过程中，利用车身测量系统进行检测诊断可确保车身恢复原样；在车身修复过程中，利用车身测量系统进行检测诊断、定位修复可确保修复后的质量和性能。

四、车身损伤的检测诊断

1. **车身损伤的检测诊断步骤**

轿车车身的损坏，绝大部分是由碰撞引起的，车身碰撞故障的主要表现形式是车身变形，其检测诊断的基本步骤如下。

1）以目检确定车身碰撞位置。

2）以目检确定碰撞力的方向及其大小。

3）初步检查车身部件可能发生的损伤以及与之有关的其他部件的损伤（如悬架、发动机等）。

4）沿着碰撞路线系统地检查部件的损伤，包括无任何损伤痕迹的隐形损伤。可通过间接方法进行检查，例如，支柱损伤可以通过检查车门的配合状况来确定。

5）测量车身各参照点的位置尺寸，并与各参照点位置的标准尺寸比较，以诊断车身变形情况。

6）用适当的工具或检测装置检查整个车身的损伤情况。

7）对车身的所有故障做出诊断。

2. **车身损伤的目检诊断**

（1）目检碰撞部位，找出损伤构件　在大多数情况下碰撞部位能够显示出结构变形或者断裂的迹象。目检时，先对汽车进行总体估测，然后从碰撞的位置估计汽车受伤尺寸的大小及方向，判断碰撞如何扩散并造成损伤。

检查损伤时，先从总体上查看车身是否有扭曲、弯曲及歪曲变形，然后，查看车身各个部位，设法确定出损伤位置，以及所有的损伤是否都由同一碰撞引起。

碰撞力具有容易穿过车身坚固部位，最终抵达并损坏薄弱部件，而后扩散深入至车身部件内的特性，因此，查找车身损伤的方法，应是沿着碰撞力扩散传递的路径，按顺序逐步检查，直至找到车身薄弱部位，确认变形损伤情况。通常，损伤的迹象在碰撞点附近比较显著，当能量在邻近的结构逐渐消散时，其损伤的程度也相应减弱。但应注意，当碰撞点上的损伤迹象不明显时，能量却可能穿过碰撞点而传递至车身内部很深的地方，可能车身内部某薄弱环节的损伤更严重，应认真予以检查。车身损伤容易从下列部位检查中发现。

1）车身构件油漆层、内涂层及保护层的裂纹和剥落是碰撞力传递和构件变形的象征，

此处应严加检查。

2）各钢板间的连接点错位，说明其相连钢板变形或连接处损坏。

3）车身构件截面突变处，易产生应力集中现象，构件容易断裂或产生裂缝。

4）构件的棱角和边缘处，当传递冲击力时，其变形损伤较明显。

5）检查车身侧边构件的损伤程度时，极易判别构件凹面上的损伤，因为它是以严重的凹痕形式出现的。

（2）检查车身每一部位的间隙和配合 车身各部的配合及间隙是有严格要求的，若目检值与标准要求相差较大，说明相关构件变形严重。通过车身可拆卸部位的装配间隙、与车身基体的高低差及平行度的检查可发现车身构件是否变形。如通过简单地开关车门及观察车门的下垂、间隙情况可诊断支柱的变形故障；检查车门与顶侧板或车门槛板的间隙及水平差异，可以判断相应构件是否变形损伤。

检查车身构件是否损伤的另一个较好的方法，是比较汽车左右侧各对称的相应部件间隙是否相同，从而找出变形构件。这种方法在无间隙检查标准时最为实用，但该法要求车身一侧是未损伤的。

（3）检查车身的惯性损伤 当汽车受到碰撞时，一些沉重部件的惯性会转化成巨大的作用力，使其向冲击的相反方向移动而发生猛烈的冲击，从而使相关部件发生损伤。因而应对固定件、周围部件及钢板进行重点检查。

3. 车身损伤的仪器诊断

通过车身测量系统或仪器检测车身变形，可以诊断车身的位置偏差，并确定偏移方向，为车身的矫正和修复提供方便。车身测量系统检测诊断车身损伤的步骤如下。

1）将损伤车身通过夹具固定在车身矫正仪上。

2）在车身矫正仪上安装测量系统，并选择合适的检测点。

3）用机械测量系统或电子测量系统精确测量各检测点的参数。

4）将各检测点的检测结果对照各自的标准参数，诊断车身是否变形。

5）当变形超标时，对车身进行矫正。对于激光、计算机测量系统，通过检测可以控制拉伸过程，做到边检测边矫正，直至符合要求。

第二节 安全气囊系统的检测与故障诊断

一、概述

1. 安全气囊系统及其组成

汽车安全气囊系统是一种被动安全装置，它可对汽车驾驶人及前排乘员起辅助安全保护作用，因此，安全气囊系统也称为辅助乘员保护系统（Supplemental Restraint System，简称SRS）。电子控制安全气囊系统主要由碰撞传感器、电子控制单元（ECU）、气体发生器和气囊组成。图5-7为雷克萨斯LS400轿车电子控制安全气囊系统的电路图。

安全气囊系统的碰撞传感器用来检测汽车碰撞强度，并将其转化为电子信号传送给电控单元；电子控制单元是安全气囊系统的控制中心，用来接收传感器的碰撞信号，并进行分析判断，发出指令，引爆气体发生器；气体发生器用来产生气体，能在极短的时间内（30ms）

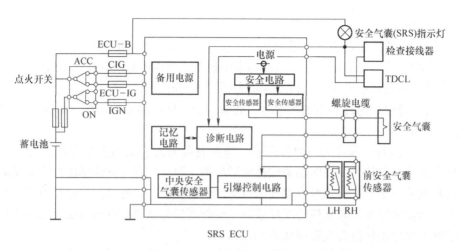

图 5-7　LS400 轿车电子控制安全气囊系统电路图

将气体充满整个气囊；气囊用来充气，在发生碰撞时以缓冲人体与车体的撞击。

2. 安全气囊系统工作原理

当汽车受到前方一定角度范围内的高速碰撞且超过某一设定强度时，安装在汽车前端的碰撞传感器和与 SRS 控制装置装在一起的碰撞传感器就会检测到汽车突然减速的信号，并将信号传送到 SRS ECU，ECU 则根据预先设置的程序进行数学和逻辑判断后，立即向气体发生器发出点火指令，启动充气装置，使气囊迅速充气膨胀，在人体与车内构件之间铺垫一个气垫，将人体与车内构件之间的碰撞转化为弹性碰撞，并通过气囊产生的变形来吸收人体碰撞产生的动能，从而使驾驶人及前排乘员免遭严重伤害。

安全气囊系统在汽车运行时，应时刻处于无故障的正常状态，其工作必须可靠有效。因此，对安全气囊系统进行适时的检测诊断是必需的。实际上，在 SRS 控制装置中专门设计有自诊断系统和相应的检测电路。安全气囊系统一旦发生故障，自诊断系统能将其诊断，并控制仪表板上的安全气囊（SRS）指示灯点亮以警示驾驶人安全气囊系统发生了故障，同时将其故障信息以故障码形式存入 SRS 控制装置的存储器中，以便于人们检测获取信息。

二、安全气囊系统检测诊断的注意事项

为防止 SRS 气囊意外引爆，造成人身伤害或财产损失，在检修 SRS 前应了解安全气囊系统检测诊断注意事项，检修时应严格按操作规程进行。通常应重点注意如下事项。

1）在排除安全气囊系统故障、拆下蓄电池负极电缆端子之前，必须先读取故障码，以便准确诊断故障。

2）SRS 检修工作必须在点火开关转到 LOCK 位置，并将蓄电池负极电缆端子拆下 20s 或更长一段时间之后才能开始。这是因为 SRS 装有备用电源，如果检修工作在拆下蓄电池负极电缆端子 20s 之内就开始进行，则其备用电源有能力供电，检查时就有可能引爆气囊。

3）在检修过程中，为防止对 SRS 传感器产生冲击而引爆气囊，应在检修工作开始之前，先将碰撞传感器拆下。

4）在拆卸 SRS 部件和与 SRS 相关的装置、仪表板或转向柱之前，应先断开气囊插头，以免引爆气囊。

5）即使只发生轻微碰撞而安全气囊并未张开，也应对 SRS 碰撞传感器、SRS 气囊组件进行检查。

6）SRS 零部件的工作可靠性要求极高，其所有的零部件均为一次性使用部件，绝不要修复使用。更换零部件时，必须使用新品，并且不允许使用不同型号车辆上的零部件。

7）绝对不能检测点火器的电阻，否则有可能引爆气囊。检测其他部件的电阻和检测 SRS 故障时，必须使用高阻抗万用表，最好使用高阻抗的数字式万用表，否则可能会导致 SRS 电路的损坏或安全气囊意外引爆而造成人身伤害。

8）严禁拆解气囊，因为气囊内部没有任何可维修的部件，引爆后的气囊已不能再次使用。

9）不要将 SRS 碰撞传感器、SRS ECU 放置在高温热源附近，应将其置于无灰尘、阴凉、干燥之处。

10）安装 SRS 前，应仔细检查其零部件，若有不适当的装卸或摔落的迹象，比如有凹痕、裂纹或变形等，则必须更换新件。

11）在 SRS 各个总成或零部件的表面上，均标有说明标牌或注意事项，使用与检查时必须照章行事。

12）当 SRS 检修工作完成之后，必须对 SRS 指示灯进行检查。当点火开关转到 ON 或 ACC 位置时，若 SRS 指示灯亮 6s 左右后自动熄灭，则说明 SRS 正常。

三、安全气囊系统故障的检测诊断

SRS 故障的诊断方法因车系不同而不尽相同，下面以雷克萨斯 LS400 轿车电子控制安全气囊系统为例说明其故障的检测诊断方法。

1. SRS 故障的初步诊断

安全气囊系统是否正常，根据 SRS 指示灯进行初步诊断效果较好，其诊断方法如下。

1）若点火开关转至 ON 位置后，SRS 指示灯点亮，并在 6s 后自动熄灭，则表示安全气囊系统正常。

2）若点火开关转至 ON 位置后，SRS 指示灯一直点亮或闪烁，则表示安全气囊系统存在故障。

3）若发动机起动后汽车正常行驶时，SRS 指示灯亮起，则表示安全气囊系统存在故障。

4）若点火开关转至 ON 位置后，SRS 指示灯一直不亮，则说明 SRS 指示灯系统电路有故障。

2. SRS 故障的自诊断

SRS 故障的自诊断就是利用 SRS 的自诊断功能诊断故障。当 SRS 存在故障时，SRS 会自诊断出故障。此时，需要进行一定的操作，使系统进入自诊断状态，来读取存储在存储器内的故障码，然后根据其故障码内容诊断 SRS 故障。

（1）读取故障码 最好用专用诊断仪读取故障码。当无诊断仪器时，可用人工方法读取故障码，其方法如下。

1）将点火开关转到 ON 或 ACC 位置，并等待 20s 以上时间。

2）用跨接线短接 TDCL 插座的 T_C 端子和 E_1 端子，如图 5-8a 所示。

3）根据仪表板上 SRS 指示灯的闪烁情况读取故障码。当 SRS 正常时，仪表板上的 SRS

指示灯每秒闪两次，并连续闪烁，如图5-8b所示。当SRS有故障时，SRS指示灯就会闪烁显示故障码，其故障码为两位数字，闪烁规律如图5-8c所示。

4）故障码读取完毕后，脱开 T_C 端子和 E_1 端子之间的跨接线。

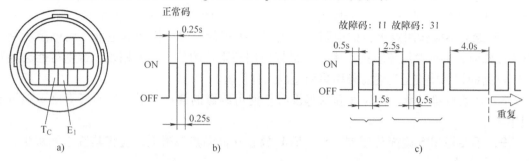

图5-8 SRS故障码的读取

a) TDCL诊断插座 b) 正常码 c) 故障码

（2）根据故障码诊断故障 读取故障码后，可根据故障码表5-1的内容诊断故障。

3. SRS故障的深入诊断

对于SRS初步诊断和SRS自诊断确定的故障，只是大概知道故障存在的部位或线路，但要确定故障的确切原因并排除故障，还应进行详细的深入检测与诊断。详细检测时，应使用推荐的检测工具如专用诊断仪或万用表，依赖初步诊断提供的故障信息或故障线路，按汽车制造商维修手册提供的方法和步骤进行。若无维修资料参考，则需要检测者有足够的维修经验，并根据电路检测的参数逐步诊断故障所在。下面以雷克萨斯LS400安全气囊系统故障码11为例说明其故障的深入诊断。

表5-1 雷克萨斯LS400轿车SRS故障码

故障码	故障诊断	故障可能部位
正常代码	SRS正常	—
	SRS电源电压过低	蓄电池；SRS ECU
11	SRS点火器线路搭铁；前安全气囊传感器线路搭铁	前安全气囊传感器；SRS气囊组件；螺旋电缆；SRS ECU；配线
12	SRS点火器引线与电源线短路；前安全气囊传感器引线与电源线短路；前安全气囊传感器引线断路；螺旋电缆与电源线短路	SRS气囊组件；传感器线路；SRS ECU；螺旋电缆；配线
13	SRS点火器线路短路	SRS点火器；SRS ECU；螺旋电缆；配线
14	SRS点火器线路断路	SRS点火器；SRS ECU；螺旋电缆；配线
15	前安全气囊传感器线路断路	前安全气囊传感器；SRS ECU；配线
22	SRS指示灯电路断路	SRS指示灯；SRS ECU；配线
31	SRS ECU故障	SRS ECU
41	SRS ECU曾记忆过故障码	SRS ECU

（1）故障内容 进行故障码读取操作时显示故障码11，其故障为SRS点火器线路搭铁或前安全气囊传感器线路搭铁。

（2）故障诊断 故障诊断的参考电路如图5-9所示，其检测诊断步骤如下。

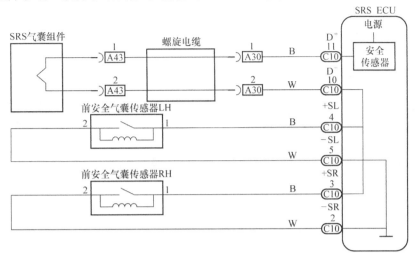

图5-9 SRS点火器和前安全气囊传感器线路

1）将点火开关转到 LOCK 位置，然后拆下蓄电池负极电缆端子，等待 20s 以后再拆下 SRS 气囊组件并按规定放置。

2）检查前安全气囊传感器电路。拔下 SRS ECU 插接器，测量插接器线束侧 + SR 与 − SR 端子、 + SL 与 − SL 端子之间的电阻，其正常电阻值为755 ~ 885Ω。若电阻值正常，则进行检修步骤 3）。若电阻值不正常，则脱开前安全气囊传感器插接器插头，用万用表测量传感器插头各端子之间的电阻（图 5-10），各端子之间的电阻值标准，端子 +S 与 +A 之间的电阻为755 ~ 885Ω、端子 +S 与 − S 之间的电阻为无穷大、端子 − S 与 − A 之间的电阻小于 1Ω。此时若各端

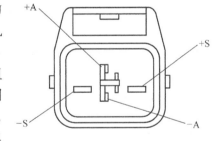

图5-10 前安全气囊传感器插接器
端子排列

子之间的电阻值符合标准，则表示前安全气囊传感器正常，应更换传感器插接器及其连线；若各端子之间的电阻值不正常，则表明前安全气囊传感器存在故障，应予以更换。

3）测量 SRS ECU 插接器线束侧 + SR、 + SL 端子与车身搭铁之间的电阻。若电阻值不为无穷大，说明端子 + SR 或 + SL 至前安全气囊传感器之间的线束搭铁，需要修理或更换线束；若电阻值为无穷大，说明正常，则进行下步检修。

4）检查 SRS 点火器线路和螺旋电缆。脱开 SRS 气囊组件与螺旋电缆之间的插接器 1 （图 5-11a），用万用表检测螺旋电缆一侧插头上端子 D$^+$、D$^-$ 与车身搭铁之间的电阻，其正常电阻值应为无穷大。若电阻值为无穷大，则进行检修步骤 5）。若电阻值不为无穷大，则应脱开 SRS ECU 与螺旋电缆之间的插接器 2，再次测量螺旋电缆一侧插头上端子 D$^+$、D$^-$ 与车身搭铁之间的电阻（图 5-11b），此时，如果其电阻值不为无穷大，则应修理或更换螺旋电缆；如果其电阻值为无穷大，则应更换 SRS ECU 与螺旋电缆之间的配线和插接器。

5）检查 SRS ECU。先将插接器 3 连接到 SRS ECU 总成上，然后将插接器 1 靠螺旋电缆侧的端子 D$^+$、D$^-$ 用导线连接起来，再将负极电缆端子接到蓄电池上，至少等待 20s 以上时

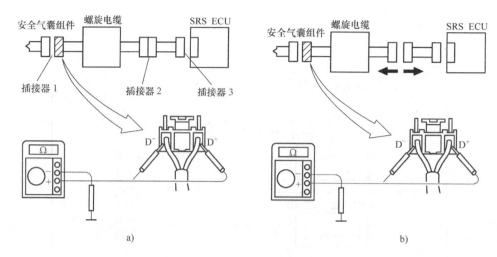

图 5-11　检查 SRS 点火器线路和螺旋电缆

间后，将点火开关转到 ACC 或 ON 位置。再等待 20s 以上时间，用跨接线将诊断插座 TDCL 上的端子 T_C、E_1 连接，利用 SRS 指示灯读取故障码。若输出故障码 11，则说明 SRS ECU 总成有故障，应更换 SRS ECU 总成；若无故障码输出或不输出故障码 11，则说明 SRS ECU 正常，可进行下步检修。

6）检查 SRS 气囊点火器。先将点火开关转到 LOCK 位置，拆下蓄电池负极电缆端子，等待 20s 以上时间后插上接线器 1。然后，将负极电缆端子接到蓄电池上，并等待 20s 以上时间，再将点火开关转到 ACC 或 ON 位置。再等待 20s 以上时间后，用跨接线将诊断插座 TDCL 上的端子 T_C、E_1 连接，利用 SRS 指示灯读取故障码。若不输出故障码 11，则说明 SRS 气囊点火器正常；若输出故障码 11，则说明 SRS 气囊点火器存在故障，应更换 SRS 气囊组件。

4. 故障码清除

只有在 SRS ECU 存储器中的故障码全部清除之后，SRS 指示灯才能恢复正常的显示状态。因此，当 SRS 故障排除后，应清除存储器内的故障码。在该车安全气囊系统中，当故障码 11 至 31 所对应的故障被排除并清除故障码之后，SRS ECU 将把故障码 41 存入存储器中，SRS 指示灯将一直发亮，直到故障码 41 清除后，SRS 指示灯才能恢复正常显示状态。因此，其安全气囊系统故障码的清除应分两步进行，方法如下。

（1）清除故障码 41 以外的故障码

1）将点火开关转到 OFF 位置。

2）拆下蓄电池负极电缆或拔下 ECU—B 熔断器 10s 以上，则故障码 41 以外的故障码清除完毕。

3）将点火开关转到 LOCK（锁止）位置，并接上蓄电池负极电缆或插上 ECU—B 熔断器。

（2）清除故障码 41

1）将点火开关转到 OFF 位置，取两根跨接线，将其分别与 TDCL 诊断插座的 T_C、AB 端子连接。

2）将点火开关转到 ON 或 ACC 位置，并等待 6s 以上时间。

3）由 T_C 端子开始，使 T_C 和 AB 端子分别交替搭铁两次（图 5-12），每次搭铁要在（1.0 ± 0.5）s 内完成。

4）最后保持 T_C 端子搭铁，几秒钟后故障码即被清除，SRS 指示灯将以连续的形式闪烁正常码。若不闪烁正常码，则需重复上述的清码步骤，直至闪烁正常码为止。

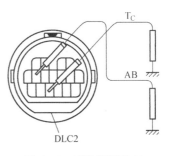

图 5-12　清除故障码 41

注意：

在清除故障码时，其他存储系统（如时钟、防盗、音响系统）信息也将被清除。因此，待电源恢复后，其他存储系统的参数应重新设置。

第三节　汽车电子组合仪表的检测与故障诊断

一、概述

1. 汽车电子组合仪表

随着汽车电子技术的飞速发展，现代汽车广泛使用电子组合仪表。汽车电子组合仪表是将各单个电子仪表有机组合在一起集中显示有关汽车行驶信息的仪表总成。汽车电子组合仪表通常由电子式车速表、里程表、百公里油耗表、发动机转速表、冷却液温度表、燃油表、油压表、气压表、车钟、警告及指示信号装置等组成。电子组合仪表可通过数字、文字、曲线、图形等多种显示方式，向汽车驾驶人发出车辆行驶工况、状态的有关定量信息（如车速、里程、发动机转速、百公里油耗）和各种定性信息（如警告信号等），直接或间接反映汽车主要部位的技术状况，为驾驶人提供适时服务，确保汽车高效、安全运行。汽车驾驶人会随时关注仪表上的瞬息变化。

在高档组合仪表中还嵌入总线技术，仪表会起到数据采集处理的作用，与 ECU 双向通信，以便 ECU 能准确地综合判断仪表的工作状态，并给出故障显示以提醒驾驶人，或指导维修人员排除故障；同时可将防盗系统纳入汽车仪表 ECU 的监管下，使汽车仪表具有一定的智能化水平。

有的汽车电子组合仪表与无线传输设备结合，可与车外进行信息交流，使仪表系统具有通信和导航等功能，如电子仪表储存电子地图并装备车载 GPS 系统，可随时了解车辆行驶的具体位置、到达目的地的行驶路线等信息；电子仪表及车载无线通信系统可通过交通管理中心、汽车救助中心等获得城市交通状况信息、选择最佳行驶路线、及时得到救助等。

2. 汽车电子组合仪表系统

汽车电子组合仪表系统主要由各传感器、微处理机、电子仪表板显示装置等组成，如图 5-13 所示。

汽车行驶时，组合仪表系统的各传感器采集汽车运行的相关信息，并通过多路传输经接口电路送入微处理机，而微处理机则对这些信息进行分析、处理，经处理后的信息则通过显示驱动电路及时传送到电子仪表板的相应显示装置进行显示。电子仪表板的显示装置主要有发光二极管显示装置（LED）、荧光屏显示器（VFD）及液晶显示器（LCD）等。

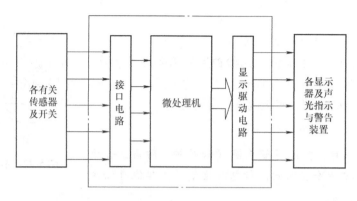

图 5-13 汽车电子组合仪表系统示意图

汽车行驶时，其电子组合仪表系统应处于良好的工作状态，以保证适时、准确地给驾驶人提供各种汽车运行状态信息，使驾驶人更加方便、全面地掌握汽车的运行状况。当电子组合仪表出现故障时，应及时地进行检测诊断。

3. 汽车电子组合仪表控制电路

现代汽车电子组合仪表控制电路原理如图 5-14 所示，它由仪表控制单元（ECU）集中管理，其仪表传感器或警告灯开关将信号传送给仪表控制单元，而仪表控制单元则向各电子仪表和警告灯适时发出信号。图 5-15 为大众朗逸 1.6L 汽车组合仪表的控制电路。由图可知，现代汽车仪表系统控制电路特点如下。

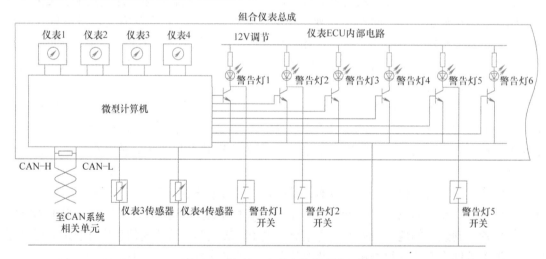

图 5-14 电子组合仪表控制电路原理

1）组合仪表线路简化。由于采用了 CAN 总线技术，很多警告灯或指示灯、仪表均通过 CAN 总线与其他控制单元连接，获取相关传感器信息或开关量信号，大大简化了组合仪表外接线路。

2）传感器信息通过车载网络实现网上共享。

3）各仪表与传感器并不直接连接，而是通过仪表 ECU 内部电路与之连接。部分仪表或警告灯通过仪表 ECU 与其他控制单元间的 CAN 数据总线连接，获得所对应的传感器或开

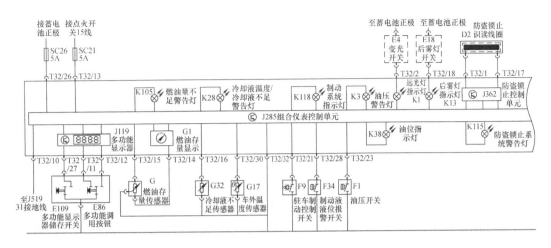

a)

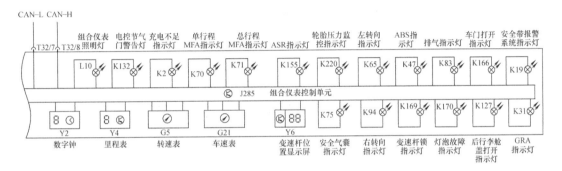

b)

图 5-15 大众朗逸汽车组合仪表控制电路

关信号。

4）警告灯由警告灯开关控制搭铁线。此类灯在点火开关接通而不起动发动机的状态下，组合仪表 ECU 短时间控制警告灯搭铁而点亮，完成系统自检。

二、汽车电子组合仪表检测诊断的注意事项

汽车电子组合仪表与一般的电子设备不同，它的逻辑电路板较易损坏，部件也比较精密。因此，检测时应注意下列事项。

1）对于具有自检功能的电子组合仪表，在使用另外的检测设备对仪表进行检测之前，应先完成仪表板的全部自检。

2）在进行检测诊断前，应仔细研究原厂的技术文件，按照厂家的要求进行作业。在作业过程中要特别小心谨慎，防止失误造成损坏。

3）在拆下仪表板时，应事先切断电源，以防在拆卸过程中造成碰线或搭铁短路，损坏零件。

4）检测诊断时，若需要拆卸组合仪表，则要耐心细致，各车型的组合仪表拆卸方法不

尽相同。

5）检测诊断时，除特殊说明外，不能用蓄电池的全电压加于仪表板的任何输入端。

6）检测诊断时，应按规定使用检测仪表工具，若使用不当，会造成电子组合仪表系统的 ECU、电路损坏。

7）检测诊断时，应防止静电放电损害零件。人体是一个大的静电发生器，有时会产生较高的静电电压。静电电压放电时，会对仪表板的精密零件造成损害。所以拆卸电子仪表板时，要注意防止人体上的静电损坏集成电路片。为清除人体上的静电，作业时应使用静电保护装置，通常作业人员带一个用一根导线搭铁的手腕带和一个放置电子部件的导电垫板。

8）在拆装作业中，只能用手拿仪表板的侧边，不能碰及显示窗和显示屏的表面部分。

9）仪表是整体不可拆的，如仪表某一部件有故障，则必须整体更换。

10）更换组合仪表前应使用故障诊断仪查询防盗系统编码。对于新换的组合仪表，必须使用故障诊断仪进行防盗匹配、设置车速里程表读数。

三、汽车电子组合仪表故障的检测诊断

1. 电子组合仪表故障诊断基本方法

（1）故障自诊断　一般说来，采用电子组合仪表的汽车通常都由微机进行控制，包括对电子仪表板的控制。采用微机控制的汽车一般具有故障自诊断系统，并配备有故障码存储器。当被监测的传感器或控制元件出现故障时，电控单元（ECU）将检测到的故障信息编成故障码并存入存储器中，以便在检修时能读出故障信息。检测时，只要给出指令进入系统的自诊断模式，即可通过专用检测仪或人工方法读出电子组合仪表的故障信息，确定故障范围。

（2）故障的仪器诊断　使用故障自诊断检测故障有一定的局限性，其读出的故障码只能确定故障范围，如某传感器及其电路，而不能确诊故障的具体部位。灵活运用微机快速检测仪诊断可以克服这一不足。

微机快速检测仪能够模拟各种传感器信号，利用该功能可迅速测出故障的所在部位。如使用微机快速检测仪向仪表板直接输入信号，若原不能正常显示的仪表板现能正确显示，则说明系统中的传感器或其电路有故障；若显示器仍不能显示，则表明电子仪表板有故障。若把微机快速检测仪所发出的信号从不同部位输入，则可分别检测电子仪表系统的传感器、线束、ECU 和显示装置的工作是否正常。

2. 电子组合仪表故障诊断

（1）故障现象　仪表指示不准确；指示灯该亮时不亮，不该亮时点亮。

（2）故障原因　电子组合仪表系统的故障原因可从传感器（或指示灯开关）信号、仪表控制单元及线路三个方面分析，具体如下。

1）传感器信号不良。

① 传感器本身故障：如传感器内部开路、电阻值失准或滑动电阻器接触不良；传感器机械性故障，如浮子式传感器浮子机构卡滞、磁感应式或霍尔式传感器的触发轮变形等。

② 供电型传感器供电、信号或搭铁线路故障。

2）指示灯开关信号不良。

① 指示灯开关故障，导致触点常开或常闭。

② 指示灯开关线路故障。

3）仪表控制单元工作不良。

① 仪表控制单元内部电路故障。

② 仪表控制单元供电或搭铁线路故障。

4）组合仪表控制单元与仪表、指示灯连接电路（在组合仪表内部）故障。

5）组合仪表与相关控制单元之间的 CAN 数据总线故障；其他相关控制单元的错误信号通过 CAN 总线传输给仪表控制单元。

（3）故障诊断　对于由仪表控制单元集中管理的汽车仪表系统，应在熟悉其控制电路的基础上，诊断仪表系统故障，具体诊断要领如下。

1）利用仪表电控系统的故障自诊断功能，调取故障码或读取数据流，进行有针对性的检查。

2）利用故障诊断仪的执行元件动作测试功能，观察仪表有无异常显示或动作，如仪表显示正常，可以排除仪表内部故障的可能性。

3）检查插接器接触是否良好，插接是否正常。电子组合仪表往往用很多插接器通过电线束和其他部分连接起来，这些插接器一般采用不同的颜色，以便辨认它属于哪一部分的插接器。如某一部分有故障，则应重点检查与该部分连接的插接器。为了保证连接可靠，在插接器上都设有闭锁装置，在进行检查时，应注意不要损伤闭锁装置、插接器针状插头和插座。

4）检查组合仪表以外的传感器或开关、导线是否存在故障。对各种电阻式传感器、开关及导线可用万用表来判断它的好坏。如测得电阻式传感器的电阻值小于标准值或为零，则表明传感器内部短路，若测得的电阻值大于标准值或无穷大，则说明传感器内部接触不良或断路，应更换传感器。

5）若单个仪表出现异常，其他仪表或警告灯均显示正常，则可能是传送给该仪表的传感器信号不良，应检查传感器。

6）若多个仪表同时出现异常，则说明这些仪表的公共部分出现问题，如共用的电源线、搭铁线故障、仪表控制单元本身故障、CAN 数据总线故障等，应分别检查确定故障所在。

7）若仪表与相关警告灯（如燃油表与燃油量警告灯、发动机冷却液温度表与冷却液温度警告灯）均指示异常，但两者反映的信息一致（如冷却液温度表指示过高而同时冷却液温度警告灯亮），则说明仪表与相关警告灯无故障。此时，若仪表与相关警告灯反映的信息与汽车的实际状况不符，则故障在相关传感器，应重点检查。

8）若仪表故障指示灯或工作指示灯常亮，则可能是：指示灯在指示灯开关电路之前直接搭铁短路；警告灯开关故障使触点常闭。

9）若仪表故障指示灯或工作指示灯一直不亮，则可能是：指示灯开关故障使触点常开；电路短路或断路；指示灯烧坏。

第四节　汽车 CAN 总线的检测与故障诊断

一、概述

1. CAN 总线

CAN 是控制器局域网（Controller Area Network）的简称，CAN 总线又称作汽车总线，

是汽车众多控制单元间进行数据交换的一种通信网络，它将各个单一的控制单元采用串行通信形式连接起来，形成一个完整的系统。

随着车用电气设备越来越多，从发动机控制到传动系统控制，从行驶、制动、转向系统控制到舒适、安全保证系统及仪表警告系统控制，使得汽车电子控制系统形成一个复杂的大系统，并且都集中在驾驶室控制。这样，采用传统的控制和布线难以适应现代汽车控制的要求。因此，现代汽车已广泛采用 CAN 总线技术。采用 CAN 总线技术，可以达到信息共享、快速传输、精准控制、系统稳定、线路简化、布线减少、成本降低、可靠性高、维修便利等目的。

2. CAN 总线组成与分类

（1）CAN 总线组成　汽车 CAN 总线系统主要由 CAN 控制器、CAN 收发器、数据传输线和数据传输终端四部分组成。

1）CAN 控制器。CAN 控制器集成在电控单元内部，其作用如下。

① 接收控制单元微处理器传来的数据，处理后传递给 CAN 收发器。

② 接收收发器传来的数据，处理后传递给控制单元微处理器。

2）CAN 收发器。CAN 收发器集成在电控单元内部，它具有接收、发送和转化数据信号的功能。它将 CAN 控制器发送来的电平信号数据转化为电压信号并通过数据传输线以广播方式发送出去；同时，它接收数据传输线发送来的电压信号并将电压信号转化为电平信号数据后，发送到 CAN 控制器。

3）数据传输线。为了高效地传输数据，避免通信信号被干扰，CAN 总线的数据传输线采用了双绞线，两根导线分别称为 CAN 高线（CAN – H）和 CAN 低线（CAN – L），将 CAN – H 和 CAN – L 两条线缠绕在一起。两根线上传输的数据相同，电压值互成镜像，这样，两根线的电压差保持一个常值，所产生的电磁场效应也会由于极性相反而互相抵消。通过该方法，数据传输线可免受外界辐射的干扰；同时，向外辐射时，实际上保持中性（即无辐射）。

4）数据传输终端。数据传输终端的作用是防止数据传输过程中在线端出现反射，干扰数据的正常传输。常见的汽车 CAN 总线数据传输终端为两个 120Ω 的电阻，也称为 CAN 总线终端电阻。它们一般分别集成在 ECU 和组合仪表中。

（2）CAN 总线分类　目前，汽车上 CAN 总线主要分为高速 CAN 总线和低速 CAN 总线两类。

1）高速 CAN 总线：传送速率可达 500kbit/s，用于连接涉及车辆安全性运行、通信实时性要求较高的控制单元，如发动机、自动变速器、ABS、SRS 等控制单元。这种高速 CAN 总线统称驱动系统 CAN 总线，受点火开关控制。

2）低速 CAN 总线：传送速率一般为 100kbit/s，用于连接信号多、通信实时性要求低的控制单元，如舒适系统（空调、车门控制等）和信息娱乐系统（收音机、导航系统等）的控制单元。因此，低速 CAN 总线又可分为舒适系统 CAN 总线和信息娱乐系统 CAN 总线。低速 CAN 总线由蓄电池始终供电，当整个系统不使用时，系统进入"睡眠模式"以节约电能。

3. CAN 总线系统的工作原理

CAN 总线系统的结构因车型、配置而各有不同。图 5-16 为上海大众途观 CAN 总线系统

结构简图。它包含驱动系统 CAN 总线、舒适系统 CAN 总线和信息娱乐系统 CAN 总线。驱动系统 CAN 数据总线不能与舒适系统/信息娱乐系统的 CAN 数据总线相连,两种数据总线之间通过网关进行数据转换。网关又称数据总线控制单元,在大众车系称为数据总线诊断接口(J533)。网关可集成在组合仪表内部或车身控制单元所在的电器盒内,也可作为一个独立的控制单元。

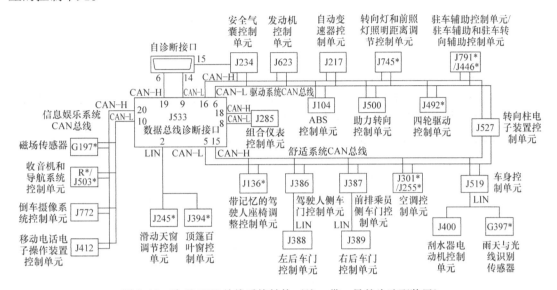

图 5-16　途观 CAN 总线系统结构(注:带 * 号的为选配装置)

CAN 数据总线系统由多个控制单元组成,每个控制单元通过收发器并联在 CAN 总线上。收发器通过差动放大器将控制单元提供的逻辑电平转化为电压信号发送到 CAN 总线,或将 CAN 总线的电压信号转化为逻辑电平传到控制单元。不同控制单元之间的信息传送采用广播的形式传输,即每个控制单元不指定接收者,所有信息均对外发送,由接收控制单元自主选择是否需要接收这些信息。例如汽车的发动机控制单元向汽车 CAN 总线系统中发送一个数据,其他连接在 CAN 总线系统上的控制单元均能接收到这一数据,如果数据对汽车的控制单元有作用,就会被接收和处理并执行相应指令,若对控制单元无用,控制单元则忽略这些数据。由此可见,控制单元向 CAN 总线系统共享的数据没有指定的接收者,所有连接在系统上的控制单元均能接收到数据。具体的传输可分为以下五步。

1)数据采集。各控制单元的微处理器采集传感器的信息,并向 CAN 控制器发送数据。

2)数据发送。CAN 收发器接收从 CAN 控制器发来的数据,并将其转化为电压信号发往数据传输线,此时连接在数据传输线上的控制单元均能接收到数据。

3)数据接收。所有连接在数据传输线上的控制单元通过各自的收发系统将数据传输线上的电压信号又转化为对应的数据。

4)数据检验。接收到数据的控制单元对数据进行检验,检验数据格式是否正确,检验数据是否为该控制单元所需要的。

5)数据认可。如果接收到的数据格式是正确的,并且为该控制单元所需要,数据就会被控制单元的微处理器接收并处理;反之,则不予理会。

对于车身控制网络,如车门控制、刮水器控制等,实时性控制要求不高,但布置分散,

用低速 CAN 总线成本太高。为降低成本，目前一些车型采用 LIN 数据总线作为 CAN 的辅助总线。LIN 即 Local Interconnect Network（局域互联网），与低速 CAN 总线相比，LIN 数据传输线由两根改为单根，收发器由差动放大式改为比较式。LIN 总线的传送率为 20kbit/s，是一种短距离、低速的串行传输网络，总线上的电压在 12V 与 0V 之间切换，通过有关车身控制单元、网关等与 CAN 总线之间进行信息交换。

二、汽车 CAN 总线系统故障的检测诊断

1. CAN 总线系统故障现象

1）仪表板显示异常，故障码成批出现。

2）整个控制网络失效或多个控制单元不工作或工作不正常；在不同的系统、不同的地方同时表现出不同的多个故障，且各故障之间没有任何关联。

3）车辆无法起动；起动后无法熄火；车辆动力性能下降。

4）蓄电池漏电严重。

5）个别控制单元或多个控制单元在接上专用诊断仪后，无法与诊断仪通信。

2. CAN 总线系统故障原因

1）供电系统故障。目前连接在 CAN 总线系统上的控制单元的工作电压一般在 10.5 ~ 15V 的范围内。若供电系统提供的工作电压小于 10.5V，车上的某些控制单元将会停止工作；若供电电压大于 15V，则控制单元将会烧坏。这两种情况均会使控制单元在 CAN 总线系统上无法通信。

2）控制单元故障。CAN 总线系统的控制单元故障可以分为软件故障和硬件故障。软件故障即传输协议或软件程序有缺陷或冲突，从而使汽车控制器局域网通信出现混乱或无法工作，这种故障一般成批出现，且无法维修。硬件故障一般由芯片或集成电路故障造成，会导致控制单元无法工作，从而影响 CAN 总线系统正常工作。

3）通信线路故障。CAN 总线系统通信线路出现故障，如通信线路短路、断路以及线路物理性质变化引起的通信信号衰减或失真，均会引起一个或多个电控单元无法工作或电控系统错误动作，导致控制器局域网无法正常工作。

3. CAN 总线系统故障诊断方法

故障诊断前，需要根据故障症状和网络结构分析有可能是哪些原因造成的 CAN 总线系统故障，然后使用相关的诊断仪进行检测诊断，常用的诊断方法如下。

（1）故障自诊断　CAN 网络有一定的自我诊断功能，可以进行故障自诊断。一般来说，当 CAN 总线关闭或无法收到相关数据时，控制单元通常会产生故障码，而当控制单元自身通信不良但无法自行检测出来时，就不会产生故障码，但其他控制单元有可能产生通信故障码。还有一种情况就是控制单元无法发送某些数据，但可以正常接收 CAN 总线数据，而且能够判断自身出现问题，于是产生故障码，而其他控制单元无法识别到传输故障。

故障码的诊断要结合网络传输特点和不同控制单元之间的故障码连带关系进行逻辑分析，同时结合数据流的相关信息来判断哪个控制单元有故障。

（2）读取测量数据块诊断　使用汽车专用检测仪读取某控制单元数据块，可以观察有哪些控制单元与之发生信息交流以及工作状态是否正常。如果某控制单元显示 1，表示被检控制单元工作正常；如果显示 0，则表明被检控制单元工作不正常。其原因可能是线路断路

或该控制单元损坏。

（3）测量 CAN 总线电压诊断　CAN 网络采用多种协议，每个控制单元的端口在正常的情况下都有相应的标准电压。因此，通过测量控制单元的端口电压就可以判断线路是否有对地或电源短路、相线间短路等问题。测量高、低速 CAN 总线 CAN－L 或 CAN－H 的对地电压，其电压值应符合各自的标准，否则说明 CAN 总线存在故障。

（4）测量 CAN 总线终端电阻诊断　在 CAN 总线中，带有终端电阻的两个控制单元是并联的。单独测量一个终端电阻大约为 120Ω，总电阻值约为 60Ω 时，可以判断连接电阻是正常的。但车系不同，总线结构不同，其 CAN 总线的总电阻值不一定就是 60Ω。因此，还可通过拔下带有终端电阻的控制单元插头测量总阻值是否变化来判断故障。当拔下一个带有终端电阻的控制单元插头后测量的总阻值没有发生变化，则说明系统中存在问题，可能是被拔下的控制单元电阻损坏或是 CAN 总线出现断路；当拔下后，检测到的总阻值为无穷大，则可能是连接中的控制单元终端电阻损坏或是 CAN 总线系统断路；拔下后测出的阻值，应是连接中的控制单元终端电阻，若不符合标准，则说明控制单元终端电阻损坏或 CAN 总线系统故障。在维修过程中通过对终端电阻的测量，可以快捷诊断 CAN 总线系统的故障原因。

注意：在电阻测量时，应先断开车辆蓄电池的接线，大约等待 5min，直到系统中所有电容器充分放电后再测量。

提示：CAN 总线总电阻（等效电阻）的测量方法是，把一个便于拆装的控制单元从总线上脱开，然后在插头上测量 CAN－L 导线和 CAN－H 导线之间的电阻。

（5）拆除 CAN 总线控制单元诊断　车载网络的节点是车载网络系统中的控制单元。当怀疑控制单元有故障时，可以从 CAN 网络中逐一拆除控制单元，观察 CAN 网络的通信状况。若拆除后通信恢复正常，则说明被拆除的控制单元损坏。

注意：在拆除前必须确定该控制单元中没有集成终端电阻；若有终端电阻，则可用性能良好的控制单元进行替换诊断。

（6）检测 CAN 总线波形诊断　为了弄清 CAN 总线是否正常工作，必须观察总线上的通信情况。此时不需要分析单个控制单元，而只通过测试 CAN 总线物理层信号就可确诊 CAN 总线是否存在故障。

利用示波器对 CAN 总线系统中的双绞线进行检测，可测取两根线中的波形。波形测量方法是：将示波器第一通道的红色测量端子接 CAN－H 线，第二通道的红色测量端子接 CAN－L 线，二者的黑色测量端子同时接地。此时，可以在同一界面下同时显示 CAN－H 和 CAN－L 的同步波形。

CAN 总线不同的故障会呈现不同的故障波形，通过采集到的 CAN 波形与正常波形进行对比分析，很容易判断 CAN 总线故障。图 5-17a 为高速 CAN 总线的正常波形，图 5-17b 为高速 CAN 总线 CAN－H 和 CAN－L 短路的故障波形。

4. CAN 总线系统故障诊断案例

CAN 总线在实现信息快速传输、实时共享的同时，也会通过 CAN 总线联网传递 ECU 的故障信息，从而影响到其他需要这些信息的 ECU，并出现相关故障。因此，在汽车电控系统故障诊断时，应充分考虑 CAN 总线系统故障的影响。

（1）空调系统不制冷

1）故障现象。某奥迪 A4 轿车，当打开自动空调系统的制冷功能时，只有自然风，没

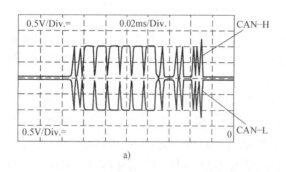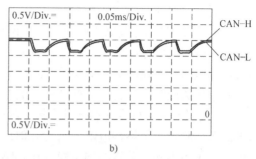

图 5-17　高速 CAN 总线波形

a) 高速 CAN 总线的正常波形　b) 高速 CAN 总线 CAN－H 和 CAN－L 短路的故障波形

有冷风。鼓风机运转正常，而空调制冷系统不制冷。

2）故障诊断。首先通过使用大众奥迪专用诊断仪调取该车发动机控制系统故障码及空调系统故障码，结果没有故障码。进而怀疑是空调管路或压缩机出现故障，对空调管路及空调压缩机进行了仔细检查，结果发现空调压缩机的电磁离合器没有吸合，怀疑是压缩机电磁离合器控制线路或是电磁线圈损坏。对电磁离合器线圈进行电阻测量，结果阻值正常；直接给电后，电磁离合器可以吸合。再次排查空调控制单元，使用大众奥迪专用诊断仪测试汽车空调控制单元中的数据流，结果发现数据流中的发动机转速数值显示为 "0"。但因为汽车发动机运行一切正常，所以可以判断出发动机控制单元与空调控制单元两者间的通信线路发生了连接故障，导致发动机转速信号传输不到汽车空调控制单元中，使得空调控制单元始终认为发动机没有运转而不发出控制电磁离合器吸合的控制信号。经仔细检查，发现两者线路插头引脚发生变形，导致了链路断路，经过维修之后最终故障得到排除。

（2）自动变速器轿车无高速档

1）故障现象。某配置有随动转向前照灯、自动变速器的轿车，由于前照灯损坏，导致自动变速器只有低速档，仪表显示需要去服务站。

2）故障诊断。换掉损坏的前照灯，清除故障码后，故障排除，自动变速器可正常换入高、低速档。究其原因是 CAN 总线系统引起的故障，随动转向前照灯控制单元将故障信息发送到了车载网络，而自动变速器控制单元则采用了该故障信息，认为前照灯在损坏情况下以高速行驶将会有潜在危险，所以将自动变速器换档限制在低速档，而无高速档。

（3）蓄电池严重漏电

1）故障现象。某轿车，车辆停几天不用后，就无法起动；外接蓄电池后起动正常；更换新蓄电池，并且确认停放车辆时关闭了所有可能引起放电的用电设备。

2）故障诊断。首先检测蓄电池的技术状况，蓄电池亏电。给蓄电池充电，接下来锁上车门后等待 5min，断开蓄电池负极，测量车辆的静态放电量，测得电流为 180mA，而该车型的正常静态放电电流是 10～20mA。

关闭点火开关锁上车门后，测量发现车身电器局域网电压信号异常，CAN－H 和 CAN－L 电压都为 2V 左右。然后，逐一断开车身电器局域网的各控制单元，同时测量 CAN 电压和静态放电电流，当断开 CD/GPS 控制单元后，CAN－H 电压接近 0，整车静态放电电流约为 10mA，测量值在正常范围内，更换 CD/GPS 控制单元后，故障排除。故障原因是

CD/GPS 控制单元损坏，导致整个 CAN 无法进入休眠状态。

思 考 题

1. 何谓车身检测基准？它对轿车车身的检测诊断具有什么实际意义？

2. 为何现代轿车车身整形后必须进行定位检测？

3. 车身检测诊断的基本步骤、方法有哪些？如何利用检测系统诊断车身？

4. 电子控制安全气囊系统检测诊断时应注意哪些事项？

5. 如何诊断电子控制安全气囊系统的故障？

6. 汽车电子组合仪表检测诊断时应注意哪些事项？

7. 如何诊断电子组合仪表的故障？

8. 什么是 CAN 总线？如何诊断 CAN 总线的故障？

第六章

电动汽车的检测与故障诊断

【学习目标】

知识目标：

- 了解纯电动汽车动力性、续航能力、能量消耗率的检测标准
- 熟悉纯电动汽车动力性、续航能力、能量消耗率的检测方法
- 熟悉纯电动汽车电气安全性检测方法及要求
- 熟悉纯电动汽车动力蓄电池系统、电机驱动系统常见故障的诊断思路

能力目标：

- 能对纯电动汽车的动力性、续航能力、能耗经济性进行检测分析与评价
- 能对纯电动汽车动力蓄电池系统的常见故障进行检测分析与诊断
- 能对纯电动汽车电机驱动系统的常见故障进行检测分析与诊断

第一节　电动汽车性能检测

纯电动汽车性能主要通过汽车的动力性、续航能力、能耗经济性和电气安全性来反映，其性能的好坏直接影响车辆的行驶状态和用户对车辆的认可度。因此，对纯电动汽车性能的检测既可客观合理地评价汽车的技术状况和设计质量，又可为消费者购车、用车提供参考。

一、电动汽车动力性检测

1. 电动汽车动力性评价指标

纯电动汽车常用的动力性评价指标有最高车速、30min 最高车速、加速能力、爬坡车速、坡道起步能力；对于在用电动汽车，常用驱动能力评价。

1）最高车速。它是指电动汽车能够往返各持续行驶 1km 以上距离的最高车速的平均值，它体现汽车的瞬时最高车速，反映汽车的极限动力性。

2）30min 最高车速。它是指电动汽车能够持续行驶 30min 以上的最高平均车速，它体现汽车持续高速行驶的能力。

3）加速能力。它是指电动汽车由某一车速加速到另一车速所需的最短时间。M1、N1 类纯电动汽车采用 0—50km/h 和 50—80km/h 加速时间；M2、M3 类纯电动汽车采用 0—30km/h 和 30—50km/h 加速时间。0—50km/h 或 0—30km/h 加速时间，主要体现汽车起步加速性能；50—80km/h 或 30—50km/h 加速时间，主要体现汽车超车过程加速性能；0—100km/h 加速时间，主要体现汽车在常用车速区域加速性能。

4）爬坡车速。它是指电动汽车在给定坡度的坡道上能够持续行驶 1km 以上的最高平均

车速，它体现汽车在行驶过程中的最大爬坡性能。

5）坡道起步能力。它是指电动汽车在坡道上能够起动且1min内向上行驶至少10m的最大坡度，它体现汽车在坡道上起步的能力。

6）驱动能力。它是指电动汽车在规定工况条件下的驱动轮驱动力和稳定行驶能力，它体现在用电动汽车的总体技术状况。

纯电动汽车的最高车速、30min最高车速、爬坡车速越高，加速时间越短，起步的最大坡度越陡，驱动轮驱动力越大，稳定行驶能力越强，则电动汽车的动力性越好。

2. 电动汽车动力性检测方法

（1）检测条件

1）车辆状态。

① 被测车辆技术状况正常。车辆应清洁，车辆轮胎气压应符合车辆制造厂的要求，车辆机械运动部件用的润滑油黏度应符合制造厂的规定。

② 车上的照明、信号装置以及辅助设备应该关闭，除非试验和车辆白天运行对这些装置有要求。对于车辆和驱动系统的正常运行不是必需的车窗和通风口应该通过正常的操作关闭。

③ 除驱动用途外，所有的储能系统应充到制造厂规定的最大值（电能、液压、气压等）。

④ 被测车辆应依据每项检测的技术要求加载。

⑤ 检测前7天内，动力蓄电池应至少安装在被测车辆上行驶300km。

⑥ 蓄电池应处于各项试验要求的充电状态，并确保蓄电池在正常运行温度下工作。

2）环境条件。室外试验大气温度为5~32℃，大气压力为91~104kPa。高于路面0.7m处的平均风速小于3m/s，阵风风速小于5m/s。相对湿度小于95%。试验不能在雨天和雾天进行。

3）检测仪器。车速表、里程表、计时器，底盘测功机等。

4）道路条件。检测应该在干燥的直线跑道或环形跑道上进行。路面应坚硬、平整、干净且要有良好的附着系数。

① 直线跑道。测量区的长度至少1000m。加速区应足够长，以便在进入测量区前200m内达到稳定的最高车速。测量区和加速区的后200m的纵向坡度均不超过0.5%，加速区的纵向坡度不超过4%，测量区的横向坡度不超过3%。

② 环形跑道。环形跑道的长度应至少1000m。环形跑道与完整的圆形不同，它由直线部分和近似环形的部分相接而成。弯道的曲率半径应不小于200m。测量区的纵向坡度不超过0.5%。

（2）车辆准备

1）将被测车辆加载到检测质量，增加的载荷应合理分布。

2）按照车辆制造厂规定的充电规程，使蓄电池达到完全充电状态。

3）里程表设定。设置被测车辆的里程表为0，或记录里程表上的读数。

4）预热车辆。将被测车辆以制造厂估计的30min最高车速的80%速度行驶5000m，使

电机及传动系统达到正常热状态。

（3）检测顺序　电动汽车动力性能检测可以在2天内完成，其检测项目顺序如下。

1）第1天检测顺序。

① 车辆准备。

② 30min最高车速检测。

③ 蓄电池完全放电。

2）第2天检测顺序，每项检测连续进行。

① 车辆准备。

② 最高车速检测。

③ 蓄电池40%放电。

④ 加速性能试验。

⑤ 4%和12%的爬坡车速检测。

⑥ 坡道起步能力检测。

检测应按照上述检测顺序进行，每项检测开始时，蓄电池的荷电状态是前一项检测后的状态。如果每项检测都单独进行，则最高车速、30min最高车速试验开始时，蓄电池应处于完全充电的100%至90%，而加速性能、爬坡车速、坡道起步能力试验开始时，蓄电池应处于完全充电的60%至50%。

（4）检测方法

1）30min最高车速检测。该检测在环形跑道上进行，步骤如下。

① 对车辆进行准备。

② 使被测车辆以该车30min最高车速估计值±5%的车速行驶30min。试验中车速如有变化，可以通过踩加速踏板来补偿，从而使车速符合30min最高车速估计值±5%的要求。

③ 若检测中车速达不到30min最高车速估计值的95%，检测应重做，车速可以是上述30min最高车速估计值或者是制造厂重新估计的30min最高车速。

④ 测量车辆驶过的里程S_1（m），并按下式计算出平均30min的最高车速V_{30}（km/h），该车速即为30min最高车速。

$$V_{30} = S_1/500$$

2）蓄电池完全放电。完成V_{30}检测之后，被测车辆停放30min，然后以V_{30}的70%恢复行驶，直到车速下降到当加速踏板踩到底时，车速为$V_{30} \pm 10$km/h的50%，或直到仪表板上的信号装置提示驾驶人停车，记录行驶里程。计算总的行驶里程S_a，包括预热阶段的行驶里程、V_{30}检测时的行驶里程、完全放电时的行驶里程。

3）最高车速检测。标准检测步骤如下。

① 对车辆进行准备。

② 在直线跑道或环形跑道上将被测车辆加速，使汽车在驶入测量区之前能够达到最高稳定车速。

③ 在测量区保持最高稳定车速持续行驶1km，并记录车辆持续行驶1km的时间t_1。然后，随即做一次反方向的检测，并记录通过的时间t_2。

④ 按下式计算检测结果。

$$V = 3600/t$$

式中　V——实际最高车速（km/h）；

t——检测时间（s），为持续行驶正反两次 1km 试验所测时间的算术平均值，即 $(t_1 + t_2)/2$。

4）蓄电池的 40% 放电。将被测车辆以 $V_{30} \pm 5$km/h 的 70% 的恒定速度在检测跑道或测功机上行驶使蓄电池放电，直到行驶里程达到 S_a 的 40% 为止。

5）加速性能检测。M1、N1 类纯电动汽车加速性能检测步骤如下。

① 0—50km/h 加速性能检测。

a. 将被测车辆停放在检测道路的起始位置，并起动车辆。

b. 将加速踏板快速踩到底，使车辆加速到（50 ±1）km/h。若车辆装有离合器和变速器，则将变速器置入该车的起步档位，迅速起步，将加速踏板快速踩到底，换入适当档位，使车辆加速到（50 ±1）km/h。

c. 记录从踩下加速踏板到车速达到（50 ±1）km/h 的时间。

d. 以相反方向行驶再做一次相同的检测。

e. 两次测得时间的算术平均值（s）即为 0—50km/h 加速时间，它反映 0—50km/h 的加速性能。

② 50—80km/h 加速性能检测。

a. 将被测车辆停放在试验道路的起始位置。

b. 将被测车辆加速到（50 ±1）km/h，并保持这个车速行驶 0.5km 以上。

c. 将加速踏板踩到底，或使用离合器和变速杆（若装有）将车辆加速到（80 ±1）km/h。

d. 记录从踩下加速踏板到车速达到（80 ±1）km/h 的时间，或若最高车速小于 89km/h，应达到最高车速的 90%，并应在报告中记录下最后的车速。

e. 以相反方向行驶再做一次相同的检测。

f. 两次测得时间的算术平均值（s）即为 50—80km/h 加速时间，它反映 50—80km/h 的加速性能。

6）爬坡车速检测。M1、M2、N1 类以外的纯电动汽车可不做此项，其检测步骤如下。

① 将被测车辆加载到最大设计总质量，增加的载荷应合理分布。

② 将被测车辆置于底盘测功机上，并对底盘测功机进行必要的调整，使其适合被测车辆最大设计总质量值。

③ 调整底盘测功机，使其增加一个相当于 4% 坡度的附加载荷。

④ 将加速踏板踩到底使被测车辆加速，或使用适当变速档位使车辆加速。

⑤ 确定被测车辆能够达到并能持续行驶 1km 的最高稳定车速，同时，记录持续行驶 1km 的时间 t。

⑥ 调整底盘测功机，使其增加一个相当于 12% 坡度的附加载荷，重复步骤④、⑤，记下其相应的时间。

⑦ 相应坡度的爬坡车速可用下式计算得到。

$$V = 3600/t$$

式中　V——实际爬坡最高车速（km/h）；

　　　t——持续行驶1km所测时间（s）。

7）坡道起步能力检测。坡道起步能力应在有一定坡度角 α_1 的道路上进行，该坡度角 α_1 应近似于制造厂技术条件规定的最大爬坡度对应的坡度角 α_0，选定的坡道应有10m的测量区，测量区前应提供起步区域。其检测步骤如下。

① 将试验车辆加载到最大设计总质量。

② 将试验车辆放置在起步区域。

③ 汽车起步，以每分钟至少行驶10m的速度，通过测量区。若车辆装有离合器和变速器，应用最低档起动车辆并以每分钟至少行驶10m的速度，通过测量区。

若选定的坡度角 α_1 与厂定的最大爬坡度坡度角 α_0 有差别，则可根据下式通过增减汽车装载质量的方法进行检测。

$$\Delta M = M \frac{(\sin\alpha_0 - \sin\alpha_1)}{(\sin\alpha_1 + R)}$$

式中　M——检测时的车辆最大设计总质量（kg）；

　　　R——滚动阻尼系数，一般为0.01；

　　　α_1——实际检测坡道所对应的坡度角；

　　　α_0——制造厂技术条件规定的最大爬坡度对应的坡度角；

　　　ΔM——增减的装载质量（kg），应均布于乘客室和货厢中。

汽车驱动能力指标，主要是针对在用电动汽车，它可通过底盘测功机检测电动汽车在规定工况条件下的驱动轮驱动力和行车速度的稳定性来实现。

3. 电动汽车动力性检测标准

（1）厂商标准　电动汽车动力性检测是否达标，往往通过与制造厂提供的动力性参数比较可以确定，因此各制造厂规定的动力性极限指标，可视为电动汽车动力性检测标准。不同的品牌、不同的类别，电动汽车动力性检测标准不尽相同。

（2）国家标准　GB/T 28382—2012《纯电动乘用车 技术条件》要求如下。

1）最高车速。30min最高车速，其值应不低于100km/h。

2）加速性能。0—50km/h加速时间，应不超过10s；50—80km/h加速时间，应不超过15s。

3）爬坡性能。车辆通过4%坡度的爬坡车速应不低于60km/h；车辆通过12%坡度的爬坡车速应不低于30km/h；车辆最大爬坡度应不低于20%。

二、电动汽车续航能力检测

1. 电动汽车续航能力评价指标

纯电动汽车续航能力的评价指标是续驶里程。续驶里程是指电动汽车在动力蓄电池完全充电状态下，以一定的行驶工况能连续行驶的最大距离。纯电动汽车续驶里程长，则行驶范围广，使用方便，但过长，则必须增加更多的动力蓄电池，势必会减少有效载荷，影响汽车的使用性能。若纯电动汽车续驶里程过短，则行驶范围小，长途行车需频繁为动力蓄电池充

电，会减少车辆运行时间，不利于提高运输效率，且使用麻烦。续驶里程是纯电动汽车非常重要的性能指标，续驶里程短是影响纯电动汽车推向市场的最大障碍。因此，续驶里程不是越大越好，但纯电动汽车应具备足够大的续驶里程，来满足较大范围行驶的需求。

2. 电动汽车续航能力检测方法

纯电动汽车类别不同，其续航能力的检测方法也有所不同。下面介绍适用于 M1、N1 类和最大设计总质量不超过 3500kg 的 M2 类纯电动汽车续驶里程的检测方法。

（1）检测条件

1）车辆条件。

① 车辆轮胎应选用制造厂作为原配件所要求的类型，并按制造厂推荐的轮胎最大试验负荷和最高试验速度对应的轮胎充气压力进行充气。

② 车辆机械运动部件用的润滑油黏度应符合制造厂的规定。

③ 车上的照明、信号装置以及辅助设备应该关闭，除非试验和车辆白天运行对这些装置有要求。

④ 除驱动用途外，所有的储能系统应充到制造厂规定的最大值（电能、液压、气压等）。

⑤ 检测驾驶人应按车辆制造厂推荐的操作程序使动力蓄电池在正常运行温度下工作。

⑥ 检测前，动力蓄电池应至少安装在被测车辆上行驶 300km。

2）环境温度条件。在 20～30℃ 室温下进行室内试验。

3）检测仪器。底盘测功机及其检测控制系统。

4）检测档位。尽量使用制造厂推荐模式，若推荐模式不能满足工况参考曲线要求，则选择最高车速更高的模式。

（2）检测准备

1）车辆准备。

① 将被测车辆加载到检测质量，增加的载荷应合理分布。电动汽车的检测质量是整车整备质量与检测所需附加质量的和。该类车辆的附加质量是 100kg。

② 按照车辆制造厂规定的充电规程，使蓄电池达到完全充电状态。在动力蓄电池充电结束后，12h 之内等待检测，在此期间需确保车辆在 20～30℃ 的温度条件下放置。

2）检测仪器准备。检测前，底盘测功机应预热到正常工作温度，确保测功机及检测系统工作正常。

3）将被测车辆置入底盘测功机上。若车辆充电位置与底盘测功机不在一起，则该类车辆不允许使用车上的动力将车辆移动，需借助其他动力，且再生制动系统未起作用。

4）车辆道路负荷设定。利用测功机加载装置模拟汽车在道路上的行驶阻力，根据检测工况设置底盘测功机的负载和控制模式。滑行试验时，应当把制动能量回收系统功能屏蔽。

（3）检测方法 续驶里程的检测有工况法和等速法两种。

1）工况法。

① 检测规范。该类汽车工况法采用 NEDC 循环。其检测循环由 4 个基本市区循环和 1 个市郊循环组成（图 6-1）。其中，基本市区循环为 15 工况循环（图 6-2），其工况操作及说明见表 6-1；市郊循环为 13 工况循环（图 6-3），其工况操作及说明见表 6-2。整个 1 个循环的理论检测距离为 11.022km，时间为 19min 40s。

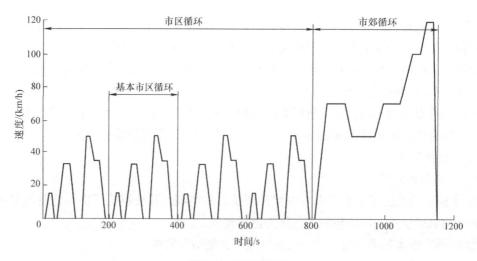

图 6-1　NEDC 循环

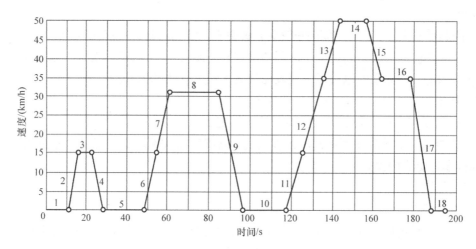

图 6-2　基本市区循环（15 工况）

注：图中序号为表 6-1 中给出的运转次序号

表 6-1　基本市区循环规范

运转次序	操作状态	工况序号	加速度/ （m/s^{-2}）	速度/ （km/h）	操作时间/ s	工况时间/ s	累计时间/ s
1	停车	1	0.00	0	11	11	11
2	加速	2	1.04	0~15	4	4	15
3	等速	3	0.00	15	8	8	23
4	减速	4	−0.83	15~0	5	5	28
5	停车	5	0.00	0	21	21	49
6	加速	6	0.69	0~15	6	12	55
7	加速		0.79	15~32	6		61
8	等速	7	0.00	32	24	24	85
9	减速	8	−0.81	32~0	11	11	96

（续）

运转次序	操作状态	工况序号	加速度/ （m/s^{-2}）	速度/ （km/h）	操作时间/ s	工况时间/ s	累计时间/ s
10	停车	9	0.00	0	21	21	117
11	加速		0.69	0 ~ 15	6		123
12	加速	10	0.51	15 ~ 35	11	26	134
13	加速		0.46	35 ~ 50	9		143
14	等速	11	0.00	50	12	12	155
15	减速	12	−0.52	50 ~ 35	8	8	163
16	等速	13	0.00	35	15	15	178
17	减速	14	−0.97	35 ~ 0	10	10	188
18	停车	15	0.00	0	7	7	195

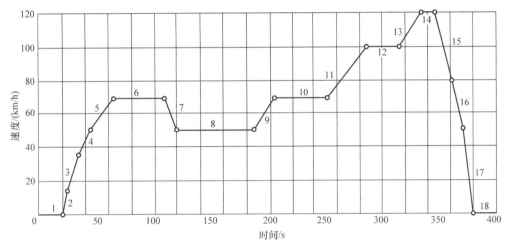

图 6-3　市郊循环（13 工况）

注：图中序号为表 6-2 中给出的运转次序号

表 6-2　市郊循环规范

运转次序	操作状态	工况序号	加速度/ （m/s^{-2}）	速度/ （km/h）	操作时间/s	工况时间/s	累计时间/s
1	停车	1	0.00	0	20	20	20
2	加速		0.69	0 ~ 15	6		26
3	加速		0.51	15 ~ 35	11		37
4	加速	2	0.42	35 ~ 50	10	41	47
5	加速		0.40	50 ~ 70	14		61
6	等速	3	0	70	50	50	111
7	减速	4	−0.69	70 ~ 50	8	8	119
8	等速	5	0.00	50	69	69	188
9	加速	6	0.43	50 ~ 70	13	13	201

（续）

运转次序	操作状态	工况序号	加速度/ （m/s^{-2}）	速度/ （km/h）	操作时间/s	工况时间/s	累计时间/s
10	等速	7	0.00	70	50	50	251
11	加速	8	0.24	70～100	35	35	286
12	等速	9	0.00	100	30	30	316
13	加速	10	0.28	100～120	20	20	336
14	等速	11	0.00	120	10	10	346
15	减速		-0.69	120～80	16		362
16	减速	12	-1.04	80～50	8	34	370
17	减速		-1.39	50～0	10		380
18	停车	13	0.00	0	20	20	400

② 检测步骤。

a. 检测准备好后，操作汽车和底盘测功机，进行多工况循环（NEDC）检测。除非有其他的规定，每6个工况试验循环，允许停车（10±1）min，停车期间，车辆起动开关应处于"OFF"状态，关闭发动机舱盖，关闭检测台风扇，释放制动踏板，不能使用外接电源充电。

b. 当循环检测不能满足 NEDC 工况下公差要求时，则结束检测循环。此时驾驶人档位保持不变，使车辆滑行到最低稳定车速或5km/h，再踩下制动踏板进行停车。

c. 当车辆停止时，记录被测车辆驶过的距离 D，用 km 来表示，测量值按四舍五入圆整到整数，该距离即为汽车的续驶里程。

2）等速法。

① 检测规范。该类汽车采用60km/h的等速工况检测。

② 检测步骤。

a. 检测准备好后，操作汽车和底盘测功机，进行（60±2）km/h 的等速检测，检测过程中允许停车两次，每次停车时间不允许超过2min。

b. 当车辆的行驶速度达不到54km/h 时，停止试验。此时驾驶人档位保持不变，使车辆滑行到最低稳定车速或5km/h，再踩下制动踏板进行停车。

c. 当车辆停止时，记录被测车辆驶过的距离 D，用 km 来表示，测量值按四舍五入圆整到整数，该距离即为等速法测量的续驶里程。

3. 电动汽车续航能力检测标准

（1）厂商标准 电动汽车制造厂提供的续驶里程，应该是可信的、可以达到的，因此可作为电动汽车续航能力的检测标准。不同的品牌、不同的类别，其电动汽车续航能力的检测标准不尽相同，表6-3是几款纯电动汽车 NEDC 循环工况的续驶里程。

（2）国家标准 不同的检测规范、不同的车型类别，其电动汽车的检测标准也不尽相同。GB/T 28382—2012《纯电动乘用车 技术条件》要求如下，按照 GB/T 18386 工况法测量的纯电动乘用车续驶里程应大于100km。

表 6-3　纯电动汽车 NEDC 循环工况续驶里程

车型	NEDC 续驶里程 /km	车型	NEDC 续驶里程 /km
荣威 Ei5 2021 款	501	广汽本田 VE‑1	470
一汽大众 ID.4 X2021 款	555	比亚迪 e2	401
北汽 EU5 R600	501	吉利帝豪 GSe	450
长安 CS55	605	特斯拉 MODEL X	580
蔚来全新 ES8	580	奇瑞艾瑞泽 5e	401

三、电动汽车能耗经济性检测

1. 电动汽车能耗经济性评价指标

电动汽车能耗经济性的主要评价指标是能量消耗率。能量消耗率是指纯电动汽车单位里程的能量消耗量，单位为 $W \cdot h/km$。能量消耗率越小，则电动汽车的使用成本越低，能够续驶的里程就越长，说明电动汽车的经济性就越好，电动汽车的实用性就越高。

2. 电动汽车能量消耗率检测方法

纯电动汽车能量消耗率的检测是在续驶里程检测的基础上进行的，下面介绍 GB/T 18386 适用于 M1、N1 类和最大设计总质量不超过 3500kg 的 M2 类纯电动汽车能量消耗率的检测方法。步骤如下。

1）按照规范完成续驶里程的检测。

2）给动力蓄电池充电并进行能量测量。完成续驶里程后，在 2h 之内将车辆与电网连接，在电网与车辆充电器之间连接能量测量装置，按照车辆制造厂规定的充电规程为车辆的动力蓄电池充满电，在充电期间测量来自电网的能量 $E_{电网}$，测量值按四舍五入圆整到整数。

3）能量消耗率的确定。根据检测的续驶里程 D（km）和电网能量 $E_{电网}$（$W \cdot h$），利用公式 $C = E_{电网}/D$，计算出能量消耗率 C（$W \cdot h/km$），并圆整到整数，这便是所测的能量消耗率。

注意：能量消耗率的单位也可由 $W \cdot h/km$ 换算为 $kW \cdot h/100km$，换算后应保留相同的有效数字。

3. 电动汽车能量消耗率检测标准

（1）厂商标准　电动汽车制造厂提供的能量消耗率，是检测该车的能耗经济性标准。

（2）行业标准　国家对电动汽车能量消耗率的限值，可作为行业检测标准。不同的检测规范、不同的车型类别、不同的整备质量，其电动汽车能量消耗率的限值不尽相同。

GB/T 36980—2018《电动汽车能量消耗率限值》，适用于以工况法检测的最大设计总质量不超过 3500kg 的 M1 类纯电动汽车，各车型能量消耗率应满足该标准规定的相应限值，具体表述如下。

1）对于具有三排以下座椅且最高车速大于或等于 120km/h 的车型，能量消耗率限值见表 6-4。

表6-4　能量消耗率限值

整车整备质量 /kg	车型能量消耗率限值（第一阶段）[1] /(kW·h/100km)	车型能量消耗率限值（第二阶段）[2] /(kW·h/100km)
CM≤750	13.1	11.2
750<CM≤865	13.6	11.6
865<CM≤980	14.1	12.1
980<CM≤1090	14.6	12.5
1090<CM≤1205	15.1	13.0
1205<CM≤1320	15.7	13.4
1320<CM≤1430	16.2	13.9
1430<CM≤1540	16.7	14.3
1540<CM≤1660	17.2	14.8
1660<CM≤1770	17.8	15.2
1770<CM≤1880	18.3	15.7
1880<CM≤2000	18.8	16.1
2000<CM≤2110	19.3	16.6
2110<CM≤2280	20.0	17.1
2280<CM≤2510	20.9	17.9
2510<CM	21.9	18.8

[1] 实施时间点为标准发布之日起1年后，即2020年7月1日。

[2] 具体时间由主管部门根据第一阶段限值的实施情况另行确定。

2）其他车型能量消耗率限值应做如下计算，计算结果圆整到小数点后一位。

① 对于具有三排以下座椅且最高车速小于120km/h的车型，表6-4相应能量消耗率限值乘以折算系数K，K根据式（6-1）计算确定。

② 对于具有三排及以上座椅且最高车速大于或等于120km/h的车型，表6-4相应能量消耗率限值乘以1.03。

③ 对于具有三排以上座椅且最高车速小于120km/h的车型，表6-4相应能量消耗率限值乘以1.03K，K根据式（6-1）计算确定。

$$K = 0.00312V_{max} + 0.6256 \qquad (6\text{-}1)$$

式中　K——折算系数，计算结果圆整至小数点后两位；

V_{max}——最高车速（km/h）。

四、电动汽车电气安全性检测

纯电动汽车的电压等级较高，一般均为B级电压。乘用车电压多为300～500V，商用车电压多为300～800V，远远高于人体安全电压（36V），并且电动汽车在行驶时，经常会出现振动、冲击，有时甚至发生碰撞事故，易导致电气系统防护损坏和绝缘性能下降等。因此，对于在用电动汽车的电气安全性检测非常重要，它不仅关系到车上乘员的人身安全，还影响到电气设备的正常工作和车辆的安全运行。

1. 电气安全性检测项目

（1）高压部件外观　电动汽车高压部件主要包括动力蓄电池、电机、电机控制器、DC - DC 变换器、充电机以及动力电缆。通过高压部件外观检查可以确认电气系统的工作环境，初步诊断电气系统的技术状况。高压部件外观状况良好，符合标准，则说明电动汽车人员的直接接触防护性能较好。

（2）高压绝缘性能　绝缘性能是指使用不导电的物质将带电体隔离或包裹起来，从而有效防止触电的特性。这里的绝缘性能是指电动汽车高压电气系统与车辆底盘之间的绝缘性，它能反映车上乘员间接接触防护的性能。绝缘性能用绝缘电阻来评价，电气系统的绝缘电阻越大，则绝缘性能越好，说明车上乘员间接接触防护能力强，安全性高。

（3）安全防护功能　电动汽车的安全防护功能可提高乘员的安全性，如绝缘监测功能、车载可充电储能系统（REESS）热事件报警功能正常，则当车辆绝缘性能下降至危险程度或 REESS 将要发生热失控的安全事件时，车辆会向驾驶人发出警示，以免发生安全事故。因此，应确保安全防护功能正常。

2. 电气安全性检测方法及要求

（1）外观检测及要求

1）检查动力蓄电池、电机、电机控制器、DC - DC 变换器、车载充电机等外壳，应无明显变形、破损，警告标识应清晰牢固。

2）检查动力蓄电池，其化学类型应清晰可见。

3）检查动力电缆，应无破损，其插头应紧固可靠，线缆与车辆运动部件应无干涉。

（2）绝缘电阻检测及要求

1）测试准备。

① 电压检测工具的内阻不小于 10MΩ。

② 在测量时，若绝缘监测功能对整车绝缘电阻的测试产生影响，则应关闭车辆的绝缘监测功能或者将绝缘电阻监测单元从 B 级电压电路中断开。

2）按检测规范测量整车绝缘电阻。检测时，测量电压应是不小于电力系统最大工作电压的直流电压，并施加足够长的时间以获得稳定的读数。

3）对绝缘电阻的要求。在最大工作电压下，直流电路绝缘电阻应不小于 $100\Omega/V$，交流电路应不小于 $500\Omega/V$；若直流和交流的 B 级电压电路可导电地连接在一起，则绝缘电阻应不小于 $500\Omega/V$。

（3）安全防护功能检测及要求　安全防护功能的检测，通常需要根据制造商提供的方法及操作说明进行。可以通过车辆自检系统检查，并通过试验方法验证。

1）车辆系统自检。在车辆上电后，系统自检，查看车辆的仪表，如仪表中出现安全防护功能的报警信号（声或光信号），如 REESS 热事件报警信号、动力蓄电池高温报警信号等，则需要进行验证处理，以确定故障所在或安全防护功能是否正常。

2）试验方法验证。系统自检出现的结果是否可信，可设置一定的试验方法进行验证。下面以车辆的绝缘监测功能为例进行说明。

现代电动汽车都必须具备绝缘电阻监测功能，车辆在"OK"或"READY"状态下，绝缘监测功能应开始工作，当绝缘阻值低于绝缘电阻的最低要求时，可通过声、光报警，如仪表文字或图标显示等提示驾驶人。绝缘电阻监测功能是否正常，会影响到人身安全，因此需

进行试验验证。其验证方法是：测试时，车辆B级电压电路处于接通状态，且绝缘监测功能开启，在测量电路并入一个可调电阻，将车辆上电至"OK"或"READY"状态，调节可调电阻（相当于改变车辆绝缘电阻），观察绝缘监测功能报警信号。当车辆的绝缘电阻小于等于制造商规定的阈值时，若报警，则绝缘电阻监测功能正常，若未报警，则不合格；当车辆的绝缘电阻大于制造商规定的阈值时，若报警，则属于误报，也不合格。

第二节　电动汽车故障诊断

各种纯电动汽车的核心结构基本相似，主要包含了动力蓄电池系统及电机驱动系统等。纯电动汽车的故障诊断主要针对动力蓄电池系统和电机驱动系统，而其他与传统汽车类同的故障可参考前述章节相关内容。

一、动力蓄电池系统故障诊断

动力蓄电池系统主要包括动力蓄电池、电池管理系统（BMS）和车载充电机等，其功用是以电能作为输出，为车辆提供动力源。动力蓄电池系统常见的故障有充电异常、动力蓄电池电压异常、动力蓄电池温度异常、动力蓄电池绝缘故障和BMS工作异常等。

1. 交流充电（慢充）异常

（1）故障现象　电动汽车在断开电源开关（OFF）且正确连接交流充电枪后，车辆不显示充电或显示充电电流小，不能对车辆进行正常充电。

（2）故障分析

1）交流充电分析。纯电动汽车交流充电是指通过慢充线束与交流充电桩或220V家用交流插座相连，把电网的交流电输入到电动汽车的慢充口，经过汽车内部的充电机把交流电转化成直流电，再输送给动力蓄电池组进行充电。慢充系统主要部件包括供电设备（电缆保护盒、充电桩和充电线等）、慢充接口、车内高压线束、高压配电盒、车载充电机和动力蓄电池等。交流慢充系统控制电路如图6-4所示，慢充接口如图6-5所示。该电路由控制供电装置，接触器K1和K2，电阻R1、R2、R3、RC，二极管VD1，开关S1、S2、S3，车载充电机和车辆控制装置组成。其中：S1为供电设备内部开关；S2为车辆内部开关；S3为充电枪内部开关，是常闭开关。

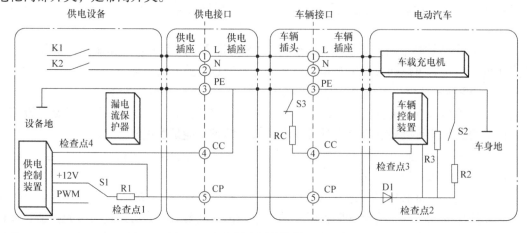

图6-4　交流慢充系统控制电路示意图

在车辆处于交流充电模式时，当充电枪连接在车辆充电接口和供电接口之后，其控制装置检测交流充电接口 CC 信号（充电连接确认信号）、CP 信号（充电控制导引信号），若信号正常，同时车载充电机自检无故障，并且动力蓄电池组处于可充电状态，则 BMS 唤醒车载充电机并发送指令充电，同时闭合主继电器及 S2，供电控制装置闭合 K1、K2，交流电则通过车载充电机给动力蓄电池充电。

由此可见，交流充电必须满足一定的条件才能正常进行。

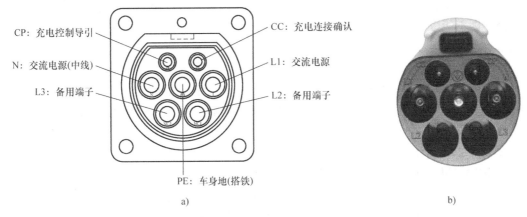

图 6-5　电动汽车交流充电系统接口

a）交流充电接口形状及端子含义　b）交流充电枪接口及形状

2）交流充电故障原因。车辆不能正常慢充的主要原因如下。

① 车辆外部设备故障。车辆充电时需要利用外部设备，主要有充电桩或家用充电插座、充电枪等。当充电桩或充电插座自身存在故障、充电枪和充电连接线存在故障时，则不能正常充电。

② 整车控制器（VCU）故障。当车辆慢充时，需要 VCU 接收到充电连接信号和充电确认信号，VCU 确认连接好后，并通过总线和 BMS 进行通信后才能正常充电。因此，当 VCU 存在故障时，车辆不能正常充电。VCU 故障主要原因有 VCU 没有上电、VCU 通信故障和 VCU 损坏。

③ 动力蓄电池故障。电池是电能的载体，充电过程就是将电能转化为化学能。当动力蓄电池自身发生故障时，也会发生充电异常现象。电池故障的主要原因可能是 BMS 故障、接口故障、内部传感器故障，或者电池自身硬件故障等。

④ 通信故障。车辆控制系统采用总线通信，当 CAN 发生故障时，会导致充电不能唤醒，因此不能正常充电。

（3）故障诊断　当车辆不能慢充时，一般需要遵循由简单到复杂的故障诊断过程，要判断故障是在车外还是车辆自身，首先应检查车辆外部充电设备是否正常，若外部设备正常，则检查车辆自身故障，具体步骤如下。

1）检查充电桩或供电插座，确保工作状态良好，能正常供电。

2）检查交流充电枪是否存在故障。可以将充电枪用于能正常慢充的电动汽车上进行充电测试，若能正常充电，则说明充电枪状态良好；若不能充电，说明充电枪存在故障。也可以使用万用表检测充电枪 CC 与 PE 端子（图 6-5b）之间的电阻值，正常值为 680Ω（功率

为 3.3kW 的充电枪），若电阻值为无穷大，说明线路断路，充电枪存在故障。若充电枪有故障，则进行更换。

3）检查连接车载充电机的线束和车载充电机是否工作正常。充电连接线可以采用测通断的方式来检测。正常情况下，车载充电机的 power 灯和 run 灯应该点亮，且为绿色。否则，需更换车载充电机。若上述均正常后仍不能慢充，则进行下步检测。

4）检查车辆控制系统。连接故障诊断仪，在插入充电枪的同时打开 ON 档，车辆上电读取故障码和相关数据流。若显示故障码和数据流异常，则按相关流程排除故障。若 VCU 有故障，则不能慢充；当检查 VCU 无故障后仍不能慢充，则可怀疑是 BMS 故障或动力蓄电池内部有故障。

（4）慢充故障排除案例

1）北汽 EV150 慢充故障。

① 故障现象。在使用充电桩慢充充电时，充电桩指示灯亮，充电器电源工作灯亮，车辆无法充电。

② 故障原因。动力蓄电池控制器故障、动力蓄电池故障、通信故障。

③ 故障诊断与排除。根据上述故障现象，充电桩和充电器工作指示灯正常，第一个检查对象应为通信和动力蓄电池内部。用故障检测仪检测故障码及数据流，读出故障码：P1048（SOC 过低保护故障）、P1040（电池单体电压欠电压故障）、P1046（电池电压不均衡保护故障）、P0275（电池电压不均衡保护故障）；读取数据流：动力蓄电池单体最低电压为 2.56V、动力蓄电池单体最高电压为 3.2V。当单体电压差大于 500mV 时，BMS 启动充、放电保护而无法充电。更换动力蓄电池单体，动力蓄电池故障解除，车辆恢复充电。

2）吉利帝豪 EV300 慢充故障。

① 故障现象。不插充电枪时，打开 Start 档位上电正常，Ready 指示灯正常点亮。关闭 ON 档，插入充电枪时，仪表板上无任何充电迹象，充电口处充电指示灯未点亮，动力蓄电池继电器未吸合，车辆无法慢充。

② 故障原因。使用诊断设备检查：在插入充电枪的同时打开 ON 档，通过解码器读取故障码。读取辅助控制模块，故障码为无；读取辅助控制模块相关数据流，显示充电枪电子锁关，CC 未连接，充电状态为未充电。据此分析其故障原因如下。

a. 充电枪故障，充电枪 CC 端口内部电阻相关连接线束断路。

b. 充电枪与充电口处插针松动，导致接触不良。

c. 辅助控制器与交流充电接口之间的 CC 信号线路断路。

d. 辅助控制器电源、接地间的电压异常。

e. 辅助控制器内部故障（局部）。

③ 故障诊断与排除。根据解码器的诊断结果，对照电路图，进行故障排除。

a. 使用万用表检测充电枪口 CC 对充电枪口内部搭铁电阻，正常值约为 600Ω，若不正常，则更换故障的充电枪；若正常，则进行下步检测。

b. 检查充电枪和充电口的插针是否有松动，若有松动，则更换；若正常，则进行下步检测。

c. 根据维修手册电路图，用万用表测量 SO87 端子 13 和 EP21 端子 6 之间的电阻：若阻值为无穷大，说明线束断路，导致 CC 无信号不能交流充电，需更换线束；若阻值小于 1Ω，

则为正常，需进行下步检测。

d. 检查辅助控制模块供电和搭铁线路的通断，若不正常，则更换线束；若正常，则进行下步检测。

e. 更换交流充电接口，更换后若故障排除，则故障在此；若故障依然存在，则说明故障在辅助控制模块，则需更换辅助控制模块。

3）慢充时充电桩跳闸。

① 故障现象。车辆在使用充电桩慢充时，出现充电桩跳闸，充电器无法充电。

② 故障原因。充电桩跳闸，说明唤醒信号和互锁电路正常，基本可以断定是充电器内部短路故障。

③ 故障诊断与排除。

a. 检查充电桩。充电桩电压为交流220V，充电桩CP线与充电器连接正常。

b. 检查绝缘状态。检查充电线束、高压线束、充电器、动力蓄电池的绝缘，均正常。

c. 更换充电器后，进行慢充，故障排除，说明故障在充电器。

2. 直流充电（快充）异常

（1）故障现象 电动汽车在断开电源开关（OFF）且正确连接直流充电枪后，充电桩显示车辆未连接，或亮起充电指示灯，但电池电量不上升，不能对车辆进行正常快充。

（2）故障分析

1）直流充电分析。直流充电是指通过直流充电桩充电接口，把电网的交流电转化成直流电，输送到电动汽车的快充口，将电能直接输送给动力蓄电池组进行充电，可用10 ～ 30min 的时间将电池充至80%的电量。直流快充系统控制电路如图6-6所示，快充接口如图6-7所示。从图中可以看到，以车辆接口处划分，左侧为充电桩及插头，右侧为车辆及直流充电接口。充电桩中开关 S 为常闭开关，与直流充电插头上的机械锁相关联，按下机械锁，开关 S 就打开。K1、K2 为充电桩快速充电机的高压正、负继电器；K3、K4 为充电机低压唤醒正、负继电器；K5、K6 为动力蓄电池高压正、负继电器；检测点 1（CC1）为充电机检测快充插头与车辆连接状态识别信号，检测点 2（CC2）为车辆控制装置检测快充插头与车辆连接状态识别信号。

在直流充电枪连接车辆快充接口和直流充电桩充电接口之后，U1 通过电阻 R1、R4、端子 CC1 与车身接地形成回路，U2 通过电阻 R5、R3、端子 CC2 与充电桩设备接地形成回路，之后借助非车载充电机控制装置监测检测点 1 的电压值，当其电压为 4V 时，则确认车辆充电接口完全连接。完全连接后，充电桩闭合 K3、K4，低压辅助供电回路导通，12V 低压电则通过 A＋、A－端子与车辆连接并形成通路，车辆控制装置监测检测点 2 的电压值，当电压为 6V 时，车辆控制装置与充电桩之间通过 S＋、S－发送通信信号，确认充电准备完成，同时控制 K1、K2 闭合，进行绝缘测试，保证充电过程的安全进行，绝缘测试完成后，再断开 K1、K2。之后，车辆控制装置报送动力蓄电池的充电需求，充电机控制装置报送充电能力，两者匹配后，车辆控制装置和 BMS 控制 K5、K6 闭合，充电机控制装置控制 K1、K2 闭合，即进入充电阶段。在快速充电过程中，车辆与充电桩会通过 S＋、S－端子持续地进行数据通信，并发送实时充电需求，按照动力蓄电池充电状态及时调整充电电压和充电电流。动力蓄电池充电状态由车辆控制装置进行实时监测，当车辆控制装置判断动力蓄电池电量达到额定容量的80%以上，或者接收到驾驶人的停止充电指令时，系统确认充电电流小于5A

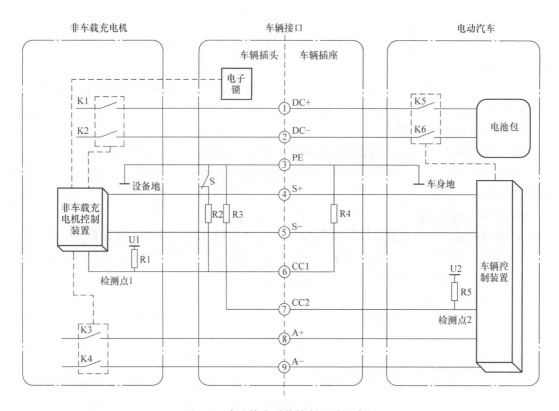

图 6-6　直流快充系统控制电路示意图

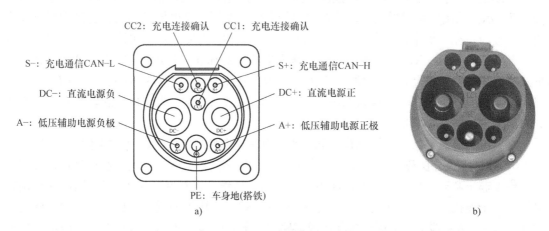

a)　　　　　　　　　　　　　　　　　　　　　b)

图 6-7　电动汽车直流快充系统接口

a）直流充电接口形状及端子含义　b）直流充电枪接口及形状

后，车辆控制装置则断开 K5、K6，充电机控制装置断开 K1、K2，最后断开 K3、K4，拔下充电枪后完成充电过程。

由此可见，直流充电必须满足一定的条件才能正常进行。

2）直流充电异常原因。车辆不能正常快充的主要原因如下。

① 快速充电枪、接口、快充电缆线束、车辆控制装置等部件的引脚烧蚀、损坏，导线损坏、断开，动力蓄电池和数据采集终端快充 CAN 总线间的电阻不符合要求等，导致快速

充电机与车辆无法通信而不能快充。

② 高压控制盒快充继电器线路或熔丝损坏，快充线束损坏，BMS 快充唤醒失常，导致不能快充。

（3）故障诊断　快速充电不正常，首先应检查直流充电桩是否正常，在确保直流充电桩正常后，检查线路连接情况是否正常，然后检查快充系统连接确认信号、快充 CAN 线路的引脚情况以及电压、电阻是否符合要求；检查 BMS 快充唤醒信号是否正常；检查高压线路的熔丝、线路和继电器有无问题。上述正常后，检查高压控制盒快充连接端子电压是否正常，若无电压，则需要更换控制盒；若有电压，则故障在动力蓄电池。

（4）快充故障排除案例

1）故障现象。当电动汽车信息显示需要充电时，将直流充电桩的充电枪连接到汽车直流充电接口进行快速充电，按下充电按钮后充电桩信息显示屏无充电信息显示。

2）故障原因。快速充电机与车辆无法通信，连接线路接触不良或中断。

3）故障诊断与排除。

① 检查直流充电枪与车辆快速充电口状况。检查快充口和直流充电枪接口有无烧蚀、锈蚀现象，快充口导电层是否脱落；检查快充口 CC1 与 PE 端之间的阻值是否符合要求，正常阻值约为 $1k\Omega$；检查快充口 PE 端与车身搭铁是否导通，正常阻值应在 0.5Ω 以下；检查直流充电枪 CC2 与 PE 间是否导通，正常阻值约为 $1k\Omega$。确保充电枪与车辆快速充电口能正常连接。

② 检查快充唤醒信号。如无唤醒信号，应逐步检查熔丝、继电器 K3 和 K4、快速充电口、快速充电线和低压电气盒部分到车辆控制装置的 A + 、A - 唤醒线路是否导通，快充系统低压电源是否正常，如不通或损坏，应更换或维修。

③ 检查车辆连接确认信号。若快速唤醒信号及相关线束都正常，车辆仍不能正常通信连接，则需对车辆连接确认信号进行检查，可能是快充口、快充线、车辆控制装置引脚损坏或动力蓄电池低压控制插件损坏，应逐一检修或更换。

3. 动力蓄电池电压异常

（1）故障现象　电池管理系统中出现电压异常。

（2）故障原因

1）电池欠电压故障。若电池本身欠电压，则会直接导致电压异常。

2）采集线端子故障。若采集线与端子接触不良，或采集线的紧固螺栓松动，都会造成单体电压采集不准确。

3）采集线熔丝损坏。

4）从板故障。

（3）故障诊断　利用故障诊断仪读取动力蓄电池组数据，并配合其他检测工具进行实测，通过最终数据判断是动力蓄电池故障，还是其他组件故障。

1）检测动力蓄电池电压。使用万用表，将测量的电压值同监控电压值作比较，若偏差过大，便是电池出现了问题，应及时对电池进行更换；若正常，则进行下步检测。

2）检查采集线连接端子。轻摇采集线端子，若接触不良，则紧固或更换采集线；若正常，则进行下步检测。

3）检查采集线熔丝。对熔丝的阻值进行测量，若超过规定值，则更换；若正常，则进

行下步检测。

4）检测从板。从板故障的诊断需要通过测量实际电压来完成，通过将测量的电压值与采集电压值相比较，在其他从板数据都正常的情况下，如果存在差异，则说明从板出现故障。

4. 动力蓄电池温度异常

（1）故障现象　车辆上不了 OK 档，仪表板提示动力蓄电池温度过高。

（2）故障原因

1）温度传感器故障，或温度传感器没有有效连接，导致信号失真或中断。

2）电池散热系统出现故障，导致动力蓄电池温度过高。

3）动力蓄电池模块自身内阻过大，导致在充电或放电过程中发热过大。

4）BMS 故障，导致无法正常采集温度信号，或失去热管理功能。

（3）故障诊断

1）检查温度传感器线路是否有效连接。检查温度传感器的连接线路，对中间对接插头或线束进行检查，若出现松动、脱落等情况，需及时更换线束；若正常，则进行下步检测。

2）检查温度传感器。检查采集线插头是否松动，测量怀疑有故障的温度传感器的阻值，并与正常阻值进行比对，若异常，则为温度传感器故障，应予以更换；若正常，则进行下步检测。

3）检查电池散热系统。当温度过高时，电池热管理系统通常有两种方式给电池降温，即风冷和液冷。对于液冷方式，应检查冷却液是否充足，在冷却液处于冷态时目视检查，膨胀水箱中冷却液液位高度应保持在"MAX"和"MIN"两条标线之间；检查冷却液泵、风扇、空调系统是否正常。若不正常，则应予以修复；若正常，则进行下步检测。

4）检查动力蓄电池模块。利用故障诊断仪读取动力蓄电池组数据，并配合其他检测工具进行实测。若动力蓄电池模块自身异常，则故障在此，应更换温度异常的电池模组；若动力蓄电池模块数据正常，则故障在 BMS。

5. 动力蓄电池绝缘故障

（1）故障现象　仪表 OK 灯不亮，仪表提示请检查动力系统，高压系统漏电故障。

（2）故障原因　高压系统绝缘电阻低，导致高压系统漏电。

1）高压负载漏电。

2）高压线、插接器破损。

3）电池箱进水、电池漏液。

4）电压采集线破损。

5）高压板检测误报。

（3）故障诊断

1）检查高压负载漏电。诊断时，依次断开 DC/DC、PCU、充电机、空调等，逐个排查漏电情况，直到故障点找到，然后对故障件进行维修或更换。

2）检查高压线、插接器破损。使用绝缘电阻表对高压线、插接器进行测量，通过分析测量结果来判断故障点，对出现故障的配件即绝缘不符合要求或有破损的配件进行维修或更换。

3）直接观察电池箱状况。若出现进水和漏液现象，则需要及时对电池箱进行有效清

理，待电池干燥后再投入使用，若电池已损毁，则需更换电池。

4）检查电压采集线。若电压采集线破损，则会漏电。检查采集线，若有破损，则进行更换。

5）检查高压板。对高压板进行更换，更换后若故障解除，则确定为高压板检测故障。

6. BMS 工作异常

（1）故障现象　BMS 失去电源系统管理功能，未正常工作，车载仪表无 BMS 数据显示。

（2）故障原因

1）BMS 供电电压不正常，导致 BMS 不工作。

2）CAN 线或低压电源线连接不可靠，导致通信故障。

3）接插件退针或损坏，导致无法传输数据或供电。

4）控制主板有故障，导致 BMS 不工作。

（3）故障诊断

1）检查 BMS 的供电电压。首先测量整车接插件处，整车给 BMS 的供电电压是否有稳定的输出，确保其电压正常。

2）检查 CAN 线或低压电源线连接状况。对主板到从板或高压板的通信线、电源线进行全面检查，发现脱落断开的线束，应进行更换或重新连接。

3）检查插头和接插件。低压通信航空插头退针会导致从板无电源或从板数据无法传输到主板，应检查插头和接插件，发现退针或损坏应进行更换。

4）检查控制主板。采用替换法更换主板并监控使用情况，若更换后 BMS 工作正常，故障解除，则说明主板有问题。

二、电机驱动系统故障诊断

电机驱动系统主要由电机、功率转换器、控制器、检测传感器以及电源等部分组成。电机驱动系统的功用是将动力蓄电池提供的电能高效地转化为汽车行驶的动能，并能够在汽车减速制动时，将车轮的动能转化为电能充入蓄电池。电机驱动系统常见的故障有电机控制系统故障与电机故障。

1. 电机控制系统故障

（1）故障现象　一辆北汽 EV160 纯电动汽车，行驶里程为 0.56 万 km，出现无法行驶且仪表警告灯常亮、警告音鸣叫的故障；故障发生时电机有沉闷的"咔、咔"声，有起动趋势但电机始终无法运转。

（2）故障原因　图 6-8 为 EV160 纯电动汽车电机控制器电路图，汽车工作时，整车控制器（VCU）根据驾驶人意图，通过 CAN 网络向电机控制器（MCU）发出各种指令，电机控制器（MCU）响应并反馈，实时调整驱动电机的输出，以实现整车的怠速、前行、倒车、停车、能量回收等功能。因此，电动汽车不能驱动行驶时，可能的故障原因主要有以下两种。

1）电机控制系统故障，导致控制电机失效而失去驱动能力。

2）电机本身电气或机械故障，导致电机驱动能力下降，难以运转。

（3）故障诊断　先用诊断仪检测故障码或数据流，通过分析来缩小故障的范围，并确定故障诊断的思路或方案。

1）读取故障码。连接解码仪，读取故障码为 P116016，MCU IGBT 驱动电路过电流故

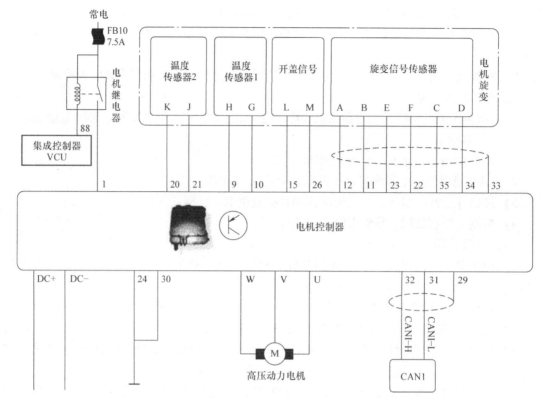

图 6-8　EV160 纯电动汽车电机控制器（MCU）电路图

障。初步排除了电机本身出现故障的可能，但诊断仪器没有明确的故障点或故障原因的指引，需进一步检修以确认故障原因。

2）检测高压系统。断掉蓄电池负极并用电工胶布将其金属部分缠绕，避免接触车身。然后切断设置在车内杂物箱位置的高压熔断器。过 5min 后，拆卸连接动力蓄电池到高压盒之间的高压电缆，使用万用表测量高压电池来电情况，测量结果显示为 0.1V，高压系统成功下电。

3）检测电机控制器。在高压系统断电后，使用万用表、绝缘电阻表分别对电机控制器（MCU）的 IGBT 进行测量（二极管档位）和绝缘性测试，并将结果与标准值对比，结果正常。

4）测量 MCU 电源熔断器 FB10。在汽车前舱部分找出熔断器与继电器盒，检查 MCU 电源熔断器 FB10，测量熔丝电阻值，正常值为小于 1Ω，测量值为 0.2Ω，测量结果正常。

5）检测 MCU 电源继电器。测量 MCU 电源继电器线圈端子 2 个引脚之间的电阻值，正常值为 133Ω 左右，测量结果正常。测量电源继电器开关端子的导通性，将电源继电器线圈端子 2 个引脚分别接蓄电池正、负极，万用表调节到 200Ω 电阻档，测量继电器 2 个开关端子是否导通，测量值为 0.1Ω，正常值为小于 1Ω，测量结果正常。

6）测量 MCU 低压控制插头 1#端子电压。用探针插入 MCU 低压插件 T3 的 1#端子，测量 1#端子电压，正常值为 12V 左右，测量值为 12.4V，测量结果正常。

7）测量旋转变压器各个绕组阻值及其波形。

① 使用万用表电阻档测量 MCU 低压插件 T35 的 22、23#端子的电阻值，正常值为 50～70Ω，测量值为 52.2Ω，测量结果正常；测量 34、35#端子的电阻值，正常值为 50～70Ω，测量值为 50.3Ω，测量结果正常；测量 11、12#端子的电阻值，正常值为 20～40Ω，测量值为 20.8Ω，测量结果正常。因此，可以判定旋转变压器励磁、正弦和余弦 3 组线圈阻值正常。

② 使用万用表电阻档测量驱动电机旋变插件 T19b（图 6-9）的 A 与 MCU 低压插件 T35 的 12#端子、B 与 11#端子、E 与 23#端子、F 与 22#端子、C 与 35#端子、D 与 34#端子的电阻值，正常值为 0.2～0.5Ω，测量值为 0.37Ω 左右，测量结果正常。

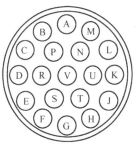

③ 使用示波器通过驱动电机旋变插件 T19b 测量旋转变压器各个绕组波形，发现 A 与 B 端子、C 与 D 端子之间可以调取波形并且经过频率调整后，其波形符合维修手册中的标准波形；但是，E 与 F 端子之间无法调取波形。

图 6-9 驱动电机旋变插件 T19b

④ 使用万用表电阻档测量端子 E 与车身搭铁之间的电阻值，结果为 0.96Ω，表明线束对搭铁短路，导致旋变工作不正常，电机控制器（MCU）无法起动电机，诊断故障在此。

8）故障验证。更换短路的低压线束，然后试车，车辆运转正常。连接解码仪，删除历史故障码，再次读取故障码，仪器显示没有故障码，证明故障排除。

2. 电机故障

电机故障涉及因素较多，如电路系统、磁路系统、绝缘系统、机械系统以及通风散热系统等。电机故障一般可分为机械故障与电气故障两大类。机械类故障主要是由定子损坏、转子损坏、转轴损坏和轴承损坏等引发的故障；电气类故障主要是由定子绕组、转子绕组发生接地、短路、断路、接触不良等引发的故障。电机常见故障及处理方法见表 6-5。

表 6-5 电机常见故障及处理方法

序号	故障现象	故障原因	处理方法
1	电机在空载时不能起动	① 电源未接通 ② 逆变器控制失效 ③ 定子绕组故障（短路、断路、接地和连接错误等） ④ 电源电压太低	① 检查开关、接触器触点及电机引出线，查出后修复 ② 检查修复逆变器 ③ 检查定子绕组，找出故障并修复 ④ 检查电源电压和每个连接处
2	电机通电后，电机不转，"嗡嗡"作响	① 定子、转子绕组断路 ② 电机负载过大或被卡住 ③ 电源未能全部接通	① 查明断路点进行修复 ② 检查设备、排除故障 ③ 紧固接线柱松动螺钉，用万用表检查电源断线或虚接故障，然后修复
3	电机温度过高	① 输电线一相断线或定子绕组一相断路，造成走单相 ② 过载 ③ 冷却不良 ④ 轴承损坏或磨损过大	① 检查开关、接触器触点、电机引出线、定子绕组，查出后修复 ② 减少负载或增加容量 ③ 检查冷却系统及风扇是否正常 ④ 检查轴承是否有松动，定子和转子是否相碰擦，必要时更换轴承或转子

（续）

序号	故障现象	故障原因	处理方法
4	电机绝缘电阻低	① 绕组受潮或被水淋湿 ② 绕组绝缘粘满粉尘、油垢 ③ 引出线绝缘老化破裂 ④ 绕组绝缘老化	① 进行加热烘干处理 ② 清洗绕组油垢，并经干燥、浸漆处理 ③ 重包引线绝缘 ④ 经鉴定可以继续使用时，可清洗干净重新涂漆处理；若绝缘老化，不能安全运行时，需更换绝缘
5	电机振动严重	① 轴承磨损，间隙过大 ② 转子动不平衡 ③ 转轴弯曲 ④ 电机固定螺栓松动 ⑤ 联轴器松动	① 检查轴承，必要时更换轴承 ② 更换转子 ③ 校正转轴 ④ 紧固电机地脚螺栓 ⑤ 拧紧连接螺栓
6	电机异响	① 轴承磨损，间隙不当 ② 轴承润滑不良 ③ 电压不平衡 ④ 气隙不均匀，定子、转子碰擦	① 更换轴承 ② 清洗轴承，加注规定量的润滑脂 ③ 检测电源电压，检查电源电压不平衡原因并处理 ④ 修复时提高装配质量，调整气隙

思 考 题

1. 纯电动汽车动力性评价指标有哪些？如何检测？
2. 纯电动汽车续航能力评价指标是什么？如何检测？
3. 纯电动汽车能耗经济性评价指标是什么？如何检测？
4. 纯电动汽车电气安全性检测项目有哪些？如何检测？
5. 纯电动汽车交流充电（慢充）异常的原因有哪些？如何诊断？
6. 纯电动汽车直流充电（快充）异常的原因有哪些？如何诊断？
7. 纯电动汽车动力蓄电池绝缘故障的原因有哪些？如何诊断？
8. 纯电动汽车电机控制系统故障的原因有哪些？如何诊断？
9. 纯电动汽车电机常见故障有哪些？如何处理？

参考文献

[1] 陈焕江. 汽车检测与诊断技术 [M]. 3 版. 北京：人民交通出版社，2022.

[2] 秦浩. 汽车检测与故障诊断 [M]. 北京：化学工业出版社，2018.

[3] 张建俊. 汽车诊断与检测技术 [M]. 5 版. 北京：人民交通出版社，2021.

[4] 麻友良. 汽车电器与电子控制系统 [M]. 北京：机械工业出版社，2019.

[5] 左适够. 汽车发动机构造与维修 [M]. 4 版. 北京：人民交通出版社，2020.

[6] 黄照，胡波勇. 汽车底盘构造与维修 [M]. 北京：电子工业出版社，2021.

[7] 赵英勋. 汽车检测与诊断技术 [M]. 北京：机械工业出版社，2020.

[8] 赵英勋，丁礼灯. 汽车使用与维修 1000 问 [M]. 北京：机械工业出版社，2018.

[9] 李兴虎. 汽车环境污染与防治对策 [M]. 北京：化学工业出版社，2019.

[10] 朱曰莹. 电动汽车技术 [M]. 北京：机械工业出版社，2020.

[11] 蔡小辉，莫雪山. 纯电动汽车构造与维修 [M]. 成都：西南交通大学出版社，2020.

[12] 张仕奇，刘仍贵. 电动汽车充电系统原理与检修 [M]. 北京：化学工业出版社，2019.

[13] 曹砚奎. 电动汽车结构原理与维修 [M]. 北京：化学工业出版社，2018.